国家高端智库
NATIONAL HIGH-END THINK TANK

上海社会科学院重要学术成果丛书·专著

李斯特与赶超发展

Friedrich List: A Pioneer in Catch-up Development

梅俊杰／著

上海人民出版社

本书出版受到上海社会科学院重要学术成果出版资助项目的资助

总　序

　　当今世界，百年变局和世纪疫情交织叠加，新一轮科技革命和产业变革正以前所未有的速度、强度和深度重塑全球格局，更新人类的思想观念和知识系统。当下，我们正经历着中国历史上最为广泛而深刻的社会变革，也正在进行着人类历史上最为宏大而独特的实践创新。历史表明，社会大变革时代一定是哲学社会科学大发展的时代。

　　上海社会科学院作为首批国家高端智库建设试点单位，始终坚持以习近平新时代中国特色社会主义思想为指导，围绕服务国家和上海发展、服务构建中国特色哲学社会科学，顺应大势，守正创新，大力推进学科发展与智库建设深度融合。在庆祝中国共产党百年华诞之际，上海社科院实施重要学术成果出版资助计划，推出"上海社会科学院重要学术成果丛书"，旨在促进成果转化，提升研究质量，扩大学术影响，更好回馈社会、服务社会。

　　"上海社会科学院重要学术成果丛书"包括学术专著、译著、研究报告、论文集等多个系列，涉及哲学社会科学的经典学科、新兴学科和"冷门绝学"。著作中既有基础理论的深化探索，也有应用实践的系统探究；既有全球发展的战略研判，也有中国改革开放的经验总结，还有地方创新的深度解析。作者中有成果颇丰的学术带头人，也不乏崭露头角的后起之秀。寄望丛书能从一个侧面反映上海社科院的学术追求，体现中国特色、时代特征、上海特点，坚持人民性、科学性、实践性，致力于出思想、出成果、出人才。

学术无止境，创新不停息。上海社科院要成为哲学社会科学创新的重要基地、具有国内外重要影响力的高端智库，必须深入学习、深刻领会习近平总书记关于哲学社会科学的重要论述，树立正确的政治方向、价值取向和学术导向，聚焦重大问题，不断加强前瞻性、战略性、储备性研究，为全面建设社会主义现代化国家，为把上海建设成为具有世界影响力的社会主义现代化国际大都市，提供更高质量、更大力度的智力支持。建好"理论库"、当好"智囊团"任重道远，惟有持续努力，不懈奋斗。

上海社科院院长、国家高端智库首席专家

献给

蔡玉林(1910.12.25—1996.1.12)

张桂婻(1901.4.5—1982.3.10)

序　言

弗里德里希·李斯特(1789—1846 年)是两百年前的德国政治经济学家。我们今天之所以仍关注这位历史人物,是因为他在《政治经济学的国民体系》等著作中,系统论述了关于落后国家如何图存自强的一系列独到主张,率先构建了一个完备的今人所谓"赶超发展"经济学说。况且,这一学说对于德国、美国等后进国家实现成功赶超,确实产生过有力的推动作用。

李斯特的赶超发展学说采用以史为证、以史为鉴的历史方法,深刻阐明了注重自主发展的经济民族主义论、注重幼稚产业保护的工业化论、注重非物质因素的生产力论、注重国家干预的经济跨越论。这些理论不仅对历史上后进国家有效规避英国强大竞争、加速自身工业发展,具有很强的政策针对性,而且对当今发展中国家在全球化时代如何追赶先进、促进自主发展,具有很强的指导意义。

就创建范式的开拓性、超越时空的经典性而言,李斯特堪与亚当·斯密和马克思比肩而立。若秉持理性客观的标尺,以付诸实践的适用性、推动进步的建设性、切合当下的现代性论之,李斯特更有其显著优长。无奈长期以来,这样一位卓越大家的学说与业绩未能得到公正评价和应有重视,其中原因跟他采取落后国立场、挑战亚当·斯密学派、向领先强国抗争利益、不见容于主流学界,料想大有关系。

对李斯特的轻视明显反映在李斯特传记和论著的缺失上。在中文世界,一个世纪中仅商务印书馆推出过两个小册子。一是 1925 年出版的刘秉麟著《李士特经济学说与传记》(1930 年再版更名为《李士特》),此书首开先河但篇幅不大。二是 1983 年出版的东德学者京特·法比翁克所撰《弗里德里希·李斯特》,该书原只是一篇导言,篇幅更小且带有浓重的意识形态色彩。除此之外,不过剩下若干经济思想史著对李斯特及其学说的零星述评,加在一起信息量仍相当有限。

在英文世界中,情况也不理想,就整书而言,一个多世纪以来仅寥寥数种。一是英国剑桥大学玛格丽特·赫斯特编著《弗里德里希·李斯特生平与文选》(1909 年);二是英国曼彻斯特大学威廉·亨德森所著《弗里德里希·李斯特:高瞻远瞩的经济学家》(1983 年);三是德国罗伊特林根大学欧根·文得乐新著《弗里德里希·李斯特:具有远大目光和社会责任的经济学家》(德文原版 2013 年,英文版 2015 年,笔者翻译的中文版 2019 年由商务印书馆出版)。

上述三种李斯特专书各有所长。赫斯特查阅过德国蒂宾根大学图书馆、斯图加特皇家图书馆、罗伊特林根市档案处的一手李斯特资料,集成了其时内容已丰的英文传记与文献。亨德森在同样利用李斯特家乡档案外,还能参考 1936 年出齐的十卷本李斯特文集,从而在研究的深度和精度上有条件后来居上。文得乐作为李斯特家乡人,过往 40 年埋首于李斯特领域,已发表近 20 种相关作品,其李斯特传堪称终生研究的封顶之作。

然而,若以"一册读本、完备简明"来衡量,上述三种著作依然留下缺憾。赫斯特的书除内容显旧外,对李斯特生平的叙述详略失度、时有跳跃性,最主要是研究的分量严重不足。亨德森的书可谓上乘之作,但笔者多方联络始终无法获得翻译授权,同时由于此书属论文合刊性质,不同主题下内容难免重复,对李斯特学说的思想渊源、学说传播等问题又鲜有着墨。文得乐的书在生平交代上比较细致,但有点枝蔓随意,时而损及脉络的清晰性,对李斯特学说的思想内容、价值所在等大问题又论述不够或不精。

有鉴于此,撰写一部适合中国读者需要、既周全集大成又精炼不枝蔓的李斯特研究专著,看来只能落在国内学者的肩上。我欣然承担起这一国家课题(立项号:18BJL002),通过重新研读李斯特主要著作并查考既有相关成果,也通过回溯重商主义源流和李斯特所处历史场景,得以从赶超发展角度接近李斯特学说的真相,并成此一家之言。本书全景式呈现了李斯特的生平事迹、学说内容、理论成就、思想渊源、实践贡献、国际传播、当今价值,尤其在第三章揭示了李斯特学说作为赶超理论的本来面目,并在第四章分析总结了李斯特的创新所在,当有助于让一种十分超前又行之有效的赶超发展学说更多地进入世人视野。

自很多年前为申请北京大学硕士学位而撰写李斯特专题论文以来,在李斯特研究道路上,我得到了不少师友的帮助。美国伯克利加州大学历史系理查德·艾布拉姆斯(Richard M. Abrams)教授 1999 年为我从美国随身带来两种李斯特研究著作,至今让我感念不已。德国不来梅大学迪特·森哈斯(Dieter Senghaas)教授系国际知名学者,堪称李斯特的当代传人,他热心提供相关学术信息,特别是在 2012 年介绍我与德国李斯特专家欧根·文得乐(Eugen Wendler)相识。文得乐教授后于 2014 年邀请我参加了在李斯特家乡举行的国际研讨暨纪念会,还先后赠与十数种个人著作。特向三位异国人士遥表谢意!

同事李兆熊研究员在上海社会科学院为我先后笔译了 30 多万字德文资料,女儿梅新枝在牛津大学替我收集了诸多李斯特相关文献,内人张旦红帮我承担了无数的日常琐事,王震、耿勇、姜宏、吕慧等朋友也提供了资料上的协助,在此一并致以谢忱!

书中有关内容曾陆续发表于英国卢德里奇出版社 *The Economic Thought of Friedrich List*,以及国内报刊《澎湃:经济学家》《国外社会科学前沿》《政治经济学报》《社会科学》《经济思想史学刊》,并转载于《理论经济学》《新华文摘》。我由衷感谢它们的传扬支持,尽管本次成书又有不少细节上的修订。同时,我也要向本书征引文献的作者们道谢,学如积薪,后来居上自不敢妄称,但踩在前人的肩膀上永远是事实。我以书中诚实注释表达对他人劳绩的敬重,平生最鄙视者乃通过"伪注"而掠美欺人之举。

在为一个遥远的外国人作传著书时,我内心总不免对逝去的亲人感到愧疚,因为至今没有为他们写下怀念文字。作为些许弥补,谨将本书献给我祖母蔡玉林、外祖母张桂婳。她们亦慈亦让、任劳任怨,如同这块土地上大多数旧式妇女,消化了那么多人间苦痛,留下了无比的恩爱和美德。对逝去亲人的不尽思念,既是心灵的净化剂,也是前行的推动力,我纪念她们与他们。

2021 年 11 月 28 日
于上海社会科学院世界经济史研究中心

目　录

弗里德里希·李斯特（1789—1846 年）
德国政治经济学家、国际赶超发展先驱

第一章
生平事迹:坎坷奋斗奔波奉献的一生

第一节　锋芒毕露的早年(1789—1820 年)

一、生长在罗伊特林根市

弗里德里希·李斯特于 1789 年 8 月(很可能是 6 日)降生在今日德国西南部巴登-符腾堡联邦州的罗伊特林根市①,这个城市在州府斯图加特市以南约 30 公里处。2014 年 10 月,笔者应邀参加纪念李斯特诞辰 225 周年国际研讨会,从法兰克福机场换乘火车经转斯图加特,甫抵罗伊特林根市,当地著名的李斯特研究专家欧根·文得乐就驾车带我上到城边山顶。望着脚下的聚落,文得乐教授告诉我,凡是名字以“林根”结尾的德国城镇,均可追溯到古罗马时期。罗伊特林根显然是座古老市镇,现存的城墙遗迹、卵石道路、老宅旧物,都见证了这个城市的悠久历史。

罗伊特林根市很早便是基督新教的地盘,这点有别于周边其他地区。坐落于市中心的哥特式圣玛丽教堂建于 13 世纪,是城市的标志性建筑,也是李斯特接受洗礼的地方,他家就在教堂边那条全城最气派的大街上,现名威廉大街。临街的李斯特故居已非原样,原址上现立着一幢多层图书楼,仅

---

① W. O. Henderson, *Friedrich List：Economist and Visionary，1789-1846*, Frank Cass and Co. Ltd., 1983, pp. 1-2.

书店门口墙上嵌有一块刻着李斯特头像和简单文字的石碑。我随知情的文得乐到过该书店的一间地下室,据说李斯特诞生在那里,不过室内早已空空如也。要察看李斯特的相关文物,应该去街西头的市镇博物馆,那里设有李斯特专题展室,市政厅楼里则保管着李斯特的相关档案。

李斯特出世时,德国远未统一,拿破仑也尚未发兵来犯,所以,罗伊特林根还是一座"帝国自由城市",不受当地王公或罗马教皇的控制,仅效忠于神圣罗马帝国的皇帝。1802 年即李斯特 13 岁那年,罗伊特林根在拿破仑战争中被并入符腾堡公国,其帝国自由城市的身份随之丧失。然而,幼年经历的市政自治和民主宪政,还是对李斯特影响至深,他日后自豪地以"生就的共和派"自居,成为"代议政体的终生捍卫者、专制主义和奴性官僚制的坚决反对者"①。他相信,让-雅克·卢梭的"社会契约论"并非纯粹的思想产物,应源自罗伊特林根这类自由城市的政治实践。②

罗伊特林根市历来规模不算太大,1800 年时约有 8 300 名居民,属于德国西南部一片名叫施瓦本的地区。施瓦本在 10—14 世纪曾是自成一体的公国,拥有独特的风土人情和方言传统。罗伊特林根在 14 世纪一度加入施瓦本城镇邦联,那是为抵抗符腾堡侵犯而结成的联盟。与李斯特大致同时,这方人杰地灵的沃土还孕育出哲学家格奥尔格·黑格尔、弗里德里希·谢林,诗人弗里德里希·席勒、路德维希·乌兰等人物,他们既充满"强烈的爱乡爱国情怀",又具有"直面世界普遍挑战的能力"。③李斯特正是这一施瓦本独特精神在经世致用领域的优秀产儿。

李斯特家世代以工匠为生,父亲约翰内斯·李斯特专门加工皮革,此人明理勤俭、虔诚本分,生意成功、名闻遐迩。其时市政厅由 12 个工匠行会派

---

① *Ibid*. Henderson, *Friedrich List*: *Economist and Visionary*, p. 2.
② Margaret Esther Hirst, *Life of Friedrich List*, *and Selections from His Writings*, Smith, Elder & Co., 1909, reprinted by Forgotten Books, 2012, p. 5.
③ *Ibid*. Henderson, *Friedrich List*: *Economist and Visionary*, p. 219, p. 2; *Ibid*. Hirst, *Life of Friedrich List*, *and Selections from His Writings*, p. 1.

代表组成,李父作为行会负责人,在城市中兼任治安官和参议员等公职,曾当选副市长。李斯特母亲玛利亚·玛格达莱娜聪慧能干、持家有方,育有十个子女,第七、第八个是男丁,李斯特排行第八。这是一个殷实的家庭,除市中心的住宅外,还有城边的房屋、农田、草场、果园,外加河边的一个工场。家里雇有帮工和仆人,不过,全家人日常都要辛勤劳作。①

李斯特在当地的拉丁学校接受过四年教育,若论师资水平、课程设置、教学质量,以及这个学生的学业表现,似乎样样都够不上出色。李斯特对拉丁语等古典学问兴趣平平,但喜欢阅读小说、游记等各种趣味书籍。在校期间他给人机灵、务实、有主见的印象,尤其在德文写作上已展露不凡才华②,这一特长以后将使他的事业发展如虎添翼。

1803 年底或 1804 年初,少年李斯特结束基础教育,家里让他随兄长学习皮革加工这门家传生意,可他明显志不在此,经常溜出去玩耍或看闲书,甚至还把那些帮工也给带坏了。周围人知道,这是一个不守规矩、异想天开的家伙,比如总想着要用机械装置来省力偷懒。于是,家人商定,还是让他去学当官吏文书吧,这个差使应该更适合他,再说这终究是只比较牢靠的饭碗。③

二、从学徒开始踏入官场

1805—1813 年,符腾堡与拿破仑结盟,领土得到扩大。1806 年,符腾堡成为王国,开始按照法国式的中央集权方式治理。④就在行政系统改组扩充

---

① [德]欧根·文得乐:《弗里德里希·李斯特传》,梅俊杰译,商务印书馆 2019 年版,第 11—13 页。*Ibid*. Henderson, *Friedrich List:Economist and Visionary*, p. 2.

② *Ibid*. Henderson, *Friedrich List:Economist and Visionary*, p. 2. 前引文得乐:《弗里德里希·李斯特传》,第 13 页。

③ 前引文得乐:《弗里德里希·李斯特传》,第 13—15 页。

④ Mechthild Coustillac, "Friedrich List and France:The History of a Lifelong Engagement", in Harald Hagemann, Stephen Seiter, and Eugen Wendler, eds., *The Economic Thought of Friedrich List*, Routledge, 2019, p. 75.

之际,李斯特进入官场当差。

1805 年 10 月,16 岁的李斯特前往位于罗伊特林根与乌尔姆之间的布劳博伊伦,随官吏克里斯托夫·路茨博士当学徒,着手熟悉行政管理初级业务。李斯特依惯例住在师傅家,平时还要帮着做点家务。学艺期间,他主要协助精明强干的师傅誊抄文件,涉及官方文告、公函备忘、建筑许可、拍卖销售、税收登记、收据开具、结婚协议、离婚析产等各个方面。1808 年 10 月,李斯特通过正式的文员考试后,相继受聘为布劳博伊伦、舍尔克林根、维贝林根这些地方的行政文员,由此得到了进一步历练。[①]

舍尔克林根、维贝林根这两个市镇新近并入已成王国的符腾堡,李斯特有机会参与当地行政系统的改组、新税制的推行等事务。在维贝林根,他的上司不再是师傅路茨,而是同样能干且锐意革新的奥古斯特·舒斯特。由于舒斯特需调任乌尔姆,他派李斯特去打前站,1810—1811 年,李斯特在乌尔姆官府担任行政高官舒斯特的高级助理。乌尔姆其时也刚并入符腾堡,行政管理体制亟待理顺。在舒斯特指导下,李斯特就改组市镇财税系统撰写了平生首份报告,获得上司好评。[②]与此同时,已在官场当差六年的李斯特也对官场弊政洞若观火。

1811 年 10 月起,因蒂宾根行政负责人 J.F.米格的赏识,李斯特获聘佐理一职,这是比之前在乌尔姆更重要的一个高级秘书职位。可是,他尚未参加相关的国家任职考试,即使他直接向国王腓特烈一世提出考试申请,并得到了行政官米格的支持,也终因年龄不到法定的 25 岁而未获批准。李斯特遂一边在佐理岗位上临时见习,一边复习迎考,且在蒂宾根大学注册听课。不过,因缺乏必要的学历,他在蒂宾根大学只是一名进修生。[③]

1811—1812 年,李斯特旁听了有关卢梭、孟德斯鸠、英国宪政、公共财

---

① 前引文得乐:《弗里德里希·李斯特传》,第 17—18 页。

② *Ibid*. Henderson, *Friedrich List: Economist and Visionary*, p. 3.

③ *Ibid*. Henderson, *Friedrich List: Economist and Visionary*, p. 4.

务、罗马法等讲课。1813 年 3 月,他先申请中止见习佐理一职,再以健康为由申请免服兵役。就中止政府公职而言,有观点认为他是为了全力备考,也有观点认为那是由于家庭突遭变故,因为他哥哥为赶办免除兵役手续而刚从马车上坠亡,父亲复又伤心病笃,一堆家事等着要处理。反正这两方面都是事实,自 1813 年 3 月离职至 1814 年 9 月通过国家任职考试,李斯特在一年半中来回奔波于罗伊特林根和蒂宾根。这个年轻人一方面开始当家,特别是在父亲 1813 年 10 月谢世之后;另一方面为备考而钻研法律、会计、税收等科目,旁听的课程涉及符腾堡私法、日耳曼私法、刑法、民法、宪法、法哲学。①

根据老师兼好友尤里乌斯·马尔布兰克记述,李斯特抱负远大、神情专注、知识面宽,他依然不拘课务所限,随心所欲地大量阅读,广泛涉猎了孟德斯鸠、斯密、萨伊、卢梭等人的"奇思妙想"。当年他已在期望,德国既能采纳那些令英国走向富强的体制,又能剔除其中的缺点。与此同时,李斯特结交各色人等,特别包括:时任蒂宾根大学图书馆长、后成为符腾堡文化大臣的卡尔·旺根海姆,此人富有改革精神,对李斯特将多有提携;法学家兼诗人路德维希·乌兰;还有日后出任符腾堡内务大臣的同学约翰内斯·施莱尔。据认为,李斯特与他们的"密切关系可能比课程学习更令其受益"②。

继 1814 年 7 月再次呈报国王获准后,李斯特参加了同年 9 月的国家任职考试,取得头等成绩,现在他有资格担任佐理这一高级秘书职位。考官对他 6 月向内务大臣卡尔·赖沙赫公爵呈交的关于整顿符腾堡低级行政雇员的备忘录也评价甚高。李斯特基于个人在乌尔姆等地的行政经历,加之有感于小官吏庸人之恶导致兄长不幸亡故,对官场基层人浮于事、行政懈怠、

① 前引文得乐:《弗里德里希·李斯特传》,第 19—20 页。*Ibid*. Henderson, *Friedrich List: Economist and Visionary*, pp. 4-5, p. 219.

② *Ibid*. Hirst, *Life of Friedrich List*, *and Selections from His Writings*, pp. 4-5. 前引文得乐:《弗里德里希·李斯特传》,第 19—20 页。

程序繁乱、衙门集中、管理乏善等现象提出了大胆批评和改进意见。该策论还得到了符腾堡国王的赞赏，当然也不免让同僚觉得，此人颇有点"年少气盛""自视甚高"①。

三、受命调研一系列难题

1814年9月通过国家任职考试后，李斯特重返符腾堡王国的政府系统，但他并未回到基层某个固定岗位，而是被指派去处理具体的行政个案。该职责的好处是，他作为一名独立巡视员，虽往往需要跨部门工作，但仅对设在斯图加特的内务部负责；坏处是，没有固定岗位和固定薪金，报酬按日计算，工资时有拖欠。②不管怎样，新职责无疑更加重要了，也比较符合李斯特的个性和训练，可谓用其所长。

李斯特受命处理第一个专项任务，是在1814年10月（一说11月）至1815年4月间，前往内卡河畔的祖尔茨整顿当地税务。其时的首要问题是，由于之前拿破仑战争的影响，该市镇及周围地区税收拖欠严重。李斯特考察后提出，应该给纳税者留出合理的时间，才能争取逐步清理欠税。与此同时，他负责处理户籍登记、道路修建、公地使用、护照发放、居权管理、边境冲突等各类问题③，其中不少事情超出了他作为税务专员的职责范围。

在祖尔茨巡察期间，李斯特高度关注符腾堡的政治变革。1797年继位的国王腓特烈一世本乃德国最专制的统治者，但拿破仑横扫欧洲之时，腓特烈逢迎有术，使得国土和人口成倍增长，且建起法国式中央集权体制。拿破仑败退后，符腾堡内涌起了要求腓特烈结束专制统治、重建宪政秩序、开展自由改良的呼声。其中就有李斯特1815年3月与同窗好友施莱尔联合撰

---

① 前引文得乐：《弗里德里希·李斯特传》，第21页。*Ibid*. Henderson，*Friedrich List：Economist and Visionary*，pp. 6-7.

② *Ibid*. Henderson，*Friedrich List：Economist and Visionary*，p. 7.

③ 前引文得乐：《弗里德里希·李斯特传》，第21页。*Ibid*. Henderson，*Friedrich List：Economist and Visionary*，p. 7.

写的一份政改请愿，他们呼吁恢复宪政、保障民权、限制王权、重开议会。① 这是李斯特首次正式表达个人政治立场。

处理完毕祖尔茨的税务问题后，李斯特在 1815 年 5 月被派往国防部，在那里工作了约十个星期。当时，符腾堡政府设有外交、内务、文化、司法、国防、财政六个部。李斯特在国防部的职责包括：一是核算军队补给费用，因为拿破仑势力逃离后，奥地利军队驻守德拉克，故需要核算为此提供给养所需开支；二是运回奥地利和俄国军队参战时开往曼海姆的车辆辎重。1815 年 11 月李斯特再次借调国防部时，他应命清理已没收的拿破仑家人留下的财产。② 显然，李斯特在国防部的工作主要涉及拿破仑战争结束后符腾堡境内的善后事宜。

1815 年 8 月，李斯特回到内务部，在一个负责基层事务的部门任职。此前已有几位同事奉命研究基层财政改革问题，但拖延四年也未拿出实际方案，李斯特自告奋勇接手这一任务，并决心尽早完成。1815 年 11 月 10 日，他便向上司提交了改善基层财政的报告。李斯特厉言直陈村镇财务人员低能、账务混乱、欠税严重之类问题，建议聘任训练有素者管理账务，且应加强审计。同时，他对公共项目的材料采购、公共粮库的功能发挥、城镇行政职责的适当归并，以及行政人员的一专多能，都提出了合理化建议。当然，也有官员向国王呈报，李斯特所言弊病尽管属实，但不免夸大其词、以偏概全。③

才处理完上述事务，李斯特又接到新任务。在蒂宾根大学已对他赏识有加的旺根海姆如今担任文化大臣，他指定李斯特全面研究地方行政问题，再向新近成立的宪法事务委员会提出整改建议。李斯特 1816 年 1 月便上

---

① *Ibid*. Henderson, *Friedrich List：Economist and Visionary*，pp. 8-10. 前引文得乐：《弗里德里希·李斯特传》第 22 页。

② *Ibid*. Henderson, *Friedrich List：Economist and Visionary*，p. 8，p. 10.

③ *Ibid*. Henderson, *Friedrich List：Economist and Visionary*，p. 11.

交报告,他揭露地方政府的"无知、低效、腐败、傲慢",建议"公务员应当接受新式训练"。为此,有必要在蒂宾根大学设立治国理政这样的全新课程,以普及关于宪法、中央与地方治理、司法实践、政治经济学、公共财政等基本知识。他还提议扩建兽医学院、开设农林学院,从而后备懂行专家。同在 1 月,李斯特另递交一份备忘录,结合本人在母亲去世后分家析产的经验,建议政府相关收费应依照财产比例并专由常任官员经办。①

工作上李斯特雷厉风行、成绩斐然,可是个人处境此时不尽如意,他于1816 年 1 月致信内务大臣赖沙赫,抱怨自己虽"竭尽全力勤奋学习、恪守职责",却仍然"没有编制、没有收入、没有事业"。当然,这并不妨碍他在 1816 年 2 月又向符腾堡议会提交一份批评政府系统低效敷衍的报告。未久,1816 年 4 月,内务部派他返回家乡罗伊特林根考察行政运作情况。李斯特实地研究后提出了针对性建议,如出售亏损经营的公共资产、简化财政体系、尽快清理欠税、变实物贡赋为现金税赋、精简市镇警力、改善道路养护、允许行会参与市镇管理、突破城墙限制加快城区开发。这些措施尽管遭到当地高官抵制,但还是得以落实并取得成效。②

在结束家乡的调研与整顿后,李斯特终于在 1816 年 5 月 5 日获得内务大臣的正式任命,成为内务部财税主管,配享 1 200 古盾固定年薪。③自拜师学艺到谋得官职,忽忽已 11 载,但聪明好学、能干高效、敏锐务实已让李斯特脱颖而出,美好的远大前程看来正向这个有为青年含笑招手。

四、办刊物继续推动变革

李斯特本来就致力于符腾堡王国的政治变革和行政改良,值此风华正

---

① *Ibid*. Henderson, *Friedrich List: Economist and Visionary*, p. 12.
② *Ibid*. Henderson, *Friedrich List: Economist and Visionary*, pp. 12-14. 前引文得乐:《弗里德里希·李斯特传》,第 23 页。
③ *Ibid*. Henderson, *Friedrich List: Economist and Visionary*, p. 13.

茂、事业上升之际,他更加积极地投身于推动君主立宪等政治活动。像现代化进程中许多国家一样,当时的符腾堡也存在保守和维新两种趋向。1816年10月30日,开明的王储威廉一世在腓特烈一世驾崩后登基,更是激起了维新派的变革期望。李斯特自然站在维新一边,希望施行宪政,包括恢复原先帝国自由城市的那些自治权。担任大臣的师长旺根海姆也热心维新,他赞赏李斯特的改革热忱和出色才干,成了提携李斯特的"贵人"。①

威廉一世继位后数日内,便组建枢密院即新政府,下属七部门中,包括了旺根海姆执掌、负责教育与宗教事务的文化部。国王继位后三个星期又批准设立政府委员会,唯一不是贵族出身且年仅26岁的李斯特获任委员会秘书,想必得到了旺根海姆的力荐。正值符腾堡政情萌动的当口,有机会介入高层政治,可谓机遇难得。可李斯特觉得此项工作缺乏挑战性,故而未能认真对待、严守分际,他在有关官场整顿的报告中,擅自加入个人的想法和建议,引发资深同僚不满,也给新君留下了不好的印象。②这种处事率直有余、为人圆融不足的毛病,以后还将给李斯特的人际关系、事业发展乃至人生结局带来不小的负面影响。

在当时关于宪政的争议中,李斯特为表达自由民主诉求,联络两位同道于1816年创立了一份倡言宪政及行政改革的刊物——《符腾堡实录》。由于合伙人均为符腾堡议员,其中一人长期担任罗伊特林根市长,另一人很快调任蒂宾根大学农学教授,主编事务便落在三人中最年轻的李斯特肩上。刊物在1816年、1817年共出版七期,发行量始终不大,哪怕李斯特等人争取让地方政府机构订阅,1817年的订户也仅约250个。③然而,以此为起点,李斯特开启了自己恣意汪洋的报人生涯,那些锐意图新、"笔端常带感情"的

---

① *Ibid*. Henderson, *Friedrich List : Economist and Visionary*, p. 16, p. 12.

② 前引文得乐:《弗里德里希·李斯特传》,第23—24页。*Ibid*. Hirst, *Life of Friedrich List, and Selections from His Writings*, p. 6.

③ *Ibid*. Henderson, *Friedrich List : Economist and Visionary*, pp. 14-15, p. 221.

政治经济时评将成为他影响世界的直接手段。

李斯特本人在《符腾堡实录》上发表过三篇策论。第一篇《反思符腾堡的政府治理》倡言数项改革,其中包括:大学应开设政法行政与经济财税课程,借以培养合格的公务官员;应严格限制官员的专横权力,最基层的村镇均应有权在国家法律框架下实行自治;司法部门应与行政管理的其他部门相分离。第二篇《地方社区的行政管理》更具体讨论了地方社区的管治方法,强调当地社区选出的代表应当组成理事会负责社区管理,并探讨了地方政府在税收、治安、济贫、公产监管等方面的运行之道。第三篇《对宪法草案的批评》既批评了符腾堡议会草拟的宪法,又批评了德意志邦联宪法。李斯特不满于符腾堡宪法草案的保守倾向,提出了一个保障全体公民权利的自由宪法,并表达了民主限权的设想。对邦联宪法的批评则指出,应当把松散的邦联打造为强有力的中央政府,并应组建关税同盟,让国人有权在诸侯邦国间自由通行。①

李斯特忙于办杂志、写文章之际,批评他不务正业的议论甚嚣尘上。为平息批评,同样倾向改革的内务大臣卡尔·克纳 1817 年 4 月 29 日委派李斯特前往海尔布龙港口,去调研居民大举迁往美洲的缘由,最好还能劝返他们。次日到达后,李斯特即投入工作,一星期内采访近两百人,留下了近150 页采访笔记。他摸清了百姓背井离乡的各种原因,计有:苛捐杂税不堪重负,地主官府串通欺压,司法机关贪赃枉法,作物歉收物价上涨,企业倒闭工作无着,移民中介欺骗误导,虔诚教徒向往净土。总之,去国者愤而出言:"未来彻底无望,宁做美利坚奴隶,也不当符腾堡公民。"故此,李斯特的劝返努力几无成效,现场六七百名等候登船者中,他仅劝回三家人。不过,在上交内务部的报告中他还是拿出了若干对策,包括改良基层行政管理、遏制豪强专横权力、通告真实移民信息、设立一年等待期限等。这次调研进一步证

---

① *Ibid*. Henderson, *Friedrich List: Economist and Visionary*, pp. 15-17.

实了李斯特之前对基层政治生态的判断，当然也更坚定了他投身改良的决心。①

《符腾堡实录》停刊后，李斯特与两位志同道合者经策划，又于1818年1月创办了一份新杂志，名为《施瓦本人民之友：道德、正义、自由期刊》。该刊在当时的革新风气下，以君主立宪为导向，倡导代议政府、部委负责、地方自治、司法陪审、出版自由等新政。与此前的《符腾堡实录》相比，这份杂志更加通俗，旨在争取更多读者尤其是改革支持者。因李斯特的文章未有署名，所以只能据考证和推测，他应该发表过关于部委职责之规范、行政改良之必要性、设立民选地方理事会之可取性等观点。当然，针对那些攻击杂志煽动革命的指控，他也予以有力回击。此刊一直经办到1822年6月，它与《符腾堡实录》一样，属于王国范围内的刊物，因而在符腾堡外影响有限。②但一个思想高远、勇气非凡、精力旺盛的年轻人注定要冲出符腾堡的小天地。

五、进蒂宾根大学当教授

李斯特在揭露弊政、倡言改革时，一直强调要在大学开设经世致用的课程，以便培训合格的公务员。他1816年在《符腾堡实录》上明确提出："如果国家想要有合适的公务员可用，就应在大学系统地教授政府行政事务。"同时，他对当时的大学科目设置也表示不满："我们的大学里，无人具有政治经济学概念，也无人讲授农业、林业、矿业、工业、贸易这些科学。"③

李斯特的说法严格讲来亦不尽然，至少在大的德意志范围内，"求真务

---

① Eugen Wendler, *Friedrich List：An Historical Figure and Pioneer in German-American Relations*, Verlag Moos & Partner Gräfelfing, 1989, p. 14; *Ibid*. Henderson, *Friedrich List：Economist and Visionary*, pp. 19-20, p. 225. 前引文得乐：《弗里德里希·李斯特传》，第24—25页。

② *Ibid*. Hirst, *Life of Friedrich List, and Selections from His Writings*, p. 10; *Ibid*. Henderson, *Friedrich List：Economist and Visionary*, pp. 17-18.

③ 前引文得乐：《弗里德里希·李斯特传》，第26页。*Ibid*. Hirst, *Life of Friedrich List, and Selections from His Writings*, p. 7.

实"业已在大学形成传统。1727 年,普鲁士国王腓特烈·威廉一世下令在哈雷大学和法兰克福大学各设一个新教席,讲授关乎财政、经济、治安之类的切实问题,"这标志着面向未来国家官员的课程正式启动"①。此外,德国17 世纪起就存在一个堪称"德国版重商主义"的"官房学派",作为学派领袖的路德维希·泽肯多夫、约翰·贝歇尔、威廉·施罗德、菲利普·霍尔尼克等,也都致力于探寻治国安邦、君富民福之道。②

就符腾堡而言,1781 年后的 13 年里在斯图加特开设过培训财政和管理专才的学校,蒂宾根大学则于 1796 年(亨德森谓 1798 年)延聘卡尔·富尔达任"官房研究"教授,开设了面向未来政府官员的选修课程。富尔达至少从 1803 年起便呼吁并上书大臣旺根海姆,争取在蒂宾根大学专设官员培训项目。虽说"英雄所见略同",不过确实是李斯特作为旺根海姆的亲信,直接推动了大臣在蒂宾根大学设立政治经济系的决定。1817 年 6 月,尚在内务部财税主管职位上的李斯特致信大臣,为出任政治经济学教授而毛遂自荐。即使弃政从教意味着薪金减少,李斯特仍坚持认为,既然从行政体制内改良政治频遭抵制,现更愿以大学教授身份,从行政体制外推动变革,就如兴办刊物一样。③

经国王批准后,文化部于 1817 年 10 月具文,蒂宾根大学在原神学、哲学、医学、法学外增设国家经济即政治经济学系;拟开设六门课:公共行政理论,公共行政实践,农业,林业,技术、商业、矿业研究,建筑;富尔达担任系主任,李斯特则出任行政实务教授,并参与学校评议会。李斯特在 1817 年 11 月 6 日收到了确认获聘教授的信函,次日即致信国王表示感谢。当然,由于政府方面事先未与校评议会咨商,加之李斯特学术资格薄弱,又深陷校外宪

① Keith Tribe, *Strategies of Economic Order*: *German Economic Discourse*, *1750-1950*, Cambridge University Press, 2005, p. 8.
② [瑞典]拉斯·马格努松:《重商主义政治经济学》,梅俊杰译,商务印书馆 2021 年版,第 99—115 页。
③ *Ibid*. Henderson, *Friedrich List*: *Economist and Visionary*, pp. 21-24.

政纷争，校评议会抵制政府决定，即使未能逆转定案，已足令李斯特出师不利。更何况，1817 年 11 月，其贵人文化大臣旺根海姆及内务大臣克纳接连去职，"改革小阳春"随之人去楼空。谅必为了寻求支持，李斯特于 1817 年 12 月 24 日致信国王，主动通报讲课内容，同时又提出了关于新设系科应获得学位颁授权、年轻公务员须在大学培训至少一年方可晋升等建议。①

李斯特在 1817 年 12 月从斯图加特官场转往蒂宾根大学后，随即开始紧张备课。他的授课范围包括法律执行、政府会计、财政实践，首场讲课安排在 1818 年 1 月 21 日，以"符腾堡治国的理论与实践"为题。依照惯例，入职演说要用拉丁文讲，为此，拉丁文水平欠缺的李斯特不得不先写出德文再行翻译。他在演讲中继续为官员接受理论培训这一争议之举辩护，但据听讲者回忆，首讲虽"慷慨激昂"，却"多陈词滥调"，且因越念越快而致早早收场，徒增"鄙夷和嘲笑"。首场听众约 200 人，第二场改用德语后听众更多，但之后人数骤降，最后仅剩十几人。②当然，一定程度上这也属当时听课的常态。

1818 年夏季学期，李斯特开设"符腾堡国家宪法"课，在随后的冬季学期中，开设了"市区法人团体的章程与行政"课。③因公共行政专业学生很少，他的讲课成了面向其他专业学生的"公共讲座"。为开新课，他购入大量书籍研读准备，大有一展学术宏图的气概。④他的讲课不乏真知灼见，比如他指出，既往政治理论对公司和行会甚少重视，其实只有依靠它们"才能真正维护自由与秩序"，无此类组织发育的大一统国家形同专制怪兽；全世界结成"公民联合体纯属非自然"，不过是"异想天开的产物"，"原始的人性"决

---

① 前引文得乐：《弗里德里希·李斯特传》，第 27—28 页。*Ibid*. Henderson, *Friedrich List：Economist and Visionary*, pp. 24-27, pp. 223-224.

② *Ibid*. Henderson, *Friedrich List：Economist and Visionary*, pp. 27-28；*Ibid*. Hirst, *Life of Friedrich List, and Selections from His Writings*, p. 8. 前引文得乐：《弗里德里希·李斯特传》，第 28 页。

③ 前引文得乐：《弗里德里希·李斯特传》，第 29 页。

④ *Ibid*. Henderson, *Friedrich List：Economist and Visionary*, p. 29.

定了独立国家之间如同个体之间一样容易冲突交战。但总体而言,他的讲课仍不乏简单化的宣传,如为支持当下改革而颇为公式化地褒贬现代宪政与传统政制。①

由于李斯特出任教职原本就有争议,再加他在同期兴办报刊、论政处事中难免积怨,在他开始讲课后,甚或尚未开讲前,就有人向国王"告御状"。财政部高官告称不该设立公共行政管理教席;据称系主任富尔达则告称李斯特"攻击符腾堡的法政制度"。为此,内务教育宗教大臣接国王令,两次约谈李斯特,转达君主的不满和告诫。李斯特在 1818 年 5 月 29 日致信国王动情自辩后,国王通过臣属表示释然,却未答应其觐见要求,倒是要他警告学生,别经不住诱惑,尽想着去实践那些"纯理论性主张"。冬季学期到1919 年春结束,李斯特春假时前往法兰克福,就在他与工商业者联合请愿期间,内务教育宗教部接到国王臣属 4 月 17 日信函,又要求校评议会查考李斯特讲课情况。李斯特闻知后即抗议部委干涉学政,正好大臣之前训斥他身为符腾堡公务员,擅自承担外邦公务,李斯特遂于 1819 年 5 月 1 日干脆辞去教职。②

此前从教之际,28 岁的李斯特在个人生活中也迎来一件大事。1818 年1 月 8 日,他向一个多月前在斯图加特认识的卡罗利妮·赛博尔德·奈德哈德求婚,三周后他们便踏入教堂举行婚礼。卡罗利妮父亲在家乡当过中学校长,1796 年受聘为蒂宾根大学古代文学与修辞教授,精通古典学问,教研有口皆碑。卡罗利妮 18 岁时曾与不来梅商人约翰·奈德哈德成婚,生下一子名卡尔(1809—1895 年),可惜丈夫 1816 年英年早逝。李斯特对美丽贤惠的卡罗利妮一往情深,但何曾料到,自己动荡不安的一生将让不离不弃的妻子跟着搬迁 33 次! 卡罗利妮与李斯特育有三女一子:大女儿埃米莉

---

① *Ibid*. Hirst, *Life of Friedrich List*, *and Selections from His Writings*, p. 9.
② *Ibid*. Henderson, *Friedrich List*: *Economist and Visionary*, pp. 28-30, p. 41, pp. 224-225; *Ibid*. Hirst, *Life of Friedrich List*, *and Selections from His Writings*, p. 28.

(1818—1902 年),生于蒂宾根,终身未嫁,承担父亲秘书的工作;儿子奥斯卡(1820—1839 年),生于斯图加特,参加法国海外军团后亡于北非;二女儿埃莉泽(1822—1893 年),生于斯图加特,曾是才貌双全的歌唱家;小女儿卡罗利妮(莉娜,1829—1911 年),生于美国宾夕法尼亚,绘制了多幅流传至今的李斯特画像。①

六、领导德国工商联合会

1819 年春假期间,李斯特离开蒂宾根外出旅行,岂料来到法兰克福便开启了一项伟大事业,令人生道路再次发生重大转向。关于旅行目的地,他1819 年 4 月 29 日致信国王时解释,原本为了学术目的去访哥廷根,恰好路过法兰克福。②另有说法是,他前往科布伦茨拜访德国统一的倡导者约瑟夫·格雷斯,也许他们见了面并促成了法兰克福之行。无论是偶然路过还是有意安排,反正李斯特在复活节前夕来到了举办中的法兰克福展销会。③此时的他本已意识到"世界主义经济学与国家经济学二者有别",且认为"德国必须撤除国内关税,执行统一的对外商业政策"④。因此,他刚到法兰克福,便有感于工商业者的群情激奋,出面起草了一份致德意志邦联议会的请愿书,并随后在建立德国工商联合会、要求设立全德关税同盟的过程中发挥了带头作用。

当时的德国,名义上有个邦联,此乃拿破仑战争结束后维也纳会议善后安排的产物,但不过是个支离破碎、犬牙交错的散乱组合,包括奥地利、普鲁士等 35 个主权邦国,以及法兰克福、不来梅、汉堡、吕贝克四个自由市,在法

---

① 　前引文得乐:《弗里德里希·李斯特传》,第 29—31 页。*Ibid.* Hirst, *Life of Friedrich List, and Selections from His Writings*, p. 14.

② 　*Ibid.* Henderson, *Friedrich List: Economist and Visionary*, p. 29, p. 226.

③ 　*Ibid.* Henderson, *Friedrich List: Economist and Visionary*, p. 34.

④ 　[德]弗里德里希·李斯特:《政治经济学的国民体系》,陈万煦译,商务印书馆 1961 年版,第 5 页。*Ibid.* Hirst, *Life of Friedrich List, and Selections from His Writings*, p. 10.

兰克福设有邦联议会。因为邦联决议需要三分之二甚至全体一致才能通过,加之还有英国、丹麦、荷兰的君主插足其中,所以该议会缺乏行动和协调能力。①其经济后果是,邦国间关卡林立、流通严重受阻,对外又各行其是,缺乏统一关税手段,无以应对他国商业挑战。例如,黑森-达姆斯塔特、拿骚在莱茵河上设卡收取高额通行费;汉诺威在施塔德镇设卡向易北河上的货运收费;汉堡、不来梅实行自由贸易,大举输入外国制成品和原材料;法兰克福、安哈尔特的公国则大肆走私,把外国货物偷运到邻邦。②单是普鲁士内部,就有按区设置的 67 种不同关税。有人极而言之,德国人简直就是"隔着铁窗交往的囚犯"③。

就此刻国际经济形势看,拿破仑战争结束时,英国的纺织、钢铁、煤炭等领先产业已经取得"无可挑战"的优势地位,而欧洲大陆的工业"还几乎完全处于手工阶段"④。当临英国的压倒性竞争,各国一般自应筑起防御性关税壁垒。法国面对经由莱茵兰流入的制成品,"几乎封闭了本国边境";奥地利、俄国"向麻制品设下禁入性关税"。相比之下,分裂的德国市场只能听任"廉价英国产品汹涌冲击",同时自己盛产的谷物和木材又被高关税挡在英国门外。时人愤言:"各国都有关税,唯独德国人没有。"更有甚者,之前德国某些地区如萨克森王国,因为拿破仑实施了针对英国的"大陆封锁体系"(1806—1814 年)或因为获得了战争订单,倒是兴办了纺织之类行业,如今随着战后英国产品的涌入,加上 1815 年、1816 年作物歉收,反而迎来了产业凋敝、失业穷困、流浪外迁等严峻问题。其实为纾解经济困局,在 1816 年莱比锡展销会上,恩斯特·韦伯等人已在呼吁商界向邦联议会诉苦陈情;之

---

① [德]迪特尔·拉夫:《德意志史:从古老帝国到第二共和国》,波恩国际出版社 1987 年版,第 64—65 页。

② *Ibid*. Henderson, *Friedrich List*: *Economist and Visionary*, p. 32.

③ *Ibid*. Hirst, *Life of Friedrich List*, *and Selections from His Writings*, pp. 11-12.

④ P. T. Ellsworth, and J. Clark Leith, *The International Economy*, Macmillan Publishing Co., 1984, p. 46, p. 271.

后 1818 年 4 月，莱茵兰的 70 名制造商也在敦促普鲁士国王撤除邦联内部关卡、对外设置统一关税。①

李斯特一到法兰克福，就听到工商业者在纷纷抱怨邦国间的商业阻隔，韦伯等活跃分子提请李斯特起草一份请愿书，也有说是他主动请缨。为"痛陈我等苦难的原因并且恳求帮助"，请愿书直言相告，德国境内"38 条海关边境让内部贸易陷于瘫痪"，由此"严重束缚货物的生产与交换，危及国家繁荣"。与此同时，德国遭逢"英、法、荷海关壁垒的围堵"，"外国的关税形同吞噬德国繁荣之毒瘤"。请愿者们陈词，重重弊政的根源在于"社会组织上的过错"，既然"邦联旨在融汇德意志全体人的力量和利益，用以对外抵御敌人来犯，对内促进国民福祉"，则议会理应"撤销德国境内的一切关卡税费，按照报复原则设置针对外国的德国统一体系"，"如此才能恢复国家的贸易和工业，并帮助劳工阶级"②。从理由铺陈到言语气势，这都是一篇典型的李斯特式雄辩杰作。

请愿书定稿于 1819 年 4 月 14 日，来自萨克森、巴伐利亚、符腾堡、库黑森、巴登、黑森-达姆施塔特、拿骚的 70 名工商业者首先签了字。③4 月 18 日，签名者开会，成立了德国工商联合会，因为李斯特等发起者考虑，若请愿书遭邦联议会搁置，即拟由组织出面向各邦国政府坚持游说。这一工商联合会成了汉萨同盟之后，德意志商人结成的首个联合组织。虽然李斯特因出差而缺席成立会，但与会者还是推举他为联合会书记，20 日回法兰克福后，大家又请他起草联合会章程并向邦联大会提交请愿。4 月 24 日再次开会时，联合会章程获得通过，之后当然还有若干修改，如当年 6 月决定设立一个核心的执行委员会，并任命了负责财务的司库。章程规定，联合会每年借法兰克福春夏展销会之机开会两次，每个邦国均应在执

① *Ibid*. Henderson, *Friedrich List: Economist and Visionary*, pp. 32-33, p. 225.

② *Ibid*. Hirst, *Life of Friedrich List, and Selections from His Writings*, pp. 137-144.

③ 前引文得乐：《弗里德里希·李斯特传》，第 33 页。

行委员会中派有一名成员,代表巴伐利亚的约翰·施内尔被指定为联合会临时总监。①李斯特起初是临时会长,1819 年 8 月 19 日,执委会推举他为"顾问"即执行会长,约两个月后,又确认给他支付 300 古盾年薪并报销公务开支。②

请愿书上交后,邦联议会曾在 1819 年 5 月 24 日大会上作过审议,但基本上是敷衍了事再束之高阁,李斯特为此据理力争也无效果。既然议会不可能依照请愿采取行动,联合会决定另辟蹊径,办法有三。其一,扩大会员规模,让政府难以忽视。继为请愿书征集到最初 70 个签名后,任联合会董事的恩斯特·韦伯在 1819 年 6 月莱比锡展销会上又征得 178 个签名,特别是招募到 600—700 名新会员。1819 年 7 月 1 日向邦联议会再呈补充请愿时,上面的签名已达 5 051 个之多。其二,兴办刊物,以影响舆论、争取更大支持。这便是 1819 年 6—7 月在斯图加特面世的《德国工商业者专刊》(1820 年 10 月更名为《德国工商业者、经济学家和银行家专刊》),李斯特担任这一周刊的编辑直至 1821 年 1 月。周刊最多时印刷 4 500 份,可见联合会的成员数和支持面相当可观。其三,联合会的执委会决定派李斯特、施内尔、韦伯等去游说一批邦国执政者,即使德国全境的关税同盟无法实现,也要争取首先结成某种区域性关税同盟。③

工商联合会游说团安排了超过半年的行程。先是往南部,1819 年 6 月 19 日到慕尼黑(巴伐利亚),7 月在斯图加特(符腾堡)和卡尔斯鲁厄(巴登);之后再往西部和中部,包括拿骚、黑森、库黑森、萨克森等国;1819 年 11 月抵达柏林(普鲁士),12 月转往维也纳(奥地利),直至 1820 年 2 月结束。李斯特的行程与此并不一致,比如,他因需处理参选议员一事,并未随同觐见符腾堡国王;因需编辑联合会会刊并起草报告,并未随团去访西部和中部诸

---

① *Ibid*. Henderson, *Friedrich List : Economist and Visionary*, pp. 34-38.
② 前引文得乐:《弗里德里希·李斯特传》,第 37 页。
③ 前引文得乐:《弗里德里希·李斯特传》,第 38—39 页。*Ibid*. Henderson, *Friedrich List : Economist and Visionary*, p. 226, p. 40.

公国,也未同去普鲁士;另外,他1820年1月初才到维也纳,2月后则独自留在维也纳,直至5月中旬才离开。总体而言,游说团特别是李斯特走上层路线,广泛拜见各国王公政要,痛切面陈了德国需要内撤关卡、外筑关税的必要性和迫切性。李斯特的作用非常突出,如有称他对巴登等邦国的政要有"超大影响力",到普鲁士时因为"缺了李斯特,代表团便不再具有分量";此外,毕竟是他在负责与各邦国宫廷联络,并照例代表工商联合会起草呈交邦联议会、邦联使臣大会的多份请愿书,以及致普鲁士国王的备忘录。当然,也主要因为李斯特名声在外的激进变革立场,游说团特别是他本人在慕尼黑、维也纳等地受到了严密监视。①

就游说结果而言,应该是喜忧参半吧。一方面,大多数邦国朝廷热情接待了游说团,在维也纳的帝国皇帝弗朗茨一世也两次接见李斯特。各界的反应十分积极,例如,巴伐利亚国王表示"会尽一切力量纾解德国的经济困局",财政大臣等官员也"愿意支持工商联合会的目标";符腾堡外交大臣随后向巴伐利亚和巴登提议一起结成南德关税同盟;巴登外交大臣向九邦代表会议散发取消境内关卡的建议;何况当时巴登也有经济学家兼官员卡尔·内本纽斯在倡议对外设置共同关税。但另一方面,在最关键的两国,普鲁士的首相等高官虽对游说团以礼相待,却无意牵头成立关税同盟,即使赞成在国境内撤除关卡,也不赞成对外设置报复性关税,据称外国竞争可以激励德国制造商增效降价。而权倾一时的奥地利首相克莱门斯·梅特涅尽管在1820年2月收到过李斯特言辞恳切的备忘录,但还是拒不接见,且明确表示,建立关税同盟纯属"一厢情愿",各邦可以自行决断,而他本人"不接受统一关税区"。这种反对意见自然反映在梅特涅主持的邦联使臣大会上,1820年5月23日会议依然拒绝承认工商联合会并拒不接受其相关请愿。②

---

① *Ibid*. Henderson, *Friedrich List*:*Economist and Visionary*,pp. 40-48. 前引文得乐:《弗里德里希·李斯特传》,第40—41页。

② *Ibid*. Henderson, *Friedrich List*:*Economist and Visionary*, p. 48, pp. 40-42, pp. 44-46, p. 251.前引文得乐:《弗里德里希·李斯特传》,第41—43页。

　　然而,努力不会白费,大势终难阻挡,现实经济局面加上李斯特等人的发动已让各界日益觉醒并行动起来。从 1820 年起,奥地利和普鲁士以外的不少邦国有意结成"第三方德国",争取构建地方性关税同盟。尽管利益分歧使得相关谈判长期拖延无果、全德关税同盟更是无望,导致李斯特在 1820 年 9 月只得结束本人在工商联合会的工作,甚至连工商联合会自身也因群龙无首、内部纷争不欢而散,但是,从此往后的十多年里,"几乎每年都会出现若干谈判,涉及地方性关税同盟的创建,或涉及新片区加入普鲁士关税体系"。就这样,先是德国南部再是德国中部结成了地方性关税同盟,然后以普鲁士为重心,全德大部终在 1833 年 5 月 14 日建成"德国关税与贸易同盟",并于 1834 年元旦正式启动。即使在李斯特眼里,这个关税同盟不是由邦联而是由普鲁士挑头组建,致使设定的关税率未能达到足以保护制造业的程度,但他还是十分看重自己领导工商联合会的岁月,曾称之为"充满希望的黄金时光"①。

　　世人常言,李斯特乃德意志关税同盟的"创立者",就此尚需作一说明。首先,如前所示,德国关税统一进程在李斯特介入前本已起步,巴伐利亚最早在 1807 年、符腾堡在 1808 年、巴登在 1812 年,皆已试图撤除境内关卡以促进内部流通。②更具影响力的是,1818 年,普鲁士在兼并拿破仑战后划入的地区时,就在废除内部关税,由此促成了统一的普鲁士关税同盟。正是这一率先的统一步骤触动了李斯特的思想。③其次,德国当时也有其他人在为统一而努力,如前文提及的格雷斯和内本纽斯,甚至有人认为,李斯特或内本纽斯都算不上关税同盟的"创立者",堪当此名者该是普鲁士政界人物冯·莫茨、冯·马森。由此可见,称李斯特创立了德国工商联合会并无问

① *Ibid*. Henderson, *Friedrich List*: *Economist and Visionary*, pp. 49-51. 前引文得乐:《弗里德里希·李斯特传》,第 49 页。

② *Ibid*. Hirst, *Life of Friedrich List*, *and Selections from His Writings*, pp. 12-13.

③ 前引文得乐:《弗里德里希·李斯特传》,第 32 页。

题,但称他创立了德意志关税同盟则至少不够准确,其他协力推动邦国经济联合的人尤其是政界人士更是同盟的直接创立者。当然,李斯特的贡献还是显而易见的。在他强大的舆论宣传和公关活动下,当政者不得不正视德国境内关税杂乱繁复这一严重问题,同时,也不得不倾听来自工商界的呼声,有关建立关税同盟的公众辩论也随之而起,所有这一切无疑加速了旧体制的崩溃。以后在 19 世纪 40 年代,李斯特利用《关税同盟要报》等舆论平台,更是继续为关税同盟的地域拓展和功能提升,为德国的关税保护和经济统一事业作出了重大贡献。①特别是考虑到工商联合会乃关税同盟之先导,关税同盟又是德国统一之先导,则称李斯特为关税同盟的有力倡导者、经济联合的积极发起人、国家统一的先驱推进者,还是比较恰如其分的。

第二节　颠沛流离的中年(1821—1831 年)

一、当选议员未久便惹祸

1819 年 7 月初,李斯特回到符腾堡,准备代表工商联合会,奏请国王威廉一世出面支持建立德意志关税同盟。一到斯图加特他就获知,国王不久前发布命令,在休停两年后,将选举产生新的等级议会并着手制宪。有鉴于李斯特向来积极倡言宪政、热心行政革新,朋友们鼓动他出马竞选议员。李斯特欣然同意,而且在 7 月 5 日举行的选举中高票当选。问题是,选举法规定,任职议员必须年满 30 岁,而李斯特看来尚差一个来月。尽管李斯特沿用的出生日实际上只是他的洗礼日,但在无法提供出生日期确证的情况下,内务部只能宣布他当选无效,十天后递补当选的是罗伊特林根市财务官约翰·文德利希。李斯特请愿并抗议,可是无济于事,最高层似乎也乐见他铩

---

① *Ibid*. Henderson, *Friedrich List*: *Economist and Visionary*, p. 227, p. 51, p. 90.

羽出局。①

从 1819 年春至 1820 年春，李斯特主要忙于工商联合会涉及邦联范围的工作，然而，他照样关心着符腾堡当地的政治。无论是为 1819 年 7 月的参选，还是为同年 9 月的制宪，或者为年底的议会再选，他都大胆地批评时政、建言献策。总而言之，他的政见包括：应当努力降低税负水平，削减政府开支，实行年度预算制；应当改革国家财政，用直接的所得税取代现有间接税及食盐和烟草的垄断专营；应当建立公选的地方理事会，以便督察地方官员的工作；应当向公众开放全部法庭审判，实行陪审员制，借以保障民权。政见固然有理有力，但由于无法全心投入，李斯特在 1819 年 7 月下旬一次异地补选中遗憾落败；9 月符腾堡新宪法颁行后，国王 12 月宣布议会再选，李斯特也未能击败竞选连任的文德利希。只是在 1820 年 11 月文德利希中风过世后于 12 月 4 日举行的补选中，李斯特才最终成功当选代表罗伊特林根的符腾堡议员。②

1820 年 12 月 7 日，李斯特到议会就职，他在首次发言中即敦促议会集中审议，如何才能让萧条的德国经济恢复活力。接着在 12 月 13 日，他又痛陈德国境内关卡林立、对外出口倍受打压的事实，呼吁建立覆盖全德、一致对外的关税同盟。同时，为振兴符腾堡经济，他也建议议会成立一个常设委员会，此项动议通过后，他便担任该委员会主席。12 月 16 日、18 日，李斯特又分两次阐述了符腾堡的财政问题。他建议应当测算总税收在国民收入中的占比，争取大幅减税，毕竟如在以往 15 年里那样，政府征税过度已致民穷财尽。他还建议政府制订 10—15 年的中长远预算，出售国家领地和小片林地，同时也要精兵简政。可以想象，这样超前的理念在保守的议会中定然遭遇反对，果然，同僚以 54 票比 26 票否决了他改良财政的动议。③由上可见，

① 前引文得乐：《弗里德里希·李斯特传》，第 51—52 页。

② *Ibid*. Henderson, *Friedrich List: Economist and Visionary*, pp. 52-53.

③ *Ibid*. Henderson, *Friedrich List: Economist and Visionary*, pp. 53-54.

在刚入职议会的十多天里，这位最年轻的议员已表现得非常活跃，发表了一系列深谋远虑的政见，充分展现了其经邦济民的才干和锋芒，但同时，他也激化了保守与进步力量之间本已存在的矛盾和对立。

在随后的圣诞假期，受罗伊特林根市长邀请，李斯特于 1821 年 1 月初回乡了解民意，随后返回斯图加特撰写拟向议会提交的陈情报告。这份报告他曾让议会同僚约翰·科塔等多位朋友过目，看来并无明显犯忌的内容，故而李斯特即交当地一家印社印刷了近千份，并由蒂宾根时同学爱德华·许布勒发出数百份，此即引起轩然大波的《罗伊特林根请愿书》。①在这份请愿中，李斯特一如既往甚至变本加厉地指责官府高高在上、麻木不仁、官官相护、失德寡能、不通生产、讲究排场、鱼肉百姓、贪赃枉法，造成谷贱伤农、工场破产、贸易萧条、通货紧缩、公平缺失、民无尊严、行政低效、横征暴敛等恶果。此外，他提出了减少官府规模、官员定期选举、行政司法分离、司法审判公开、引入上诉程序、简化税收体制、实行财政预算、剥离国有部门等多达40 来项要求。②

在李斯特这里，此类批评与建议已成老生常谈，然而此番言辞依然足够尖刻，而且他把矛头指向了整个官场，容易触犯众怒。何况多年来的锋芒毕露已让他成为某些高层人物的"肉中刺"，近来在议会这个官方平台上的放言无忌又让他成了保守势力的"眼中钉"。太多的政敌本就在伺机一举逮住这个"危险的革命分子"，这份请愿书正好把机会送上门来。李斯特作为议员当然有权而且理应反映社情民意，事实上，请愿书中有关减费降税、废除垄断、地方自治的要求，以及对某些行业市场萧条的抱怨，确实来自基层当局和行会负责人。③不过，纯从技术角度看，所谓《罗伊特林根请愿书》也可算是一份"匿名传单"，因为作者没有署名，也未明确致呈国王或人民代

① *Ibid*. Henderson, *Friedrich List：Economist and Visionary*，p. 55.

② 前引文得乐：《弗里德里希·李斯特传》，第 53—54 页。

③ *Ibid*. Henderson, *Friedrich List：Economist and Visionary*，p. 229.

表①，这就留下了把柄。反正这个技术问题，随同批评的尖锐，加之保守势力蓄意反扑、高层有人执意构陷、国王对他印象不佳、印刷所雇员贪财告发，还有邦联议会 1819 年发布《卡尔斯巴德法令》后言论空间的大为压缩，诸多因素叠加在一起，注定要让李斯特在劫难逃。

随着 1821 年 1 月 21 日警务高官登门李斯特住地，斯图加特市政和刑警部门查封了家中留存和市面流传的此份请愿书，刑事调查也迅速展开。经过多次审讯，李斯特被指控"侮辱国王，中伤法官和公务员，违反出版法"②。但行动的焦点还是要剥夺他的议员身份。故此，议会 1821 年 2 月一经复会，宫内厅三名成员就向议会转达国王的意见，不应再让李斯特继续当议员。2 月 15 日，司法大臣保罗·毛克勒奉命到议会解释说，对李斯特的指控不单是违反出版法，更有冒犯国君这一项。而且，司法大臣以李斯特已受到刑事调查为由，告请议会撤销其议员身份。后来，当议会秉公调查未能坐实那些指控时，司法大臣再次到场，暗示如不开除李斯特，国王将有权休停议会。高压之下，议会以 56 票比 36 票的表决结果决定开除李斯特，尽管当时仍附加了一个条件，即如果解除指控，李斯特尚可复职。就这样，1821 年 2 月 24 日，履职未满三个月的李斯特被开除出了符腾堡议会。③

在此过程中，李斯特据理自辩，在议会便发表过三次讲话。同时，社会舆论对他也多有声援，罗伊特林根市民提交了 145 份证词，声明本区议员是依照"众人意愿"，跟各界会商后才起草请愿书的。此外，符腾堡王国内另一曾经的帝国自由城市海尔布龙也发布了一份强烈支持李斯特的声明，称"李斯特议员对我国形势的描述完全正确"，"请愿书不过讲述了有案可稽的事实，代表了符腾堡全体公民的意见"，"足令我等永志感激"。然而，这一切未

---

① 前引文得乐：《弗里德里希·李斯特传》，第 113 页。

② *Ibid*. Henderson, *Friedrich List：Economist and Visionary*，p. 55.

③ *Ibid*. Henderson, *Friedrich List：Economist and Visionary*，pp. 55-57. 前引文得乐：《弗里德里希·李斯特传》，第 56—57 页。

能改变对李斯特的司法打压。埃斯林根刑事庭经过一年多的拖沓审理，仍于 1822 年 4 月 6 日宣判："因诽谤和污蔑符腾堡政府、法院、行政机构及公务人员之荣誉，且因违反出版自由的相关法律，特判决被告人监禁十个月，外加监内相应劳役，并罚处承担十二分之十一的调查费。"根据符腾堡宪法，只要获判"监内相应劳役"，当事者便永远丧失选举权和被选举权，也即永远不得出任公职。①

政治高压下的这一判决显然践踏正义、别有用心，自然遭到了普遍的谴责。议会中很有影响力的议员路德维希·乌兰、达姆施塔特律师海因里希·霍夫曼分别致信李斯特，称此判决"有违公正""灭杀正义"；曾为关税同盟事业携手合作的恩斯特·韦伯在当年向莱比锡集会的商界人士通报时，还有接任李斯特蒂宾根大学教职的罗伯特·莫尔后来在回忆录中，皆称这一判决乃"臭名昭著"。李斯特本人当时致信友人，称该判决是"对议会制度和宪政议会中议员尊严的侮辱"②。对于素怀远大政治抱负的李斯特而言，最具侮辱性也最有后遗症的是，判决结果包含了将使他无法再任公职的那个劳役惩处，这也是他后来反复寻求平反包括幻想国王能予赦免的缘由所在。如此平地突起风雷，让李斯特的人生道路出现了超乎想象的巨大反转，刹那间从繁花似锦变换为荆棘丛生！

二、下海投资经商不成功

1820—1822 年，李斯特参与投资了两个矿业项目，一个是硫酸厂，一个是煤矿。他下海经商，首先是出于要促进符腾堡工业发展这一动机，并不是急需为自己赚钱，因为最初涉足实业时，他尚且生活无虞，还在为关税同盟和议会参政而奔忙呢。但 1821 年 2 月被议会革职后，他一边等待法庭判决，一边确实需要寻找新的生计，这也是他后来大胆介入投资的原因。很可

---

① 前引文得乐：《弗里德里希·李斯特传》，第 57—58 页。
② *Ibid.* Henderson，*Friedrich List：Economist and Visionary*，p. 57.

惜,两个投资项目都不成功,最多算为后来的经商积累了一些经验。

1817 年,有位名叫恩斯特·格勒茨格的技术员在奥滕多夫发现了硫矿,此人之前当过矿山督察员,相信从发现的矿物中可以炼制出化工业日益需要的硫酸。格勒茨格很快获得了开矿炼制硫酸的许可,无奈缺乏建厂所需资本,故而他于 1817 年创立了一家股份公司。公司总共发行 132 支股份,其中国王威廉一世以个人经费认购 2 股,以政府经费认购 6 股,其余向私人投资者售出仅 10 股,可见项目行情并不看好。①

李斯特介入此事是因为爱德华·许布勒、海因里希·凯斯勒的缘故。许布勒原是李斯特蒂宾根大学的同学,此时在矿山附近担任法官,凯斯勒则于 1819 年当选符腾堡议员,也熟悉当地情况。这段时间,他们三人还在一起经办《施瓦本人民之友》杂志,可谓志同道合的朋友。许布勒 1820 年 9 月 26 日与格勒茨格签约,获得了 86 支股份的认购权,他自己留下 36 股,向李斯特和凯斯勒各转售 25 股。②

应该说,李斯特的参与不完全是身处逆境时被人乘虚而入,也不能说是两位伙伴"施加了某种压力",从他 1821 年 1 月 4 日写给许布勒的书信可知,李斯特对相关的技术、市场、财务等问题有过分析,自信通过恰当管理,有望"建起一家在德国首屈一指的工厂"。也正因如此,他不但出资投入了,还要求作为董事参与积极的管理,而不是被动地持股分红。后来在 1821 年 8 月 22 日股东大会上,李斯特即获任主管董事一职,直接负责经营。③

然而,企业经营困难很大,其中既有原主管格勒茨格理念不同偏又时时插手的原因,又有市场上硫酸价格大幅下跌的因素,何况李斯特惹上的那场政治官司即将宣判,为防备官方可能没收他名下财产,他不得不放弃手中的经营主管权。及至 1822 年秋,企业财务状况恶化,转产又缺乏改造经费,最

① 前引文得乐:《弗里德里希·李斯特传》,第 60—61 页。
② 前引文得乐:《弗里德里希·李斯特传》,第 61—62 页。
③ 前引文得乐:《弗里德里希·李斯特传》,第 62—64 页。

后只得亏本出售，李斯特本人损失了三分之一的投资。稍显诡异的是，在他离开后，许布勒和凯斯勒倒是留了下来，企业后来起死回生，到1827年还成了"符腾堡最重要的化工厂之一"①。

与此同时，李斯特、许布勒、凯斯勒另外投资了斯皮格尔贝格附近的一个煤矿项目。有位名叫菲利普·戴宁格尔的测量师1819年夏在那里发现了煤块，申请符腾堡官方投资未果后，他转而向硫酸厂的股东筹措开发资金。该项目起初也发行132支股份，李斯特等三人承购其中一半，李斯特持有25股。作为主要股东，三人拥有发言权，如在1820年11月20日股东大会上，李斯特提出过以计件而非计时方式结算工人报酬、建造一个煤炭库房、向国王寻求支持等建议。国王威廉一世随后确实提供过一笔资金，还在1821年5月26日莅临视察。②

可是，这个煤矿项目同样存在若干超出预想的问题。首先是开发区域并无期待中的无烟煤，只有一些质量较低的煤炭，这种煤炭无法用于室内取暖，难以打开市场销路。其次是矿道非常潮湿、渗水严重，加之巷道修得过于讲究，致使产煤成本明显过高。反正整个项目试产不久便难以为继，只得在1822年2月关门了事，股东投资几乎悉数损失，原先为弥补木材匮乏而寄予希望的煤田就此化为泡影。③

李斯特早年的这次投资经商以失败告终，从中至少可预见几点。其一，他对兴办实业、发展工业怀有强烈兴趣和进取精神，以后在美国和德国的开矿筑路活动中他将再现这一开拓创业的天性。其二，他多少有点急于用世又拙于谋身，在本次及以后的投资经营活动中，他都未能保护好自身利益或谋得应享利益，须知，缺乏经济后盾的可靠支撑，终究是他最后抑郁离世的

---

① 　前引文得乐：《弗里德里希·李斯特传》，第64—65页。

② 　*Ibid*. Henderson, *Friedrich List：Economist and Visionary*，p. 58. 前引文得乐：《弗里德里希·李斯特传》，第65—67页。

③ 　前引文得乐：《弗里德里希·李斯特传》，第67页。*Ibid*. Henderson, *Friedrich List：Economist and Visionary*，p. 58.

重要原因。此外,投资失败是否还有一个遇人不淑的问题?许布勒和凯斯勒当时在李斯特身受政治迫害时明哲保身,乃至被李斯特视为"对共同理想的背叛";这两人后来在硫酸项目中终究还是发了财的,凯斯勒则更有骗取信任、嫁祸于人的劣迹。①如此等等,无不反衬出李斯特为人处世中实诚天真的一面,这一点以后还会让他付出代价。

三、在法国瑞士等地流亡

1822 年 4 月 11 日,李斯特获知埃斯林根刑事庭的严厉判决,自己从此将丧失出任公职的资格,如此结果对他"形同死刑判决"。为逃离惩罚、抗议枉法、宣示清白、另辟生路,两天后的深夜,他"小偷般"(按其自况)溜出斯图加特,雇船偷渡莱茵河越境,4 月 14 日潜入斯特拉斯堡。斯特拉斯堡本乃神圣罗马帝国的自由城市,现属法国下莱茵省,但仍流行德语,逃离梅特涅暴政的德国人士多就近流亡于此。这里生活成本低于斯图加特,民风也好,房东闻知李斯特是遭迫害的自由人士后,主动要免除房租。因此,初来乍到的李斯特颇有乐不思蜀之感,声称"宁在斯特拉斯堡卖奶酪,也不回斯图加特当大官"。再说,此时他与内兄弗里茨·赛博尔德在合办出版于斯图加特的《内卡报》,料想可以靠海外记者这份工作谋得稳定收入,还能保持对国内民意的影响力。当然,实际情况是希望落空,经济"始终拮据",留在斯图加特的妻儿又让他无比牵肠挂肚。②

除为《内卡报》撰稿外,李斯特在斯特拉斯堡才安定下来就准备做三件事,不仅仅为了赚钱养家。一是写出本人受审实录,既给符腾堡当局施加压力,也现身说法地启蒙德国和法国的民众;二是写出有关符腾堡议员的专论,借以分析王国议员的构成及议会选举中的问题,同时倡导议员直接选

---

① 前引文得乐:《弗里德里希·李斯特传》,第 62、64—65 页。
② Ibid. Hirst, *Life of Friedrich List, and Selections from His Writings*, p. 24；Ibid. Henderson, *Friedrich List: Economist and Visionary*, pp. 59-60.

举；三是翻译出版路易·萨伊(让-巴蒂斯特·萨伊之弟)的新著《论立法与产业》，此书通俗易懂地评述国民经济理论的既有流派，指出了其中的谬误，也阐明了个人的观点。这件事预示了李斯特以后经济思想的发展走向，也说明他虽然入境后才开始学法文，但已在阅读法文经济著作，还找到了与自己思想共鸣的理论。①

然而，天网已经张开。法国官方最初两星期尚显通融，至 1822 年 4 月 27 日，法国内务大臣便要求下莱茵省长严密监控李斯特，且下令如其有张扬之举，即予驱逐出境。下莱茵省长随后的报告显示，李斯特行为低调规矩，尽管他日益与自由人士为伍、参与编辑的《内卡报》明显有自由化倾向。与此同时，符腾堡当局经由司法和外交途径在要求引渡李斯特。1822 年 6 月 29 日，符腾堡刑事机关通过斯特拉斯堡市长发来追逃书，责令李斯特八日内返回本国，否则将由警方递解押回。李斯特抗命不从，只是因为斯特拉斯堡市长提出，自己仅接受法国政府指令方可行动，追逃令才未有实施。②

李斯特原拟在 1822 年 8、9 月间接家人来斯特拉斯堡，他甚至已租下景观上佳的一套房子，好让刚分娩二女儿、身体病弱的妻子休养生息。然而，9 月 16 日，下莱茵省长向斯特拉斯堡市长传令，限李斯特 24 小时内离开法国。省长随即给内务大臣的解释是，李某时常光顾"革命者惯去的俱乐部"，且向《内卡报》投寄"煽风点火"的文章。接此驱逐令，李斯特深受打击，警方日志称其"错愕万分"，他自己也谓"浑身忧郁"。1822 年 9 月 17 日，李斯特不得不离开斯特拉斯堡去往瑞士巴塞尔。他随身带着"地位最高的商人和银行家的推荐信"，希望在恰有空位的巴塞尔大学担任"国民经济和统计学教授"。不过，为接应家人，他很快又潜回德国，顺便还与内兄弗里茨·赛博尔德讨论了与《内卡报》的关系问题。流亡以来，赛博尔德不是经常退稿，就是刊登文章后也不支稿酬，令李斯特"深感受辱""义愤填膺"，可惜面谈还是

① 前引文得乐：《弗里德里希·李斯特传》，第 73—74 页。
② 前引文得乐：《弗里德里希·李斯特传》，第 73、75 页。

不欢而散。①

虽然李斯特决定举家前往瑞士巴塞尔，但妻女身体令人忧虑，于是全家只得先滞留莱茵河畔巴登公国的小镇克尔，一待就是半年。在此期间，李斯特一如既往地忙碌着。他抓紧时间学英语，想必觉得能派上用场。他继续与符腾堡的朋友尤其是约翰·科塔联络，谋求国王和司法大臣给予赦免或减刑，可惜一概劳而无功。他拜访过巴登政府大臣，如能争取在巴登定居下来自是好事，但同样未能如愿。他接触了巴登多位自由派议员，但即使政见相近，他们也不能不跟这个监控对象拉开距离。他出版了自己从法文译成德文的《陪审团制度史》，以此启动了本人主编的丛刊"西弥斯：政治经济学和司法判决领域著译汇编"。他还想进弗赖堡大学谋份教职，可纵有相关空位，以在逃戴罪之身也不可能补缺。事实上，斯图加特上诉庭 1822 年 12 月 3 日已宣告维持原判，符腾堡方面最晚在 1823 年 3 月 18 日又向巴登发出了引渡要求。4 月初，李斯特收到一封来自国内的匿名信，警告他必须立刻前往瑞士，否则将失去自由和安全。从笔迹判定消息可靠后，李斯特 4 月 10 日即与家人离开克尔，经停弗赖堡后，于 4 月 15 日到达巴塞尔。经停期间，他还与弗赖堡大学法律与政治经济学教授卡尔·罗特克晤谈了一天，以后他们会一起编辑出版德国首部百科全书。②

甫抵瑞士巴塞尔，李斯特就以学术研究和思想交流的名义向警方申请居留一年。本来，瑞士的容留政策还比较宽松，但由于多年来接纳了邻国许多异议人士，恰在李斯特到来的 1823 年春，这个小国受到了周边强邻空前的政治压力，所以也不得不收紧政治避难政策。再加李斯特没有护照，巴塞尔警方便限令他必须在 14 天内离开。就在这两个星期，李斯特与不少避居

---

① *Ibid.* Henderson, *Friedrich List：Economist and Visionary*，p. 60. 前引文得乐：《弗里德里希·斯特传》，第 77—78、74—75 页。

② 前引文得乐：《弗里德里希·李斯特传》，第 79—82、76—77 页。Henderson, *Friedrich List：Economist and Visionary*，pp. 60-61.

瑞士的德国激进人士过从甚密，包括卡尔·福伦、阿道夫·福伦、威廉·斯内尔，这样的交游让他更为官方所不容。及至 4 月底，他只能抛下家人先离开巴塞尔。之前斯内尔等人已指点他前去阿劳，那是瑞士阿尔高州较具进步倾向的首府，其市长约翰内斯·赫尔佐克享有帮助流亡者的清誉。赫尔佐克思想开明、同情李斯特，但即便如此，李斯特到阿劳的最初数月里，在没有护照的情况下要很快获得居留许可也谈何容易！最后，几经周折，凭借夫妻两人的资金担保，外加赫尔佐克的内部协调、此君向符腾堡国王的当面陈情，及其与符腾堡司法大臣毛克勒的个人交情，阿尔高州才于 1823 年 9 月 11 日决定允许李斯特居留，且符腾堡方面不再提出引渡要求。①

　　总算获得定居权后，李斯特遂回巴塞尔接应家人，其间却因举办家庭晚会而与房东发生争吵，居然被审讯和监禁了一天，只是在保证立即离开巴塞尔并不再返回后才获释。好在这一点并未妨碍他在瑞士的居留权，于是他拖家带口立即搬往阿劳。一旦安顿下来，就面临养家糊口问题。为此，李斯特与阿劳当地教育界贤达伊格纳茨·特罗克斯勒计划改组原有一所学校，创办"联邦青年学术院"。据李斯特 1823 年 10 月 15 日撰写的一份公告，该院相当于大学预科学校，拥有 12 名优异教师，旨在提供经典、语言、数学、科学、历史、政治、商贸、财会、艺术等课程教育。李斯特本人准备作"政治学大全"系列讲座，涉及自然正义、宪法原理、治国理政、国民经济、国家财政、国际法理、公民社会等议题，但实际上因为过早去职，大部分内容未及成稿或宣讲。②

　　也是为了生计，李斯特与几位处境类似的流亡者合办了一份杂志，起名《欧洲枝叶》。按设想，杂志避而不谈政治，走趣味文艺、百科见闻路线。李

---

① 　前引文得乐：《弗里德里希·李斯特传》，第 82—83、86—91 页。*Ibid.* Henderson, *Friedrich List：Economist and Visionary*，p. 61，p. 231.

② 　*Ibid.* Henderson, *Friedrich List：Economist and Visionary*，p. 62，p. 231. 前引文得乐：《弗里德里希·李斯特传》，第 74、102—105 页。

斯特在上面发过的文章中,有一篇介绍了乌托邦社会主义者罗伯特·欧文在苏格兰经办的模范合作社区。这些社会改良主义理念与实践的内容,是李斯特流亡瑞士以来从法文著作中了解的,他在文中不吝赞美之词,可见他对早期社会主义实验的兴趣。该杂志每期发行不到 500 份,财务及合伙人均处于拮据状态。李斯特因为内兄赛博尔德保证会支付一笔来自《内卡报》的款子,故而承诺在 1824 年 3 月 1 日前为杂志出资 1 000 古盾,岂料内兄违约,使他跟着无法践诺。如此一来,李斯特与阿道夫·福伦严重失和,与《欧洲枝叶》的合伙关系也戛然而止。①

也是在到达阿劳后,李斯特决意发表本人受审实录。他对公之于众原有顾忌,毕竟 1823 年 5 月、7 月、8 月尚三次请求符腾堡国王撤销或减轻判决,但既然这些请求全已石沉大海,他也就不再犹豫。受审实录作为他主编的"西弥斯丛刊之二"即获出版,不过或因时过境迁,该作品未能赢得公众瞩目,到 1824 年夏总共才售出 66 册,此外也仅有莱比锡一家报纸刊发过一篇正面评论。从瑞士出版商只愿按"委托"方式加以出版,且不敢标示真实出版地点,到李斯特约请弗赖堡大学发表审评意见却遭故意拖延,可知当时政治高压下着实风声鹤唳。等李斯特不久返回符腾堡被逮捕和审问时,刊发审判实录又成了一桩比发布那份获罪请愿更加严重的罪状。②

避居阿劳期间,李斯特依然故我地在不同领域挥洒自己似乎无穷的精力,然而挫折终究大于成就。与阿道夫·福伦友谊破裂更让他心生去意,毕竟他搬来阿劳后一直借住在福伦租下的房子里。反正到 1824 年初,本不安分、诸事不顺的李斯特已想着要离开瑞士。移民美国应该是选项之一,因为从此时他发在《内卡报》上的书评看,他十分细致地了解过一位移居新大陆

---

① *Ibid.* Wendler, *Friedrich List … in German-American Relations*, p. 59. 前引文得乐:《弗里德里希·李斯特传》,第 108—111 页。

② 前引文得乐:《弗里德里希·李斯特传》,第 116—119 页。*Ibid.* Henderson, *Friedrich List: Economist and Visionary*, p. 231.

的瑞士人描述的美国情况。为了探路，1824 年 4 月（亨德森谓 3 月），李斯特
在卡尔·福伦陪同下，前往巴黎，如愿结识了曾为美国独立立下功勋的法国
侯爵吉尔贝尔·拉法耶特。作为献身自由事业、备尝囹圄之苦的长者，拉法
耶特赞赏并支持李斯特。虽然他未能如李斯特所请给予经济援助，但首次
会面就提出愿意带他前往美国。同样重要的是，逗留巴黎期间，李斯特继之
前接触路易·萨伊的著作后，又见识了其他法国经济学家如让-安托万·沙
普塔尔、查理·杜潘、弗朗索瓦·费里埃等人的理论，这对他经济思想的成
长大有助益。①

巴黎之行结束后，卡尔·福伦返回瑞士，李斯特则于 1824 年 4 月 29 日
独自前往伦敦访问，至 5 月 24 日再返巴黎。据推测，此次英伦之行不外乎
继续为移居美国打探信息、为《欧洲枝叶》物色通讯员，并寻求适合自己的工
作机会。李斯特结交了美国驻英国大使理查德·拉什，此人驻外前后分别
担任过国务卿和财政部长，以后将有助于李斯特在美国的人脉拓展。他也
认识了时任《威斯敏斯特评论》总编的约翰·鲍令，此人乃英国首屈一指的
自由贸易活动家，以后还会到访柏林游说普鲁士政府放松其关税同盟，故此
他日后将成为李斯特猛烈批评的对象。对未来同样大有意义的是，李斯特
在英国首次看到了马拉轨道车，了解到有关蒸汽火车的技术，生发了对火车
这一新交通方式的强烈兴致，并最终成为纵横欧美的铁路先驱。②总之，对
英国和法国的访问虽不过两个来月，但由此出现的诸多因素，无论是人际
的、思想的还是阅历的，都将深刻影响李斯特的未来生涯。

1824 年 5 月底，李斯特结束法英两国行后回到瑞士阿劳，但前途依然

---

① *Ibid*. Wendler, *Friedrich List ... in German-American Relations*，p. 15；*Ibid*. Henderson,
Friedrich List：Economist and Visionary，p. 63. 前引文得乐：《弗里德里希·李斯特传》，第
120—123 页。

② *Ibid*. Henderson, *Friedrich List：Economist and Visionary*，p. 244，p. 231；*Ibid*. Hirst, *Life
of Friedrich List，and Selections from His Writings*，p. 26. 前引文得乐：《弗里德里希·李斯
特传》，第 124—125 页。

茫茫,恰在这个歧路关头,1824 年 6 月底他收到了内兄赛博尔德的一封信。内兄在信中乐观地告诉李斯特,不管是当下在国外还是回符腾堡后向国王寻求赦免,"肯定可以成功"。同时,赛博尔德主动提出,只要不举家移居美国,愿意接受他"以任何条件"重返《内卡报》,包括同意其"经济上的一切要求"。内兄诚意提醒他养家护家的责任,还贴心地说:"你和家人的归国日将是我此生的至美时。"李斯特本来就"每每漂泊在外便不禁思乡心切",这种性格特点或弱点后来会一再显现。此刻在这封动人来信的催化下,他早把相关风险置之度外,全然忘记了这个内兄既往的不仁不义,也有意忽略了国内朋友的冷静提醒。1824 年 7 月底,李斯特携家人离开瑞士,8 月初回到符腾堡。然而,归来的喜悦稍纵即逝,8 月 6 日,35 岁的李斯特就被拘捕入狱,任凭妻子向国王如何求情也无济于事,一如他此前致国王的求赦信石沉大海。①

四、关入监牢与远涉重洋

李斯特被关押在霍恩阿斯堡监狱,这是符腾堡的国家监狱,靠近路德维希港,当时关押着不少思想犯,其中就有 20 名蒂宾根大学的年轻校友,包括李斯特的一名学生,即以后将担任奥格斯堡《汇报》总编的古斯塔夫·科尔布。李斯特被囚禁在单身牢房内,条件也不能说多么严苛,有段时间他还获准把四岁的儿子带在身边呢。不过,以李斯特的性格和志向,他对于让自己丧失公民权的"监内相应劳役"自是异常抵制,但抗议无果后也只得忍受。派给他的强迫劳动,其实就是无聊的文书抄写,比如他抄写过有关法国军事装备的资料,里面对军服的描述细致到纽扣数和纽扣洞,抄好后还需仔细校对。每天要抄写的量并不大,关键是要强迫这个痛恨文牍主义的在押犯去处理那些枯燥无聊的细枝末节。这种乏味的劳役,如同口头的侮辱和训斥

---

① 前引文得乐:《弗里德里希·李斯特传》,第 127—129 页。*Ibid.* Henderson, *Friedrich List: Economist and Visionary*, p. 64.

一样，无非是要杀杀他那股傲气，让他充分意识到自己已经沦为阶下囚这个事实。①

不过，更加困扰李斯特的是，旧案之外又出现了新指控。由于李斯特流亡期间发表过本人受审实录，在给国王的陈情中也对审判多有批评，官方认定这是更严重的一项罪行。司法部的官员为此来监狱提审李斯特，查问是谁为其实录提供了相关司法文书，并且放话称，针对这个新罪状将至少加判两年徒刑。其实，司法大臣毛克勒也未必真想再次审判李斯特，那样定会再起波澜。但是，他肯定一心要把李斯特赶得远远的，免得他留在国内成为反对派的集结核心。因此，也不排除毛克勒不过在利用加刑威胁以图逼走李斯特，从而达到一劳永逸消除后患的目的。诸如此类的策略反正奏效了，果然，才入监四个星期，李斯特就通过朋友约翰·科塔向毛克勒传话，愿意"以永久放逐"即放弃公民权来换取自由。官方要求李斯特移居澳大利亚，但他以澳洲太过偏远、开发未久为由一口回绝，最后妥协的结果是同意他去往美国。②

李斯特从监狱获释是在 1825 年 1 月初，至此他服完了一半多即近六个月的刑期。不过，同意移居国外并为此提前释放，并不等于法律意义上的赦免，所以，李斯特以后从美国返回后依然被视为政治犯。③事实上，悄然获释后，他仍处于监视居住状态，其在斯图加特的家门口还布有警察，尽管他可外出办事，但在外活动始终受警方监控。符腾堡不希望已策划好的事情节外生枝，比如不希望邦联层面严格执法的部门来干涉王国内政，故而就以特

① Julius Weise，"Brief Memoir of the Author"，abridged from *Friedrich List，ein Vorläufer und ein Opfer für das Vaterland* (Stuttgart，1877)，in *The National System of Political Economy by Friedrich List*，Longmans，Green and Co.，1909，p. xviii；*Ibid*. Henderson，*Friedrich List：Economist and Visionary*，p. 64. 前引文得乐：《弗里德里希·李斯特传》，第 130—131 页。

② *Ibid*. Henderson，*Friedrich List：Economist and Visionary*，p. 65. 前引文得乐：《弗里德里希·李斯特传》，第 131 页。

③ *Ibid*. Wendler，*Friedrich List … in German-American Relations*，p. 31.

事特办、快速秘密的方式办理李斯特的离境手续。官方决定签发护照时，批准李斯特"为学术研究和写作目的开展北美之行"，也即给他的是旅行许可，而非移民许可。既然不走移民通道，惯常的程序，如在出生地注销公民身份、指定担保人代为承担万一留下的债务、再在地方报纸发布公告等，都可直接跳过，反正一切都在斯图加特高层圈子里暗箱操作。李斯特是在1825年1月底收到本人旅行文件的。①

李斯特知道不该在符腾堡久留，所以1825年1月底当即离开斯图加特去了巴登公国。对于抛别欧洲移居北美，他终究心有不甘，妻子更是无法接受远走他乡的前景，也迟迟未作行前准备。于是，李斯特2月初到法国斯特拉斯堡后，放慢了行程节奏，计划待4月再跟家人一起动身赴美。其实他心里还有第二套方案，即争取在斯特拉斯堡留下来。然而，符腾堡当局在继续施压，所以，李斯特的正式护照遭到法方扣押，要等出境时再发还，之前仅给予临时过境护照。接着，法国内务部1825年2月19日指示下莱茵省，催促李斯特从斯特拉斯堡径直前往勒阿弗尔，不得进入巴黎。其实这段时间里，为抵美后的生计考虑，也为了躲避警方骚扰，李斯特跨过莱茵河跑了德国西南部不少地方，试图寻找客户，做点北美代理业务。他甚至还到过弗赖堡大学，希望得到一个名誉学位。可这些活动均告徒劳。3月，他又收到拉法耶特两封美国来信，拉法耶特在表达同情、鼓励赴美之外，约定6月份与他在美相见；与此同时，李斯特从回国探亲的一个德国人那里直接听到了对美国的正面描述，这些都增强了他漂洋过海的决心。李斯特后于1825年4月初与家人在德国境内汇合，一星期后总算拿到了允许妻儿随行的旅行文件。②

---

① 前引文得乐：《弗里德里希·李斯特传》，第131—132页。*Ibid*. Henderson, *Friedrich List：Economist and Visionary*，pp. 65-66.

② Eugen Wendler, *Friedrich List's Exile in the United States：New Findings*，Springer, 2016, p. 17；*Ibid*. Henderson, *Friedrich List：Economist and Visionary*，p. 66；*Ibid*. Wendler, *Friedrich List ... in German-American Relations*，pp. 38-39；*Ibid*. Hirst, *Life of Friedrich List, and Selections from His Writings*，pp. 29-30. 前引文得乐：《弗里德里希·李斯特传》，第132—133页。

　　1825 年 4 月 15 日天亮时分，李斯特一家携大包小包坐着马车，朝着德法边境前行。大家心情不免沉郁，毕竟熟悉的故园不断抛向身后，跨海的远航照例凶险难测，去往的远方茫然不知所归，前往新大陆终究是无法留在德国、法国、瑞士后的一种无奈选择，更何况他胸中始终怨愤难消。即将出境时李斯特发誓："一旦政治形势和个人处境可行或有利，就将返回祖国或某个邻国。"入境法国后，李斯特一行无视法方禁令，是绕经梅斯、巴黎、鲁昂之后再抵达勒阿弗尔的，抵达日期为 1825 年 4 月 21 日。路过诺曼底看到欣欣向荣的工厂时，李斯特禁不住欢呼贸易保护的政策成果，同时对亚当·斯密理论的谬种流传表示警惕。到港口后，纵然忙于打探轮船信息及上岸手续，李斯特仍用心考察勒阿弗尔这个法国最大海港，思考着如何通过划定自由贸易区、借由运河及铁路与莱茵河的连接，让港口吞吐量稳步倍增。在码头上，他再次目睹了曾经调研过的穷苦百姓背井离乡的场景，在感叹本人命运的沦落时，也不免哀叹黎民苍生的艰辛。①

　　1825 年 4 月 26 日，李斯特与妻子及四个孩子搭乘"亨利号"邮轮从勒阿弗尔出发，这是当时发往纽约的最早一班轮船。全家的船费为不菲的 2 300 法郎，但船上设施和生活配给堪称一流，令李斯特赞不绝口。然而，在跨越大西洋的六星期航程中，轮船大多数日子都身陷暴风骤雨中，连已有 30 年航龄的船长也抱怨，如此恶劣天气可谓前所未有。滔天巨浪中，船员和乘客一概无比遭罪，李斯特全家当然也不例外，太太和孩子们尤其跟着翻江倒海、惊慌失措。好不容易熬到 1825 年 6 月 9 日，前方海面上，纽约港的轮廓终于逐渐清晰起来。大家激动万分、谢天谢地，历经 40 多天的惊恐漂荡，总算可以脱离苦海了！满心喜悦的李斯特夫妇与子女一起穿上盛装，带着美好的憧憬踏上一片陌生的新大陆！②

---

① 前引文得乐：《弗里德里希·李斯特传》，第 133—136 页。*Ibid.* Hirst, *Life of Friedrich List, and Selections from His Writings*, pp. 32-33.

② *Ibid.* Hirst, *Life of Friedrich List, and Selections from His Writings*, p. 32. 前引文得乐：《弗里德里希·李斯特传》，第 137 页。

五、移民美国后风生水起

据女儿回忆,李斯特一家抵美后在纽约曾停留数日,其间,孩子们随父亲拜见过同在纽约的拉法耶特,拉法耶特再邀李斯特参加在美国欢庆胜利的巡游,父亲欣然接受。之后,李斯特带着家人去费城郊区德国人社区租下住房,并为孩子们在当地一家美国学校办理注册,然后自己返回纽约。文得乐接受这一说法,提到李斯特就是从纽约坐轮船沿哈德逊河北上,到纽约州府奥尔巴尼再与拉法耶特汇合的。①(亨德森的记载却是,李斯特抵美次日即往费城,本望拜见拉法耶特,不巧未能见到,后赶去奥尔巴尼才与拉法耶特相会。②)

李斯特与拉法耶特于 1825 年 7 月 2 日在奥尔巴尼汇合,此时,拉法耶特应邀在美国巡游已近一年。虽然李斯特仅赶上了巡游的最后两个半月,但仍相随从纽约州沿大西洋岸往南,游历了宾夕法尼亚、马里兰、弗吉尼亚等州。能以国宾待遇遍游美国经济最发达的东岸地区,饱览革命战场、立国要地、工商中心、乡村原野,对初来乍到的李斯特自是人生快事。他想着一边感受这个新兴国家的方方面面,一边结交上层人脉,以便探寻下一步个人发展机会。巡游途中,往往是拉法耶特与儿子分乘领头的两辆马车,李斯特则坐第三辆,遇有盛大欢迎活动,会有多达 2 000 名骑兵护驾。从老欧洲落户新大陆,由阶下囚变身座上宾,此情此景必定让李斯特感慨万端、如在梦中。③

借助拉法耶特的热情引荐,李斯特迅速认识了美国上层政要。比如,1825 年 7 月 20 日,他有机会与三位前总统(托马斯·杰斐逊、詹姆斯·麦迪逊、詹姆斯·门罗)餐叙,此外也结识了在任的约翰·昆西·亚当斯总统

---

① 前引文得乐:《弗里德里希·李斯特传》,第 137—138 页。
② *Ibid.* Henderson, *Friedrich List : Economist and Visionary*, p. 68.
③ 前引文得乐:《弗里德里希·李斯特传》,第 138 页。*Ibid.* Wendler, *Friedrich List's Exile in the United States*, p. 21.

（1825—1829 年）、未来继任的安德鲁·杰克逊总统（1829—1837 年）、国务卿暨美国现代化推动者亨利·克莱、国会议员暨强烈民族主义者丹尼尔·韦伯斯特，等等。在 1825 年 7 月 20 日费城欢迎会上，经由之前相识的美国驻英大使理查德·拉什，李斯特又结交了费城工商领袖，这将为他开辟出一片事业新天地。凭借拉法耶特这位贵人，李斯特一跃成为全部德裔移民中"跟美国政要结交最广"的人。1925 年 9 月 7 日，拉法耶特函告李斯特，自己行将动身返法，他为不能再予直接帮助表示遗憾，但也相信，李斯特卓越的才华和为自由奋斗的经历，定能赢得美国朋友的赞赏。同时，他希望李斯特尽快学好英语，此乃在美成功之必需。拉法耶特 9 月 9 日在华盛顿特区参加最后一场庆祝活动后便束装就道。①

　　或许考虑到英语欠佳，李斯特决定跟大多数移民一样，暂先从农民做起。他 1825 年秋在宾夕法尼亚走过 350 英里，也未找到适宜安身立命的农场。途经匹兹堡时，他考察了由符腾堡虔信教徒垦殖的两个公社型殖民区，一个是"新和谐"区，另一个是"勤俭"区，"新和谐"区去访时已转售给大名鼎鼎的罗伯特·欧文。李斯特还与两区的精神领袖、符腾堡人约翰·拉普有过晤谈。总体上，他对殖民社区中德国移民的成就观感颇佳，亲眼见到团结协作、良善治理在创造可意的生活。正因如此，他后来还曾致信纽约州州长，称自己有意创办一个专收青少年、实行半工半读、做到衣食自足的技工校区。不过，李斯特并未实行这一计划，再后来，即使他对这种公社制继续怀有兴趣，他也日益怀疑此类社区是否能够整合乌合之众、实现经济自立，故而，他与乌托邦社会主义渐行渐远。②

---

①　*Ibid*. Henderson, *Friedrich List：Economist and Visionary*, p. 68；*Ibid*. Wendler, *Friedrich List ... in German-American Relations*, p. 51；*Ibid*. Wendler, *Friedrich List's Exile in the United States*, pp. 21-23. ［德］弗里德里希·李斯特：《政治经济学的自然体系》，杨春学译，商务印书馆 1997 年版，第 201 页。

②　*Ibid*. Wendler, *Friedrich List ... in German-American Relations*, pp. 59-63. 前引文得乐：《弗里德里希·李斯特传》，第 143—144 页。

李斯特从匹兹堡返回宾夕法尼亚州府哈利斯堡时,终于在郊区镇边看中一个适合购入的农场,随即于 1825 年 11 月 19 日签下购买合同。农场占地 12 英亩,土质上乘,房屋宽敞,人站在山包上,可望见哈利斯堡,况且这里毗邻街市,适合开店经营。李斯特以 920 德币(约合 1 050 美元)买入,首付500 德币,余款一年内付清,周围人都说这是一桩好买卖。李斯特非常喜爱这个农场,大有浪子回头、倦鸟归巢之心。他还买来 12 头奶牛,办了个奶场。可是,要干的农活实在太多,自己又缺乏农技,接手农场时且届冬季,防寒设施未及跟上,孩子们接连病倒,初来乍到备感孤立无援,雇来的帮工还卷款逃跑,手中的积蓄却越来越少,不难想象一家人此时的凄凉景象。1826年 3 月,李斯特给拉法耶特写去一封情绪悲观的信,称"天晓得最后如何收场";同时在给旺根海姆的信中,他也表达了对德国丰富多彩生活的深切怀念。①

然而,李斯特终究是好学有为的强者。在这个难熬寒冬的工余时间,他依然勤奋积累有关农业、工矿、商贸、机械、化学、历史、政治、美国、保健等广泛知识,特别是如拉法耶特所嘱,在系统地学习英文。他还收集资料,准备撰写有关美洲最新情况的文章。当然,他也理性反思了本人之短长,决定放弃农场经营,改做其他合适的工作。就在致拉法耶特的那封悲观信中,他曾希望能把自己推荐到拉法耶特学院去任职,那是宾夕法尼亚州为表彰拉法耶特而新创的学院。转机总算在 1826 年夏到来,位于哈里斯堡与费城之间,德国移民集中的雷丁市有份德文周刊《雷丁鹰报》,此时向李斯特提供了报社主笔职位。李斯特于是举家搬去雷丁,开始去做个人擅长之事。他遂挂售在哈利斯堡的农场,只是长期难以转手,直到 1834 年方才售出。虽然卖出价跟买入价相差无几,但计入后期投入及交易税费,他实际亏损了

---

① *Ibid.* Henderson, *Friedrich List:Economist and Visionary*, p. 68. 前引文得乐:《弗里德里希·李斯特传》,第 140—142 页。

1 000 美元还多。①

1826 年 9 月,李斯特加盟《雷丁鹰报》。该报创办于 1796 年,每周二出报四版,在当时不过 5 000 人的雷丁镇,有约 2 500 个订户,属历史最久、读者最多、质量最高、最能赚钱的在美德文周报。报社开给李斯特的年薪为700 美元,按报纸全年订费一美元看,尚属高薪。他既要撰稿,又要编辑,先只重经济话题,后旁及日常政治。他尤其引导读者关注工业,曾以宾州的葡萄酒、蚕丝、烟草等行业及工厂工资为题,写过长篇大论。②报上也发文支持希腊、拉美的独立斗争,还支持北美的印第安人。③以其观察问题的敏锐、介入事态的热切、收集材料的勤奋、妙笔生花的本事,李斯特在主笔岗位上如鱼得水,周报在增强大胆活泼又精准务实的新闻特色后,订阅量很快升至3 600 份。或许仍受"前科"的影响,李斯特的名字很少见报,四年里仅出现过三次,两次是为萨克森产围巾广告签字,一次是以祝酒词作者的名义,他为欢迎在任总统杰克逊 1829 年初到访雷丁撰写了祝酒词。④当然,也有说是他后来日益介入企业和政治活动,所以在报社的事情可能做得越来越少。⑤

来雷丁半年后,在 1827 年 3 月 7 日,李斯特加入了共济会雷丁分会,最初是工徒级别,一个月后成为工员,再过一月升为工师。他前期尚比较活跃,参加过共济会的若干会议,随后却不知何故突然中断活动。在欧洲,无论是赴美前还是自美返回后,概无李斯特介入共济会的记录。但一个不争的事实是,李斯特生命中的贵人多为共济会员,如法国的拉法耶特侯爵、瑞士的赫尔佐克市长、美国的杰克逊总统,还有后来成为他在美企业合伙人的

① 前引文得乐:《弗里德里希·李斯特传》,第 142—143 页。*Ibid*. Henderson, *Friedrich List*:*Economist and Visionary*, p. 68, p. 232; *Ibid*. Hirst, *Life of Friedrich List, and Selections from His Writings*, p. 37.

② *Ibid*. Wendler, *Friedrich List ... in German-American Relations*, pp. 65-66.

③ Roman Szporluk, *Communism and Nationalism*:*Karl Marx versus Friedrich List*, Oxford University Press, 1988, p. 107.

④ *Ibid*. Wendler, *Friedrich List ... in German-American Relations*, pp. 66-67.

⑤ *Ibid*. Henderson, *Friedrich List*:*Economist and Visionary*, p. 69.

艾萨克·海斯特博士。①不过,李斯特人生发展中得到的关键帮助,在多大程度上缘于其与共济会的关系或雷丁时获得的共济会员身份,此点实不易确定。比如,拉法耶特是在巡游美国期间于 1824 年 11 月才加入宾夕法尼亚共济总会的②,而之前他已在巴黎见面时邀请李斯特前往美国。

也在 1827 年,李斯特卷入了美国的贸易政策之争。有种说法称,是李斯特在《雷丁鹰报》的社评引起了"宾夕法尼亚制造与工艺促进会"(即"制造促进会")副会长查尔斯·英格索尔的注意③;也有说法称,之前随拉法耶特巡游时,他已结交英格索尔副会长、马修·凯里会长。无论如何,制造促进会代表了当地的工业界利益,在呼吁实施关税保护,李斯特与他们很有思想共鸣。鉴于保护主义者其时在理论和舆论上居于下风,英格索尔邀请李斯特参加定于 1827 年 7 月 30 日在哈利斯堡召开的保护主义者全国大会,出面驳斥其时流行甚广却危害美国工业发展的自由贸易论调。李斯特会前以写给英格索尔的 12 封公开信为形式,系统阐述了采取关税保护政策、促进幼稚工业发展等观点。这些文章不胫而走,1827 年 8 月 18 日至 11 月 27 日在费城最主要的《国民报》上连载,并获 50 多家各地报纸转载。制造促进会同年以《美国政治经济学大纲》为名专册印行,为此还在 1827 年 11 月 3 日举行了隆重宴会,亚当斯总统也到场,大家向李斯特致谢道贺。宴会上,李斯特继续批判自由贸易论,这一"费城讲演"后也刊于《国民报》等报纸,并同样发行了单行本。李斯特此刻的感受,正如致信拉法耶特时写道:"觉得我的生命在这个国家大有用武之地。"④

---

① 前引文得乐:《弗里德里希·李斯特传》,第 147—148 页。*Ibid*. Henderson, *Friedrich List: Economist and Visionary*, p. 233.

② *Ibid*. Wendler, *Friedrich List's Exile in the United States*, p. 18.

③ Albert W. Gendebien, "Friedrich List and Lafayette College", *Pennsylvania History: A Journal of Mid-Atlantic Studies*, Vol. 29, No. 2, 1962, p. 125.

④ *Ibid*. Wendler, *Friedrich List ... in German-American Relations*, p. 79, p. 85; *Ibid*. Hirst, *Life of Friedrich List, and Selections from His Writings*, pp. 42-45; *Ibid*. Henderson, *Friedrich List: Economist and Visionary*, p. 71, p. 251; *Ibid*. Wendler, *Friedrich List's Exile in the United States*, p. 23.

名声大噪之后，李斯特一跃成为倡导关税保护的"美利坚体制"的代言人。制造促进会在 1827 年 11 月 21 日特地作出决议，为维护美国的重大利益，为反对斯密等人不切实际的原理，敦请"精通政治经济学的李斯特教授"进一步消除谬误，以其真知灼见尽早编写一册供学校使用的简明教材，以及一册适应美国国情的系统专著；同时将把李斯特推荐给联邦及各州议会、大学与学术机构及公众，助力他完成任务；此外，还将为此书征集订阅者。征订广告后在华盛顿的报纸上作了发布，只不过此时李斯特的兴趣又在转向实业，加之可能订单量不够多，预告的著作仅仅开了个头而已。但受制造促进会委托，李斯特确于 1828 年 2 月 2 日致函宾夕法尼亚州议会，反驳波士顿地区旨在阻挠关税增高的上书；另确于 3 月 12 日致函联邦议会拨款委员会，批评其对抗财政部提出的提高关税政策。李斯特此时俨然受雇于制造促进会，代为回应各方对关税保护提出的反对意见。随后的国会辩论多次提及李斯特，自不必说，自由贸易分子也尖刻地攻击他，弗吉尼亚州州长称其"暴露了对任何政治经济学体系的彻底无知"，是梅特涅那里派来"挖美国宪政墙角的危险密探"。当然，李斯特是不可能不加回击的。①

就在此番忙碌当中，李斯特始终没有放下从事实业的那颗心，哪怕之前已失败过几次。除了对工业一如既往的激情外，赚钱无疑也是一大动力。照其夫子自道，搞政治、写文章"都不是赚钱的行当，谁囊中羞涩却又想舞文弄墨，那就必先找一种经营项目，借以安身立命并保障未来"②。本已广而告之的经济学著作有始无终，原因恐怕就在这里。③想必出于同一理由，纵然经拉法耶特力荐，李斯特于 1828 年 2 月被推举为拉法耶特学院院长（这是一个他曾主动寻求、荣耀且适合的职位），他竟以"已接下其他多项任务"

---

① *Ibid*. Hirst, *Life of Friedrich List*, *and Selections from His Writings*, pp. 46-47, p. 50; *Ibid*. Henderson, *Friedrich List*: *Economist and Visionary*, p. 71, p. 233; *Ibid*. Wendler, *Friedrich List ... in German-American Relations*, pp. 85-86.

② *Ibid*. Wendler, *Friedrich List ... in German-American Relations*, p. 88.

③ *Ibid*. Hirst, *Life of Friedrich List*, *and Selections from His Writings*, pp. 54-55.

为由而辞谢了。①他所谓"其他多项任务"中，探矿挖煤高居榜首。李斯特到雷丁前，附近的斯古吉尔县已发现了无烟煤，随之数以万计的勘探者纷至沓来，不甘寂寞的李斯特也加入其中，而且依靠以前积累的经验，他有幸在塔莫奎镇那里发现了丰富的无烟煤层。②李斯特 1827 年 11 月 28 日去信拉法耶特，询问有关无烟煤在欧洲的市场需求以及进口关税事宜③，也说明他此时的关注点已转向开矿兴业。

为了运输开采的煤炭，李斯特决定从塔莫奎建一条 22 英里的轨道线通往克林顿港，因为从克林顿港经斯古吉尔运河，就可把煤炭运到费城或远方。这在当时乃无比新颖的想法，毕竟世上最早的英国斯托克顿至达林顿轨道也不过 1825 年才刚建成。为开发煤田、建造铁路，首先需要征收大片土地，还需要应付运河运营商的反对，更需要筹措大笔资金。其中困难不言而喻，好在李斯特找到了宾夕法尼亚州州长的侄子艾萨克·海斯特博士作为合伙人。他们从 1827 年起共购得 27 270 英亩土地，1828 年 4 月先获得了轨道建造执照，四处奔走 14 个月后，又从费城的金融经纪商托马斯·比德尔公司融得大部分资金，最后在 1829 年 4 月 29 日创立"小斯古吉尔航运、轨道、煤炭公司"，总股本达 70 万美元，海斯特和李斯特出任总裁。拟建轨道在当时属美国最长线路，需跨越绵延群山和滔滔江河，再加李斯特一直强调要修建采用蒸汽动力而非人力或畜力的轨道，工程难度可想而知。项目 1829 年 6 月 1 日开工，经过千辛万苦，1831 年 11 月 18 日得以建成，可惜李斯特正在由欧返美的中途，未能赶上通车典礼，但海斯特等人当场对李斯特的创业胆识、聪明才智、顽强意志、奉公精神给予了高度评价。④

---

① 前引文得乐：《弗里德里希·李斯特传》，第 139 页。

② 前引文得乐：《弗里德里希·李斯特传》，第 148 页。

③ *Ibid.* Wendler, *Friedrich List's Exile in the United States*, p. 23.

④ *Ibid.* Wendler, *Friedrich List ... in German-American Relations*, pp. 69-72; *Ibid.* Henderson, *Friedrich List: Economist and Visionary*, p. 125, p. 245. 前引文得乐：《弗里德里希·李斯特传》，第 149—151 页。

1833 年初,公司订购的两台蒸汽机车才从英国运达,所以之前约一年时间,轨道上也只能用骡马拉动煤车。而到 1833 年 4 月 9 日,蒸汽动力已承担起运输量的三分之二。蒸汽机能带动 16 列挂车,每车载货三吨,跑完全程单向耗时 2.5 个小时,每天来回跑两趟,每日运出约 100 吨煤,同时运入生活用品。[①]从这条美国最早的机动轨道项目中,李斯特是否发大财了呢? 应该说前是后否。1832 年,李斯特持有的股票估值在 30 000 美元,这在当时乃一笔巨款。问题是他未能留住财富,因为:开业第一年就因车辆过重而不得不将木轨换成铁轨,从而额外增加了成本;公司最初十年基本处于亏损状态,主要是无烟煤在美国供过于求;特别是李斯特为获得贷款,数次将手中的股份质押给了托马斯·比德尔公司,该公司后在 1837 年金融危机中破产,更使得资产灰飞烟灭。危机发生后,人在法国的李斯特曾动念要"前往费城去挽救点东西",显然,未能成行和未能在场应该让他损失更重了。因此,"如可预料,获利最少的正是那位最积极的发起人"[②]。美国有人曾谓"煤矿经营也取得成功,确保李斯特得到了份额可观的利润"[③],此言看来并不符合最终实情。

不过,李斯特在美国积累的丰富实践经验,对德国的铁路建设却大有用处。多年来,他与当时德国"关注铁路问题的唯一专家"——巴伐利亚矿业总监约瑟夫·巴德尔"定期通信",通报美国交通发展的最新情况,交流有关在中西欧建设铁路网的想法,并且预见了铁路突破性发展的前景,以及铁路会对德国统一产生的带动作用。这些通信,加上李斯特所写附录,后由朋友结集在德国出版,名为《弗里德里希·李斯特北美备忘录》。在当时挖运河还是建铁路的争论中,李斯特至少为巴伐利亚指明了一个符合未来趋势的

[①] *Ibid*. Wendler, *Friedrich List's Exile in the United States*, pp. 31-32; *Ibid*. Henderson, *Friedrich List: Economist and Visionary*, p. 127.

[②] 前引文得乐:《弗里德里希·李斯特传》,第 151 页。*Ibid*. Henderson, *Friedrich List: Economist and Visionary*, p. 237, p. 81.

[③] *Ibid*. Wendler, *Friedrich List's Exile in the United States*, p. 41.

正确方向。其难得之处在于,既准确预见并积极宣传铁路时代的到来,又亲身规划建设了首批铁路。然而,恰恰由于其巨大的超前性以及对既得利益的妨碍,他也不免遭遇众人的误解乃至谩骂,轻则批评他"夸夸其谈",重则污蔑他"欺世盗名"。①一个多世纪后联邦德国总统特奥多尔·霍伊斯说:"德国人听闻李斯特的名字,便觉得于心有愧"②,想必也指这一方面吧。

六、思乡心切走上归国路

李斯特在美国的经历固然跌宕起伏,但总体上已取得成功,他对美国是高度认同的,1830年10月27日,他正式归化为美国公民,人生轨道按理说不必再有重大改变。然而,在四面生风的忙碌、名利兼有的进展中,李斯特及家人的内心却偏偏在涌动某些异样的情绪。首先就是李斯特本人挥之不去的思乡病,早在1828年10月5日致友人信中,他就写道:"六个星期来,我思乡心切,到了无法工作的地步,自己对祖国的感情如同妈妈对残疾孩子之情,孩子越残只会越爱,我的一切计划都围绕着返回德国这个心愿在转。"③

当然,这种思乡病归根结蒂是与报效祖国的强烈愿望连在一起的,李斯特此刻渴望回国推动德国铁路网建设。他说站在美国煤矿与铁路的旷野中,"我梦想着德国的铁路系统,显然只有通过这一手段,商业联盟才能获得充分的效能,这些想法让我在春风得意中照样闷闷不乐"④。从他1828年、1829年写下的一批文章可知,"他在热情倡导建成一个遍及德国全境的铁路系统,急于促成这一新设想的焦虑心加剧了他重返欧洲的欲望"⑤。此

---

① Ibid. Wendler, *Friedrich List … in German-American Relations*, pp. 73-77. 前引文得乐:《弗里德里希·李斯特传》,第152—153页。

② 前引文得乐:《弗里德里希·李斯特传》,第3页。

③ Ibid. Wendler, *Friedrich List's Exile in the United States*, p. 39. 前引文得乐:《弗里德里希·李斯特传》,第160—161页。

④ Ibid. Hirst, *Life of Friedrich List, and Selections from His Writings*, p. 58.

⑤ Ibid. Weise, "Brief Memoir of the Author", p. vxii.

外，法国 1830 年刚发生拉法耶特参与领导的七月革命，李斯特"如同许多具有自由和民主意识的德国人一样，急着要赶去巴黎"①。催促他回国的其他原因是，妻子在美国难以适应夏日高温，以致情绪抑郁、体弱多病；孩子们则最好能上德国学校，至少应该学学正宗的德语吧。总之，归心似箭，让李斯特淡忘了或不在乎家乡的狭隘庸俗、当局的政治迫害，甚至是欧洲正在爆发的霍乱。②

李斯特决定独自先回欧洲打探。1830 年 11 月 20 日，他手持刚拿到的美国护照，从纽约登船，经过再一次波涛汹涌的越洋远航，于 12 月 21 日抵达法国勒阿弗尔。此行目的有多个：其一，李斯特希望先在法国和德国为本公司开采的无烟煤打开销路。其二，他需要应国务卿马丁·范布伦 1830 年 11 月 15 日之授权，向美国驻法使节递送紧急函件，顺便沟通美法间的商事问题。美方授权李斯特探讨美法订立贸易协议之可能，包括探解美国公民在法国大革命中航运受损的赔偿问题。此项差旅和服务总酬劳为 500 美元，美法贸易协议如能达成，李斯特将被任命为美国特使。其三，由于他从舆论上为杰克逊当选总统作了贡献，总统应李斯特所请，刚于 1830 年 11 月 8 日任命他为美国驻汉堡港领事。李斯特希望，这一任命加上美国公民身份，将有助于自己回符腾堡寻求平反，有助于推动德国乃至欧洲铁路网的建设，也有助于个人挣得一份可观收入。③

尽管整整一个月的跨洋航行让李斯特元气大伤，但他踏上欧洲大陆时心情还是舒畅的，与五年前离开欧洲时已不可同日而语。如今他是事业有成的企业家，深得美国政要信任，况且，法国七月革命后，专制统治在欧洲大势已去，一个政治自由、经济增长的新时代在法国及其他国家都乐观可期。

---

① *Ibid*. Coustillac, "Friedrich List and France", p. 79.
② *Ibid*. Henderson, *Friedrich List：Economist and Visionary*, p. 76; *Ibid*. Wendler, *Friedrich List … in German-American Relations*, p. 109.
③ *Ibid*. Wendler, *Friedrich List … in German-American Relations*, pp. 109-111; *Ibid*. Henderson, *Friedrich List：Economist and Visionary*, p. 76, p. 72.

一到勒阿弗尔，他就直奔巴黎去执行公干。除向美国驻法使节交送公函外，李斯特与数位法国高官商谈了美法贸易协议事宜，并草拟了协议版本，还为法国著名的《百科全书》撰文分析法国商业、金融、经济改革之类问题。然而，贸易协议终究难有实质性进展，他对自己的劳而无酬也难免有点失望。同样让李斯特失望的是，北美无烟煤在欧洲一时找不到市场。同时，他得了严重风湿病，还有精神抑郁症。①美好的希望看来在一个个破灭，1831 年 1 月他去信妻子，讲到"法国人尤其不合我胃口"，"他们是无情、轻浮之辈"②。

更有甚者，李斯特并未真正得到美国驻汉堡港领事的职位，因为杰克逊总统的任命需要参议院批准，但参议院中那些自由贸易分子本就反对李斯特，再加其他人事因素，使得在 1831 年 2 月 8 日投票中，参议院以 37 比 6 否决了总统的任命，这一结果国务卿 2 月 17 日即致信奉告。其实，总统任命李斯特时，美国在汉堡本有领事在履职，汉堡方面原也不接受李斯特就任，原因还是他在符腾堡的那些陈年旧事，包括与德国激进自由派过从甚密，据称，李斯特的介入会让汉堡官方"难以处理与邦联其他邦国的关系"③。事实上，李斯特这期间通过好友约翰·科塔向符腾堡王室内阁秘书提出过返乡请求，但也已被驳回。遭此接连打击加之病痛折磨，李斯特于 1831 年 4 月初离开巴黎，前往斯特拉斯堡、巴登去寻交访旧，并在靠近符腾堡边境的风景区疗养康复。这期间他也与科塔当面讨论过政治平反问题，科塔承诺努力推动此事，岂料始终一无所成。家乡可望而不可即，跨步过去的话照样还有被捕可能，此情此景徒然平添了思乡之苦。8 月初，李斯特回到巴黎，打算 10 月底启程返美。④这期间，美国驻法使节给他引见了"一批

① *Ibid*. Henderson, *Friedrich List：Economist and Visionary*，pp. 76-77；*Ibid*. Wendler, *Friedrich List ... in German-American Relations*，pp. 110-111. 前引文得乐：《弗里德里希·李斯特传》，第 163—164 页。

② *Ibid*. Coustillac, "Friedrich List and France", p. 79.

③ *Ibid*. Henderson, *Friedrich List：Economist and Visionary*，pp. 72-73.

④ 前引文得乐：《弗里德里希·李斯特传》，第 164 页。*Ibid*. Wendler, *Friedrich List ... in German-American Relations*，p. 112；*Ibid*. Henderson, *Friedrich List：Economist and Visionary*，p. 82.

有影响的朋友"①。

回欧洲的十个月里,李斯特做了很多事情,包括:向新独立的比利时驻巴黎大使及比利时政府游说奥斯坦德—安特卫普—科隆铁路计划②;刊发了自己起草的铁路建设征地法规;结识了在巴黎的德国流亡者如大诗人海因里希·海涅;还跟德国书商洽谈过出版德文百科全书事宜。但就计划中的几件大事而言,他总体上劳而少功甚至劳而无功。特别就处理跟德国方面的关系而言,他可是处处碰壁,按其本人激愤之言:"回到欧洲很快就治愈了思乡病。"③

除了政治平反毫无希望外,铁路建设方面他也甚感沮丧。1831 年 6 月他致信约瑟夫·巴德尔,称铁路建设上,"已不再指望能在德国取得任何进展"。有鉴于此,李斯特转而打算激发法国的铁路建设,这也是为何返美前夕,他还在法国主流媒体刊文,呼吁建造法国铁路网。谅必正是尚能在欧洲一展铁路宏图的可能,使得他执意要携全家搬回欧洲,骨子里的乐观顽强、家国情怀也令他不可能对德国的铁路前景彻底绝望。故此,这次由欧返美,他目的明确,就是要举家迁回欧洲,而且是要永久回归。李斯特于 1832 年 1 月返抵费城,在处理公司煤矿和铁路事务之余,主要为了以后在欧洲工作的方便,他再向杰克逊总统申请驻德领事一职,总算于 1832 年 7 月如愿以偿,获任美国驻巴登领事。李斯特其实无意定居巴登或履行相关公职,他不过视之为便于自己大展宏图的某种跳板而已。李斯特全家告别美国就是在 1832 年的这个夏天。④

① *Ibid*. Weise, "Brief Memoir of the Author", p. vxii.
② Eugen Wendler, „List und Belgien", in Eugen Wendler Hrsg., *„Die Vereinigung des europäischen Kontinents "*: *Friedrich List—Gesamteuropäische Wirkungsgeschichte seines ökonomischen Denkens*, Schäffer-Poeschel Verlag, 1996, p. 57.
③ 前引文得乐《弗里德里希·李斯特传》,第 163、167 页。*Ibid*. Hirst, *Life of Friedrich List, and Selections from His Writings*, p. 65.
④ *Ibid*. Henderson, *Friedrich List*: *Economist and Visionary*, p. 77, p. 235, p. 73.

第三节　忍辱负重的晚年(1832—1846年)

一、回德国奋斗百般无奈

李斯特带着全家于1832年初秋回到欧洲,原计划由汉堡前往莱比锡所在的萨克森王国,在那里的某个公国内安家。然而,由于妻子生病需要治疗,大家只能先在汉堡附近的阿尔托纳停歇,等到来年夏天才又动身。虽然家累不轻,但李斯特马上就像机器一样运转起来。不出所料,在当地他首先呼吁建造铁路,要把汉萨与汉诺威连通起来,无奈应者寥寥,众人认为他异想天开,以致他愤言,"企业精神已在此死亡"。此外,这期间他也去丹麦游说铁路计划,但也同样无功而返。他还申请过美国驻不来梅领事一职,只是他不知道出缺已有人顶上。①就这样,他只得另辟蹊径,开辟其他创业天地。

李斯特心中始终有个经世致用的学术梦,他痛感"在所有知识领域,国民经济学无疑在德国最不受重视……但当下时代,通俗地传播这一学说看来已成为民族之必需",为此他发愿,要让政治经济学理论"成为本民族一切受教育者的共同财富"②。李斯特立志效仿法国,出版一部德文的多卷本政治类百科全书,无论当年流亡瑞士途中,还是最近一次出差巴黎,他都为此努力过。如今他终于说服当地出版商特奥多尔·莱塞参与合作,双方商定"风险共担,收益均沾"。鉴于李斯特的政治声誉仍很敏感,他不便列名为主编,故而转由他相识的卡尔·罗特克、卡尔·韦尔克挂帅,他们都是弗赖堡大学政治学教授,也同为有声望的政治人物。项目是成功的,1834—1843年,这套政治与政治经济学百科全书共推出初版15卷,以《罗特克—韦尔克

---

① *Ibid.* Henderson, *Friedrich List：Economist and Visionary*, pp. 77-78, p. 132；*Ibid.* Hirst, *Life of Friedrich List, and Selections from His Writings*, p. 67, p. 73.

② ［德］京特·法比翁克：《弗里德里希·李斯特》,吴薇芳译,商务印书馆1983年版,第15页。

百科全书》行世。这一巨著倡言宪政自由、共和民主等政治原则，作为"理论自由主义之圣典"而为时人追捧，却也招致梅特涅等当权者的严密防范，后遭禁不得进入奥地利和普鲁士。①

李斯特是巨著的首倡者兼投资人，还为第一、二、四卷撰写过共 13 个主题，涉及机器、工人、交通、银行、埃及、非洲、经济等领域，其中有关铁路和蒸汽交通的内容 1838 年还以《德国交通体系的政治与经济问题》结集出版。然而，由于始终未能列名为主编，他在百科全书方面的贡献终究功名不彰，这也是他多舛命运中同样令人嘘唏的一个侧面。其实，李斯特在经济上也所得甚少，当年投资时他付出近 6 000 银币，1840 年把名下股份转给合伙人莱塞时仅得 8 000 银币。他决定最后脱身，也是因为后独揽主编职位的韦尔克私心过重，已难以合作。②

1833 年 6 月，李斯特一家离开汉堡前往莱比锡，在那里一直住到 1837 年 8 月。他之所以选择定居莱比锡，是因为此乃萨克森王国主要商业城市，属德国内陆运输、工业制造、书籍交易之中心，年访客量达 30 万人，在当时铁路建设看来大势所趋的背景下，李斯特相信能在这里发挥更大作用。李斯特到来时，当地商界和报界已在讨论萨克森的铁路方案，有人提出造一条从莱比锡到法兰克福的线路。李斯特反对这一走向，他从地理和政治角度，提出应让铁路先从莱比锡通往萨克森首府德累斯顿。抵达后才满三个月，1833 年 9 月，李斯特即依据实地调查和在美国的经验，发布了一份全面的可行性报告。报告细致分析了莱比锡的经济定位与潜力，铁路能为萨克森带来的特别优势，莱比锡—德累斯顿铁路在未来德国铁路网中的重要地位，这一铁路的建设成本与预期的经济带动；而且，提出了采用股份公司融资的

---

① 前引文得乐：《弗里德里希·李斯特传》，第 167—170 页。*Ibid*. Henderson, *Friedrich List：Economist and Visionary*, p. 78, p. 235.

② 前引文得乐：《弗里德里希·李斯特传》，第 170 页。*Ibid*. Hirst, *Life of Friedrich List, and Selections from His Writings*, p. 73；*Ibid*. Henderson, *Friedrich List：Economist and Visionary*, p. 80.

办法,还特别回应了反对派关于铁路只会造成失业、无法确保安全、缺乏建设财力等不实传言。尤令人惊叹的是,李斯特画出了一张未来德国铁路网路线图,与后世的实际状况几乎如出一辙。这个报告印制 500 份,向萨克森各界分发,一举奠定了李斯特作为铁路专家的地位。①

1834 年 3 月,应当地商人之请,李斯特又撰写了《就未来德累斯顿与莱比锡之间的铁路向萨克森同胞呼吁》。该小册子向国王、宫廷、政府、社会各界分发 1 000 份,消除了公众的诸多疑虑,被誉为"李斯特最有力、最成功的宣传品",这有商人们特制赠送的镀金酒杯为证。挟此成功,在 1834 年 3 月 17 日莱比锡市长邀请公民参与的推举中,李斯特入选 12 人铁路筹建委员会,后因其外国公民身份,才改任特别委员。在此职位上,李斯特全力以赴,为委员会起草了征地法案、铁路手册、各类报告、大量报章,这些内容对德国面上的铁路建设都有指导意义。1835 年 5 月,铁路公司成立,两天内招股募得 150 万银币。1836 年 3 月 1 日,全长 115 公里的莱比锡至德累斯顿铁路正式开工,整个工程 1839 年竣工前,从莱比锡至阿尔滕的首段先于 1837 年 4 月 24 日通车。在这一德国首条长距离铁路的建设中,李斯特无疑以其不可或缺的专业奉献而居功至伟,称"就推进德国铁路事业而言,唯有李斯特一人值得国人称颂",谅非过誉。②

可是,事业成功之际,李斯特急于用世、拙于谋身的问题再次显现。在发表那个一举走红的可行性报告后,萨克森政府邀请李斯特加入铁路项目,这次他倒是预先提了条件:报销相关开支;受让 2% 股份;担任公司董事。问题是,合作方虽反复声称"莱比锡人不同于美国佬,定会诚实守信",但仅仅作了口头保证,从未付诸文字。而在李斯特急公好义之时,彼此的裂痕却

① *Ibid*. Henderson, *Friedrich List*: *Economist and Visionary*, p. 78, pp. 133-135; *Ibid*. Hirst, *Life of Friedrich List*, *and Selections from His Writings*, p. 75.

② *Ibid*. Henderson, *Friedrich List*: *Economist and Visionary*, pp. 134-136; *Ibid*. Hirst, *Life of Friedrich List*, *and Selections from His Writings*, p. 76. 前引文得乐:《弗里德里希·李斯特传》,第 181—183 页。

在扩大,这中间有技术性分歧,涉及线路走向、筹资方式,也有视野上的差别,即究竟着眼于带动德国铁路网建设还是满足于股东的眼前分红。本质上看,李斯特往往追求过大目标、看问题又过于乐观,加之性格率直冲动,不少动议自然得不到接受,而在积怨日增、未有文字协议的情况下,作为外来者的他就容易受到排挤和算计。于是,股票发行时李斯特未能分得股份,董事会选举中又遭联手暗算,进而被过河拆桥,甚至是首段的落成典礼都未获邀到场。据估算,李斯特为项目总共自掏了 15 000 个银币,而董事会只拟支付他 1 500 个银币作为"酬礼",以后几经交涉,也仅仅提高到总共 4 000 个银币。[①]至此,李斯特再次领教了他深爱的国人给予的回报,当然也又一次要为自己的个性弱点买单。

在集中为萨克森铁路工作期间,李斯特从未忘记要为德国全境建设铁路网的初衷,用他自己的话说,"看着英国和美国铁路建设成果惊人,我不能不想让德意志祖国享受类似恩惠"。正是以此为动机,他继续发挥办报的热情与能力。1834 年初,他会同莱比锡两位出版人创办了名为《国家杂志》的周刊。尽管这是面向家庭的大众化杂志,但在家政与旅行之外,还涵盖发明与创业、统计与研究等广泛话题,其中收有不少关于铁路、航运、工厂的文章,明显反映出李斯特的个人印记。本来从 1834 年 3 月到 7 月,周刊订户已从 12 000 升至 20 000,但看来主要因为合伙人间的关系问题,运行一年后便告停刊。然而,李斯特立即创办了自己独资并自撰自编的《铁路专刊与国家杂志》,旨在向读者提供欧美铁路建设的最新信息,分享本人关于德国铁路网建设的计划。他在发刊词里特别强调,"要为全德铁路网作准备",展示了远大的前瞻眼光。1835—1837 年,杂志总共出刊 40 期,可惜发行量上不去,1836 年 5 月高峰时也不过 650 份,在梅特涅禁止杂志进入奥地利后更是

---

① 前引文得乐:《弗里德里希·李斯特传》,第 181—185 页。*Ibid*. Hirst, *Life of Friedrich List, and Selections from His Writings*, pp. 79-80.

流失了大量订户,前后仅存续两年。①

为推动全德铁路网建设,李斯特同期在其他邦国展开游说。他先从关键的普鲁士开始,1833 年 10 月,向财政大臣冯·马森建议,在柏林与马格德堡、马格德堡与莱比锡之间建铁路;无果后再于 1834 年 7 月向内务大臣冯·罗周作此提议;仍无响应后又于 1835 年 3 月寄发小册子,宣传上述普鲁士铁路及其与汉堡相连的盈利前景;莱比锡铁路招股成功后,还前往柏林现身说法施加影响,甚至指望国王腓特烈·威廉三世能慧眼识珠;等等。1837 年底,普鲁士政府倒是颁发了建造柏林至马格德堡铁路的特许权,却授予了马格德堡市市长,而不是李斯特。在普鲁士碰壁之际,李斯特 1835 年夏就与布伦瑞克公国沟通,既推销他的汉萨—汉诺威—布伦瑞克铁路计划,也指望能在未来铁路机构中就任高管。无奈对方即使对计划有兴趣,也无意提供任职机会。最后只能到巴登再碰碰运气,1835 年 4 月,李斯特向巴登议会递交了沿莱茵河右岸建造曼海姆至巴塞尔铁路的计划,并提出特许权及任职的申请,可是这个小国对外国投资者充满疑虑,当政者对李斯特在符腾堡的旧事也仍有顾忌,李斯特直接参与的希望注定要落空。此后,他只能通过长袖善舞的舆论手段,去影响公众与政府的铁路决策。②

符腾堡旧事的后遗症在其他方面发酵得更加严重。1834 年 6 月 30 日,美国总统杰克逊在领事出缺时,又依李斯特所请,任命他为美国驻莱比锡(萨克森王国)领事,"任期三年"。③该职位并无固定薪酬,不过从验证商人货物发票中每年收取约 100 美元,但因莱比锡乃国内外商业交往中心,每年举办三次国际博览交易盛会,所以李斯特比较看重该职位。杰克逊总统在发出的文告中特别提请萨克森王国支持李斯特"不受阻挠地"履职,王国政

① *Ibid*. Henderson, *Friedrich List:Economist and Visionary*, p. 133, p. 79, p. 236, p. 248.
② *Ibid*. Henderson, *Friedrich List:Economist and Visionary*, pp. 137-138. 前引文得乐:《弗里德里希·李斯特传》,第 188—194 页。
③ *Ibid*. Tribe, *Strategies of Economic Order:German Economic Discourse*, p. 44.

府也于 1834 年 9 月 29 日签发受任书，并在报上作出公告。然而，奥地利的梅特涅却无法忍受这个"最为活跃、狡猾、有影响"的"煽动家"和"蛊惑者"居然杀回家门口来任职，于是利用其对符腾堡、普鲁士及邦联的作用力，向萨克森频频施压，要求撤回领事受任书，且继续布置监控李斯特。这场涉及多方的政治混战延续数月，好在政治大气候已今非昔比，符腾堡方面最终承认，当年李斯特出境是持有合法护照的，萨克森政府最终还是接受李斯特的领事任职。但有关影响仍无法消除，以后李斯特希望美国政府再任命他为美驻德关税同盟的领事，这一申请未能获准，据认为就与美方不想再挑起政治麻烦有关系。当然，李斯特自身也有问题，他对领事工作甚少时间投入，不到半年就擅自把职责托付给继子。他于 1837 年离开莱比锡，其领事职位被正式取代是在 1839 年 1 月 28 日。①

那段时间里，李斯特在符腾堡寻求政治平反的努力也一无进展。1836年 1 月，他回到斯图加特，在得到故旧热情接待的同时，也遭到警察盘问，符腾堡的旧敌认为，李斯特违背当年诺言，在获得自由、移居美国后，不该再重返故里。1836 年 4 月 4 日，他向国王威廉一世再次去函寻求赦免，得到的只是国王 4 月 15 日的驳回决定。不过，国王指令，因李斯特属美国公民，应如其他外国人一样加以对待，但假如他定居符腾堡，将照例受到监控，当然如不再犯事，便可相安无事。料想李斯特也去函过司法大臣毛克勒，大臣于1836 年 10 月 27 日复函，强调"不会再打开陈年卷宗"，这等于关上了平反的大门。鉴于得不到平反就不可能出任公职，李斯特只得放弃回归符腾堡的想法，决定继续客居莱比锡。顺告，1843 年 3 月，李斯特还被美国政府任命为驻斯图加特（符腾堡）领事。尽管他未再争取家乡政府的受任书，也无意履行相关职责，但正如朋友向他道贺时所言，此举等于向符腾堡的"全部政

---

① *Ibid*. Wendler, *Friedrich List ... in German-American Relations*, p. 103. 前引文得乐：《弗里德里希·李斯特传》，第 159—161 页。*Ibid*. Henderson, *Friedrich List: Economist and Visionary*, pp. 73-74.

敌和小人"发起了一次有力回击。[1]

二、前往法国寻找新机会

1837 年时,李斯特又走到一个前路茫茫的人生关口。无论是在萨克森王国还是其他德意志邦国,他都未能谋得稳定的铁路饭碗,经办的铁路专刊已经难以为继,符腾堡那里的政治平反继续希望渺茫,美国领事一职远不足以维持生计。原本他还准备利用一项甜菜加工专利技术,与发明人合伙在萨克森等地兴办制糖厂,此时也因筹款分歧而作罢。更有甚者,1836 年 9 月他还在指示美国的托马斯·比德尔公司售出其质押在那里的股票,未料这家公司执行不力,1837 年遇金融危机而破产,足让李斯特财产尽失。诸事不顺,逼着李斯特再次作出重大人生决断。1837 年 8 月,48 岁的李斯特带着大女儿埃米莉、儿子奥斯卡绕道比利时,拟前往法国开辟新的机会(亨德森称,李斯特到法国后再去比利时,似不确),妻子和两个小女儿则暂时留在莱比锡。[2]

为探寻在法国推动铁路建设并相应谋职的可能,李斯特出发前于 6 月先向法国国王路易·腓力转呈一份备忘录,上报自己对法国铁路网的设想,分析铁路网对经济的带动作用,并提出了包括发行钞票在内的融资建议。考虑到李斯特的领事身份及其铁路建设经验,法国政府高层认真审议了方案,但基于法国此前多次因滥发纸币而致国家崩盘的惨痛教训,从大臣到首相都对李斯特的倡议不表赞同。然而,在过境的比利时,他却很受重视。李斯特于 1837 年 9 月见到了交通大臣,当面提议把比利时的铁路与法国和德

---

[1] *Ibid.* Hirst, *Life of Friedrich List, and Selections from His Writings*, pp. 81-82; *Ibid.* Henderson, *Friedrich List: Economist and Visionary*, p. 80, p. 236, pp. 74-75. 前引文得乐:《弗里德里希·李斯特传》,第 194 页。

[2] *Ibid.* Henderson, *Friedrich List: Economist and Visionary*, p. 81; *Ibid.* Hirst, *Life of Friedrich List, and Selections from His Writings*, p. 82. 前引文得乐:《弗里德里希·李斯特传》,第 196 页。

国连通起来,他获邀参加了列日至马利纳铁路的通车仪式。而且,交通大臣欣然将李斯特引荐给国王利奥波德一世,国王对李斯特有关交通等问题的陈策兴味盎然,还转而向法王腓力作了推荐。由于比王是法王的女婿,凭此推荐,李斯特1837年10月底到巴黎未久即收到了法王召见的通知。他随即赶写第二份准备上呈的备忘录,着重论述法国铁路建设融资问题。1837年11月21日,腓力国王在杜伊勒里宫接见李斯特,宾主相谈甚欢,但或因李斯特曾提过年薪20 000法郎的过高要求,拟在法国铁路部门任职一事未再有下文。①

　　恰在此时,李斯特有了新的关注对象,且需全力以赴去处理。就在1937年11月他获知,法国道德与政治科学院在设奖征文,征文题目有两个:之一,如果一国要实行自由贸易或者修改关税政策,应当考虑哪些因素,才能公平地协调本国生产者与消费大众之间的经济利益?本题优胜者将获3 000法郎,外加崇高声誉与相应礼遇;之二,当前出现在新旧大陆的蒸汽动力和交通工具,会对经济发展、市民生活、社会结构、国家实力产生何种影响?本题优胜者将获1 500法郎。这两个题目形同为李斯特量身定做,可是征文活动1836年12月即已公告,截止日期是近在眼前的1837年12月31日。尽管时间很紧,李斯特在11月中旬还是决定参加应征,并且同时应答两题。接着自然是夜以继日的拼命苦干,按他致信妻子所称,先是每天写作15小时,最后阶段甚至每天仅在沙发上睡一两个小时,其他活动全部取消。凭借学养积累、倚马之才、当时体健神旺,加之大女儿协助译成法文,李斯特总算在剩余的六七个星期如期完成两份答卷。②

---

① 前引文得乐:《弗里德里希·李斯特传》,第194—197页。*Ibid.* Henderson, *Friedrich List:Economist and Visionary*, p. 95, p. 139, p. 156.

② [英]威廉·亨德森:《英文版编者序》,载前引李斯特:《政治经济学的自然体系》,第4、13页;前引文得乐:《弗里德里希·李斯特传》,第203、210、31页。*Ibid.* Hirst, *Life of Friedrich List, and Selections from His Writings*, p. 83; *Ibid.* Henderson, *Friedrich List:Economist and Visionary*, p. 156.

　　李斯特对第一个问题的应答，就是今人熟知的《政治经济学的自然体系》，其副标题是：兼顾国家与人类。此书稿尘封近百年，至1926年（亨德森谓1927年）才由阿图尔·佐默在法兰西学院的档案馆发现。就这一题目，当时共征得27份论稿，但评委会1838年6月30日判定，无一作品足以获奖，称其要么倡导完全的贸易自由，要么倡导严厉的贸易保护，未能回答好设定问题。李斯特的书稿被认为"与征文主题相去甚远"[1]，但仍作为"优异作品"入选前三甲。考虑到征文是在极短时间内赶写而成，而且所用法文尚欠火候，这个结果当已差强人意，然而，对于心气很高、此时既手头缺钱又渴求闻达的李斯特，必定大失所望。尤令他感觉屈辱的是，科学院转手宣布，就德意志关税同盟的意义再开始有奖征文，可这是他在征文中本已阐明的问题。在李斯特看来，恐怕是评委中有自由贸易的信奉者无法接受关税保护理论，有意要捉弄人。在致朋友信里，李斯特干脆引用巴黎一位"要人"所言，称科学院不过是个"贼窝"，自己"无意再给他们的书去提供材料"。[2]其实三年前，科学院就同一论题已经搞过一次有奖征文，收到过四篇论文，那次结果也是无一获奖。[3]如此说来，李斯特的激愤之言亦不无道理。

　　李斯特对第二个题目的应答名为《世界在前行：论蒸汽动力和新交通工具的作用》，这部书稿迟至1983年才由欧根·文得乐在法兰西学院的档案馆发现。1985年，德国哥廷根一家出版社发表了此书的德法双语本，但至今未有中文版。当年，针对第二题仅收到两部论稿，除李斯特薄薄数十页的文稿外，另一部是康斯坦丁·贝魁尔数百页的长稿，而最后获奖者正是贝魁

---

[1]　Mechthild Coustillac, „Die List-Rezeption in Frankreich", in *ibid*. Wendler, Hrsg., *Friedrich List—Gesamteuropäische Wirkungsgeschichte seines ökonomischen Denkens*, p. 218.

[2]　*Ibid*. Henderson, *Friedrich List: Economist and Visionary*, p. 157; *Ibid*. Hirst, *Life of Friedrich List, and Selections from His Writings*, pp. 84-85. 前引文得乐：《弗里德里希·李斯特传》，第203、210页。

[3]　W. O. Henderson, "Friedrich List and the French Protectionists", *Zeitschrift für die gesamte Staatswissenschaft*, Bd. 138, H. 2, 1982, p. 271.

尔。李斯特当时作为铁路交通专家本已名声在外,偏偏未能在自己拥有权威的领域胜出,如此结果定然令他既失望又羞愧,所以后来他未再声张曾应答过第二题,这也是其手稿后来一个半世纪长期尘封的一大原因。但实际上,李斯特就新交通方式带动下时间与空间的压缩、旅行与沟通的便利、生产与消费的扩大、分工的精细与成本的降低、工人阶级和城市规模的扩大、阶级差距的缩小等议题,作了富有前瞻性的探讨,以致有经济学家称其为"交易成本经济学之先驱"[1]。有观点称,李斯特这篇交通论文一定程度上反映了早期社会主义者尤其是圣西门主义者的观点,这些人也曾把铁路建设当作实现其"自由、平等、博爱"理想的可期手段。[2]

　　自撰写《美国政治经济学大纲》以来,李斯特长年为各类非学术实务奔走四方,此番到法国原也无意重拾经济研究。撰写上述两部作品,显然是因为有奖征文而一时兴起。可是,贸易和交通原属其深思熟虑的问题,他也素怀阐发本人经济理念之志。本次急就章留下诸多遗憾,比如他认为历史实证比较薄弱,最主要是未能获奖让他备感受挫,凡此种种,正好激起他系统著述的决心。1838年9月6日他致信好友道:"所以我准备把自己的论文重写成书,此书既自成一体,又将成为一部更大作品即政治经济学新体系之导论。"[3]正是在巴黎,从1839年至1840年,李斯特抽空研究历史与经济,致力于写作《政治经济学的国民体系》。这期间,他先在《德意志季刊》发表了两篇相关的重要论文,一是《从历史观点看对外贸易自由及其局限性》,二是《论国家工业生产力的性质与价值》。[4]《政治经济学的国民体系》最后是他1840年5月回德国后在奥格斯堡续完的,且是1841年5月在德国出版的,但其中大部分篇章成稿于法国。实际上,他曾打算以法文和德文双语发表,

---

① 前引文得乐:《弗里德里希・李斯特传》,第210—215页。
② *Ibid*. Coustillac, "Friedrich List and France", p. 80.
③ *Ibid*. Hirst, *Life of Friedrich List, and Selections from His Writings*, p. 85.
④ 前引法比翁克:《弗里德里希・李斯特》,第17页。

先用法文撰写的 18 章至今尚且存世,可是,德国出版商 1838 年 9 月、1839 年 1 月两次表示,仅拟印行德文版,如此他才抛下法文手稿,开始用德文专为德国读者著述。①

著书之余,李斯特还写下大量文章,绝大部分发表于南德奥格斯堡的《汇报》。该报由好友约翰·科塔于 1798 年创办,好友 1832 年去世后已由其儿子格奥尔格·科塔接手,李斯特到莱比锡后便与之有了联系。上次途经比利时,李斯特见过报纸总编、也是自己的学生科尔布,并受邀以驻外记者身份增加投稿。李斯特随即写了几篇关于比利时经济的文章,盛赞该国在重视实业的明君领导下,善于利用地理之便和自身资源发展制造业,尤其是铁路网建设走在欧陆各国前头。1834—1844 年,李斯特总共向《汇报》供稿 343 篇,可见笔耕之勤,何况同期他还在为德法两国其他报刊撰文。即使缺乏固定收入,即使他一度经营铁路股票未必赚到大钱,这些每篇 15—20 法郎的文章也可以维持清贫的生活。李斯特该时期的报刊文章广泛论及德国和国际的时事政治特别是贸易政策,如曾着力揭批英国鼓动家约翰·鲍令的自由贸易论调及其 1839 年去访柏林的游说活动,反复强调德国理应通过实施贸易保护走工业化升级之路。除此之外,李斯特也翻译过拿破仑三弟所著《拿破仑的思想》。②

寓居巴黎期间,李斯特依然多方结交。在德国流亡者中,他与大诗人海涅过从甚密,他们思想合拍,共同为《汇报》撰稿,有段时间还比邻而居。在法国上层,李斯特与法国历史学家兼政治家路易-阿道夫·梯也尔关系密切,此君高度赞赏李斯特的贸易理论与发展学说,一度发愿自己也要写一部相关著作。梯也尔 1840 年 3 月成为政府首脑后,邀请李斯特入职法国政府

---

① *Ibid*. Henderson, *Friedrich List*:*Economist and Visionary*,p. 83,pp. 165-166,p. 253.前引文得乐:《弗里德里希·李斯特传》,第 226 页。

② *Ibid*. Weise,"Brief Memoir of the Author",p. xix;*Ibid*. Henderson,*Friedrich List*:*Economist and Visionary*,pp. 82-83,p. 139,p. 237;*Ibid*. Hirst,*Life of Friedrich List*,*and Selections from His Writings*,p. 86.前引文得乐:《弗里德里希·李斯特传》,第 125 页。

部门,并开出了 12 000 法郎的年薪,具体岗位已无记述,想必是担任法国铁路总监。梯也尔内阁中,教育大臣和战争大臣在入阁前就与李斯特熟识,他们也举荐李斯特出任要职。然而,在原本孜孜以求的职位面前,李斯特居然谢绝邀请,随后在 1840 年 5 月就离开法国返回德国,着实令人费解。有解释称,梯也尔颇为好战,其时公开谈论对德开战,且拟聘李斯特的职务中据说涉及对德情报工作,故此李斯特只能一拒了之。①总的背景是,当时法国对德国莱茵兰提出了领土要求,于 1840 年引爆"莱茵危机",李斯特尽管持论温和,但也对事态发展感到"沮丧"。②

也可聊备一说的是,李斯特的个人生活此时遭遇了重大打击。本来,妻子及小女儿 1838 年 4 月前来巴黎团聚后,一家人总算岁月静好、其乐融融③,岂料 1839 年 6 月突然传来儿子奥斯卡客死他乡的消息,让李斯特悲痛欲绝、一蹶不振。④1837 年来法国时,李斯特之所以绕道比利时,也是因为要送 17 岁的奥斯卡到布鲁塞尔一家技校求学。然而,回巴黎后儿子无意从事技术工作,相反执意要去法国海外军团服役,李斯特劝阻无果后只得放手,可惜 19 岁的孩子到阿尔及尔不久便不幸死于疟疾。⑤遭此晴天霹雳,李斯特与家人在哀痛中决定回德国,也在情理之中。再说,李斯特此时也看到,自己仍有机会为德国铁路网建设效力,原对巴黎都市生活颇感别扭的他还是巴望能在本国铁路部门谋上一官半职。⑥就这样,自 1837 年 10 月至 1840 年 5 月客居法国两年半后,李斯特又带着全家返回故国。

① 前引文得乐:《弗里德里希·李斯特传》,第 198、202—203 页。*Ibid*. Hirst, *Life of Friedrich List*, *and Selections from His Writings*, pp. 86-87; *Ibid*. Henderson, *Friedrich List*: *Economist and Visionary*, p. 139.

② *Ibid*. Coustillac, "Friedrich List and France", pp. 80-81.

③ *Ibid*. Henderson, *Friedrich List*; *Economist and Visionary*, p. 83; *Ibid*. Hirst, *Life of Friedrich List*, *and Selections from His Writings*, p. 87.

④ 前引文得乐:《弗里德里希·李斯特传》,第 200—201 页。

⑤ *Ibid*. Hirst, *Life of Friedrich List*, *and Selections from His Writings*, p. 82, p. 88.

⑥ 前引文得乐:《弗里德里希·李斯特传》,第 200、215 页。

三、再返故国作最后奉献

李斯特回德国后,整个 1840 年夏都在图林根地区忙于铁路事务。他原本只是过境图林根,但当地围绕拟建铁路的线路走向出现了两场纷争,于是他身不由己地驻足介入。纷争之一,普鲁士政府提出从靠近莱比锡的哈雷修建一条通往卡塞尔的铁路。本来在两地之间有一条穿越图林根的传统道路,沿线有约 20 万居民,但普鲁士规划了一条直通铁路,几乎全在普鲁士境内,沿线居民仅约 6 万。如此规划的线路无疑会令原交通线上的不少城市利益受损,一时群情激奋而又群龙无首。归尘未洗的李斯特随即展开研究,在 1840 年 6 月 19 日便发表文章,雄辩地说明,拟建铁路应该沿传统线路走,由东到西再由北往南,里程固然稍长,但能把普鲁士、汉诺威、萨克森、巴伐利亚诸邦铁路连接起来。李斯特一连为这条图林根铁路写下八篇文章,而且,为免节外生枝,这八篇文章均化名发表,从中亦见其当时依然严峻的个人政治处境。①

除撰文宣传自己的方案外,李斯特还直接去访图林根地区的大公国哥达、迈宁根、魏玛,说服三国公爵共同维护其旧有交通要道。三国经谈判于 1840 年 8 月中旬就此达成协议,普鲁士遂于 1841 年 4 月作出让步,按李斯特的方案修改了线路走向。对于李斯特的功绩,哥达的主政者公开给予高度评价,人们相信,是李斯特让图林根各国避免了"致命危险"。②为此,李斯特也不免期待,自己当能得到充分的报偿和合适的任职。然而,他此轮大量付出,从三国仅换得区区 100 个腓特烈币的"谢礼",用其自嘲的话说,"拯救每个公国仅值 33⅓ 个硬币",从中可见他内心的失望和懊恼。稍可宽慰的是,他致信耶拿大学法学系主任后,在 1840 年 11 月 15 日如愿获得了名誉

---

① 前引文得乐:《弗里德里希·李斯特传》,第 215—216 页。*Ibid*. Henderson, *Friedrich List: Economist and Visionary*, pp. 139-140.

② *Ibid*. Weise, "Brief Memoir of the Author", p. xviii.

博士学位,算为本人"利他主义的奉献"挣得了一份承认。也有说法称,这算是"哥达大公的个人谢意"。急公好义却又谋身无方,这种天性李斯特已无法改变。当迈宁根方面后因图林根铁路与巴伐利亚铁路的连接问题再次前来求助时,他又是不计前嫌,为游说巴伐利亚政府,不但撰写一系列文章,还数十次前往慕尼黑,可惜终究又当了一回免费顾问。①

李斯特介入的另一场争议涉及南北铁路在德国中部的走向问题。当时有两个方案,一是路经萨克森,萨克森政府自然倡导该方案;另一是路经图林根,沿萨勒河至哈雷,为普鲁士政府所力主。对此,李斯特于1840年8月10日、19日,以及9月2日数次在《汇报》撰文,同时否定了两个方案。他建议,德国的南北铁路固然可在图林根过境,但应该沿威拉河而行。这个第三方案未能受到重视,1841年1月,巴伐利亚与萨克森商定,仍然采纳过境萨克森的第一个方案。李斯特倡导的方案一直要到1882年才成为现实。②

1841年初,李斯特迁居奥格斯堡,以便接近《汇报》及其掌门人格奥尔格·科塔。部分受科塔之请,李斯特投身于巴伐利亚与符腾堡的铁路政治。1841年3月,他在慕尼黑向巴伐利亚国王及内务大臣呈交了南德铁路建设计划,5月3日还提出在巴伐利亚政府运河与铁路建设部门任职的申请,可惜同样未果。③但不久后,有感于李斯特的贡献,巴伐利亚国王路德维希一世决定向他颁发"圣米迦勒骑士十字皇家荣誉勋章",1841年7月27日的《德国新闻周刊》也作了报道。然而,鉴于从符腾堡传来的有关李斯特"过往言行"的报告,国王最后出于政治考虑收回了授勋成命,以致奥格斯堡市市长在8月11日也断然拒绝李斯特的求职申请。不过,国王内心应该依然感念李

---

① 前引文得乐:《弗里德里希·李斯特传》,第217—220页。*Ibid*. Henderson, *Friedrich List：Economist and Visionary*, p. 140；*Ibid*. Weise, "Brief Memoir of the Author", p. xviii.

② *Ibid*. Henderson, *Friedrich List：Economist and Visionary*, p. 140, p. 249.

③ *Ibid*. Henderson, *Friedrich List：Economist and Visionary*, p. 84.

斯特的劳绩,因为在李斯特猝然离逝后,正是这位国王当即下令,慷慨抚恤李斯特的夫人及未成年孩子,并成立专门委员会表彰李斯特的业绩。①

就在定居奥格斯堡期间,最具深远意义的是,李斯特续完了他的代表作《政治经济学的国民体系:国际商业、商业政策与德意志关税同盟》。该书1841年5月由科塔在斯图加特和蒂宾根出版,首版印行1 000册,后在1842年、1844年又第二、第三次重印(赫斯特谓初版后四个月即再印)。②现书中第四编刊发于1844年。③李斯特在书中延续之前著作中的经济思想,采用以史为据的历史方法,阐明了有关落后国家实现发展的一系列独到主张。他提出的以自主发展为导向的经济民族主义理论、以幼稚产业保护为核心的工业化理论、以非经济因素为重点的生产力理论、以政府干预为杠杆的经济跨越理论,对于当时后发的德国如何规避英国的强大竞争,如何加速推进经济统一和工业发展,具有重大的政策针对性,至今对于全球化时代后进国家的赶超发展仍具独特指导意义。《政治经济学的国民体系》"确立了李斯特作为一流经济学家和保护政策斗士的声誉"④,成就了其最重要、最持久的一份遗产,也是我们今天关注李斯特的根本缘由所在。

也是在1841年5月,李斯特前往斯图加特,拜访已升任符腾堡内务大臣的老同学施莱尔,期待政治平反并在政府铁路部门任职。可是,他中途跌坏了腿,只得休养几个星期。⑤休养期间,一批实业家前来请他起草一份致国王威廉一世的请愿书,反对普鲁士代表关税同盟于1841年3月2日与英国达成的商约,李斯特随即在5月21日一挥而就,批评商约限制了德国关税自主权、伤害了关税同盟的凝聚力。对他来说,争取关税保护始终是一项

---

① 前引文得乐:《弗里德里希·李斯特传》,第284—286页。

② 前引文得乐:《弗里德里希·李斯特传》,第226页。*Ibid*. Hirst, *Life of Friedrich List*, *and Selections from His Writings*, p. 89;*Ibid*. Henderson, *Friedrich List*:*Economist and Visionary*, p. 100.

③ *Ibid*. Weise, "Brief Memoir of the Author", p. xxi.

④ *Ibid*. Henderson, *Friedrich List*:*Economist and Visionary*, p. 100.

⑤ *Ibid*. Hirst, *Life of Friedrich List*, *and Selections from His Writings*, pp. 89-90.

义不容辞的任务,不久前他为慕尼黑和奥格斯堡的实业家也起草过请愿书,抵制关税同盟与荷兰签订的商约。李斯特如此活跃,连内务大臣任上的老同学也不免担心,这员猛将是否又在以关税运动领导者的角色重陷符腾堡及德国的政治漩涡。好在不久便时来运转。1841 年 10 月,符腾堡国王为庆祝登基 25 周年下令大赦政治犯,李斯特终于跟着获得平反,公民权的恢复意味着从此可以出任公职了。①如此戏剧般反转,十足是"踏破铁鞋无觅处,得来全不费功夫"。

随着政治地位的改变,原先拒不给予特赦的国王威廉一世在 1841 年 10 月两次接见李斯特,流露出某种歉意。李斯特期望能重归公务员队伍,但施莱尔告诉他一时没有合适岗位。当然也完全可能是,李斯特原本就在符腾堡政界树敌不少,如今个性锋芒依旧且又长期在外漂荡,他被认为已不适合办理政务了。不过,由于《政治经济学的国民体系》问世后声名鹊起,1841 年 10 月 24 日,正在科隆创办的自由派《莱茵报》邀请李斯特出任主编,他回复称由于腿伤一时无法从命,愿意隔时再作答复,可惜等他来年二、三月份表示接受邀约时,这一主编职位已派给了年轻近 30 岁的马克思。②与此同时,科塔希望李斯特能收敛对铁路和关税的热心,集中精力撰写本人代表作的第二卷。按李斯特计划,该卷名为《未来的政治》,将集中讨论德国的经济统一及关税同盟的财税政策,当然也会兼及国际上的地缘政治趋势。之后还要写第三卷《政治制度对一国富强的影响》,会重点涉及农业政策。他为此还发表过相关文章和讲演,如《农地制度、小农经营与向外移民》,文中主张发展资本主义农业应该走"普鲁士道路"。③如此等等,李斯特的心思还是

---

① *Ibid*. Henderson, *Friedrich List*: *Economist and Visionary*, p. 84, p. 237; *Ibid*. Weise, "Brief Memoir of the Author", p. xx.

② *Ibid*. Henderson, *Friedrich List*: *Economist and Visionary*, pp. 84-85, p. 237; *Ibid*. Weise, "Brief Memoir of the Author", p. xxii. 前引文得乐:《弗里德里希·李斯特传》,第 258 页。

③ *Ibid*. Weise, "Brief Memoir of the Author", p. xx; *Ibid*. Henderson, *Friedrich List*: *Economist and Visionary*, p. 85, p. 200. 前引文得乐:《弗里德里希·李斯特传》,第 242 页;前引法比翁克:《弗里德里希·李斯特》,第 19 页。

很活,介入的事情依旧很杂。

　　然而,悠悠万事之中,李斯特志在促进德国统一与富强的大方向从未动摇过,此时他决定把工作重点放回到与关税同盟有关的迫切事务上。为此,他挟《政治经济学的国民体系》接连再版之势,说服科塔创办一份《关税同盟要报》,专论德意志关税同盟事宜。1842 年 10 月,为争取订户,李斯特跑了南德好几个城市,还从新近成立的符腾堡制造商协会募得一笔资金。科塔作为出版业主也给予支持,负担了发刊广告和随《汇报》赠阅的前两期样刊的费用,只是不给李斯特支付固定工资。《关税同盟要报》于 1843 年元旦正式出刊,9 月,订阅量已增至 1 000 份,刊物收入足以补偿固定工资的缺失。李斯特三四年里为此刊写下约 650 篇文章,在交通专家、经济学家之外,名副其实地成为"德国最有影响力的记者之一、关税同盟事务权威"①。正是在此番忙碌中,李斯特谢绝了 1843 年 7 月俄国财政大臣请他在圣彼得堡任职的邀约。②

　　李斯特利用手中的舆论平台,围绕关税同盟为国献计、影响时局。他努力倡导的当务之急包括:扩展关税同盟,把汉堡、不来梅、汉诺威等自由港市也纳入关税同盟,借以有效掌控国家贸易;提高关税同盟的对外关税,以期充分保护并激励德国工业化;将关税同盟的功能从关税领域拓展到其他领域,从而推进德国的经济统一。李斯特相信英国正在怂恿德国内部的自由贸易势力,以图瓦解德国工业化,因此,批评英国自由贸易推手(如科布登、鲍令)及其德国追随者也成了他的一个重点。他敦促国人要明辨是非,即自由贸易仅有利于英国这样的工业领先国,对德国这样的产业幼稚国却无比凶险,故此需要借关税同盟实行关税保护。③他大声疾呼要确立有利于德国

①　*Ibid*. Henderson, *Friedrich List：Economist and Visionary*，p. 85，p. 117.

②　Eugen Wendler, „Die List-Rezeption in Rußland", in *ibid*. Wendler Hrsg., *Freidrich List—Gesamteuripäische Wirkungsgeschichte seines ökonomischen Denkens*，p. 475；*Ibid*. Henderson, *Friedrich List：Economist and Visionary*，p. 87，p. 238.

③　*Ibid*. Henderson, *Friedrich List：Economist and Visionary*，pp. 90-91，p. 100.

赶超发展的国民经济体制,并以旁征博引的丰富例证、雄辩滔滔的动人语言来支持本人论断,包括反驳对《政治经济学的国民体系》的各种攻击。[1]

然而,李斯特的弱点是,由于想做的事情太多,他在事业经营上往往开拓有余而守成不足。办刊过程中,李斯特不时在国内外出差,以致出刊常有延误,如1943年8月李斯特在奥地利期间,就有订户抱怨延误了两期,科塔也向李斯特转告过。但李斯特整改不力,有次居然致信科塔,用另处已刊旧文去填空。1844年秋至1845年5月及1846年夏,哥廷根大学年轻讲师特奥多尔·特格尔代主笔政,订阅量已降至700份左右,导致科塔对李斯特不满。但两人间更严重的问题是,按照协议,作为业主的科塔有权删除文章,当判断某篇文章会得罪奥地利或普鲁士,乃至会招致报刊遭查禁时,他便会动用这一权力。而在作为主编的李斯特看来,这形同"自我审查",他在1844年9月即以此批评科塔。如此一来,两人闹得不欢而散,李斯特遂自1846年7月1日独力承担起刊物的出版暨编写责任。[2]

主笔《关税同盟要报》期间,李斯特工作头绪繁多,但不外乎关税保护、经济统一、铁路建设这些方面。就关税保护而言,他把重点放在南德诸邦。尽管曾经的全德工商联合会并未恢复,但多地出现了地方性工商联合会,纷纷要求关税同盟对外提高关税。李斯特对此总是积极相助,如在1843年4月,又为符腾堡的纺织制造商起草了致国王的请愿书。为此,他收到了德国工业界的酬谢,莱茵兰铁器制造商、波希米亚棉纺厂商、符腾堡制造商协会都曾给予他经济支持。[3]不过,李斯特决非如当时英国驻柏林大使所称,是个"德国制造商雇佣的非常能干的写手",因为据计算,1837—1845年,包括收到的稿酬、工业界的办报资助与馈赠在内,他的"平均年收入约为585个

---

① *Ibid*. Hirst, *Life of Friedrich List, and Selections from His Writings*, p. 91.

② *Ibid*. Henderson, *Friedrich List: Economist and Visionary*, pp. 85-88, p. 239.

③ *Ibid*. Henderson, *Friedrich List: Economist and Visionary*, p. 86.

银币",还不到 20 世纪初的 60 英镑。故此有论,"李斯特一生很少受自私的动机所驱使"①。

在李斯特的视野中,德国的关税问题也是国家统一问题,更确切地说,关税同盟只是德国走向经济统一的第一步。故而,这一时期他同样"以不知疲倦的精力争取可促进国家统一的其他手段",如统一的德国邮政系统、全德铁路网的扩展,特别是能改变邦国各自为政局面的"议会政府"。②此外,这期间他利用舆论资源,也提出或支持了一系列利于国家统一的政策建议,包括实行统一的货币和度量衡制度、建立全国性银行和统计局、构建整合水陆运输的全国性交通体系、派驻代表德国整体的海外领事、创立德国海军和商船队、颁布德国航海条例并开辟轮船航线、举办全国性工业博览会、形成国家专利和奖励制度等。在当时四分五裂的德国,李斯特"远远超前于时代",况且,这些都是他近 30 年前就已阐述的观点。③

对于铁路建设,李斯特依然保持着高昂兴致,他一开始就在自己的刊物上说:"铁路和关税同盟乃连体婴儿",因为有了铁路,人们才能利用好关税同盟带来的机会。1844 年 9 月,养病途中走到美因茨时,李斯特偶然闻知,公众对于是在莱茵河左岸还是右岸修建铁路发生着激烈争议,他遂在《汇报》刊文,提出自己看法,赞成在左岸修建从路德维希港至美因茨的铁路。更有意思的是,此前 1843 年 8 月,李斯特在奥地利巴德依舍与长期打压自己的帝国首相梅特涅作了首次会晤,为的是争取奥地利将其铁路网与巴伐利亚、符腾堡的铁路网连通起来,并成为他所设想的东西走向的欧亚大铁路的一部分。④1846 年 3 月,他也向巴伐利亚政府要员提出了这一设想,即修建一条从比利时安特卫普经德国直至印度孟买的跨欧亚大铁路。⑤

① *Ibid*. Hirst, *Life of Friedrich List, and Selections from His Writings*, pp. 93-94.

② *Ibid*. Hirst, *Life of Friedrich List, and Selections from His Writings*, p. 92.

③ *Ibid*. Henderson, *Friedrich List: Economist and Visionary*, p. 97, pp. 102-104.

④ *Ibid*. Hirst, *Life of Friedrich List, and Selections from His Writings*, p. 95; *Ibid*. Henderson, *Friedrich List: Economist and Visionary*, p. 141, pp. 107-108.

⑤ 前引文得乐:《弗里德里希·李斯特传》,第 302 页。

　　作为具有宏大视野的政治经济学家，李斯特不会单纯从德国看问题，这一阶段他越来越多地介入到国际关系中。1844 年夏，因为女儿埃莉泽在巴黎工作不顺，李斯特前去接她回国，再次途径比利时。在这里他两次会晤了已成为首相的故交让-巴蒂斯特·诺东及其他各路头面人物，在谈判关键阶段为关税同盟与比利时 1844 年 9 月 1 日达成贸易协议作出了贡献，使得比利时对德国的铁品出口享受减半关税，德国的对外出口则能借道科隆至安特卫普的铁路低成本地运往北海，而不必向莱茵河口的荷兰交税。由于关税同盟尚未囊括那些德国北方港市，李斯特曾希望争取比利时加入关税同盟，但这一方案遭到英国及普鲁士的反对。对他本人而言，部分因为诺东政府随后不久倒台，他想在比利时谋职的希望也同样落空。①

　　1844 年 10 月中旬，应奥匈经济学会负责人邀请，李斯特带着"化设想为现实"的愿望去访奥匈帝国。作为生于帝国自由城市的子民，他对哈布斯堡王朝情有独钟，始终期待德国统一由奥地利来领导完成。②10 月 26 日到达维也纳后，政界、商界、学界给予他极高礼遇，使得原计划三四天的逗留延长到两个星期。11 月，他前往匈牙利，这是他期许德国移民大举前来垦殖的地方，也是其经济学说特别是贸易保护思想大有市场的地方，他在这里得到了无比尊贵的礼遇，与匈牙利独立运动领袖等各界人士广泛接触，"整个国家简直沸腾了"。再返维也纳时，李斯特于 1844 年 12 月 3 日受到梅特涅二次接见，两人商谈了哈布斯堡境内铁路网的拓展问题，来年初他又向梅特涅呈交了有关匈牙利交通改善和经济改革的长篇报告，强调交通运输乃"国家政权巩固、经济繁荣进步、个人富裕发展的先决条件"③。为期五个半月

①　 *Ibid*. Henderson, *Friedrich List：Economist and Visionary*，pp. 95-96. 前引文得乐：《弗里德里希·李斯特传》，第 290—292 页。

②　 *Ibid*. Hirst, *Life of Friedrich List, and Selections from His Writings*，p. 96.

③　前引文得乐：《弗里德里希·李斯特传》，第 292—301 页。Eugen Wendler，„Die List-Rezeption in Ungarn"，in *ibid*. Wendler Hrsg.，*Freidrich List—Gesamteuripäische Wirkungsgeschichte seines ökonomischen Denkens*，p. 592.

的奥匈访问中,李斯特受到各界特别是工商界的热烈欢迎,从盛大宴会到社交晚会,专以他名义举办的各种活动令人应接不暇。但官方对其铁路建设和德国移民之类方案反响平平,特别是梅特涅仍对他多有防范,致使他并未取得实质性成果,也未能给自己谋得维也纳的一官半职。不过,他对匈牙利的独立运动、关税保护和工业发展倒是产生了显著影响。①

1846 年 6 月 19 日,在德国一家贸易公司的牵头资助下,李斯特抵达伦敦,在英国访问了两个月。②关于此访目的,有几种解释。一般认为,因为英国《谷物法》废除在即,李斯特担心此举将进一步损害德国的制造业成长,故而要带病赶去伦敦就近观察。③赫斯特认为,李斯特此行既想亲眼观察英国走向自由贸易的最新情况,又想为如今自办的《关税同盟要报》物色更得力的通讯记者。④亨德森认为,李斯特是为了说服首相罗伯特·皮尔等英国政要别再支持汉诺威、汉堡、不来梅拒绝加入关税同盟,并要英国接受一个事实,即德意志关税同盟迟早会为了保护本国工业而提高关税。⑤文得乐则认为,李斯特设想了一条从比利时经德国到印度的欧亚大铁路,相信该铁路将极大促进英国的富强,为此英国需要与德国结成日耳曼同盟,借以遏制以法国为首的拉丁势力和以俄国为首的斯拉夫势力,他准备就此与英国主政者直接沟通。⑥从他后来在英国会面的人士、开展的活动、呈交的备忘录《论英德联盟的价值和条件》来看,英德结盟及贸易政策无疑是其关注焦点。⑦

此前,李斯特一直敦促德国与"第二梯队的工业国"联手遏制英国的霸

① *Ibid*. Henderson, *Friedrich List*: *Economist and Visionary*, p. 242, p. 108, p. 116.

② 前引文得乐:《弗里德里希·李斯特传》,第 303 页。

③ *Ibid*. Weise, "Brief Memoir of the Author", p. xxiii.

④ *Ibid*. Hirst, *Life of Friedrich List*, *and Selections from His Writings*, p. 99.

⑤ *Ibid*. Henderson, *Friedrich List*: *Economist and Visionary*, p. 203, p. 87.

⑥ 前引文得乐:《弗里德里希·李斯特传》,第 302 页。

⑦ *Ibid*. Hirst, *Life of Friedrich List*, *and Selections from His Writings*, pp. 100-103.前引文得乐:《弗里德里希·李斯特传》,第 303—306 页;前引法比翁克:《弗里德里希·李斯特》,第 21 页。

权，但在发表《政治经济学的国民体系》后，他的国际战略思想有所改变，他预判，美国和俄国未来将成为最强大的国家，因此，英国和德国理应未雨绸缪作出应对。李斯特相信，在争夺世界霸权的斗争中存在三支超强力量，一是以英国和德国为主体的条顿民族；二是法国领头的拉丁民族；三是俄国领头的斯拉夫民族。于是他向英国政要提议，应当结成英德联盟，这将形成巨大的族群竞争优势，大大促进世界的"治理和文明"。①这种提议是否包含了新兴国面对霸权国而"韬光养晦"的某种策略呢？单就明面上言，李斯特强调这是一个长远的战略趋势问题，是政治领导人需要在日常政务之外特别关注的重大事项。问题是，他又一次过于前瞻了，从英国政要所珍视的现实利益考虑，要一个已经转向自由贸易的英国接受一个关税保护的德国，能有多大的可能性？他在大量批评英国政策与政要之后又要说服英国跟德国结盟，又有多大的现实性？于此观之，他最后两手空空打道回府也是原已注定的结果。

四、心力交瘁中自我了断

李斯特于 1846 年 8 月从英国回到德国奥格斯堡。尽管有人说在伦敦时，李斯特"身心能力都相当好"，但是回国时其健康状况已一落千丈，周围人发现他性情大变，原先的烦躁易怒倒是不复存在，可是，生龙活虎的劲头也随之而去，同时，他失眠、头痛，做事更是有始无终。在情绪抑郁中，"他想象着自己遭受一帮敌手的迫害"，从符腾堡国王到新近跟他闹翻的出版商科塔，无不令其生命处于危险之中。②

两个月的英国之行居然留下如此身心俱废的后果，不禁让人浮想联翩。在联邦德国 1979 年举行的纪念李斯特诞辰 190 周年会议上，名叫米夏埃

---

① *Ibid*. Henderson, *Friedrich List : Economist and Visionary*, pp. 117-119.
② *Ibid*. Henderson, *Friedrich List : Economist and Visionary*, p. 88; *Ibid*. Hirst, *Life of Friedrich List, and Selections from His Writings*, p. 106.

尔·利比希的一位参会者指出,由于李斯特协力创建的关税同盟严重打击了英国在德国市场的利益,其个人也日益成为关税保护运动和德国工业发展的象征,他早就成为英国情报机构的打击目标。[1]李斯特在本人著作自序中就提到,英国政府不惜代价地安排"机密费",在德国各地雇佣大批媒体人员制造舆论,谴责关税同盟保护制度,诋毁李斯特等爱国工商人士。[2]

据信,随着李斯特影响力的上升,英国政府不断升级针对他的秘密打击活动。利比希认为,及至1846年李斯特再访英伦,英方抓住这个不请自来的机会,在心理战效果不彰的情况下,就直接用药品甚至毒药加害李斯特,从而一手造成了其健康崩溃和随后离世。不过,文得乐不太认同这一英国密谋加害论,称不应"高估李斯特对英国政府的政治意义",况且去访前李斯特本"已表现出身心患病的征兆";至少时隔一个半世纪,"如今既不能证实也无法证伪"这一英国加害说。[3]赫斯特则提到,李斯特跟一位英国朋友说过:"我感觉身体中像有一种致命疾病,定将不久于人世。假如我病倒、死亡、安葬,希望就发生在自己的国家。"[4]因此,不妨推断,也许就是因为感觉重病在身,他才决定动身回国的,进言之,确是英国行成了李斯特身心健康的一个转折点。

如果说在英期间或自英归来后,李斯特突然身心交瘁,开始以特别忧郁悲观的目光看待前途,那也应当说,其中无疑有长期积累的多重因素在起作用。首要因素是,打从美国返回欧洲后,他始终没有找到一个可发挥专长、稳定支薪的职位。前文已见,无论是在比利时、法国,还是在萨克森、巴登、符腾堡、奥地利、匈牙利,他都展现了自身才华,作出过突出贡献,也提出过求职申请,还结交了上层人脉,甚至已获得工作邀约,但最终无一如愿以偿。

---

[1][3] 前引文得乐:《弗里德里希·李斯特传》,第126页。

[2] 前引李斯特:《政治经济学的国民体系》,第6页。

[4] *Ibid*. Hirst, *Life of Friedrich List, and Selections from His Writings*, p. 105.

既然同样的问题反复出现,则不论事情如何阴差阳错,李斯特自身不可能全然无辜,尽管我们不应该对天才求全责备。

这次在伦敦,普鲁士驻英国特使卡尔·邦森对李斯特赏识不已且善待有加,他把李斯特关于建立英德联盟、关于在普鲁士种植并开发土豆、建议普鲁士购买纺织新专利这三份备忘录,连同李斯特一封言辞恳切的信件,一并转呈普鲁士国王腓特烈·威廉四世。邦森还提议任命李斯特为"关税同盟铁路和工厂总监",或委派他"负责在波森建设德国垦殖地并安置德国移民",建议普鲁士和关税同盟应当发挥李斯特的"才能、经验、政治影响力"。可是,当国王那里传话请他去柏林沟通时,李斯特居然又心生误解,找出理由加以婉拒,从而又一次错失谋职良机。①在与科塔闹翻使得《关税同盟要报》的存续,乃至自己担任《汇报》记者的饭碗都岌岌可危之际②,如此结局定然使他深感前途渺茫,终于难以挽回地走向身心崩溃的边缘。

与此同时,《政治经济学的国民体系》问世以来,李斯特受到了众多非议,其中包括大量无端攻击和恶意中伤。诚然,赞誉也举不胜举,有称之观点新颖、思想深刻,道理雄辩、指南务实,开创历史、堪称精品,为德国利益抗争、给科学注入生命,会引发政治经济学革命、将奠定国民经济新基础,甚至也有称其为"德国最伟大的公民","百年后定会有人为你塑像立碑"。此外,波希米亚的实业家们为褒奖其大作,专给他发放稿费并馈赠纪念品。③莱比锡和莱茵等地的制造商也向他表示敬意。况且,他的著作在国外出版了匈牙利文等译本。④如此等等,对一个长期受压抑的心灵无疑是莫大的安慰。

然而,李斯特更遭到了猛烈围攻。首先是英国的《泰晤士报》《观察家

---

① 前引文得乐:《弗里德里希·李斯特传》,第 307—308、312 页。*Ibid*. Henderson, *Friedrich List*: *Economist and Visionary*, p. 123.

② *Ibid*. Hirst, *Life of Friedrich List*, *and Selections from His Writings*, p. 105; *Ibid*. Henderson, *Friedrich List*: *Economist and Visionary*, p. 88.

③ 前引文得乐:《弗里德里希·李斯特传》,第 248—252 页。

④ *Ibid*. Weise, "Brief Memoir of the Author", p. xxii, p. xxi.

报》《爱丁堡季评》等纷纷发表肆意诋毁的评论，称李斯特"借着病态和错误的概念""以嫉妒心理和恶毒敌意"看待英国的成就，其作品不过是"小册子作者"的"肤浅之作"。来自英国的这些诽谤原不足为奇，但本国众多报刊和册子如《莱比锡工商报》《莱茵报》《法兰克福总邮报》《新耶拿文学通志》《波罗的海证券报》等也群起攻之，称李斯特"罔顾事实""欺世盗名"，一味"散布闭关自守、野蛮愚昧的民族主义"，其保护性关税"对企业活动和创新思维实乃安眠药甚至是剧毒药"。1842 年、1843 年，《莱比锡工商报》就连续刊发过18 篇文章，《莱茵报》刊发过卡尔·布吕格曼一人 25 篇文章，着实形成了一场"反李斯特运动"。那些文章称李斯特明明"在美国种地"，却"带回这些虚张声势的美国货色"，其人不过是个"行为艺术大师"；此外还连带攻击关税同盟，贬称《关税同盟要报》不过是《无关紧要报》。更有甚者，冷嘲热讽中后来还出现了所谓李斯特"剽窃法国政治家兼作者费里埃""剽窃吉森大学政治学教授弗里德里希·施米特黑纳""剽窃浪漫派极端保守主义学者亚当·米勒"之类指控。这样的羞辱抹黑、造谣中伤给李斯特造成了严重困扰，耗费了他辩白的时间，终让心高气傲、深感冤屈的他元气大伤。[1]他最后的迫害妄想症恐怕与此大有关系。

命运多舛、壮志难酬、声誉毁损、国运维艰，凡此种种，无不让李斯特愈发晦暗地看待这个世界，愈发晦暗地看待家庭前景。李斯特是个爱家护家的男人，多年来亲人被迫跟着浪迹天涯，他指望自己能为他们做得更多、更好。尽管如此，不顺心的事情还是时常降临，前已述及，儿子奥斯卡一意孤行，参加法国海外军团不久便病疫于阿尔及尔；才高貌美的二女儿埃利泽登台演出一时失手，前往意大利学艺再遭挫折，最后在巴黎工作又半途而废。最新的情况是，埃利泽嫁给奥地利富商后在 1846 年 2 月下旬生下一女婴，

---

① 前引文得乐：《弗里德里希·李斯特传》，第 252—263 页。*Ibid*. Hirst，*Life of Friedrich List*，*and Selections from His Writings*，p. 122；*Ibid*. Tribe，*Strategies of Economic Order*：*German Economic Discourse*，pp. 45-48.

不想数日后婴儿便夭折，好事突变坏事也给了李斯特一大打击。就从这个春天开始，也即去访英国前，《汇报》总编也是其学生的科尔布已经发现，李斯特显露情绪失控的迹象，"忽而会深度沮丧和自卑，忽而又会过分高估本人能耐及其庞大计划"①。

诸事不顺之中，李斯特把家庭的贫困看得十分严重。他在去世前日的绝笔信里写道："想想未来，没有写作带来的收入，也没有个人的钱财，我将不得不消耗妻子的节余，可她和孩子本就捉襟见肘。我已走到绝望边缘，祈求上帝怜悯我全家吧！"李斯特的家庭经济状况应该还没有严重到这个程度，但在责任感和无力感的重压下，他会特别负面地看问题，并且觉得只有自我了断才能减轻亲人身上的重担。当然，这本身就是他情绪抑郁、已突破忍受极限的一种病症表现。②相信到这个时候，以前多项投资中的种种失利、大量付出却未有充分回报，更不用说长期遭受迫害致使难以谋得应有职位，这一切无疑都会加重李斯特的无望感和厌世感。

尽管如此，李斯特在事业上还是雄心不坠，有一件事他仍想要尽力去做，那就是成立巴伐利亚工商协会。1846 年 11 月 20 日或次日，他为此离开奥格斯堡前往慕尼黑，他跟家人说想在慕尼黑稍事休息，家人也指望他能因此放松身心、早日康复。③实际上，他在慕尼黑只待了很短时间，因为心情郁闷已致无法工作，加之那里正大雨滂沱，他便决定径直前往奥地利的蒂罗尔，希望那里温暖些的天气能有助于休养。11 月 25 日，在往巴伐利亚与奥地利边境途中，他给妻子写下最后一封短信，简单报告了行程，称抵达奥地利因斯布鲁克后会再多写点信。一切看来尚且正常。④

① Ibid. Hirst, *Life of Friedrich List, and Selections from His Writings*, p. 87. 前引文得乐：《弗里德里希·李斯特传》，第 172、220—221、314、318 页。
② 前引文得乐：《弗里德里希·李斯特传》，第 316、318—319 页。
③ Ibid. Hirst, *Life of Friedrich List, and Selections from His Writings*, p. 106.
④ Ibid. Henderson, *Friedrich List: Economist and Visionary*, p. 88. 前引文得乐：《弗里德里希·李斯特传》，第 315 页。

可是,因遇上暴风天气,他未能继续前往因斯布鲁克,反而让马车夫折回,最后在 11 月 26 日下午来到奥地利蒂罗尔靠近边境的市镇库夫施泰因。在那里,他住进市长开设的客栈,选了一个最便宜的房间,因身体疼痛而卧床休息。以后几天里,他卧床多、进食少,天气也不好。28 日,他外出给自带的手枪买了弹药,下午还到森林里试了试。29 日,他整天待在房间,给学生科尔布写了一封告别信,说到每天晚上都想回奥格斯堡,可惜已有心无力。30 日早上,他离开房间,近中午,远处传来一声枪响。当晚,客栈发现李斯特夜不归宿,从房间里一封信中知道了他的身份和心思,随即组织人员四处查找。12 月 3 日,在附近森林里发现了李斯特的遗体,他双手握枪,头颅碎裂,身上盖着刚飘落下来的雪花。①"一位富有原创性的思想家,一位能干而勤奋的写作者,一位不知疲倦的政治鼓动家"②,"一位把务实成就与未来预判结合起来的伟大爱国者"③,就这样在 57 岁的年龄亲手结束了自己坎坷奋斗、奔波奉献的一生。

由于李斯特出行未携带行李,颇不合常理,大家推断其心智或有问题。在安排尸检后,当地两名医生得出结论:"死者患有重度抑郁症,已无法清晰地思考或理性地行动。"因为这一结论没有直接说李斯特死于自杀,所以当地教士才愿意将他安葬在库夫施泰因的公墓中,人们给予这位爱国者不失隆重的葬仪。知情者并没有把李斯特辞世的方式告诉其妻女,只有大女儿从报上获知了实情。奥格斯堡、德国、国际的报纸随即报道了李斯特的不幸死讯,文得乐编辑的讣告文汇就有 200 多页。消息传开,引发了普遍的同情与惋惜,中间也夹带某种悔意。巴伐利亚国王、符腾堡国王、德国各界包括海外德国人即向李斯特家人给予抚恤;波希米亚实业家等团体及个人随后

---

① 前引文得乐:《弗里德里希·李斯特传》,第 315—317 页。*Ibid*. Hirst, *Life of Friedrich List, and Selections from His Writings*, p. 106.

② *Ibid*. Weise, "Brief Memoir of the Author", p. xxiv.

③ *Ibid*. Henderson, *Friedrich List: Economist and Visionary*, p. 88.

捐建了李斯特的坟墓与纪念物;1848 年,符腾堡议会为李斯特平反昭雪并要求国人铭记历史教训——善莫大焉! 1925 年,在海德堡宣告成立了"弗里德里希·李斯特学会",学会于 1927—1936 年完成了十卷本(12 册)李斯特文集的出版——功莫大焉!①

---

① 前引文得乐:《弗里德里希·李斯特传》,第 318—325 页。*Ibid*. Henderson, *Friedrich List:Economist and Visionary*, p. 88.

第二章
主要著作：落后国适用的政治经济学

李斯特留给后人的著述足够丰富，1927—1936 年出版的十卷本《弗里德里希·李斯特：著作、讲话、书信》包括[1]：

第一卷《1815—1825 年为政治和经济改革而奋斗》，含第一册《早期国家政策文稿》(1932 年)、第二册《早期贸易政策文稿及相关文件》(1933 年)；

第二卷《1825—1832 年美国时期政治经济学著作及其他文稿》(1931 年)；

第三卷《交通运输文稿》，含第一册《介绍和文本》(1929 年)、第二册《文本辑录和评论》(1932 年)；

第四卷《政治经济学的自然体系》(1927 年)；

第五卷《1831—1844 年文稿》(1928 年)；

第六卷《政治经济学的国民体系》(1930 年)；

第七卷《德意志民族的政治经济统一》(1931 年)；

第八卷《1812—1846 年日记和书信》(1933 年)；

第九卷《李斯特生活年鉴、文稿拾遗、他人回忆》(1936 年)；

第十卷《注释、目录、索引》(1936 年)。[2]

---

[1] ［德］欧根·文得乐：《弗里德里希·李斯特传》，梅俊杰译，商务印书馆 2019 年版，第 325 页。

[2] Erwin von Beckerath, Karl Goeser, Wilhelm Hans von Sonntag, Friedrich Lenz, Edgar Salin, u. a. Hrsg., *Friedrich List. Schriften*, *Reden*, *Briefe*, 10 Bände, Reimer Hobbing, Berlin, 1927-1933 u. 1936.

以此十卷（12 册）文集，再加后由文得乐教授发现的交通征文，以及一批长期散失的信件和文稿①，李斯特的著述收集已相当齐备。不过，正如埃里克·赖纳特在 2005 年时所言："李斯特的著作中至今仍有九成尚未从德语翻译成其他语言。"②应当说这一情况至今并无改观，国内学界也同样如此。这里择要概述构成了李斯特政治经济学主体的著作，分别是：作为整体的早期时政策论，《美国政治经济学大纲》《政治经济学的自然体系》《论新交通工具的作用》《政治经济学的国民体系》。其中，以"政治经济学"为名的三种代表作均已有中文译本。

第一节　李斯特的早期时政策论

一个人早年的思想往往会影响终生，李斯特也是如此。研究李斯特的早年思想，有助于完整地理解他后来系统阐述的经济学说，准确把握其赶超发展战略的目标趋向。同时，以这些早期思想为基础，我们也能更清楚地认识李斯特学说的思想成长过程。

一、早年就积极建言献策

自 1807 年以学徒身份进入官场，直到 1821 年因散发《罗伊特林根请愿书》而踏上坎坷人生路，李斯特于早岁十多年里，在家乡符腾堡王国依次担任市镇高级秘书、部委独立巡视员、内务部财税主管、政府委员会秘书、蒂宾根大学教授、王国议会议员等一系列官方职务，另还当过非官方的刊物主

①　Eugen Wendler, *Friedrich List：Politisches Mosaik*, Springer Gabler, 2017, pp. 83-237.
②　［挪］埃里克·赖纳特：《作为发展经济学的德国经济学：从"三十年战争"到第二次世界大战》，载［挪］埃里克·赖纳特、贾根良主编：《穷国的国富论：演化发展经济学论文选》下卷，贾根良等译，高等教育出版社 2007 年版，第 232 页。

编、工商联合会会长、公司董事等。在这些岗位上,事业亨通、才高气盛的李斯特或受命或主动地写下了一批备忘录和请愿书,并发表过议论时政的诸多文章和讲演。

这些聚焦实务、倡言改良的早期策论中,至少有 20 来篇比较引人瞩目,涉及当时符腾堡王国及德意志邦联政法、财经、教育等多个方面。①具体包括:

- 1811 年 10 月前,为行政官撰写报告,论述乌尔姆市政财税体制的改组;
- 1814 年 6 月,致内务大臣备忘录,论述符腾堡政府基层行政改革;
- 1815 年 3 月,致民意代表请愿书,呼吁制定改良版宪法、实行宪政;
- 1815 年 8 月,为内务部撰写报告,论述小城镇和农村地区的财政改革;
- 1815 年 11 月—1816 年 2 月,向内务大臣及议会共提交四份备忘录,针对政府特别是地方政府,提出改组机构、培训官员、改进收费等建议;
- 1816 年 4 月,为内务部完成罗伊特林根市调研报告,提出市政全面改革措施;
- 1816—1817 年,在《符腾堡实录》刊发三篇文章,提出权力制衡、基层自治、完善宪法、保障民权、强化邦联、培训官员等建议;同时受命起草致国王请愿书,要求扩大公民参政、提高官员素质、促进政治经济教育;
- 1817 年 5 月,为内务部完成移民问题调研报告,提出防止移民外流的对策及改良基层治理等建议;
- 1818 年 1 月,在蒂宾根大学首讲"符腾堡治国的理论与实践",并随后开设了贴近时务、论政济世的课程;

---

① W. O. Henderson, *Friedrich List: Economist and Visionary 1789-1846*, Frank Cass and Co. Ltd., 1983, p. 3, p. 5, pp. 10-16, p. 20, pp. 28-29, p. 34, p. 43, p. 47, pp. 49-50, pp. 53-56, p. 144, p. 228.

- 1819 年 4 月,起草《代表工商联合会致德意志邦联请愿书》,要求对内撤销关卡、对外统一关税、实行贸易保护;
- 1819 年 9 月,代表工商联合会起草第二份致德意志邦联请愿书,重申亟须撤销境内关税,借以保障国内经济发展;
- 1819 年底,以呈报皇帝的三份请愿书和致送梅特涅的三封信为基础,撰写了《维也纳备忘录》,再次陈言邻国高关税对德国之害,并提议建立德意志关税同盟;
- 1819—1820 年间,为德国工商联合会专刊写过多篇文章,抱怨廉价英国进口货正在摧毁德国工业,呼吁对英国制品征收进口关税;
- 1820 年 9 月,撰写备忘录,建议成立一家专门从事出口的德国商贸公司,并希望符腾堡国王成为公司庇护人;
- 1820 年 9 月以后,撰写若干备忘录,既起草了区域性关税同盟的条约草案,又论述了由此征得税收的分配等问题;
- 1820 年 12 月,在符腾堡议会数次发表讲话,呼吁建立德意志关税同盟、促进王国经济发展、改善财政管理等等;
- 1821 年 1 月,提交了那份因言获罪的《罗伊特林根请愿书》,对符腾堡官场提出全面且严厉的批评,还提出 40 多项改革要求。

依据可见的策论内容,不难判定,早年李斯特对于参政议政、建言献策非常热心,在公职内外都留下了不少直面时弊、评议犀利的文字。这些早期策论充分展现了李斯特的早年思想,也是今人准确把握李斯特思想特征与行为目标的重要依据。

二、政治经济上倾向自由

总体而言,李斯特在 1822 年首度去国流亡前,已就广泛的政治经济问题持有相当系统的看法。以后的学识积累和生活阅历固然会有进一步拓展并深化之功效,但由早期策论可判定,他的思想底色在而立之年已经鲜明地形成,基本的政治经济立场终其一生都将在大方向上保持稳定且少有偏离。

李斯特的早期策论中,大部分涉及对政法制度的评论和建议,凸显了自由主义的政治倾向。他的这种自由主义倾向至少有两个基础,一是少年时亲身经历的家乡实际政治生活;二是青年时代学习和交游中的思想吸收。

李斯特所在的罗伊特林根市是个具有四百多年城邦民主传统的"帝国自由城市",公民自由、民主选举、社会契约等政治熏染对少年李斯特影响至深。拿破仑战争中,罗伊特林根被迫并入符腾堡,从此丧失了自由城市身份,但李斯特始终以一度亲历的民主宪政为参照,谋求符腾堡的政治改良。与此同时,在蒂宾根大学进修期间,李斯特旁听了英国宪政、公共财政、罗马法、日耳曼法等法科讲课,吸收了卢梭、孟德斯鸠、斯密等人的新颖思想,并与同样倾心改良的同学和师长密切交往。这样的知识摄取强化了他原本的自由主义思想倾向。①

那些早期策论清楚地显示,李斯特在政治上赞赏英国的制度,崇尚宪政、分权、自治、民主等自由主义理念,确乃"生就的共和派""代议政体的终生捍卫者、专制主义和奴性官僚制的坚决反对者"②。鉴于拿破仑战争结束后,符腾堡王国既不能恢复原先的市政自治,又未能制订改良性宪法并组成代议政府,李斯特通过上书请愿和经办刊物等方式,放恣横议,呼吁宪政治理、公民权保障、司法与行政分离、陪审团审判、村镇自治、出版自由等。他也基于个人观察、家人遭遇、专案调查,抨击行政系统的混乱低效、陈腐作恶,强调应该大力整顿官场秩序、系统培训公务人员、编制年度政府预算、改善公共财产管理等。③

显然,早年李斯特充分展现了自由、民主、理性、革新的政治倾向,这也

---

① 前引文得乐:《弗里德里希·李斯特传》,第15—17、19页。

② *Ibid.* Henderson, *Friedrich List: Economist and Visionary*, p. 2.

③ Margaret Esther Hirst, *Life of Friedrich List, and Selections from His Writings*, Smith, Elder & Co., 1909, reprinted by Forgotten Books, 2012, p. 5, pp. 7-8, p. 10; *Ibid.* Henderson, *Friedrich List: Economist and Visionary*, p. 9, p. 15.

构成了他经济思想的一个稳定基础。在这个问题上应避免继续误读,否则,便容易对李斯特那些标志性的经济政策主张,如关税保护、政府干预,产生理解或实施上的偏差,且容易把某些手段当作目的,难以把握其间的辩证关系和时序考虑。

在经济上,李斯特对于制造业和城市化,包括对于机器等新技术新发明,都怀有极大热情,以后他对铁路交通技术的激情、对新科技成果的追捧,都说明了这一点。李斯特尤其看重工业化,强调落后国应为工业化创造良好的发展条件,其中特别包括关税保护和交通改善。他关于突破旧城墙、开发新城区的建议,也应放到其对工业化的预判中加以认识。同时,李斯特又强调政府应当减税降费、约束财政、放松管制、鼓励民营,尤其是多次明确提出应出售经营不善的公共资产。凡此种种,都是其自由主义政治倾向在经济领域的反映。①

尤应注意,李斯特较早就对政治与经济的关联性具有很强的意识,这将成为他的一个思维特征。例如,他颇为独到地指出,以往的政治理论忽略了公司、行会、社团,而自由与秩序其实要靠它们来支撑,因为缺乏社会组织的情况下,"不可分割的国家大政权"只会"让自由走样","引来东方专制主义"。再比如,他批评当时通行的经济学缺乏"国民经济"这一包含政治内涵的概念,于是强调应当开设公共行政管理这样的政治经济学科目,在研究宪法、政府、司法之外,尤需研究国民经济和公共财政问题,否则无法跟上数世纪以来的政治经济变迁。此外,他基于很强的实践导向,呼吁大学应当重视农业、林业、矿业、工业、贸易等经世致用的学科。②

---

① 前引文得乐:《弗里德里希·李斯特传》,第13—14、23页。*Ibid*. Hirst, *Life of Friedrich List*, *and Selections from His Writings*, pp. 21-22；*Ibid*. Henderson, *Friedrich List*: *Economist and Visionary*, p. 13.

② *Ibid*. Hirst, *Life of Friedrich List*, *and Selections from His Writings*, pp. 7-9；*Ibid*. Henderson, *Friedrich List*: *Economist and Visionary*, p. 12. 前引文得乐:《弗里德里希·李斯特传》,第26—27页。

与此同时,针对当时德意志邦国林立阻碍经济发展的局面,李斯特形成了强烈的经济统一思想,除关税统一外,他早就在呼吁应确立德国统一的邮政体系、统一的专利法、泛德工业博览会、全德制成品出口协会等经济整合体制。①

总之,对工商业和新科技的热情,对关税统一与保护的强调,对政治与经济密切相关性的意识,对德国经济统一的倡导,对学以致用或实践导向的重视,这些特征在早年李斯特身上显而易见,也将贯穿其终生。

三、贸易思想已趋于成熟

具体在贸易问题上,早年李斯特更是形成了相当成熟的思想,集中见于其撰写的《代表工商联合会致德意志邦联请愿书》(1819 年)。②这一历史文献实乃李斯特发起成立德国工商联合会时的一份政策宣言,呈现了其如下贸易思想:

第一,李斯特完全赞同自由贸易可促进普遍福祉这一原则。他强调,正如所有人的发展都需要身体和精神上的合理自由一样,国家的繁荣同样需要在其生产和交换物品的过程中免受阻碍。"只有当普遍的、自由的、不受限制的商业交往在世界各国间得以确立,人类才能达到其最高程度的物质福祉。"当各国互设障碍,"以禁止、税收、限制完全毁损进出口和货物运输",国家便会"无可挽回地虚弱"。他明确指出,以为加征税费可成就国内产业,这是治国者头脑中的教条,工商人士却深以为大谬不然。对进口设限不会促进国内产业成长,也不会增加国家税收,因为进口限制会激励走私;同时,关税限制会引发外国报复,转而会影响国内的产业发展。

第二,李斯特认识到国际间的自由贸易是有前提条件的,即交易双方应

---

① *Ibid*. Hirst, *Life of Friedrich List*, *and Selections from His Writings*, pp. 17-19, p. 92.

② Friedrich List, "Petition to the German Assembly on Behalf of the Handelsverein", in *ibid*. Hirst, *Life of Friedrich List*, *and Selections from His Writings*, pp. 137-145.

当彼此对等。在他看来,德意志邦国当时维持着低关税,英国、法国、荷兰等邻国却实行着高关税,致使德国"四周遭到关税壁垒的围困"。由于国家四分五裂,无法以统一的边境关卡对外报复,"德国市场上便充斥外国商品",本国"商人几乎丧失了自身营生","大多数制造商或已完全破产,或不堪重负而苟延残喘"。因此他强调,为了防御目的,关卡和关税如战争一样便具有存在的合理性。贸易政策应当基于互惠对等或报复外国的原则,也即,只要外国尚未实行自由贸易,德国就应团结一致、对等报复、实行关税保护,如此才能化解德国的衰败局面、扶持本土工业发展,否则等于听任产业强大的外国借禁入令或高关税获得不正当优势,从而危害德国的利益。

第三,李斯特强烈呼吁撤除德国境内的关税和过路费,以收获对内自由贸易和对外关税保护之利。他指出,德意志邦国之间其时存在"38 条海关边境,严重妨碍着境内贸易,如同人体血液循环受到绷带阻滞"。"在汉堡与奥地利之间,在柏林与瑞士之间,商人必须跨越十个国家,跟十个海关打交道,缴付十次过境税费",大家对此怨声载道。虽然德国的关卡税费对外国人也构成障碍,但终究首先妨碍了德国人自己。"国家越小,设立关卡的损失就越大,关税对本国企业活动的危害也越大,收税的成本本身也越高。"只有确立统一的关税体制,才能争取贸易平衡,"恢复国家的贸易和工业,亦能帮助劳工阶级"。关卡林立在危害国家经济繁荣之外,也会助长逃税行为,长此以往必定戕害国民的德性,加剧政府与公众的对立,消灭国民的爱国热情。总之,"撤除德国的一切内部关税和过境税",如同"确立一个以报复外国为原则的统一德国体系",已成当务之急。

第四,李斯特不满于邦联中举足轻重的普鲁士所实行的关税制度,尽管它也在促进关税统一。普鲁士在崇尚自由贸易的财政大臣冯·马森的主导下,于1818 年 5 月 26 日实行新关税,统一了之前境内 67 种不同关税。此举固然是个进步,但马森之流不对自由贸易作国内与国际之分,笼统地认为"外来竞争将鼓励德国制造商改进生产方法,有利于降低价格、增加销售"。①他们更不赞成对外设置报复性关税,故而,其所制订的统一关税税率太低,连英国首相也承认,普鲁士对英国货物的关税多在5％—10％,过境税则不超过1.5％,显著低于英国税率。②况且,普鲁士的关税是从量税,由于英法等国向普鲁士的出口属分量较轻的制成品,而德国兄弟盟邦向普鲁士的出口属分量较重的货物,这样,英法等国实际上"平均仅缴纳6％的税率","德国盟邦反而缴纳25％—50％的税率",造成了反向歧视本国产品的局面。当普鲁士扩大这一税制的应用地域,甚至单独跟外国签订商约时,李斯特便忧虑日增,所以他始终指望由奥地利而非普鲁士出面来主导德国的经济统一进程。

第五,李斯特深知,撤除德国内部关卡后会导致原有利益格局发生改变,但他相信这一问题可在邦联框架下协调解决。他指出,从根本上说,各邦国"政府本来亦非单纯为了增加财政收入才设置关税",因此不能让财政收入问题成为关税统一之障碍;既然大家宣示,"多数关税的目标在于促进境内产业",则通过统一的邦联对外关税更能达成该目标。再说,即使从财政收入角度看,某些邦国在关税统一过程中可能会利益受损,但"有关损失大部分可通过邦联关税加以弥补,剩余部分还可通过直接税设法补足"。关税统一后,各邦国且因此可大幅降低征税的行政成本,此举也会造福于国民。李斯特强调,德国"邦联的宗旨本来就在于,当单个邦国政府无力抵御外来敌人、无力促进本邦福祉时,即应出面联合全体德国人民的力量和利益去共同实现目标"。面对吞噬着德国繁荣的外国关税,邦联不能"徒有虚名",理应承担起通过关税手段捍卫德国利益的义务。

总之,早年李斯特的贸易思想已经颇为宏大而又务实。一方面,他赞同自由贸易能促进普遍福祉这一理想原则,尤其赞同应在一国内部撤除妨碍自由贸易的一切壁垒;另一方面,他又深知自由贸易原则在国际间的施行是

---

① *Ibid*. Henderson, *Friedrich List*: *Economist and Visionary*, p. 44.

② *Ibid*. Hirst, *Life of Friedrich List*, *and Selections from His Writings*, p. 145.

有前提条件的,面对他国的强大竞争或恶意商业行为,假如一国缺乏报复回击的能力,必将陷于危险境地。故此,基于当时德国的危困局面,早年李斯特的核心贸易思想就是:对内要自由贸易,对外要关税保护。这是李斯特站在弱国立场上形成的基本贸易思想,早年形成后也未再有实质性变化。不过,就进口限制对于弱国产业成长的必要性,他早年的认识深度和强调程度看来还不能跟中年和晚年相比。

四、发展学说尚有待细化

李斯特的早期策论无疑是他日后经济学说的重要起点,但也应看到,这些策论毕竟是对迫切的眼前问题作出的对策性反应,看来他尚未全面细致地思考总体的发展或后发展问题,再说他对既有经济学成果的吸收也尚未达到应有的程度。趋于成熟的关税保护思想固然可见,但他以后学说的其他一些重要命题,如对经济发展阶段的区分、对国家干预利弊的分析、对历来经验教训的总结、对生产力诸源头的揭示,特别是对流行学派的系统批判,等等,均未见具体阐述。这些方面的内容,都有待他流亡法国、瑞士、美国等地后经由阅读、观察、思考再不断积累。

不过在早年,李斯特显然已开始了这样的思考并展现了自己学说的某种雏形。首先,他已在关注德国在欧洲范围内的发展地位这样的宏大问题。在上述《代表工商联合会致德意志邦联请愿书》中,李斯特明确指出,德国人的"才智和勤奋"及企业精神在欧洲诸多民族中出类拔萃、有口皆碑,历史上还出现过从事世界贸易的汉萨同盟,而今德国的落伍,只能从国家的"组织方式上"去查找原因。①这正是他致力于组建关税同盟、推进经济统一的缘由所在,也是他构建本人学说的一个出发点。

其次,李斯特已把"自由贸易还是关税保护"这一问题放到了落后国

---

① Ibid. Hirst, *Life of Friedrich List*, *and Selections from His Writings*, p. 138.

发展的核心位置上。一方面,一国发展必须依靠国内贸易的自由化,如他事后记述,"法国取消各省间的关税"和"三个王国统于大不列颠一个政府下"都促进了发展;另一方面,强弱悬殊的国际自由贸易又会危及弱国的发展甚至生存,他常举的例子是,为避免遭受英国破坏性竞争而实行的拿破仑大陆封锁体系曾产生"非常有利的效果",而这一封锁体系取消之后却产生了"危害现象"。[①]这也是他倡导对内贸易自由、对外关税保护的立论依据之一。

与此相关,李斯特已从对自由贸易的反思深化为对流行斯密学派的质疑。[②]1841年在为《政治经济学的国民体系》写下长篇导言时,他回忆道:"正是自己国家的处境使得20多年前,在本人心中产生了对自由贸易原则绝对正确性的怀疑。"[③]他并且初步找到了"国家"这把破解后发展难题的钥匙:"只有当一切国家都像在上述各州各省一样的情况下遵守着自由贸易原则时,这个理论才有其正确性。这就使我要考虑到国家的性质。我所发觉的是,流行学派并没有考虑到国家。"[④]李斯特正是从此而与一度信奉的斯密学派分道扬镳。

由上可见,早年李斯特身上已经展开了这样一条逻辑链:从德国的落后现状出发,他看到了不讲条件的国际自由贸易之害,进而认识到关税保护和德国统一的必要性,并开始质疑自由贸易原理的普适性,由此他发现了"国家"这个关键环节,发现了政治与经济的密切关联性,进而在对斯密学派的批判中,开始构建一个适应落后国需要的民族主义赶超发展学说。

虽然这个学说的具体形成要留待中年和晚年(《美国政治经济学大纲》

---

① [德]弗里德里希·李斯特:《政治经济学的国民体系》,陈万煦译,商务印书馆1961年版,第4页。

② 前引李斯特:《政治经济学的国民体系》,第4页。

③ Friedrich List, "Introduction to *The National System of Political Economy*", in *ibid*. Hirst, *Life of Friedrich List, and Selections from His Writings*, p. 300.

④ 前引李斯特:《政治经济学的国民体系》,第4页。

完成于 1827 年李斯特 38 岁时;《政治经济学的自然体系》完成于 1837 年 48 岁时;《政治经济学的国民体系》完成于 1841 年 52 岁时),但思想的种子在早年就已播下并萌发,日后的生长只是一个机缘和壮大的问题。幸运的是,美、法、德三国的风云际会总算成全了生长的条件,让李斯特在多元吸收、独立思索的基础上不断深化并丰富其思想,从而为世人增添了一份独到的经济学遗产,特别是留下了一个极其超前的赶超发展学说。

第二节 《美国政治经济学大纲》

《美国政治经济学大纲》(以下简称《美国大纲》)与李斯特以后的《政治经济学的国民体系》(以下简称《国民体系》)和《政治经济学的自然体系》(以下简称《自然体系》)相比,较少受人重视。《美国大纲》篇幅甚小,但细判内容可知,它实已包含另两部著作的基本内核,可谓李斯特政治经济学体系的首次呈现。

一、为保护主义者造势

1825 年李斯特抵美未久,便结识了宾夕法尼亚制造与工艺促进会(即"制造促进会")会长马修·凯里、副会长查尔斯·英格索尔。①制造促进会原系美国首任财政部长亚历山大·汉密尔顿的创意,倡导通过关税保护等手段促进本地制造业的发展。马修·凯里从爱尔兰逃难而来,在费城开办有出版社,是呼吁贸易保护的反英积极分子。英格索尔也是费城保护主义的头面人物,他初见之下便对李斯特赞赏不已。②以李斯特的思想基础,他

---

① Eugen Wendler, *Friedrich List : An Historical Figure and Pioneer in German-American Relations*, Verlag Moos & Partner Gräfelfing, 1989, p. 79.

② *Ibid*. Hirst, *Life of Friedrich List*, *and Selections from His Writings*, pp. 41-42.

与这些人一拍即合自属正常之至。

按制造促进会筹划,1827 年 7 月 30 日将在宾夕法尼亚首府哈利斯堡召开保护主义者全国大会。英格索尔邀请李斯特到会讲演并提前造势,驳斥以托马斯·库柏为代表的自由贸易论者那些危害美国工业化的论调。库柏生于伦敦,早年就读于牛津大学,1795 年移居美国,后任南卡罗来纳哥伦比亚学院化学和政治经济学教授,所著《政治经济学基础讲义》(1826 年)支持自由贸易,其时影响甚大。受托之下,李斯特以写给英格索尔的 12 封英文信为形式,系统阐述了实行贸易保护、扶持幼稚工业等观点,最后一封信完成在保护主义者大会召开前夕。①

有关《美国大纲》的具体成书过程,这里不妨直接引用李斯特本人记述,见于他为《国民体系》所写导言,但不见于中文版"著者自序节录"。李斯特回忆道:"1827 年,美国的制造商在关税问题上正遭受自由贸易信奉者的严重打压,英格索尔先生敦促我投入争论,我遵嘱照办并取得了不小成功。阐述我体系的 12 封信不仅发表于费城《国民报》,而且在 50 多家各地报刊得到转载,宾夕法尼亚制造与工艺促进会还以《政治经济学新体系大纲》为名,推出了单行本,这样又发行了数千册。此外,该国最知名的人物,如尊敬的詹姆斯·麦迪逊、亨利·克莱、爱德华·利文斯顿等人,纷纷向我致贺。"②

据费城塞缪尔·帕克印社 1827 年版本,当时单行本的书名实为《美国政治经济学大纲》,分为两个小册子,第一册收入前八封信,第二册作为附录,收入第九到十一封信,第十二封信则未予刊发,这样处理据称与英格索尔顾及的"政治原因"有关。《美国大纲》前十一封信 1909 年收于伦敦出版的赫斯特著《弗里德里希·李斯特生平与文选》,以后全部十二封信完整录

① *Ibid*. Hirst, *Life of Friedrich List*, *and Selections from His Writings*, pp. 156-157, pp. 42-43.

② *Ibid*. Hirst, *Life of Friedrich List*, *and Selections from His Writings*, pp. 42-43.

入李斯特文集第二卷。①

二、《美国大纲》的要点

第一封信：向既充满谬误又怀有私利的斯密学派宣战②

李斯特首先指出，斯密学派长期以来被崇奉为真理，并给反对美利坚体制、反对贸易保护的人提供了思想武器。然而，斯密学派是个危险的理论，更何况追随该学派的库柏著作成了美国唯一的政治经济学入门书。本有望成为一流强国的美国假如今后衰败下来，那一定是因为盲目输入了斯密和萨伊等人的思想。为此，我们有责任向这个"充满谬误、出于私利"的斯密学派宣战。

政治经济学应分为三部分：个人经济学、国家经济学、人类经济学，斯密学派偏偏忽略了国家经济学，这是其根本谬误所宗。斯密学派固然也包含某些伟大真理，但它们纯以世界大同、永久和平为前提，可是，现实世界分裂为诸多不同国家，国家间存在利益冲突甚至频发战争。因此，以世界主义为基础的斯密学派貌似坚固大厦，实乃空中楼阁。

第二封信：在追求富强的过程中国家具有特殊的作用③

李斯特主张，国家经济学的目标"不仅仅是财富，而是实力与财富并举"，其原理"不仅仅是经济学的，也是政治学的"。国家的实力和财富来源于工业，也有赖于农业、工业、商业的协调发展，但凡个人无力时，"政府有权利也有责任促进有助于增加该国财富和实力的每一项工作"，比如以海军保

---

① *Ibid*. Henderson, *Friedrich List*：*Economist and Visionary*，p. 251；*Ibid*. Hirst, *Life of Friedrich List*，*and Selections from His Writings*，p. 147，p. 243. 前引文得乐：《弗里德里希·李斯特传》，第 155 页；[德]弗里德里希·李斯特：《政治经济学的自然体系》，杨春学译，商务印书馆 1997 年版，第 1、13 页。

② [德]弗里德里希·李斯特：《美国政治经济学大纲》，杨春学译，载前引斯特：《政治经济学的自然体系》，第 202—206 页。

③ 前引李斯特：《美国政治经济学大纲》，第 207—212 页。

护贸易、建设基础设施、以专利鼓励发明、以关税扶持工业。

保护措施是否奏效,取决于一国的具体条件,"一个愚笨、懒惰和迷信的民族决不会从关税保护措施中获得任何好处"。但美国具有得天独厚的主客观条件,因而具有不屈从于英国、自主发展本国工业、农工商各业协调发展的巨大优势。不同的国情呼唤不同的国家经济学,如果说"英国的国家经济学旨在使英国称霸世界,则美国的国家经济学所谋求的只是政治经济的独立"。

第三封信:宣扬自由贸易的世界主义不适合落后国家[①]

斯密学派获得了巨大权威,已不容世人质疑,连李斯特自己也曾不仅充当"斯密和萨伊的忠实信徒",而且"热情地教授其学说"。以后他信仰发生转向,是因为亲眼观察到,在拿破仑大陆封锁体系下,德国各产业得以免除英国竞争而"取得极大的进步",而在拿破仑垮台、自由贸易恢复后,德国产业却遭遇"毁灭性影响"。"如果一种政治经济学所产生的实际效果恰好与具有常识者预期它应产生的效果相反,那么这种体系也必然是错误的。"

如今英国当政者看来在奉行斯密和萨伊的理论,实不过是要说服其他国家放弃政治控制,转而与英国进行自由贸易,从而"让英国获得无上的生产力和政治实力"。历史上,与英国的一纸自由贸易协定曾让葡萄牙沦为英国的"葡萄园和行省",如今英国又希望与法国签订类似商约。问题是,未来某个时刻,假如葡萄酒销路受阻,法国还能很快恢复"需要几代人"才能建起的制造业吗?英国自己借助与放任自流截然相反的"政治措施",方才赢得巨大的财富和实力,如今,实行"全球自由贸易这种世界主义制度的时机也尚未成熟"。

第四封信:生产力也即制造能力比财富存量重要得多[②]

李斯特认为,斯密经济学强调通过国际交易增加物质财富,而政治经济

[①] 前引李斯特:《美国政治经济学大纲》,第 213—221 页。

[②] 前引李斯特:《美国政治经济学大纲》,第 221—229 页。

学强调通过国际交易增强生产力和政治实力，其中也包括通过限制国际贸易而防止生产力和政治实力的衰退。"一个国家的独立和强大取决于工业的独立和生产力的发展"，美国这样的国家"不能仅仅考虑物品之间的交换"，而要关注物品交换对本国制造能力构成的风险，以及"国家会因制造力的衰退而失去什么"，据此再采取必要的政治措施加以防范。英国就曾基于本民族利益，借助政治手段"改变了资本的自然发展趋势，抑制了所有其他国家的制造能力"。

斯密和萨伊眼中只有生产出的物质存量，看不到自然手段、国民智力、社会条件同样甚至更加蕴含生产力，其实，"一国通过改进其社会和智力条件，能让同样的现有物质提高十倍的生产力"。如今新发明尤能创造奇迹，智力资本的分量前所未有，"最初付出的代价会由于国民经济更趋完善而得到十倍的补偿"，故此，更值得通过政治措施作出暂时物质牺牲，追求未来的生产力。美国具有发展长远生产力的优越条件，况且还能借助"奖励措施"，吸引外来资本和技术来壮大本国制造业。

第五封信：各国要有适合本国国情的独特政治经济学①

李斯特提出，"每个国家在发展生产力的过程中都必须根据自身国情走自己不同的道路"，因为同样的问题在不同国情下会有不同的答案。例如，各种限制措施是否都能有效地促进制造业，这取决于国内是否具有"一定程度的自由、安全、教育等条件"。运河和铁路是否有利于一国的发展，关键要看是否存在合理的专业分工，有则交通能促进交换，否则交通只会恶化竞争。机器和新发明也未必总是有利于一国发展，对人口过剩、缺乏工商业的国家，它们会成为一种公害。同样，人口增长、劳动投入、人才济济、消费或节俭、货币输入等各个因素是否能促进国家经济目标的实现，都要看具体的国情，而衡量的标准全在于它们是否增强生产力。

---

① 前引李斯特：《美国政治经济学大纲》，第229—233页。

第六封信:国家能超越个体发挥关键的保驾护航作用①

李斯特强调,国家不同于个体,要兼顾全体、长远、战时的需要,还要放眼全球。国家利益与个人利益不冲突时,固然可以"自由放任",但很多时候终究存在彼此冲突的情况。因此,"国家如果让一切事物自行其是,无异于自杀"。举凡涉及人身财产安全、货币和度量衡、海军保护、海外领事交涉、土地权、专利与版权、交通设施等基本制度,无不需要国家权力的干预。国家绝非库柏所谓"纯粹的文字称谓"。当然,个人擅长之事不应由政府包办替代,同理,只能由政府兴办之事也不容放任自流。

第七封信:后发国起步兴办工业时必须得到国家扶持②

李斯特相信,既然现实世界分为彼此独立的国家,既然"老工业国家和刚开始建立工业的新兴国家间存在自然差异……会在自由贸易中控制新工业国",那就需要采用与世界主义经济学"有天渊之别"的国家经济学,首先着眼于本国的独立、力量、福利,而不是全人类的福祉。一国的海上贸易需要保护,以避免外国的劫掠,同样,一国的工业和农业也需要扶持,尤其是制造能力,一如海上能力,需要"长期努力才能获得"。任何一种工业的兴办,特别是在已经存在成熟企业的情况下,都需要克服巨大困难方能自立,这也是新工业国需要关税保护的原因。

第八封信:构筑关税壁垒是为了维护工业的稳定成长③

李斯特深知,关税保护能让本国工业在起步之初,免遭外国廉价产品的冲击乃至摧毁,获得最基本的成长条件,特别是有保障的国内市场。所谓"只要比国内便宜就应向国外购买",是不值一驳的谬论,因为起初的便宜无法排除未来的昂贵,平时的便宜也无法排除战时的昂贵,况且向外购买等于是流失国内的购买力,减损国内的制造生产力。企业经营有一条普遍规则,

---

① 前引李斯特:《美国政治经济学大纲》,第233—237页。
② 前引李斯特:《美国政治经济学大纲》,第237—241页。
③ 前引李斯特:《美国政治经济学大纲》,第241—248页。

即"必须保证工业活动的连续稳定"，为此，需要国家"通过政治手段实现持续稳定，尽可能防止倒退"。英美两国的历史从正反两面证明了上述规则，如今制定明智的关税法则就是为了成全工业活动持续稳定发展的基本环境。

第九封信：英国的真实目的不外乎增强实力称霸全球①

李斯特坚称，英国政要推崇斯密学派，不过是因应对外需要而"发明的新花招"，此花招对美国危害极大，如今迫切需要揭示其真面目。细察现实和历史可知，英国的真实目的，始终在于"增强其工业、商业、海军和政治实力，称霸全球"，为此它可以"此时此地运用自由原则，彼时彼地使用武力和金钱"。英国促成南美各国的独立，无非是要"为英国开辟广阔的国外市场"。南美解放是美国应当抓住的一个难得机遇，有助于美国"力争在势力和财富方面与英国平分秋色"。但关键是，要阻止英国利用美国航运商和南方种植园主等在美"代理商的利益"，也要阻止英国利用在美"冒牌理论家的刚愎任性"。

第十封信：不设防的自由贸易会让弱国陷于依附状态②

李斯特坦言，不仅进口而且出口会让一国"变成别国的附庸"，"大量出口原材料和粮食，常常是人间灾难、国力衰弱、对外依附之祸根，而不是国家繁荣之基础"。英国人的利益在于遏制美国的工业发展、垄断南美的市场，他们为此会用眼前利益诱使美国的农业集团实行自由贸易。美国的工业假如听任自由竞争的摆布，"就会毁于一旦"，已投入的工业资本就会付诸东流，经济依附和国家倒退都会随之而来。这个过程在德国已经发生，英国先用自由贸易摧毁了德国的工业，再用原料禁入摧毁了德国的农牧业。有鉴于此，必须用关税手段加以防范，从而保护一国的金融体系乃至整个国民经济。

第十一封信：美国应逐渐减少原棉生产并扩大原棉加工③

李斯特继续申言，向国外出口粮棉等农产品不但不是繁荣之道，反而是

---

① 前引李斯特：《美国政治经济学大纲》，第 248—253 页。
② 前引李斯特：《美国政治经济学大纲》，第 253—258 页。
③ 前引李斯特：《美国政治经济学大纲》，第 258—264 页。

虚弱之源。理由是:进口国的法规变化随时可让销售市场化为乌有,何况英国这样的进口国政治实力强大,对美国怀有敌意,未来还能改从其他依附性经济体进口棉花。原棉售价在下降,种植园主为弥补损失,只能扩大产量,但这只会造成过剩、劳而无益,直至毁灭生产力。有人建议,美国南方各州应该养蚕产丝、种植葡萄,可是这两种行业都不可能带来足够的利润。南方种植园主更应抵挡眼前利益诱惑,启动加工棉花的粗布生产。美国现成的棉花和染料供应、与南美市场的邻近、闲置劳动力的吸纳、劳工技能的传承,都将让纺织业创造出明显更高的价值。届时,美国将在对英关系中获得更大主动,并实现自身经济的独立。

第十二封信:发展工业有利于外贸部门在内的全国利益[①]

李斯特表示,发展本国制造业不但对粮棉种植者有好处,也不会减少国内航运和商业团体的利得。纺织业壮大后,会大大增加国内纺织品的生产和消费,国内贸易和运输会随之发展,制成品出口增加后进口也会跟着扩大。这种情况在英国那里已得到充分展现。因此,美国如果要让自己的外贸、航运、海军赶上英国的水平,就必须把制造业提升到与本国资源和人口相应的程度。美国现在的海运商和植棉者感情用事地反对扶持工业,纯粹是短视的狭隘利益在作祟,也是因为"听信了那些浑水摸鱼者的论调",其中就有"英国的代理商的鼓噪"。可以肯定,除了为英国利益服务的代理商之外,以关税保护和工业发展为己任的"美利坚体制最终不会让美国的任何一个阶级蒙受损失"。

三、学说雏形已经具备

根据所署日期,李斯特的 12 封信从 1827 年 7 月 10 日写到同年 7 月 28 日,前后不足三个星期,它们跟李斯特的其他著述一样,也属于急就章。他

---

① 前引李斯特:《美国政治经济学大纲》,第 264—266 页。

之所以能够急就而出,固然有文思敏捷的因素,但也说明这些问题他早已深思熟虑。如果说之前呼吁德国关税统一的请愿书体现了其贸易思想的趋于成熟,则这个《美国大纲》标志着他的赶超发展思想已在定型。与日后的《自然体系》和《国民体系》相比,《美国大纲》或许只算一个雏形,但李斯特学说的主要命题基本上一应俱全,因而该作品在李斯特学说的成长中具有特殊地位。无怪乎约瑟夫·熊彼特说,在李斯特"全部著作中,《美国大纲》是我们最感兴趣的,因为该书展示了李斯特最早的体系",充分预示了其后来的成熟著作。[①]

在《美国大纲》中,李斯特已经提出了一系列以后著作中将重点阐述的"招牌式"李斯特论点,例如:现实世界是个无政府主义世界,缺乏全球大同与永久和平;经济学实可分为个人、国家、人类三个类型,斯密学派忽略的国家经济学才是符合现实的经济学;生产力的成长比价值的交换或财富的占有要重要得多,理应为之作出临时性牺牲;一国只有发展工业才能摆脱依附、实现富强,否则哪怕是农产品的大量出口也只会延续贫弱;"这个世界上存在着大量过剩的生产力,在此情况下,国内市场无疑是最为重要的"[②];工业的起步必须靠关税加以保护,借以避免外国成熟工业的毁灭性竞争;国家应当发挥对经济的保障和促进作用,但只能限于个人力所不及的领域;自由贸易符合强者的利益,会让弱者陷入对强者的依附状态;由于国情不同,同样的经济政策会产生不同的效果,同样的问题也需要不同的解决方案。《自然体系》和《国民体系》将进一步阐明这些招牌式李斯特论点。

与以后著作相比,《美国大纲》最大的一个差别是,未见采用系统的历史方法来证明理论观点。书中提到了某些历史教训,例如:德国城市如何因为拥有"自由特许状",几百年里就从野蛮提升到富裕和文明;西班牙如何在贵

---

① [奥]约瑟夫·熊彼特:《经济分析史》第二卷,杨敬年译,商务印书馆1992年版,第196页。

② [美]迈克尔·赫德森:《保护主义:美国经济崛起的秘诀(1815—1914)》,贾根良等译,中国人民大学出版社2010年版,第72页。

金属货币大量输入的情况下，反让自己的人民和政府受到严重伤害；德国的产业发展如何因为拿破仑大陆封锁体系的存废而经历迥异，并且与流行理论截然背离；英国曾与葡萄牙签订双边贸易自由化的《麦修恩条约》，如何反而导致葡萄牙陷入依附状态。当然，这些历史的教训此时仅仅点到为止，但毫无疑问，李斯特已经展现了用历史事实来论证政治经济观点或要把观点建立在历史事实基础上这样的倾向。至少，他提及"爱德华三世、伊丽莎白、科尔贝、杜尔阁、腓特烈二世、约瑟夫二世、皮特、福克斯、拿破仑、华盛顿、杰斐逊、汉密尔顿"等历史人物，足以表明他观察政治经济问题时具有长远的历史眼光。①

第三节 《政治经济学的自然体系》

《自然体系》是李斯特应法国道德与政治科学院有奖征文而仓促写就的作品，完成于 1837 年底。该书稿长期下落不明，时隔 90 年才由德国专家阿图尔·佐默在法兰西学院发现，随即作为李斯特文集第四卷于 1927 年公开发表。②此书"包含了李斯特以后著作中将见到的几乎所有要点"③，这里聚焦于四个方面加以概括。

一、自由贸易应该缓行

李斯特在该书自序中开门见山地指出，在经济科学中，理论与实践彼此脱节已成常态，而在自由贸易问题上，理论与实践更呈现出"最大的鸿沟"。

① 前引李斯特：《美国政治经济学大纲》，第 230、210、257、217、213 页。
② *Ibid*. Henderson, *Friedrich List：Economist and Visionary*, p. 252. 前引文得乐：《弗里德里希·李斯特传》，第 203 页。
③ William Darity, Jr., "Review of W. O. Henderson's *Friedrich List：Economist and Visionary, 1789-1846*", *History of Political Economy*, Vol. 17, No. 3, 1985, p. 494.

"虽然英国鼓吹自由贸易,但其所作所为却完全是另一回事。英国所谓自由贸易,是英国有权在全世界自由地销售其自己的制成品及其殖民地产品,同时又壁垒高筑,以阻止外国产品到英国市场来与英国产品竞争。"理论与实践之所以严重背离,根本原因在于自由贸易"学说中存在重大的缺陷"。落后于英国的法德等国如果盲目实行自由贸易,那就等于"允许外国竞争者来毁掉本国工业,而又剥夺了本国制造商在外国市场上与外国对手平等竞争的权利。这样的'自由'会使我们成为受外国摆布的可怜虫。"①

与十年前的《美国大纲》一样,李斯特首先把矛头指向他所谓斯密和萨伊的"世界主义经济学",他之所以称本人学说为"自然体系",是因为相信它能以如实真相衬托世界主义体系的谬误。在他看来,斯密他们宣称,工业国与农业国间的自由贸易将增加世界财富、实现普遍繁荣,可是,这一设想的关键前提,即存在"一个世界共和国",却纯属空想。现实世界中,国家才是基本平台,"各不相同的国家都在一心追求各自的经济利益","高度工业化国家几乎总是在相对落后的国家滥用自身优势",更还有"醉心于征服、奴役其他国家的势力"。因此,"目前要实行世界自由贸易是不可能的",毕竟"现在就让羔羊和狮子躺在一起还不安全"。②

李斯特进而分析了英国与其他国家的悬殊地位,在他看来,世界上只有英国才是遥遥领先的一流国家,法国和比利时位居二流,德国则虽有能力升至二流但目前仅居三流,其他如亚、非、拉国家更是等而下之。所有较落后国家都需要"准确判断与英国的差距",看清"英国的工商业优势会怎样损及自身经济利益"。优势显赫的英国仅凭"接受或排斥"有关原材料的进口,就能造成落后国经济的巨大波动。结论是,"先进的英国可以逐步开创更大程度的世界自由贸易",但"这种自由不能建立在要求处于工业化第二、三阶段的国家开放国内市场、承受英国制成品无限制竞争的

①　前引李斯特:《政治经济学的自然体系》,第 19、22—23 页。
②　前引李斯特:《政治经济学的自然体系》,第 193、27、31、109、29 页。

基础上"。①

为进一步说明不同国家采取不同经济政策的必要性,李斯特仔细分辨了经济发展的四个阶段。第一是限于"自给自足"的原始农业阶段,此时生产的"剩余实际上等于零",民众的"智力几乎没有得到开发和利用"。第二是开始外贸交换的商品农业阶段,此时农业"净产出增加",外贸把制成品带入进行交换,但本国"工业才开始起步",关税保护尚不巩固,单纯以农产品对外交换制成品蕴含着严重波动和依附危险。第三是本国工业占主导的工农业平衡互动阶段,此时本国工业或借助关税保护或依靠自身力量,虽"没有完全控制"但已能"支配"本国市场,工农业"相互促进","农业可以分享制造业发展所带来的一切好处"。第四是展开国际竞逐的工商农各业全面优势阶段,此时一国可承受几乎"全部原材料和食品的进口",工业生产能力"远远超出国内市场"需求,不再需要"通过禁运和进口关税去限制"外贸,城市化得到大举推进,国际竞争令本国各业永葆强大的竞争力。②

总之,李斯特讲得很明白:"我们把自己视为世界的公民,但我们把自己对人类的信念建立在坚实的民族主义基础上。"故此,通过揭示世界主义经济学的不切实际,通过冷峻观察现实的国际关系,通过列明各国经济分属的不同发展阶段,通过区分其他国家与英国的悬殊产业差距,通过分析领先者滥用自身优势的可能性,李斯特旨在强调,处于二、三流位置的后进国不应该"把以最卑鄙的利己主义为基础的原则当作'真理'",乃至盲目放弃关税保护而去跟英国搞自由贸易。③这是李斯特最核心、最基本的经济政策主张,当然,李斯特这一主张的依据还有更多,尤见于他在《自然体系》中有关生产力和工业化的论述。

---

① 前引李斯特:《政治经济学的自然体系》,第43、45—46页。
② 前引李斯特:《政治经济学的自然体系》,第52—55、60、63—64、92—93页。
③ 前引李斯特:《政治经济学的自然体系》,第123、104页。

二、工业生产力是根本

　　李斯特在《自然体系》中,继续批判他所谓"斯密和萨伊体系的支柱"——"只强调物质财富而无视生产力"。他区分道:"生产力"是指"能够生产某种东西的技能和物力",而"交换价值"或"价值"是指"已经生产出来、可以交换其他东西因此具有某种价值的物品"。二者迥然有异,人们既可以牺牲生产力去获得交换价值,也可以放弃交换价值以获得生产力。通过牺牲生产力而获得交换价值,效果较快;通过牺牲交换价值而获得生产力,却效果较慢。人们特别是商人往往为了眼前的物质财富而牺牲长远的生产力,即"牺牲国家未来的经济实力、政治强大和文化进步"。从一国的全局和长远利益看,价值交换应当从属于生产力的培养,而且要谨记,"那些促进生产力发展的人的劳动,如同那些实际制造具有交换价值之产品的人的劳动一样,同样是生产性的"①。

　　李斯特旗帜鲜明地宣告,所应追求的生产力就是工业生产力。他对工业的重视可谓无以复加:"一国如果想要保证国家的独立,获得高度的繁荣、巨大的财富、强大的实力,那就必须拥有高度发达的、效率很高的工业。"具体而言,工业生产力能"激发进取与创新精神",开发并提升一国自然资源的价值;"促进农业的劳动分工",扩大对农产品的需求,抑制"土地的有害细分",增进"地产的合理使用";"刺激交通的改善",推动城市化集合,增益自由和繁荣;形成"世界贸易中心",发展大规模贸易,"获得充足的金银",带动海外殖民事业;为技能"人才提供用武之地",让科技发挥出成百倍的作用;为普通民众提供上升通道,焕发全社会的"智力和道德力量"。总之,工业化的益处具有全局意义,"国家不该只从纯经济的观点看待工业进步"②。

　　李斯特同时厉言,虽然世界主义理论家们也不怀疑工业发展的重要性,

---

① 前引李斯特:《政治经济学的自然体系》,第 104、32、187 页。
② 前引李斯特:《政治经济学的自然体系》,第 67—69、37 页。

但由于"混淆了生产力理论与价值理论",他们所主张的工业化方法是极其错误的。"他们以为只要实行自由贸易、让个人追求各自的利益,一个国家那些最适合本国国情的工业部门就会自动获得发展",由此他们反对"政府采取行动刺激工业的建立",这显然会严重误导世人。一国工业部门的发达"是个漫长的发展过程,特别是如果在社会或政治方面还有延误经济发展的障碍时,也许要经过许多代人的努力"。从教育文化到法制健全,从农业基础到政治自由,有太多的条件需要配套,聚合起来才能让民族工业得到发展。这样的工业化过程岂能付诸"自由放任,自由通行"和"到最便宜的市场上去购买"那些"商人的原则"? 事实上,只要"运用生产力理论,就完全可以证明实施禁止性关税的合理性"①。

从工业内部看,也需要大量配套条件来推进工业化,李斯特列出的就有:长期训练工程师、机械师、化学家、管理者等专家以及熟练技工;反复调试机器设备及制造流程;承担厂房和设备的投资及人员工资;筹借到利率合理的所需资金;有效获得所需的原料和燃料;具备良好的交通运输条件;争取合格产品的稳定销路;得到其他工业部门的配套供应;等等。英国这一领先工业国已经设法克服了全部上述障碍,而二、三流的国家仍受制于种种障碍。一旦处于不同发展阶段的国家因为自由贸易而同台竞争,落后国家就会遭遇生产力要素被打散冲垮,乃至工业化半途而废、国家重陷野蛮状态之类的困局。因此,"只有通过关税保护,重新刺激工业的发展,扭转衰退过程,国家才能得救"②。

在强调培育和壮大工业生产力时,李斯特非常敏锐地认识到科技的突出作用。他深信,"所有学科正在取得飞速发展","知识会越来越专业化","新发现和新发明就会越快速、越成功地应用于工业实践",从而带来新产品和新工艺。一个工业化社会能从"科技进步中获得的利益比一个农业社会

---

① 前引李斯特:《政治经济学的自然体系》,第35、70、104、111 页。
② 前引李斯特:《政治经济学的自然体系》,第71—73 页。

所能获得的利益多得无法计量"。为此，任何投身工业的人"都应该学习和掌握一点数学和自然科学"，为此也应该提供教师、书籍、教育机会，以及开发利用科技进步所需资本。科技作用如此日益凸显，更需要落后国谨慎以对，"仅仅因为较先进国家能够提前几年利用新的发明，就可能致使较不发达国家的大部分工业崩溃"①。李斯特再次看到了同台竞争时，同一个科技因素却会给发展程度不一的国家带来迥异的后果。

三、关税保护至关重要

在强调缓行自由贸易、注重培育生产力时，李斯特已时时述及关税保护的必要性。但因为关税问题事关重大，而且是其要点所在，所以他还是专辟数章加以细论。首先，他从原则上强调了关税保护的首要作用。据称，"促进工业化有许多途径"，诸如：创办技工学校，资助科学家海外游学，举办工业博览会，展示新发明，完善水陆交通，便利国内贸易，表彰科技与企业人才，补贴新行业、新工厂、新工艺，向工业企业提供政府贷款，等等。"但是，除非实行关税政策，否则，所有这些政策都不会有多少效果。""为了对抗占支配地位的英国的经济力量，处于工业化进程第二、三阶段的国家也需要关税保护。"他甚至从国家独立自主的角度强调："对民族工业的保护会使国家能够维护自身的自由。"②

在李斯特看来，关税保护能为工业化发挥多方面的功效。总体而言，对进口设置"禁止性"关税和"保护性"关税，目的在于"把自己与强大的竞争对手隔离开来"，让弱国工业在关税屏障下免遭外国的正面竞争，获得"生存下去的机会"，从而"生产那些原本要进口的制成品"，"促进国内工业自然正常的发展"。关税的具体作用机制是，通过形成对外的威慑力，"在遇到别国经济政策有损本国利益的危险时，能以报复相威胁，捍卫自己的利益"；通过实

---

① 前引李斯特：《政治经济学的自然体系》，第66—68、74页。
② 前引李斯特：《政治经济学的自然体系》，第106、70、190页。

现对国内市场的独占,可"保障工业产量的稳定增长",确保其"不受贸易波动和萧条的影响",这也"有助于矿业和农业的发展"。同时,通过维护本国工业发展的有利环境,关税保护政策"可以把外国的资本、企业家、熟练和非熟练工人、机器吸引到本国";能鼓励"无从知道经营是否成功的实业家"甘冒风险;可"使工厂主能够从资本家那里筹措贷款";还能激励年轻人学习技能投身于新职业——总之,有助于聚拢生产力资源,直接刺激工业的发展。①

李斯特当然清楚关税政策是有代价的,包括消费者和农场主的短期利益损失、执法成本的上升等。其实,在此问题上他与斯密和萨伊并无分歧,正如双方也都认为,"禁运和进口关税能产生他们所谓'人为的'工业"。所不同者,李斯特始终相信,这样催生的'人为的'工业对国家是必要和有利的,而且,"为了创建新工业,国家在别无选择时就会被迫要求消费者作出巨大的牺牲",而若无关税保护,"新建工业就会落入外国竞争者的股掌之中",国家就会失去原已积累的"全部资本、全部经验和全部就业机会",倒退到衰弱和依附的境地。简言之,李斯特把关税视作"必要的恶"。他明言:"关税无疑是令人极为讨厌的,但是应该把它看作利大于弊的政策,恰如维持一支常备军、修建要塞和战争本身";"不该把关税视为经济学家或官僚的发明,而应该把它看作是国际关系紧张和国际对抗下自然的、不可避免的结果"。要说关税的代价,"与商业危机、政治革命、外国关税或战争所引起的贸易萧条相比,这些牺牲算得了什么呢?"②

正因为对关税问题有如此清醒的认识,李斯特一方面对实施关税保护政策持坚定乃至决绝的态度,另一方面又对政策实施设置了诸多限定条件。最核心的限定是,如果"国家的社会和政治条件还没有充分发展到足以在国内市场上形成本国制造商之间激烈的内部竞争",那就不宜实施关税保护,

---

① 前引李斯特:《政治经济学的自然体系》,第 109、111、86、31、74、88、106、89 页。
② 前引李斯特:《政治经济学的自然体系》,第 106、76、30、108、84 页。

因为给予本国制造商不加限制的市场独占会"造成制成品价格始终高于国外类似产品",如此"掠夺消费者"只会"阻碍和减缓一国生产力的发展"。此外,李斯特反复告诫不必对农业实施关税保护,主要是因为"农业一般对国内市场拥有一种天然的垄断权"。同样,殖民地和原始落后地、弹丸小国、最重要的工业国,还有在原料和食物的贸易领域,均宜实行自由贸易。再有,"对于各种新发明和机器,国家应该在一定时期内免征进口关税,以鼓励输入"。当然,他也提到,本国的关税政策制定需要顾及外国的报复可能。总之,"不同的国家应该采取不同的保护性关税政策",以保证它与一国的经济、社会、政治、资源等各种状况相适应。①

李斯特明确表示,关税保护"是一种过渡性政策",它应该"最终走向普遍的国际自由贸易"。为此,这种限制性贸易政策需要根据形势变化而时时作出调整。一方面,"过去实行禁止性关税的国家现可能适合采用某种保护性关税",而原有的某种保护性关税可能需要让位于其他更适合的保护性关税。另一方面,对于工业部门的关税计征,开始时应该征收适度的关税,然后再提高关税,"直至关税率高到足以保证这种工业在国内市场处于支配地位为止";而"一旦本国制造商们控制了国内市场,就可以按滑动税率降低进口关税,渐渐允许外国工厂的竞争"。然而,"无论如何,一旦外国竞争威胁到本国的工业力量,就有必要重新征收进口关税"。总体上,李斯特对自由贸易的前景抱有期待,并提出在各国产业层级趋同之外,可由两种方式实现这种前景:"一是建立像拿破仑曾想建立的欧洲帝国那样的一个世界国家;二是各国缔结商业条约",并为此而"召开一个世界贸易大会"。②

四、来自经济史的佐证

为实证支撑本人观点,李斯特在《自然体系》中用了足足四分之一的篇

---

① 前引李斯特:《政治经济学的自然体系》,第 82、87、123—124、41、117、75、43、114 页。

② 前引李斯特:《政治经济学的自然体系》,第 113—115、124—126 页。

幅论述主要国家的经济政策史,涉及英、法、德、西、葡、意、美、俄这些欧美国家。这是李斯特首次系统采用以史为证、以史为鉴的方法阐述政治经济问题,这种方法后在《国民体系》中将得到进一步发挥,由此也开创了经济学的历史学派。虽说"李斯特对历史事件的揭示并非全部准确",①但他用这个"经验归纳法"拉开了跟"抽象演绎法"的距离,对经济学具有恒久的方法论意义。

在李斯特眼里,英国跃升富强,如同西班牙等国衰弱不振,盖源于各自由来已久的贸易和工业政策。英国能从"12 世纪以前非常贫穷原始的农业国"而后来居上,得益于"让国内工匠垄断国内市场和通过商业条约打开外国市场"。英国历史上充满了有违自由放任原理的政策例证:吸引外国技工前来创业、禁止臣民消费外国制品、限制本国谷物出口、命令商人进口时必须等值出口、压制外国商人的经营活动、签订以英国制成品交换外国农产品的自由化条约、执行严格排外的航海条例、采用补贴激发渔业,等等。结论是:"如果没有国家先后为毛纺、船运、渔业及所有制造部门提供的持续不断的保护,英国决不会达到目前这种世界经济强国的地位。"当然,这些产业保护和经济干预政策,尚需结合"英国的自然资源、人民奋发有为的品质、地理位置、从未间断发展的政治自由",还有对他人"几乎所有成果"的吸收,对他人"失误、愚蠢、厄运"的利用,以及交通网络的建设,如此方才铸就英国的工商业优势地位。②

对于英国以外的其他国家,李斯特更多地从吸取教训的角度回顾其经济史,也即从反面来印证他本人政策主张的正确性。法国的国王亨利四世、首相黎塞留,特别是让-巴蒂斯特·科尔贝等治国者曾努力引进外来技工、培植纺织等多种制造业、组建贸易公司和海运舰队、征收高进口关税,由此大大激发了工业进步。可是,科尔贝 1683 年死后不久,宽容不同宗教的《南

---

① 前引李斯特:《政治经济学的自然体系》,第 10 页。
② 前引李斯特:《政治经济学的自然体系》,第 129—135 页。

特敕令》即遭废除,致使"50 万技工被逐出法国",加之"路易十四的疯狂和奢靡",法国缺乏"充满自由精神的宪法"和"健全而持久的税收制度",对自由贸易的信从及 1786 年与英国签订贸易自由化条约,以及雅各宾派推翻王权时的"良莠不分"等,都让法国工业化遭遇挫折并减损了国力和繁荣。幸而,1814—1830 年的复辟政府顶住内外压力,守住了贸易保护政策。①

至于自己的祖国,李斯特以德意志土地上汉萨同盟的盛极而衰再次证明,若无国家作为基础,缺乏强大的政治力量为后盾,又没有本国多样产业的平衡发展,经济繁荣只能昙花一现。既然汉萨内部"联结同盟成员的纽带太弱,各城市自由民的利益不能服从同盟的整体利益",它就无法像英国那样建起强大的农工商各业,哪怕拥有勤劳智慧有德的国民、富饶的土地及诸多自然资源。1630 年汉萨同盟解体后,随着城市的衰落、皇权的削弱、宗教改革后的对立,德国更是四分五裂,以致面对英国"质高价廉制成品的垄断",不可能诉诸关税制度而"刺激和保护本国的工业"。1834 年开始运作的德意志关税同盟,就是要让诸侯邦国摆脱受人摆布的国际处境,谋求正常的经济发展。②

意大利城邦比萨、热那亚、威尼斯亦曾各领风骚,可惜它们"犯了与汉萨同盟一样的错误,彼此斗争使得两败俱伤,未能联合建起一个统一的国家",哪怕拥有"更多的战舰和更多的钱财",也无法对外展开有力的竞争。葡萄牙虽因开辟通往东方的新航线而盛极一时,但未能扶植本国的工业,其1703 年与英国签订的《麦修恩条约》成了李斯特反复引用的经典案例,用以说明制成品与农产品的自由化贸易惯于让农产品一方陷入险境。西班牙在养羊、毛纺、炼铁、航海、捕鱼等方面曾长期领先,且拥有强大的海上力量。可是,"宗教狂热和专制统治"联手扼杀了本来现成的"经济繁荣所需的一切因素",致使人才、资本、技术纷纷离去,即便是得自新大陆的飞来横财,也反

———————————

① 　前引李斯特:《政治经济学的自然体系》,第 142—148 页。
② 　前引李斯特:《政治经济学的自然体系》,第 155—162 页。

而加速了本国各产业的衰败。这些案例映照出国家统一、政教自由、国民进取、贸易保护于国家富强的重要性。①

美国建国前受到英国的严厉压制,英国对殖民地出口施加很高的关税,殖民地出口第三国也须先运往英国纳税,北美当地的制造业更被视为"公害行为"。故言:"英国对其殖民地工商业的专横态度,是北美独立战争爆发的主要原因之一"。独立初期美国邦联松散,在英国产品涌入面前,无法为工商业"提供充分的保护",美国于是只能修宪改制。从 1786 年起,经过亚历山大·汉密尔顿等人推动,再经 1816 年、1828 年继续提高关税,美国日益克服"低关税既得利益集团"的阻力,有效发展起了本国的纺织、制铁等工业。反观俄国,其"1819 年的关税制度确实尽量遵循自由贸易原则",可数年之后便灾难深重,"甚于拿破仑入侵给该国造成的灾难"。只是从 1822 年起,"俄国完全改变了关税政策",国内农工商各业才再趋繁荣,哪怕其贸易保护政策依然有待成熟。②如此的历史教训都为李斯特学说奠定了坚实的基础。

第四节 《论新交通工具的作用》

《论新交通工具的作用》跟《自然体系》一样,也是李斯特 1837 年底赶写的征文作品,直到 1983 年由欧根·文得乐在法兰西学院发现后,1985 年才公开发表。③这部书稿全称《世界在前行:论蒸汽动力和新交通工具对经济发展、市民生活、社会结构、国家实力的作用》,可见作者要从多重角度探讨方兴未艾的交通革命将产生的广泛效应。由于成书过于仓促,书中论述难

---

① 前引李斯特:《政治经济学的自然体系》,第 164—168 页。
② 前引李斯特:《政治经济学的自然体系》,第 172—175、179—180 页。
③ Friedrich List, *Die Welt bewegt sich : Über die Auswirkungen der Dampfkraft und der neuen Transportmittel … 1937*, Herausgegeben von Eugen Wendler, Vandenhoeck & Ruprecht, 1985.

免凌乱和重复，但还是可以梳理出以下一些重要论点。

一、机械力引发交通跃进

李斯特首先点明了交通对人类进步的一般意义。在他看来，因为人类中个体、族群天赋不一，所以只有互动才能进步，"互动机会越多，人类进步越快"。换言之，"对人类进步而言，最有害者莫过于静止不动"。立于原地、无所交流，人类便缺乏榜样和竞争，创造力会日趋萎缩，乃至如其时亚洲和非洲或其他穷乡僻壤那样，陷于千百年的因循守旧和懒散惰怠，只能维持低层次的苟且生存。①

从物质角度看，世界各地的天然禀赋在种类和数量上也各有千秋，举凡人类衣食住行所需物品，从粮食、水力、盐铁、燃料、药材，到纺织原料、金银矿藏，无不互有短长。为此，人们需要"借助交换的途径来获取必需的或期望的物品"，甚至可言，"大自然有意驱使各民族去跟人类所有成员保持协作关系"。②而这正是交通运输对世人的价值所在。

但众所周知，只要存在交通需求，时间和空间的障碍便与生俱来。"无论在精神还是物质方面，大自然都迫使人类要面对节约运输时间和消除空间阻隔的问题。"正是交通不发达，使得"文明和知识在古代传播不广，古代国家的贸易和生产无法与现代国家相媲美"。唯有有效压缩时间与空间，绝大多数人"才能更好地克服脑力和体力上的不足，拥有更多的手段来利用好大自然"，也"才能更易满足需求，更快增加财富"。③

由此出发，李斯特敏锐地意识到，当时正在出现的新交通工具，具有划时代的重大意义，将给人类的进步开辟无穷希望，推动世界加速前行。李斯特所谓"新交通工具"，主要是指以蒸汽机为动力源的铁路、火车、轮船，以及

---

① *Ibid*. List, *Die Welt bewegt sich*, p. 65, p. 99, p. 101.
② *Ibid*. List, *Die Welt bewegt sich*, p. 71, p. 73.
③ *Ibid*. List, *Die Welt bewegt sich*, p. 73, p. 71.

新发明的电报,它们最大的特点在于"用机械力取代人力",迥然有别于历来所依赖的驮畜、桨船、帆船、筒车之类。据他观察,"这种机械力就使用范围而言近乎无限,还能在使用中不断改进,从而不但减轻人类在劳动中承受的负重,更进而让人类成为大自然的主宰者和塑造者"①。

采用机械力的新交通工具拥有诸多前所未有的优势,至少体现为:能够抵御狂风暴雨、冬寒夏热等自然挑战;不再受制于风力等因素,可以安排定期班次;在有序性之外,还能显著提高交通速度;扩大了通行范围,"可使大洋变成内海";"可让内陆国家如同拥有海运";且因不再使用人力和畜力,能减少食物消耗。总之,"在全球范围内,各国和各地之间的定期交通往来从此具备了现实条件","可在快速性、有序性、低价性上达到更高的水平"。②

作为已在欧美主导铁路建设的交通专家,李斯特尤其推崇铁路运输。与量大却低速的河运不同,铁路以快速和可靠见长,"更能方便企业家获取高价值的原料",并可在冬季取代冰封的河运,增加交易关系和投资经营的有序性。况且,"一条运河也很少因为一条平行铁路线的建成而显得多余",往往"一方会大大有助于另一方"。他称颂"铁路乃自古以来最伟大的发明,堪称人类文明和普遍幸福的真正牵引机"。③

二、新交通刺激经济发展

显而易见,新交通工具首先可大大改善国内流通,李斯特强调,其"对国内贸易的作用要远远大于对外贸易"。随着空间和时间的压缩,一国既可让生产者以较高的价格出售产品,又能让消费者和中介商买到更便宜的产品;不仅特权者,而且广大民众也能享有更大的财富和福利。一句话,交通进步能"创造更大的需求和更多的消费,惠及所有经济部门"。因此,"举凡以自

---

① *Ibid*. List, *Die Welt bewegt sich*, p. 75, p. 77, p. 155.
② *Ibid*. List, *Die Welt bewegt sich*, p. 77, p. 79.
③ *Ibid*. List, *Die Welt bewegt sich*, p. 91, p. 93, p. 99.

然或人为方式提供了便捷和廉价交通条件的地方,都必定能看到,其生产、消费、人口、一般福利,相比那些交通不完善、大自然似未多加眷顾的国家,会有超水平的发展"①。

李斯特关注的是,旅行便捷后,不仅生活得到改善,而且生产力能获得更大的支持。无论是农场主、工厂主,还是生意人和科学家,都能更加方便地"出国了解新工艺、新技法、新机器、新工具,以及更好的牲畜、作物、食品,并引进回国"。反正从学习知识、开展交流、改良工艺、接受服务,到采购原料、招募劳工、产品展销、异地经营等等,一系列促进生产力的环节都可因为交通进步而更趋便利。同样更便利的是劳动力的流动。当劳动者能去更远地方就业时,闲置劳力遂得以利用。劳动转岗也更加可行,"个别工厂乃至整个行业的暂时萧条或大量裁员,对这个部门也不再具有灾难性,因为失业者能较容易地在更远的地方找到新雇主"。②

李斯特专从比较优势角度强调了新交通工具的经济意义。随着更有效交通方式的采用,市场范围得到拓展,任何城市或省份"一方面会利用其所享有的生产优势,更大地发挥有利的自然条件和居民技能,另一方面也会放弃生产原本优势不大、好处不多的产品,转而以更有利的方式从其他省份获取"。这是劳动分工得以细化的过程,"更细的劳动分工可诞生更好的工艺和方法",可以提高总体的生产效率。结论不言而喻,在交通进步的推动下,"这种市场扩大及其对生产力和消费的支持,特别有助于增进国家财富和国民福利"。在此过程中,中产阶级、城市人口乃至世界供养人口都会增长,托马斯·马尔萨斯预言的悲观前景完全可以避免。③

李斯特注意到新交通工具本身具有的产业带动作用。不管是蒸汽机还是轮船、火车和铁路,其成长都有赖于科学和技术,因而交通进步必然能触

---

① *Ibid*. List, *Die Welt bewegt sich*, p. 117, p. 73, p. 75, p. 85.

② *Ibid*. List, *Die Welt bewegt sich*, p. 95, p. 97, p. 101, p. 103.

③ *Ibid*. List, *Die Welt bewegt sich*, p. 87, p. 101, p. 107.

动科技的进一步发展。同时，因为这些机械设备需要煤和铁，所以它们也必然促进采矿业和制造业的扩展，而"廉价的交通运输在煤和铁的生产中显得尤其重要"。此外，因为新型交通需要大量资本投入，所以这个增长点会调动原本闲置的社会资金。显然，单纯因为交通部门的带动，经由分工合作，国民经济也能获得融会贯通的平衡发展。"借助于新型交通工具和运河，这些国家都保持着有利可图的均衡状态，如在生产和工业人口与原料和采掘人口之间能保持均衡的状态。"①

对国际经济而言，李斯特预见到，新交通方式"将给地球上所有国家的国际贸易带来目前几乎难以想象的蓬勃发展"。欧洲大陆的铁路网"将把贸易拓展到极大的范围，而不再依赖于某一海上强权"；北美大陆的铁路网将让那里的"交通工具、人口和财富出现极大的增长"。同样，轮船也会在大西洋两岸及英国与东印度之间建起固定的航线。"文明国家将极大地增加对工业制成品的需求，以及对生活必需品和原材料的相应进口"；"世界贸易可达成更强的有序性，从而能够抑制价格波动和经济危机；欧洲的工业和科学将激发全部包括最偏远国家的采矿业，不发达国家将得到殖民，野蛮国家将被文明化"。②

三、新交通有超经济意义

李斯特高度重视新交通工具对非物质方面将产生的深刻影响，首先是将产生思想激励效应。据观察，"老式交通工具主要利于货物贸易，对思想交流帮助很小"，而"新交通工具通过人员、信件、书报的运送，能提升思想交流水平，其在这方面的意义要远大于货物贸易"。特别是借助于铁路，科技成果能得到传播，文学主题得到拓展，报纸出版每天可以不限一次，图书会像报纸一样得到迅速散发。运输范围的扩大还会降低书价，增加作家报酬，激发好作品问世，满足读者更大的需求。总之，"铁路创造了一种新的生活

---

① *Ibid*. List, *Die Welt bewegt sich*, p. 77, p. 89, p. 87.
② *Ibid*. List, *Die Welt bewegt sich*, p. 117, p. 119, p. 121.

体验,一种更大的流动性,能让静止和懒散的大众更多地活跃起来"①。

其次体现为增加受教育机会。更便捷的客运可以支撑全国各类专业学校,"技术类、农业类、兽医类学校均可在更大范围内招收学生"。普通劳动力特别是年轻人也能像有支付能力的阶层一样,"前往远方丰富知识、增长才干",政府、工厂主和农场主甚至都能"把国内劳动力送到国外去培训"。交通条件改善后,服务老幼病残的机构也有条件设置起来,使得普通病人、精神病人、聋哑人、盲人、孤儿等也能获得康复和教育机会。同时,各行各业如此皆能举办大型活动,或各自的年度大会,从艺术展览会到大型音乐节;作品能以多种语言出版,学习欧洲最重要的语言对受教育者将成为必须。②

有关效应也体现于显著缩小阶级鸿沟。李斯特断言,即以快速性、便利性、舒适性而言,老式交通"在下层社会和上层社会之间制造并维持了一条巨大鸿沟"。而"已有铁路线记载表明,新交通工具的益处能更多地为中低阶层所获得,其中也包括老幼病残"。由于"大城市缺乏穷人力所能及的工作机会",如今更有条件把它们引导到生活费用较低、更适合其就业的欠发达地区,对穷人的这种帮扶"在工业化进程中将日益重要"。从更广泛意义上说,借助新型交通,全社会在促进普遍教育、发扬爱国主义、传播科学发明、消除阶层偏见、开展全民行善、维护安定秩序等众多方面都会取得进步,它们均有缩小阶级鸿沟之功效。③

同样重要的是提升治国理政水平。由于交通的改善,加之经济发展后税收的增加,国家的立法议政能力、行政管理能力、财政维系能力、公共治安能力等都会显著提高,同时相应的运作成本反会降低。故可言,"国家通过完善交通工具而能在短时间内奠定一种强势地位"。特别从军事角度看,"早铺设、多铺设一英里铁路,就能在军事上占优势","健全的铁路系统能把

---

① *Ibid*. List，*Die Welt bewegt sich*，p. 79，p. 81，p. 111，p. 101.
② *Ibid*. List，*Die Welt bewegt sich*，p. 111，p. 101，p. 103，p. 109，p. 113.
③ *Ibid*. List，*Die Welt bewegt sich*，p. 79，p. 109，p. 107，p. 81.

一国全部领土变成一个巨大堡垒",因为部队能在边缘省份与主要城市间快速调配集结,"政府还能借助铁路轻易地将重炮、弹药和粮食动员起来并运送给军队"。因此,铁路系统"长于防止侵略战争","具有威慑作用",甚至"有望永久终结文明国家之间的战争"。①

从国际关系角度看,新交通工具"不仅有益于贸易和工业,而且从更高层面看也有利于国家的安全和独立"。世界范围内海陆交通的多元发展,有助于削弱霸权国家的压制性,提升"海上安全和贸易自由",增加各国的"商品交换和人员往来",推进其"相互合作"和"共同发展",并"逐渐消除民族彼此仇视和民族利己主义",乃至通过"民族的迁移和殖民""种族的融合和杂交"而"改善人类的脑力和体力"。积极言之,"新交通工具能以一种有益于各方的方式把所有国家联合起来","让各国及其政府不敢轻启战端",甚至可期,"新交通工具将有助于逐步以一种真正的、可接受的国际宪法形式,来体现迄今尚停留于理论上的人权"。②显然,李斯特对新交通工具寄予厚望。

第五节 《政治经济学的国民体系》

从缘起看,《国民体系》乃《自然体系》未能获奖后的"发愤之作"。然而,李斯特要全面阐述本人政治经济学说之心愿早已有之,他自称,从动念想探讨流行学派的"错误及其原因",已有"23 年以上"③,无非因为生活动荡和奔

---

① *Ibid*. List, *Die Welt bewegt sich*, p. 123, p. 125, p. 133, p. 145, p. 141, p. 137, p. 135, p. 139, p. 143.

② *Ibid*. List, *Die Welt bewegt sich*, p. 141, p. 151, p. 153, p. 155, p. 123, p. 79.

③ 前引李斯特:《政治经济学的国民体系》,第 4 页。所称"33 年以上"不确,应为"23 年以上",从作序的 1841 年前推"23 年以上"正是 1817—1818 年,此即李斯特开始担任大学教授之时,这样才与下句话"我的教授职务使我有了担任这一工作的动机"相合。也可参照 *Ibid*. Hirst, *Life of Friedrich List, and Selections from His Writings*, p. 300,该书收录了李斯特为 1841 年版《政治经济学的国民体系》所写导言,其中称,他是在"20 多年前"开始怀疑斯密体系站不住脚。

忙实务而致一再延宕罢了。正面言之，推延成书让李斯特积累了更多的观察和思考，使其学说在大量已发表文章的基础上也更趋成熟。负面言之，计划中有关政治经济学体系的大部头著作或至少是续集，终因他身心猝变而失去了成书机会，不免留下遗憾。李斯特原拟论述九个方面：农业、工业、交通、金融、法律和公共行政、国防、政府、国民特征和生产力以及财富积累、国际关系和对外政策。考虑到《国民体系》的副标题是"国际贸易、商业政策与德意志关税同盟"，此书基本上只是所设想著作或著作系列的第九部分。至于提前写出这一部分，是因为迫于德国报刊上英国自由贸易分子鲍令非议关税同盟的谬论，李斯特深感亟须"劝导国人采取保护政策"①。

李斯特此次之所以将本人学说改称"国民体系"，是为了防止人们把原来的"自然体系"误读为"变相的重农主义"。②按思想内容论，《国民体系》与《自然体系》其实一脉相承，两书包含了大量的共同点，当然，《国民体系》更加系统详细。全书分为四编：历史、理论、学派、政策，从与《自然体系》互补的角度看，尤可注意以下主题。

一、历史的经验教训值得记取

李斯特论及本人学说时曾强调，它"不是建立在空洞的世界主义之上，而是以事物本质、历史教训、国家需要为依据"③。于此可见，以史为证、以史为鉴的"历史方法"在李斯特这里占有崇高地位。《国民体系》开卷便大幅论述欧美主要国家的经济史，不像《自然体系》那样放到最后部分。那么，他在进一步的历史考察中，总结出了那些经验教训呢？

大而言之，李斯特历览欧美兴衰史后首先认定，"力量的确比财富更加重要"。虽然意大利城邦在工商、海运、市政等各方面早在 12 世纪就"远远

---

① *Ibid*. Henderson, *Friedrich List*: *Economist and Visionary*, p. 166; *Ibid*. Hirst, *Life of Friedrich List*, *and Selections from His Writings*, p. 85.
②③　前引李斯特：《政治经济学的国民体系》，第 7 页。

胜过其他一切国家"，乃至"现代工商业国家的商业政策不过是威尼斯政策的翻版"，但是，仅仅因为"缺少国家统一以及由此而产生的力量"，随着英法等统一的"大君主国"走上政治舞台，城邦势必衰弱没落。同样，13世纪纠集了85个北日耳曼城市的汉萨同盟，尽管创造过强大的海上力量和商业繁荣，也终因"没有足够政治力量的支持"，"成员间的结合极其松弛"，三四个世纪后即销声匿迹。于此可证，"力量比财富更加重要，因为力量的反面即软弱无能，足以使我们丧失一切，不但使我们既得的财富难以保持，就是我们的生产力量、我们的文化、我们的自由，甚至我们国家的独立自主，都会落到力量上胜过我们的那些国家的手里"。且更应看到，"国家力量是一种动力，有助于开发新的生产资源，而生产力才是树之本，从中产生财富之果"。①

李斯特同时高度评价内政自由之生产力价值，断言"自由总是同工商业与国家财富的进展齐头并进"，毕竟欧洲是个开放的列国体系，各种生产要素若"在本土受到迫害和压制，就会逃避到别的城市或国家，在那里寻求自由、安全和支持"，往往由此引发产业沉浮和王朝兴替。西班牙专横地驱逐犹太人和摩尔人，赶走了"二百万最勤奋而富裕的居民及其资本"，一手自毁了本国工商业。与此类似，废除《南特敕令》使得法国"最勤奋、最干练、事业上最成功的55万新教居民被迫离开祖国"，把工业和资本拱手让给瑞士、普鲁士、荷兰、英国等竞争对手。相比之下，"大批新教徒技工被腓力二世与路易十四分别从比利时与法国逐出后流入英国，使英国在工艺上、工业资本上获得了无可计量的增益"。可见，"既然英国具有自由的权利、避难的便利、安宁的秩序、法律的保障以及一般福利，只要具有这些特点，则大陆上的每次政治运动和每次战争，都会使英国在资本和人才方面获得大量的新生力量"②。

---

① 前引李斯特：《政治经济学的国民体系》，第46、11、15、12、17—18、25—26、47页。

② 前引李斯特：《政治经济学的国民体系》，第103、100、57、68、40、55页。

当然,李斯特强调,内政自由决不等于放任自流。汉萨同盟放任商人乘兴逐利,其商业活动与本地产业互相脱节,反让"波兰的农业、英国的牧羊业、瑞典的铁工业、比利时的工业得到了鼓励与帮助",如此商业繁荣终成为无本之木。因此,自由中仍须有政府的明智引导和有为保护。佛兰德历代主政者通过"保持地方治安、改进路政、发展工业、建设城市",才"格外促进了佛兰德的繁荣"。在尼德兰南部,与"去西班牙化"的北部相反,执政者"痴迷狂妄"地选择"西班牙化",随之败坏了工商业和技术成就,也让世界商业中心从南部的安特卫普移到了北部的阿姆斯特丹。而在全部政府作为中,贸易保护尤为关键。英国特别"懂得怎样利用禁入令和高关税来促使这些工业迅速发展";法国也靠"科尔贝的保护制度"取得过工业的突飞猛进。同样,美国的工业化亦得益于"对国外工业品的输入实行限制,对本国工业的成长实行保护政策"。故言,"不论同时有没有自由制度,除非有适当商业政策的支持,否则这个国家在经济进步上所获得的保障总是薄弱的"[1]。

李斯特非常看重精神因素在国家兴衰中的作用。据称,威尼斯"奋发有为、热爱自由的民主精神"哺育了"爱国、英勇的贵族政治",借此铸就了经济辉煌。但后来"专横的寡头政治"让"人民的自由与活力受到摧残",富强的根基便不复存在,一旦走入这般境地,"即使绕道好望角的新航道没有发现,威尼斯工商业也仍然逃不了衰落的命运"。同理,汉萨同盟的解体,盖缘于"他们向来所具有的那种勇敢气质,伟大的冒险与进取精神,自由与团结意志所激发的力量,都已经消逝"。荷兰人原本具有刻苦耐劳、争取自由、冒险进取的精神,并据此而成就霸业,但后来日益为"平庸的国民精神"所主导,那就只能被英国"革命以后的那种朝气和新生力量"所超越。在西班牙,"专制政治与顽固不化结合在一起,却要来摧残国民的进取精神","宗教的排除异端精神就这样把本国的工业放逐出境"。更引人瞩目的是,"直至 18 世纪

---

[1]　前引李斯特:《政治经济学的国民体系》,第 27、100、30、33、40、66、97、103 页。

初叶,德国在各方面还非常落后",幸而,德国人保持着"勤劳、秩序、俭约和节制""富有忍耐与不屈不挠""力求改进的精神",由此才异乎寻常地推动了"物质生产力的发展"。[1]

总之,李斯特总结的经验教训是:"不论何处,不论何时,国家的福利同人民的智力、道德与勤奋总是成正比例的,财富就随着这些因素而增进或减退。但是,个人的勤奋与俭约、创造与进取,如果没有内政上的自由、适当的公共制度与法律、国家行政与对外政策,尤其是国家的团结和权力这些方面的支持,就不会有任何重大的进展。"[2]在重视这个结论时,显然也应该重视李斯特超越单纯经济观的宽阔视野。

二、纯农业国将跌入依附陷阱

李斯特拒斥斯密学派,一个原因是,他发现那套学说倡导的"普遍自由贸易"及其"全人类利益",实立足于"持久和平""世界联盟"这样的空想之上,其他国家奉行这套学说的话,等于误入英国设下的歧途。李斯特揭示,"英国一向的做法是劝诱别国遵守自由贸易原则,它自己则厉行禁止制度";英国历来"靠了保护关税与海运限制政策,在工业与海运事业上达到了这样的高度发展,因此在自由竞争下已经再没有别的国家能同它相抗,当这个时候,代它设想,最聪明的办法莫过于把它爬上高枝时所用的梯子扔掉,然后向别的国家苦口宣传自由贸易的好处,用着那种过来人后悔莫及的语气告诉它们,它过去走了许多弯路,犯了许多错误,到现在才终于发现了自由贸易这个真理"[3]。直言之,斯密那套"世界主义理论"不过是一个战略工具,被用来"防止外国效仿"英国那些行之有效的保护主义政策,同时用来助力英国在一场不设防的自由竞争中打遍天下无敌手。

---

[1] 前引李斯特:《政治经济学的国民体系》,第 13—14、25、31、34、57、76 页。
[2] 前引李斯特:《政治经济学的国民体系》,第 98 页。
[3] 前引李斯特:《政治经济学的国民体系》,第 106、109、165、307 页。

　　按照李斯特的分析，英国拥有"前所未见"的综合竞争优势，其他国家特别是"纯农业国"如果与英国进入不设防的商业关系中，势将陷入后果凶险的依附困境。后果的凶险性本质上由英国"数不胜数的有利条件"所决定。英国的"工业已经持续发展了一个世纪，累积了庞大的资本，商业势力扩展到了全世界，它的大规模信用机构发挥力量时能够压低工业品价格，从而鼓励商人扩大输出，靠了这样的机构，它控制了金融市场；工业生产既然可以作无限度的扩张，这就使这个国家可以向其他一切国家的工业家宣战，从事于工业的毁灭性战争"。此外，英国"又是一切巨大资本的宝库，是一切国家的银行，控制着全世界的通货，能向世界上一切民族发放贷款，收取利息，从而使之对英国处于从属地位"。总之，这个国家"有一切的工业、技术和科学，有一切的大商业和财富，有海运业也有海军力量，俨然是世界的首都"①。

　　占尽优势的英国热衷于努力追求与世界维持一种如同"城市"对"农村"、以工业品交换农产品的利己商业关系。李斯特断言，"英国处心积虑地反对别国建立工业"，"英国是一个独立国家，因此它的政策方针把为己谋利作为唯一目的……自由贸易制度最能适应它的目的，它决不会喜欢或想到在法国或德国来建立工业"；英国当政者总希望，"整个英国会发展成为一个庞大的工业城市……组成一个以英国为首的国家体系，到那时欧洲大陆国家的地位将一落千丈"。据观察，"英国简直使它的全部领域转化成了一个工商业与海运业发达的庞大城市，使它与世界各国相处时，如同一个大城市与其周围地区相处时的关系"。而这种"城乡"关系的要害在于，"英国向来有一个牢不可破的准则，认为一个国家只有用工业品来交换农产品与原料，只有进行这样的国外贸易，才能达到最高度富强"；这一准则"直到现在依然是英国的一个国家秘密，实际上在越来越认真地坚决执行"②。

---

① 前引李斯特：《政治经济学的国民体系》，第 254、304 页。
② 前引李斯特：《政治经济学的国民体系》，第 166、116、304、308 页。

　　李斯特警告纯农业国,仅以农产品交换制成品的话,"会使我们处于最先进的工业国家的束缚之下,仰人鼻息","对外国处于依赖地位"。原因在于:第一,农产品的"出口对象总是限于少数工业国家,这些国家自己也经营农业……因此纯农业国的这种出口贸易既不规则也不稳定";第二,"这种交换活动极易受到外国商业限制政策与战事的影响,而陷于停顿状态";第三,"工业国所需的粮食与原料……可由别的国家或新成立的殖民地输入";第四,依赖对外出口的国家有可能形成沿海与内地的二元结构,"就不但在经济上而且在政治上成为一个分裂的国家"。只要国外需求变化无常甚至突然中止,农业国"生产与消费之间,降低了的地产价值与并未降低的货币贷款之间,根据租约应付的货币地租与租地上的货币产额之间,以及国家的收入与支出之间都会失去平衡",这一系列失衡更易造成农业国"在经济、政治、精神各方面的破产、窘迫、沮丧、退化等现象",故可言,"农业上昙花一现的繁荣比持久而平稳的贫困局面还要坏得多"。①

　　更有甚者,李斯特引述一度的美英关系称,随着强国通过生产优势和补贴倾销而主导弱国市场,弱国输入的工业品价值大大高于输出的农产品价值,就此而"对英国欠下了巨额债务,不够用农产品、只能用贵金属来偿还"。随之,一国的纸币流通体系会受破坏,引发银行信用的破产,"从而使地产与流通中商品的价格发生普遍的波动,使物价与信用陷于普遍的混乱状态,而使国家经济处于不可收拾境地"。长年累月收支失衡、对外严重负债之下,弱国还将"不得不用输出股票与公债的办法来弥补亏欠",由此将屈从于强国的货币与金融体系,"卷入英国农工商业恐慌的旋涡而不能自拔"。面对此种依附关系,李斯特明言,纯农业国"就是甘心处于这样的屈从地位,也不能使自己获得永久利益",因为只要选择"在自由贸易制度下与先进国家发生商业关系",那"就是自己放弃了发展自己工业的手段",就是选择了"残缺

① 前引李斯特:《政治经济学的国民体系》,第187—188、223、163、210页。

状态下的农业，而决不会有别的发展"；况且，"任何国家越是把自己局限在农业一个方面，发生饥荒的危险性就越大"。①

三、工业化和关税保护最要紧

李斯特反对走纯农业道路，工业化才是他竭力呼唤的发展方案。他反复强调，"国家生产力的增长，其中更重要的是工业力量的增长"；"建成了自己的工业后，可以增长国家的人口、物质财富、机械力量、独立自主，以及一切精神力量"；"国家之所以能与文化比较落后的外国进行贸易，所以能扩大航运业、建立海军，所以能利用剩余人口，在开辟殖民地以后进一步增进国家的繁荣和力量，都有赖于工业的发展"。为此，他援引欧美近代史上从伊丽莎白一世到腓特烈二世，从华盛顿到拿破仑的例子称："一切现代国家的伟大政治家，几乎无一例外，都认识到工业对于国家财富、文化和力量的重大意义，大有加以保护的必要。"②

李斯特断定，工业化能够全方位地带动其他产业的跃进。据判断，"工业国家利用机械力量的机会比农业国家多得何止百倍"，"工业可以使无数的自然资源和天然力量转化为生产资本……会使原来完全搁呆不动的天然力量有活跃的机会，使原来全无价值的自然资源成为宝贵的财富"。在交通领域，"农业国家建成工业以后，就可以改进路政，修筑铁路，开凿运河，使河道得以通航，轮船航线得以成立"。在商贸领域，"工业是大规模国内贸易和国外贸易的基础，也是大量商运船舶得以存在的基本条件"。在农业领域，"只有在工业上获得发展的国家，才会看到完善的农业机械和工具，才会在高度的智力下经营农业"；"要使农业物质资本作大规模、有节奏、继续不断的增长，只有在农业国建成充分发展的工业才能实现"。此外，"工业的发展对于畜种的改良也有同样重大的影响"。同时，在他念念不忘的精神领域，

① 前引李斯特：《政治经济学的国民体系》，第 235、233、238、255、189、187、222 页。
② 前引李斯特：《政治经济学的国民体系》，第 202、180、269、131 页。

"哪里有工业,哪里就会使人们的胸襟宽大",使他们充满"竞胜情绪、自由意志和努力于身心发展的进取精神"。①

工业如此之好,发展却谈何容易!尽管斯密等人认为在自由贸易中,农业国依据比较优势,致力于农产品与工业品的交换就能实现富强,但李斯特坚信,目前世界格局中,"别的国家不可能仅仅基于农业进步,而在斯密所称的'自然趋势下'建起大规模的工业和工厂;纵然是由于战争造成的商业停滞而建立的那些工业,也不可能在'自然趋势下'使自己得以长期保持"。根本原因在于,"世界上已经有一个国家处于强有力地位,并且早已在其自己领域有着周密的保护,处于这样的形势,在自由竞争下一个一无保护的国家要想成为新兴工业国已经没有可能";"在与先进工业国家进行完全自由竞争的制度下,一个在工业上落后的国家,即使极端有资格发展工业,如果没有保护关税,也决不能使自己的工业力量获得充分发展,也不能挣得圆满无缺的独立自主地位"。李斯特的主张非常明确:领先的"那个国家决没有从上帝手里取得垄断工业的永久权利,不过在世界上它比别的国家占先了一步而已。保护制度是使落后国家在文化上取得与那个优势国家同等地位的唯一方法"②。

李斯特对关税保护的呼吁与他对工业化的倡导同等地强烈,二者实乃一体两面,但他更多地从保障工业稳定运行、投资收益可期的角度论述了关税的必要性。"我们假使考察一下工业各个部门的起源与发展过程,就会发现,它们那些改进的操作方法、生产的有利条件、机器建筑、经验技术以及使它们能够有利地购入原料、有利地销售产品的知识和交往关系,都是逐渐累积起来的。"据称,与农业相比,需要世代传承的工业更容易受到外来有害竞争以及战争、劫掠、虐政的破坏。"任何工业部门,进行时所需要的技术与才能越多,所需的资本数量就越大,办理这一工业时所投资本陷入的程度也越深,一旦发生停顿,其所受到的损害就越大。"而关税保护的价值就在于"防

---

① 前引李斯特:《政治经济学的国民体系》,第174、189、182、228、198、191、180、171页。
② 前引李斯特:《政治经济学的国民体系》,第254、128、267、113页。

止发生足以破坏整个国内经济的那种金融恐慌与物价变动",“不但可以使投资于这些新工业部门的人以及把身心力量贡献于这些新事业的人获得必要的保障,使他们不至于损失资本或失去它们所选定的终生职业,而且可以诱使国外商人和技工连同他们的生产力投奔到我们这边来"。因此,“妥善的关税制度是工业的堡垒"。①

在大声疾呼关税保护的同时,李斯特从来都理性地为它划出了边界。第一,“唯有以国家的工业发展为目的时,才有理由实行保护制度",农业不在保护之列。第二,只有各方面都已有发展并有望“与一流强国分庭抗礼者",才“有理由实行保护制度";如缺乏“工业力量的基本条件",即“如果任何技术工业不能用原来的 40％—60％ 的保护税率建立起来,不能靠了在 20％—30％ 的税率的不断保护下持久存在",就不应给予保护。第三,应保护重点工业部门,这指的是那些“建立与经营需要大量资本、大规模机械设备、高度技术知识、丰富经验以及为数众多的工人,所生产的是最主要的生活必需品……对国家独立自主都有着头等重要意义的工业"。第四,“凡是在专门技术与机器制造方面还没有获得高度发展的国家,对于一切复杂机器的输入应当允许免税……机器工业是工业的工业"。第五,保护制度应当循序渐进,并“必须与国家工业的发展程度相适应……对于保护制度的任何夸张都是有害的"。第六,“工业力量充分强大、有了稳固基础后",应当适时调整保护水平,“从而允许有限度竞争,激发国内工业家的竞胜情绪"。就是在此范围内,李斯特相信,“保护关税如果使价值有所牺牲的话,它却使生产力有了增长,足以抵偿损失而有余"②。

四、非物质因素更关涉生产力

李斯特所创立的学说中,“生产力"是一个核心概念。在他看来,斯密和

---

① 前引李斯特:《政治经济学的国民体系》,第 249、252、239、147、313 页。
② 前引李斯特:《政治经济学的国民体系》,第 164、261、264、156、265、274、262、128 页。

萨伊等人的"流行学派把物质财富或交换价值作为研究的唯一对象",而且仅仅"把劳动本身看成是国家财富的'泉源'"。这种旨在劝导各国与英国开展自由贸易的理论,实际上"越来越深地陷入于唯物质主义、狭隘观点和利己主义"。为此,他针锋相对地指出:"财富的原因与财富本身完全不同。一个人可以据有财富,那就是交换价值;但是他如果没有那份生产力,无法产生大于他所消费的价值,他将越过越穷。一个人也许很穷;但是他如果据有那份生产力,可以产生大于他所消费的有价值产品,他就会富裕起来。"形象地说,"一个渔夫的财富不在于占有了多少条鱼,而在于拥有可不断捕鱼以满足其需求的那种能力和手段"。这个道理自然也适用于国家,结论便是,"财富的生产力比之财富本身,不晓得要重要到多少倍"①。

李斯特的"生产力"概念侧重于促进财富生产的"源泉"性因素,他提出:"国家生产力的来源是个人的身心力量,是个人的社会状况、政治状况和制度,是国家所掌握的自然资源,以及国家所拥有的作为个人以前身心努力的物质产品的工具,即农业的、工业的与商业的物质资本。"随之,他彰显了大量非物质因素的生产力意义:"基督教,一夫一妻制,奴隶制与封建领地的取消,王位的继承,印刷、报纸、邮政、货币、计量、立法、钟表、警察等等事物和制度的发明,自由保有不动产原则的实行,交通工具的采用——这些都是生产力增长的丰富泉源。"他还说:"现代国家在财力、权力、人口以及其他各方面的进展比之古代国家不知要胜过多少倍,如果仅仅把体力劳动当作财富的起因,那么对于这一现象将怎样解释呢? ……我们势必要提到近一千年以来在科学与艺术、国家与社会制度、智力培养、生产效能这些方面的进步。各国现在的状况是在我们以前许多世代一切发现、发明、改进和努力等等累积的结果。这些就是现代人类的精神资本",从根本上决定着"一个国家生产力的进退"。②

---

① 前引李斯特:《政治经济学的国民体系》,第 126、121、296、118 页。
② 前引李斯特:《政治经济学的国民体系》,第 192、123 页。

由此出发,李斯特很自然获得了若干重要启示。其一,"决不可单纯地以任何特定时刻一些物质利益的所得作为考虑的依据;考虑这个问题时片刻不能忽视的是与国家现在和将来的生存、进展以及权力有决定关系的那些因素"。换言之,为了长远的生产力,"必须牺牲些眼前利益,以使将来的利益获得保障",而"一国的最大部分消耗,是应该用于后一代的教育,应该用于国家未来生产力的促进和培养"。其二,对于个人财富有利的事,却未必对国家的生产力有利,同样,"有些在私人经济中也许是愚蠢的事,在国家经济中却变成了明智的事"。因此,放任自流并非总能促进生产力,"国家对私人事业有时不得不行使权力加以限制"。其三,"流行经济学派要我们相信,政治和政治力量是不能放在经济学里来考虑的",这种观念应当摒弃。"只要考察一下威尼斯、汉萨同盟、葡萄牙、荷兰和英国的历史,就可以看出物质财富与政治力量两者彼此之间存在着怎样的交互作用"。[①]

事实上,在非物质因素中,李斯特尤其看重国家政权对生产力的意义。他清醒地指出,"在目前世界形势下,只能依靠各国自己的力量和资源来保持生存和独立;个人主要依靠国家并在国家范围内获得文化、生产力、安全和繁荣";"诸如保卫国家、维持公共治安以及其他许许多多数不清的任务,只有借助于整个社会的力量才能完成"。他还说,"要使工业、海运业、国外贸易获得真正大规模发展,就只有依靠国家力量的干预才能实现。各国工业发展的经历都可以作证,尤其是英国的历史格外清楚地证明了这一点";"政治力量不但使国家通过国外贸易和国外殖民地在发展上获得保证,而且使国内的发展以及它自身的生存也有了保证,这比单纯物质财富要重要得多"。他并且根据"统计和历史"得出结论,"国家在经济上越是发展,立法和行政方面干预的必不可少,就处处显得越加清楚";"国家为了民族的最高利益,不但有理由而且有责任对商业也加以某种约束和限制"。当然,李斯特

---

① 　前引李斯特:《政治经济学的国民体系》,第 128、123、145、124 页。

也反复告诫,"关于国民个人知道得更清楚、更加擅长的那些事,国家不该越俎代庖",它所承办的不过是"即使个人有所了解、单靠他自己力量却无法进行的那些事"。①

五、生产力协作比分工更重要

针对斯密所推崇的"分工"概念,李斯特也提出了重要修正,指出任何分工都必须通过联合协作才能促进生产力,斯密描述在制针时"商业动作上的划分,要是没有生产力向着一个共同目的时的联合,在生产上能发生的推动作用就很小"。李斯特推而广之地说:"在一个国家,就像在一个制针厂一样,每一个个人、每一个生产部门,以至整个国家的生产力所依靠的,是彼此处于适当关系中的一切个人的努力。我们把这种关系叫作生产力的平衡或协调。"因此,他特别强调一国"农工商业、政治力量、国内财富作等比例发展的重要性"。他的基本立场是,"国家生产力的综合并不等于在分别考虑下一切个人生产力的综合;这些力量的综合量主要决定于社会和政治情况,特别有赖于国家在国内分工和国内生产力协作这些方面进行时的有效程度"②。

李斯特首先看重的是物质与精神两大部门之间的平衡协作问题,称"一国之中最重要的工作划分是精神工作与物质工作之间的划分",二者互为依存、不可偏废。他一如既往地看重非物质因素,全面地阐述道:"精神生产者的任务在于促进道德、宗教、文化和知识,在于扩大自由权,提高政治制度的完善程度,在于对内巩固人身和财产安全,对外巩固国家的独立主权。他们在这方面的成就愈大,则物质财富的产量愈大。反过来也是一样的,物质生产者生产的物资愈多,精神生产就愈加能够获得推进。"他具体地说到两个部门人才的平衡问题,称有些国家的"哲学家、语言学家、文学家这类人才有

---

① 前引李斯特:《政治经济学的国民体系》,第 153、145、155、162、150、146—147 页。
② 前引李斯特:《政治经济学的国民体系》,第 133、141、125、149 页。

余,而熟练技工、商人和海员却感到不足",以致"过剩了一大堆无用的书本、难以究诘的理论体系、学说的空泛争论,结果使整个国家在理智上越来越糊涂而不是越来越开朗,对于实用工作则置之不顾,生产力的发展受到了阻滞"。同样,在精神工作部门内部,僧侣多而教师少、军人多而政治家少、行政官多而正义裁判者少,等等,也都是理当改变的"畸形状态"。①

对于物质生产部门,李斯特断言,其中"最重要的工作划分与最重要的生产力协作是在农业与工业之间"。首要者当然是建立工业,否则"一个国家没有工业,只经营农业,就等于一个个人在物质生产中少了一只膀子";"仅仅从事农业的国家与工农并举的国家两者的差别,比从事畜牧的国家与农业国家之间的差别还要大得多"。工业具有强大提升功效,"有了工业以后,对农产品的需求品种上将增多,数量上将扩大,农产品的交换价值也将提高,这时农业经营者就能更有利地利用土地和劳动力";"工业影响下的农业本身就变成一种技能很强的实业,一种技术,一种科学"。李斯特的结论是:"工业力量有了这样的发展以后,农业生产中业务行为的划分与生产力的协作,也将作等比例的发展,从而使农业达到最高度完善阶段";"农业物质资本的增进,主要有赖于工业物质资本的增进;凡是不能认识到这一事实的国家,不管它在农业上的自然条件如何有利,不但不能获得进展,而且在财富、人口、文化、实力方面都将逐渐退化"。②

正是对联合协作的重视,使李斯特总是强调交通部门的巨大作用。当然,交通进步本身有赖于工业化,"运河、铁路和轮船只有靠了工业力量才能产生,才能扩展到全国各地"。但反过来,"运输工具的改进……有力地促进了工业和农业的发展",使得工农业"双方物资交流时的障碍愈少,共同发展的机会愈大"。李斯特具体说道,"只有在运输设备方面有了彻底改进的情况下,各市各省才能把它特有产品的剩余尽量运销到其他各地,甚至最辽远

---

① 前引李斯特:《政治经济学的国民体系》,第140—141页。
② 前引李斯特:《政治经济学的国民体系》,第141、125、202、174、135、216页。

地区,向后者换回它所缺乏的产品"。农业经营者遂更能从中"获得极大利益",使其地产价值"提高到创建运输事业时实际投入物质资本价值的十倍"。总之,正如工厂中"整个团队获得各个人的协作越有保障,则工厂的发展越有把握",在交通等条件的支持下,"各个工厂与其他工业部门结合得越紧密,则各厂的发展也越有把握。在一切工业部门发展下的工业力量,同农业在地区上、商业上、政治上结合得越密切,则农业生产力越加增长"。李斯特故此断言,"就现在一代的支出来说,再没有比改进交通运输工具方面的支出更加绝对地特别有利于后代的"。①

在分工协作问题上,李斯特的目光自然不限于国内,他说:"各国之间也存在着分工与生产力的协作关系。……世界各国是依赖这类协作而互相联系起来的。"不过,依其一贯的现实主义思维,他又强调,"国际生产力的协作实际上是缺陷很多的,遇到战争、政治上的变动、商业恐慌等变故,就往往会中断",其他干扰因素还包括"国外的商业限制……国外的种种发明和革新,或国外农产的丰歉"等。有鉴于此,李斯特陈言:"不论哪一个大国,其努力的主要目标总是生产力在国内的结合,其次才想到国际结合。"这样做也有经济合理性,因为照他估算,"一国的海外市场尽管极为繁荣,但是它的国内市场对它的重要性却十倍于国外市场"。为此,他告诫:"向海外追求财富虽然重要,还有比这个更重要十倍的是对国内市场的培养与保卫,只有在国内工业有了高度发展的国家,才能在国外贸易上有重大发展。"他心目中的富强总是首先扎根于国内的:"凡是一个国家,既培养了在它领域以内工业的一切部门,使工业达到了高度完善阶段,又拥有广大疆土和充分发展的农业,使它工业人口在生活必需品和原料方面的需要,绝大部分可以由本国供应,那么它就拥有最高的生产力,因而也就是最富裕。"②

---

① 前引李斯特:《政治经济学的国民体系》,第 174、206、134—135、252 页。
② 前引李斯特:《政治经济学的国民体系》,第 141—142、161—162、135 页。

第三章
理论成就：创立民族主义赶超发展范式

当代经济学家保罗·克鲁格曼从文风角度批评李斯特是一位"夸张、凌乱的作者"[1]；经济史学家基思·柴博则抱怨李斯特"一再重复其基本理念"[2]。同样，李斯特研究专家威廉·亨德森在为《自然体系》写下编者按时，也说到此书"不是一篇结构严谨的学术专题论文"，其中有"不严密的归纳、夸大的言词和对敌手的人身攻击"。不过，他同时强调，"要负责任的正是作为报纸撰稿人的李斯特，而不是作为经济学家的李斯特"[3]。这句话意味深长，一方面指出了李斯特著作（一定程度上也包括《国民体系》）的某些文风弱点，但另一方面也等于在提醒人们，不要因为报人的职业性辞章，而轻视了李斯特有价值的经济思想。若带着这样的忠告去阅读李斯特的著作，特别是经过上一章对李斯特著作大意的概览后，则可望发现，一个超前又完备的赶超发展学说实已呈现在我们面前。

[1] Matthew Watson, "Friedrich List's Adam Smith Historiography and the Contested Origins of Development Theory", *Third World Quarterly*, Vol. 33, No. 3, 2012, p. 460.

[2] Keith Tribe, *Strategies of Economic Order: German Economic Discourse, 1750-1950*, Cambridge University Press, 2005, p. 64.

[3] ［德］弗里德里希·李斯特：《政治经济学的自然体系》，杨春学译，商务印书馆1997年版，第12页。

第一节　赶超发展贯穿李斯特学说

　　"赶超发展"是个当代术语,但落后国家见贤思齐、追赶先进,这样的动力可以说古已有之,在欧洲这个互相竞逐的列国体系中更是如此。当英国人凭借工业革命,显著拉开了与其他国家的发展差距,势将主宰其他民族的命运之际,如何与英国相处,是顺势与之自由贸易还是逆势而为徐图赶超,成了摆到各国面前的头等大事;同时,从英国后来居上的成功赶超中可吸取什么经验,正如从那些失败者的不进反退中可吸取何种教训,也成了经济学界的关注焦点。之前欧洲各国尤其是英国就曾出现过对比研究荷兰与西班牙正反案例的热潮。①

　　因此,李斯特的求索应当放到这一历史背景中来看待。他自陈,其所关注的焦点问题是:"那些现在已经强盛起来的国家,它们是凭什么方法达到并保持现有强盛地位的,还有些以前一度强盛的国家,它们是由于什么原因失去了原有强盛地位的"②。特别是针对英国工业革命后的全新局面,他发问:"当某一制造强国在生产成本、海外市场开发方面比其他国家拥有显著优势时,各国是否还能开放市场放任竞争并从中获益,如此竞争会产生何种后果?"③质言之,落后国是否应该通过贸易保护加速本国工业化,从而"追赶并最终超过英国"④?

---

① 梅俊杰:《贸易与富强:英美崛起的历史真相》,九州出版社 2021 年版,第 119 页。
② [德]弗里德里希·李斯特:《政治经济学的国民体系》,陈万煦译,商务印书馆 1961 年版,第 149 页。
③ Friedrich List, "Introduction to *The National System of Political Economy*", in Margaret Esther Hirst, *Life of Friedrich List*, *and Selections from His Writings*, Smith, Elder & Co., 1909, reprinted by Forgotten Books, 2012, p. 296.
④ [挪]埃里克·赖纳特:《竞争力及其思想先驱:五百年跨国比较的视角》,载[挪]埃里克·赖纳特、贾根良主编:《穷国的国富论:演化发展经济学论文选》下卷,贾根良等译,高等教育出版社 2007 年版,第 127 页。

深入分析李斯特的思想体系,确实可以发现其中贯穿了一根以落后国赶超发展为内核的完整逻辑链:

对**现实国际格局**的冷峻观察 ＋ 对**经济发展阶段**的客观认识→

对**英国显赫优势**的充分估计 ＋ 对**弱国凶险处境**的敏锐预判→

对**工业化重要性**的无比强调 ＋ 对**生产力决定性**的深刻揭示→

对**非物质诸因素**的综合重视 ＋ 对**政府干预作用**的高度评价→

对**关税保护政策**的特别推崇 ＋ 对**幼稚产业扶持**的坚定追求→

对**赶上先进国家**的强烈期待 ＋ 对**回归自由模式**的远景展望。

如果说李斯特学说可分解为:以自主发展为导向的经济民族主义理论、以幼稚产业保护为核心的工业化理论、以非经济因素为重点的生产力理论、以政府干预为杠杆的经济跨越理论,以及以历史经验为依据的实证检验方法,则上述赶超发展逻辑链实乃让这些理论融会贯通的一根总纲,由此让李斯特的全部理论判断和政策主张成龙配套、环环相扣。纲举目张之下,我们可以看清李斯特学说的以下内在脉络。

首先,李斯特冷峻地观察到,现实世界分割为不同的国家主体,各国利益追求并不一致,还不时发生矛盾与冲突。既然世界大同与永久和平尚子虚乌有,当斯密学派倡导国际自由贸易、借以增益各国福祉时,这一学说显然缺乏现实基础。即使一般而言"国际贸易是实现文明和繁荣最有力的杠杆之一"[1],也即使自由贸易能增加人类总体财富,但由于缺乏全球统一的行政和司法,也无以保证贸易各方皆能从中受益,何况始终存在着强者滥用自身优势的倾向。有鉴于此,斯密学派不过是虚妄的"世界主义经济学",各国先应关注务实的"国家经济学"。[2]这样的经济民族主义理念构成了李斯特赶超发展思想的逻辑起点与本质特征。

李斯特还客观地指出,现实世界中,国家的发展程度参差不齐;经济发

---

① _Ibid_. Hirst, _Life of Friedrich List_, _and Selections from His Writings_, p. 301.

② 前引李斯特:《政治经济学的自然体系》,第 28—31 页。

展至少可分为原始农业、商品农业、工业化推进、工农商全盛这四个阶段,其时只有英国处于发展的最高阶段。英国以其遥遥领先的农工商各业全能的生产力,加之其无与伦比的国家效能、海上实力、金融资源、运输便利、人员素质等各种优势,在跟其他较低阶段的国家开展自由贸易时,除了能有助于原始农业阶段的文明提升外,对商品农业和工业化推进阶段的国家而言,只会产生抑制其工业化的打压效果。事实上,英国自己早已领悟到,只有以工业制品去交换初级产品才能让本国致富,故而它向来致力于成为世界的"城市",力求维护自己作为全球工业垄断者的地位。①

李斯特随之判定,落后国家若单纯用农产品去交换英国的工业品,将滑入依附困境。英国在工业品生产和供应上具有超强的竞争力,自身也能生产相当数量的农产品,且着意保护本国农业利益;对于农产品输入,它能随时改变有关进口政令,还可选择其他进口货源;它在金融资本方面亦占尽优势,能够左右国际市场。因此,纯农业国相对于英国势将处于从属地位,其国内经济的稳定运行容易受到冲击,自身生产力的持续成长更会遭到遏制,总之,将陷入贫弱境地。因此,具备基本条件的落后国只有谋求自主工业发展,才有望争取本国的独立自存、百业兴旺、政治昌明、文化进步、交通跃进、人口增长、海外殖民等等。②

李斯特把落后国的问题看得非常凶险:"随着工业发明和改进的加速,停滞国与进步国的差距日益拉大,落后一方就愈发危险";英国从毛纺织到麻纺织再到棉纺织各产业取得优势的时间在不断缩短,况且这个亘古未有的工商强国"要竭力垄断一切制造、一切商贸、一切航运、一切主要殖民地、一切海洋,要让世界其他人在全部工商关系中沦为英国的奴仆";如此不禁让人"升起恐惧,我等民族是否存在一种危险,由于理论的误导而从此消亡,

① 前引李斯特:《政治经济学的自然体系》,第 92、43、46 页;前引李斯特:《政治经济学的国民体系》,第 304、308 页。
② 前引李斯特:《政治经济学的国民体系》,第 187—188、223、163、210、269 页。

就如病人因为药方印错而服药丧命？这个备受称颂的理论会不会是个古希腊的特洛伊木马？"面对英国抛出的旨在说服他国放弃自身工业化的自由贸易理论，人们不禁要问："那个理论果真如它标榜的那样绝对正确，而通常的实践正如理论所刻画的那样无比荒谬？……难道可以合理地假定，一方的智慧如此深不见底，能够在所有情况下都完美洞察事物的本质，而另一方的智慧如此微不足道，无法掌握其对立面已经发现和揭示的真理，乃至长年累月都错把谬误当真理？"①

基于如此深刻的质疑和尖锐的判断，李斯特非常不认同通过自由贸易而增益价值的主张。在他看来，比起眼前的交换价值，长远的生产力才应予特别关注，有了生产力之树，便能保证交换价值之果源源而来。为培植生产力，一国不妨甚至必须牺牲暂时的交换价值，短期的牺牲终究能在未来得到加倍补偿。在现代世界，生产力其实专指工业生产力，此即一切能用来壮大本国工业的源泉性因素，既包括物质因素，更包括非物质因素，涉及一国的自然资源、生产积累、技术发明、产业水平、政治制度、法律安排、社会状况、身心力量，凡此种种都决定着一国生产力的进退。而在这些"生产源力"中，统一的国家政权尤其具有重大的保障和促进作用，这也是为何应强调"政治经济学"，而非单纯的"经济学"。②

李斯特赶超思想的中心结论是，在已有工业强国率先崛起的世界上，落后国更应致力于推进自身的工业赶超，而不能放任自由贸易。在经济各部门的发展中，应当以工业为根本动力，用以带动各行业协调发展。而为了扶持本国幼稚工业的成长，最关键者在于针对外来强权的强大竞争，实行充分的关税保护。关税保护的突出价值就是把市场留给自己，确保工业发展特别需要的那种稳定性和可预性，以形成能自我存续的工业生产力。当然，关税保护必须有其合理边界，正如国家干预也应谨防过犹不及。从长远看，当

---

① *Ibid*. List, "Introduction to *The National System of Political Economy*", pp. 288-290.
② 前引李斯特：《政治经济学的国民体系》，第 118、121、123、143、162 页。

一国的工业或某一行业经过保护,发展到足以经受国际竞争时,就应当适时降低或取消关税限制,这是保持产业长盛不衰的必要措施,也是通向理想中国际自由贸易的必由之路。①

总之,李斯特以其全部理论构建,非常超前地回答了为什么需要赶超发展,以及如何进行赶超发展这样的"后发展"问题,从而凝结成一份具有恒久价值的经济学遗产。对于李斯特学说聚焦于赶超发展的理论特质,历来有一小部分学者是有所认识的。埃德加·扎林早就断言:"任何人要想就欠发达国家的发展问题著书立说,首先应当师从这位增长理论与发展政治学伟大的先辈。"②威廉·亨德森也称李斯特为"后发展国家最早的声援者之一","他去世之后一百年,《国民体系》所表达的意见依然启迪着全世界欠发达国家的领袖们"。③稍近则有克里斯托弗·弗里曼指出:"李斯特关注的焦点是德国追赶英国这类欠发达国家问题,他不但提出对幼稚工业进行保护,还提出了旨在加速工业化和经济增长的广泛政策措施。"④这三位学者显然都重在强调李斯特学说对"欠发达国家"的适用性。

其他若干中外研究者(暂且不论实践者)亦作如是观。西奥多·劳厄陈言,李斯特"坚硬地把民族主义与工业化熔铸到一起",他"远不止是德意志自由主义和民族主义的代言人,而是所有欠发达国家雄心壮志的预言家"⑤;京特·法比翁克认为,李斯特"这个体系的目的,是推行一项加速实现经济落后国家工业资本主义的政策"⑥;朱绍文也强调,"李斯特的经济学

---

① 前引李斯特:《政治经济学的自然体系》,第 104、106、109、111、88、113—117 页。

② Roman Szporluk, *Communism and Nationalism*: *Karl Marx versus Friedrich List*, Oxford University Press, 1988, p. 13.

③ W. O. Henderson, *Friedrich List*: *Economist and Visionary*, *1789-1846*, Frank Cass and Co. Ltd., 1983, p. 143, p. 218.

④ [美]克里斯托弗·弗里曼:《大陆、国家和次国家的创新体系:互补性与经济增长》,载前引赖纳特等主编:《穷国的国富论》下卷,第 143 页。

⑤ Theodore H. von Laue, *Sergei Witte and the Industrialization of Russia*, Atheneum, 1974, p. 59, p. 57.

⑥ [德]京特·法比翁克:《弗里德里希·李斯特》,吴薇芳译,商务印书馆 1983 年版,第 37 页。

是发展中国家的经济学,有它本身特殊的历史使命"①。这些学者即使没有专用"赶超发展"的字眼论及李斯特,但强调李斯特学说对"欠发达国家""经济落后国家""发展中国家"发展的价值,其中无不蕴含赶超之意。

明确以"赶超发展"评价李斯特学说的是迪特·森哈斯,在 1989 年李斯特诞辰 200 周年纪念会上,他除了统称李斯特为"当今发展理论、发展决策、发展规划的鼻祖"外,还特别点明,"后发展或赶超发展问题是李斯特进行思考的出发点",其学说的"关键点是:力争追赶甚至超越!"森哈斯认为,李斯特对赶超发展议程的首要贡献在于:一是分析了先进强国与落后弱国之间的"能力差距"以及彼此交易中弱国受到的"边缘化压力",这种边缘化压力足可把弱国"改造成较发达社会的附庸或卫星"。二是提出了面对边缘化压力,落后国的"赶超发展需要什么样的条件,应当用什么方式实施赶超发展",况且专从各国经济史中寻求经验教训加以佐证。②森哈斯对李斯特赶超发展思想高度认同,在研究的对象、方法、立场上均借重李斯特学说,乃至以"新李斯特主义"自许③,他为我们从赶超发展角度重新解读李斯特学说提供了有益启示。

第二节 决定赶超发展的十六个因素

在明确了赶超发展的必要性后,更需要问,究竟依靠什么因素去推进并实现赶超发展? 李斯特对此作了异常超前的卓越探索,可惜其成果未能得到应有的重视和继承。例如,1987 年芝加哥大学出版的《经济发展思想史》,虽然

---

① 朱绍文:《经典经济学与现代经济学》,北京大学出版社 2000 年版,第 114 页。
② [德]迪特·森哈斯:《弗里德里希·李斯特与发展的基本问题》,梅俊杰译,载《国外社会科学前沿》2019 年第 12 期,第 58—62 页。
③ [德]迪特·森哈斯:《欧洲发展的历史经验》,梅俊杰译,商务印书馆 2015 年版,第 353、11 页。

辟有专章论述历史上的发展思想,还罗列了亚当·斯密、约翰·穆勒、乔瓦尼·维科、马克思、圣雄甘地、孙中山、熊彼特,但竟然没有正面谈及李斯特。①事实上,若与二战后所谓"发展经济学先驱"所提出的"唯资本理论""唯工业化理论""唯计划理论"②之类狭隘政策主张相比,李斯特的探索不但大大超前一百多年,更展现了视野的宽阔性、思维的成熟性、策论的务实性。

与诸多发展经济学家不同,李斯特在思考如何促进赶超发展时,"从未构想出某个促进发展或阻碍发展的单一因素,单向的经济主义思维尤为他所不取"③。他看到的支撑赶超发展的因素从来是复杂多样的。大而言之,他把相关因素分为"物质力量"和"精神力量"④,有时他也以"物质资本"与"精神资本"二分之。⑤他本人下过一个定义:"各国现在的状况是在我们以前许多时代一切发现、发明、改进和努力等等累积的结果。这些就是现代人类的精神资本。"除此之外的一切则自然归入"物质资本"。按照这一定义,非物质的精神因素包罗万象且影响巨大,特别推重精神因素也成了李斯特学说的一大特征。当然,他也表示,"物质"和"精神"两个大类不分主次、"互为因果""互相作用"。⑥

细而言之,李斯特又把支撑赶超发展的因素分为五个方面:身心力量、社会条件、政治状况、自然资源、物质资本。在一段最典型的话中,他说道:"国家生产力的来源是个人的身心力量,是个人的社会状况、政治状况和制度,是国家所掌握的自然资源,或者是国家所拥有的作为个人以前身心努力的物质产品的工具(即农业的、工业的与商业的物质资本)。"⑦这里虽然讲

① [澳]海因茨·阿恩特:《经济发展思想史》,唐宁华等译,商务印书馆1997年版,第8、18页。

② [英]杰拉尔德·迈耶、达德利·西尔斯编:《发展经济学的先驱》,谭崇台等译,经济科学出版社1988年版,第1页。

③ 前引森哈斯:《李斯特与发展的基本问题》,第60页。

④ 前引李斯特:《政治经济学的国民体系》,第50页。

⑤ [德]弗里德里希·李斯特:《美国政治经济学大纲》,杨春学译,载前引《政治经济学的自然体系》,第224页。

⑥ 前引李斯特:《政治经济学的国民体系》,第124、50页。

⑦ 前引李斯特:《政治经济学的国民体系》,第193页。

的是"国家生产力"之源,但在李斯特学说中,这实际上等同于赶超发展的成功所依。这里即照此分类,按身心力量、自然资源、政治状况、社会条件、物质资本为序,逐一呈现李斯特心目中能支持甚至决定赶超发展结果的五方面共 16 个因素。

一、身心力量方面

除了用"身心力量"这个术语外,针对同一或近似的内容,李斯特还用过"国民精神""道德条件""智力条件""智力资本"等名称。这反映出不同语境下他的不同侧重,以及作为实干家和报章快手在文辞上的有欠严谨,其他几个名称及其定义中也可见类似情况,所以特别需要后人用心梳理。身心力量方面,李斯特实际上论及两个因素,一是国民素质,二是政要作为。

1. 国民素质

李斯特强调了国民素质的基础性作用,称经济发展主要"决定于国民身心力量的总量,决定于这些力量在社会与政治方面的完善程度"。在总结英国等成功者的成就时,他归纳出的正面国民素质就有:奋发有为、积极进取、开明通达、道德向善、宗教温良、热爱自由、追求公正、勤劳俭约、克己忍耐、勇敢坚毅、有创造力等。负面的国民素质则包括:愚昧无知、偏信盲从、怠惰松懈、胆怯懦弱、专制横暴、缺乏自由、虚荣浮夸、不讲公德、贪婪腐败等。国民素质本身是其他各种因素包括历来风俗的教化结果,反过来又会潜移默化地长远影响一国的发展走向和文明水准。在李斯特看来,交通运输、劳动技能上的缺陷相对容易补充,而国民素质的问题却较难改正。不过,如他所提醒,国民素质还不是最决定性因素:"曾有许多国家,它们的国民尽管克勤克俭,还是不能免于贫困";"缺少了自由制度以后,公民个人方面无论怎样地勤奋、俭约、富于创造能力和智慧,也不能有所弥补"[1]。照此理解,国民

———————————

[1]　前引李斯特:《政治经济学的国民体系》,第 195、49、354、64、98、120 页。

素质作为一项现成资源,其价值不仅在于其优质的程度,更要看其获得开发利用的程度。

2. 政要作为

李斯特从未忽视主政者的个人领导作用,他认为,治国者"首先应当而且必须懂得,怎样才能激发、增长并保护整个国家的生产力"。在总结欧美经济史时,他高度评价了伊丽莎白一世、科尔贝、腓特烈二世、叶卡捷琳娜二世、汉密尔顿等人物在推动赶超发展中的关键作用。他相信,"有时会出现具有雄才大略的专制君主,使国家一下子作几个世纪的跃进,为国家恒久的生存与进步打下基础"。但同时,在缺乏稳定制度保障的情况下,也容易出现人亡政息、发展成果得而复失的结局。就科尔贝身后的变局,他评论道:"在法国我们看到,本国工业、自由的国内贸易、对外贸易、渔业、海运业和海军,总之凡是那时一个富强国家应有的一切特征(这些都是英国花了几个世纪不屈不挠的努力才挣得的)在一个伟大的天才的手里,就像用魔杖一挥那样,在短短数年之间就色色俱备;但是后来却断送在痴迷狂妄和专制暴虐的铁腕之下,消灭得比兴起时更快。"他进而言之,科尔贝"所要实行的那些措施只有在政治状况有了根本改革以后才能持久,而他却想在专制政体下进行"。就此而言,"体现国家利益的那种政体"比"统治者个人的意志",显然更具有长远的决定意义。①

二、自然资源方面

有关自然资源,曾经投资开矿的李斯特当然知道其价值,也称道过英国丰富的煤铁矿藏,誉之为国家的"天然富源"。然而,他并不认为矿藏是个决定性因素,毕竟矿藏资源亦非英国独有,其价值也有赖于开采和运输的能力。②涉及自然资源,李斯特其实关注两点,一是地理环境,二是国家常态。

---

① 前引李斯特:《政治经济学的国民体系》,第 298、281、102、104 页。
② 前引李斯特:《政治经济学的国民体系》,第 272—273 页。

　　1. 地理环境

　　李斯特注重地理环境,本质上是关心地理条件是否有利于一国的对外商贸和独立管辖,从而是否有利于自主的经济发展。在考察为何威尼斯超过热那亚和比萨,为何荷兰超过汉萨各城市时,他明确指出:"沿海国家的商业与繁荣取决于水路交通所赖的河流的流域是否广阔,这一点可以认为是一个通则。"他又认为,正是岛国的地理位置使得英国更能避免大陆乱局,独立发展政治组织,安然完成宗教改革,降低常备军事成本,稳步积累产业成果。同理,依凭海洋和山脉这样的屏障,一国更可能"建成一个独立的关税制度";如若缺乏海岸线,"在对外贸易上就不得不依赖别的国家";领土地形如果过于散漫,则又"便于走私买卖"。当然,遇上不利的地理环境不等于只能抱残守缺,李斯特基于当年惯例,能动地提出,"国家领土上的缺陷是可以补救的",办法包括王位继承(如英格兰并苏格兰)、出钱收买(美国买佛罗里达和路易斯安那)、武力征服(大不列颠夺爱尔兰)。不过,"如果已经有了内部发展与保持政治及工商业独立所必要的领土,还要向外扩张、掠取土地,那就违反了合理的政策"而会得不偿失。[①]领土修正的合理度在哪里? 这就涉及一个他时常提到的概念,即所谓"国家常态"。

　　2. 国家常态

　　首先必须明确,李斯特讨论国家是否"处于正常状态",是相对于工业化和赶超英国的需要而言的,因为在他看来,位处热带的国家根本没有工业化的必要,尚且原始的国家也完全没有赶超的可能,对它们全无讨论"正常"与否之意义。于此可知,"国家常态"实乃是否具备赶超发展基本条件的问题,这就变成一个大有讨论必要的问题。李斯特提出:"处于正常状态下的国家具有共同的语言和文字、广阔的领土、多种多样的天然资源、合宜的国境和稠密的人口。"此外,他还提及"在农业上有很大成就、在文化与政治方面也

———————————

[①]　前引李斯特:《政治经济学的国民体系》,第 32、53、154、265、342 页。

有高度发展"、"处于温带"之类条件。只有这样的国家,才需要并可能农工商航、科教文卫一齐发展,独立安全、自由福祉一并坚守,也才谈得上借助关税保护争创一流强国。正是为了从地理上"补救"成"正常"国家,李斯特提出,"土地狭长"的荷兰应该"与比利时、与莱茵地区、与德国北部联合在一起,共同构成一个完整国家",或者德国"应当把荷兰算作德国的一个省份",否则如同屋子的"门户却把持在陌生人手里","德国就难以达到强盛与独立自主的地位"。这一点从英国人提出要竭力阻挠汉萨沿海"各邦及比利时加入德意志关税同盟"中可得到某种反证。①可见,国家状态尤其是地理上的"正常"状态是李斯特非常看重的一个因素,甚至从开初就决定着一国是否有必要踏上赶超发展的道路。

三、政治状况方面

李斯特惯于从政治角度思考经济问题,曾愤言"历史将会谴责人们把国家的经济观与国家的政治观割裂开来看问题"②。以政治力量加速经济发展是李斯特学说的一大特色,他笔下的政治状况包括了支撑赶超发展乃至决定其成败结局的多个因素,至少涉及国家统一、政治体制、自由保障、政府干预、对外实力。

1. 国家统一

很大程度上因为德国深受分裂之害,李斯特极其重视国家统一,视之为"国家长期发展的基本条件";是"全国幸福、光荣、权力、目前安全存在与前途伟大发展所由争取的坚稳基础"。在历览意大利城邦、汉萨同盟、关税同盟前的德国、邦联时期的美国后,他坚信当外部先已崛起强权后,分裂的弱国即难以自存,遑论赶超发展。他以国民素质和自然资源均属上乘的德国

---

① 前引李斯特:《政治经济学的国民体系》,第 153、261、183、35、339—340 页。
② 前引李斯特:《美国政治经济学大纲》,第 220 页。

为例称:尽管"德国人民以克己、耐劳、俭约、聪明见称于世"①,"尽管这个民族拥有这一切有利条件,但是只要社会不健全,软弱无力并处于四分五裂的状态,其经济就会陷入衰落境地。这些社会弊端会造成没有安全、没有法律、没有公正、没有流动自由、缺乏良好运输设施、缺乏巨大市场、缺乏贸易公司。这些社会弊端还会造成忽视外国关税的影响而不能为自己的出口产品打开外国市场。最后,最严重的后果则是,不能刺激和保护本国的工业"。结论便是,因分裂而"没有强大到足以建立和维持保护性关税制度的国家,其经济事务就只得受其他国家的法律的摆布"②。可见,国家统一是个决定性因素,李斯特从来都把它置于赶超发展的优先地位。

2. 政治体制

李斯特对适合赶超发展的政体既未特别限定但又有核心要求,他明言:"国家的政体,不论是叫民主共和或贵族共和或君主立宪,只有当它能使人民获得高度的个人自由与财产安全,在管理制度上使他们获得保证,当他们向共同目标作奋斗时能高度发挥活动力,并且能持久稳定地进行——只有处于这样情况下的国家,公众福利才会获得高度进展,工商业才会达到高度繁荣状态。"如是观之,政体的形式或称号不是最重要。李斯特甚至说:"凡最能促进一国精神与物质福利以及前途发展的政体,对那个国家说来显然就是最好的政体";"在社会发展某一特定阶段,专制措施对人类的进步特别是工业的发展有促进作用"。然而,他又坚信国家应当"长期处于适当组织的立宪政体下",以能稳定如一地保障自由权利、行政效能、良治延续,因为"主要问题不在于行政在某一时期应当如何完善,而在于应当如何求其继续不断、始终如一地尽善尽美,后任的执政者不至于破坏前人的良好成就"。他综合而论,"不同的国家在不同政体下都曾

---

① 前引李斯特:《政治经济学的国民体系》,第 143、337、328 页。
② 前引李斯特:《政治经济学的自然体系》,第 162 页。

获得些进步。但是有些国家的政体足以使国家获得高度自由和力量,使它们的法律和政策长期稳定,使它们拥有效能很高的制度;只有这样的国家,才能达到高度的经济发展"①。换言之,一国发展的成就长远看还是"依赖于其政治制度的性质"②。

3. 自由保障

为实现赶超发展,假如仅提出一个要求,那应该是什么呢?统观李斯特的论述,他反复强调的是自由保障:"只有在充满政治自由和宗教自由的国家中,进取精神、经济进步、技术知识和工艺技能才会逐渐滋长繁荣";长远视之,"没有任何一个国家会没有高度政治自由而能成为工业国,也从来没有哪个受暴君统治的国家建立过大规模的制造业并实现了经济繁荣。自由的民族之所以衰落、贫弱,正是因为他们丧失了自由";"古往今来所有国家的经验都表明,自由和工业进步就如同一对连体双胞胎"。李斯特认定,英国之能够后来居上,关键在于"从未间断发展的政治自由,这首先是1689年光荣革命的结果",尤其是"中产阶级获得了自由"。③在欧洲生产力要素开放流动的国际环境中,自由体制下个人权利、财产安全、政治自由、宗教宽容等权益的保障,具有巨大的"招商引资""招才引技"功效,正所谓"驱逐它们的总是理性缺失和专制虐政,吸引它们的总是自由精神"。李斯特屡屡提到,生产力稳步壮大的英国及瑞士便得益于自由体制,借此从欧洲大陆的战乱、动荡和迫害中吸引到大量的资本和人才,这正与那些财富得而复失、生产力不进则退的国家适成对照。故言,"一个富裕的、工商业发达的国家,而同时它却并不享有自由,这样的情况历史上还未见过"④。

---

① 前引李斯特:《政治经济学的国民体系》,第280—281、250页;前引李斯特:《政治经济学的自然体系》,第152页。
② 前引李斯特:《政治经济学的自然体系》,第38页。
③ 前引李斯特:《政治经济学的自然体系》,第165、39、154、134、45页。
④ 前引李斯特:《政治经济学的国民体系》,第55、100页;前引李斯特:《政治经济学的自然体系》,第107页。

４. 政府干预

在流行话语中，政府干预几已成为李斯特学说的同义词，尽管这是一种简单化的理解，但李斯特推重政府干预是毫无疑问的。他说得很明白："要使工业、海运业、国外贸易获得真正大规模发展，就只有依靠国家力量的干预才能实现。各国工业发展的经历都可作证，尤其是英国的历史格外清楚地证明了这一点。"①且不论国防等非经济方面，单就经济领域，他便提及国家干预的众多理由，从正常经济运行所需要的保障人身财产安全、维持货币和度量衡制度、改善交通运输条件、为对外经济交往保驾护航，到赶超发展特别需要的实施关税保护、稳定市场运行、提供投资支持、促进科技创新，等等。他的基本观念是："完全放任自流的产业转眼就会毁灭。"②而且他倾向于认为，国家干预已成常态，不限于赶超目的："国家在经济上越是发展，立法和行政方面干预的必不可少，就处处显得越加清楚。"③当然，他反复告诫，甚有必要划清政府干预与个体自主之间的界限，一方面，"如果个人无法有效操作，政府不仅有权利也有责任促进将有助于增加该国财富和国力的每一项工作"；另一方面，"通过个人努力也许自行管理得更好、发展得更好的地方，运用社会力量制约一切、推动一切则是糟糕的政策"。④此外，必须谨防政府干预中的腐败寻租行为，"法国由于长期的政治腐败，它的工业与财政状况便毫无起色"⑤。

５. 对外实力

对外实力指的是一国在海军、海运、渔业、外贸、殖民等方面的力量，这种涉外力量是国家政治效能的对外体现。在李斯特学说中，这几个方面加

----

① 前引李斯特：《政治经济学的国民体系》，第 155 页。
② 前引李斯特：《政治经济学的自然体系》，第 106 页；前引李斯特：《美国政治经济学大纲》，第 247、235 页。
③ 前引李斯特：《政治经济学的国民体系》，第 150 页。
④ 前引李斯特：《美国政治经济学大纲》，第 210、234 页。
⑤ 前引李斯特：《政治经济学的国民体系》，第 68 页。

上工业和内贸,构成了"一个富强国家应有的一切特征",既是赶超发展的目标导向,也是赶超发展的有力支撑。李斯特相信,海运业和渔业是海军力量的基础,有时一并称之为"海上力量",并强调"力量的确比财富更加重要……新的生产资源可以由此获得开发",国家因此有责任加以扶持。他结合历史指出,英国人正是通过对内的产业激励政策和对外的航海条例限制,掌握了全部海运业务,使得本国海军"超过了所有其他各国海军力量的总和",由此赢得了独占鳌头的全球经贸优势。①他直言:"只有国家富强到使政府能够给对外贸易提供抗击外国对手的保护时,外贸才可能维持和发展下去。如果外贸没有一个强大的国民政府的支持,就会面临毁灭。"②密切相关的还有殖民事业,作为母国对外实力的延伸,殖民地可阻止"过剩的人口以及精神与物质资本流入未开化国家"而致损己利人。李斯特断言:"要使工业以及由此而来的内贸和外贸获得发展,要使广大的沿海与海外航运事业和海洋渔业,以及随之而来的海军力量得到较大的发展,最不可缺的工具就是殖民地。"③

四、社会条件方面

社会条件与上述政治状况密切相连,所以难免"剪不断,理还乱"。这里姑且武断一下,仅聚焦于制度安排、法律秩序、教育科技这三个因素。李斯特高度评价社会条件对赶超发展的支撑作用,甚至说过:"一个国家通过改进其社会和智力条件,就能够运用现有的物质资本,使生产力成十倍地提高。"④

1. 制度安排

李斯特认为,现代国家之所以能拥有前所未有的生产效能和文明成就,根本不在于流行学派所强调的劳动,而在于更进步的制度安排。他指出:

---

① 前引李斯特:《政治经济学的国民体系》,第 101—102、46—47 页。
② 前引李斯特:《政治经济学的自然体系》,第 96 页。
③ 前引李斯特:《政治经济学的国民体系》,第 154、229 页。
④ 前引李斯特:《美国政治经济学大纲》,第 224 页。

"各国现在的状况是在我们以前许多世代一切发现、发明、改进和努力等等累积的结果。"他把这些积累称为"现代人类的精神资本",相信"一个国家生产力的进退"取决于如何领会、利用并光大这些精神资本。从社会条件方面看,李斯特的精神资本首先是指进步的制度安排,而且远不止于通常所见的显性制度,比如"能对国家生产力影响很大"的"司法公开、陪审制度、国会立法、公众监督行政、地方自治、言论自由、有益目的的结社自由"。李斯特更宽广地看到了大量隐性制度的生产力促进价值,他独到地指出:"基督教,一夫一妻制,奴隶制与封建领地的取消,王位的继承,印刷、报纸、邮政、货币、计量、立法、钟表、警察等等事物和制度的发明,自由保有不动产原则的实行,交通工具的采用——这些都是生产力增长的丰富泉源。"[1]这一思想提醒世人,在经济发展特别是赶超发展中,广义的制度这一非经济因素在安排得当时能产生以一当十的巨大促进作用,但也可能因为缺乏改进而产生严重拖累影响。

2. 法律秩序

李斯特高度重视"公共制度与法律",因为它们决定着"宗教品质、道德和才智、人身和财产安全、自由和公道这些方面是否能有所促进;国内的社会发展、农工商业这些因素是否受到一视同仁的、相称的培养"。法律制度造就一个基本的社会生活秩序,具有无孔不入的重要性,"一切个人的生产力,很大程度上是取决于国家的社会环境与政治环境的"。基于对非物质因素的一贯推重,李斯特强调,"法律和公共制度虽然不直接生产价值,但它们是生产生产力的"。他谈到了佛兰德斯曾经的德政让"财产与商业经营安全并有保障";瑞士的"适度税赋"等优势有效吸引了外资与技工;英国凭借其"专利法,长期独占了每个国家的发明天才",还因其陪审制度而让"英国一切自由公正的观念所由滋长",等等。[2]针对以往渐进的工业化历程,李斯特

---

[1]　前引李斯特:《政治经济学的国民体系》,第 123—124 页。

[2]　前引李斯特:《政治经济学的国民体系》,第 121、75、127、30、56、50 页;前引李斯特:《政治经济学的自然体系》,第 107 页。

断言,"工业的发展是一个可能需要几百年才能完成的过程,不该把一个国家通过法律和制度所实现的成就纯粹归之于机遇"。而对于赶超发展中需要人为加速的工业化,他更是重申:"在社会或政治方面还有延误经济发展的障碍的情况下……消除法制不健全所造成的障碍,也是民族工业发展的必要条件。"①

3. 教育科技

李斯特前瞻地看到了教育和科技在促进赶超发展中的巨大潜力。在他的观念中,教育堪与自由相提并论,"只有在教育、文化和政治自由方面也取得进步的条件下,民族工业才能获得发展";"自由、智力与教化能对国家力量产生影响,并因此对国家生产力与财富产生影响"。②为了加速经济发展,应倡办经世致用的学校与专业,李斯特就曾建议加强行政管理、政治经济、农林工矿、财会商贸等实用课程的教学,还具体建议,"政府应尽力促进和扩大技术教育,不仅在首都,而且在所有省份都应该创办技术和农业院校"③。他强调,既"必须有一个良好的教育体系",又"必须热诚地促进科学和艺术"。④如他所总结,"英国的力量以及它的生产力这样的突飞猛进,并非完全是出于它的商业限制政策、航海条例和商业条约之赐,在很大程度上也是由于它在科学上、技术上的胜利"⑤。为此,应当对科技这一"从未有过的智力资本"寄予厚望,日新月异、屡创奇迹的科技乃一条赶超捷径,"对于人类此后在新发现、发明和改进方面,谁又敢预定限度呢?"正因如此,应当重视广义上的精神生产,从巩固国力、昌明政治、扩大自由、保障权利,到教化道

① 前引李斯特:《政治经济学的自然体系》,第 41、70 页。
② 前引李斯特:《政治经济学的自然体系》,第 70 页;前引李斯特:《政治经济学的国民体系》,第 98 页。
③ [德国]欧根·文得乐:《弗里德里希·李斯特传》,梅俊杰译,商务印书馆 2019 年版,第 26—27 页。*Ibid.* Hirst, *Life of Friedrich List, and Selections from His Writings*, p. 7. 前引李斯特:《政治经济学的自然体系》,第 119 页。
④ 前引李斯特:《政治经济学的自然体系》,第 187 页。
⑤ 前引李斯特:《政治经济学的国民体系》,第 49 页。

德、提高文化、发明科技、保护健康，精神生产者均直接贡献于生产力，"他们在这方面的成就愈大，则物质财富的产量愈大"①。

五、物质资本方面

李斯特明确反对"死板的唯物主义"②，但不等于无视物质因素的重要性。他把物质资本定义为以往身心努力的物质成果积累，尤其体现于各产业的发展水平，有时他也称其为"工具力"。作为既有的资产基础和生产工具，物质资本无疑直接影响到赶超发展过程，这方面可分解为创业保护、工业扶持、产业协调、交通运输诸因素。

1. 创业保护

李斯特在工业革命方兴之初便预见到，"一国要想保证国家的独立，获得高度的繁荣、巨大的财富和强大的力量，它就必须拥有高度发达的、效率很高的工业"；"工业是科学、文学、艺术、启蒙、自由、有益的制度，以及国力和独立之母"。据此，他准确地判定，工业化乃落后国赶超发展的必由之路，"一个仅仅从事农业的民族永远都贫困"，相反，"任何一个国家建立工业还不止造福百年，而是造福于国家存在的整个时期"。③问题是，面对领先工业强国的压倒性竞争，落后国该如何推进自身工业化？ 李斯特为此提出了后成为其学说标志的幼稚产业保护论，其核心就是阶段性地抵制自由贸易，实行关税保护。这一思想的实质就是要让本国的初创工业在关税屏障下，"尽量把自己与强大的竞争对手隔离开来"，先获得"生存下去的机会"，再经由工业生产力的培育壮大，"生产那些原本要进口的制成品"，"促进国内工业

---

① 前引李斯特：《美国政治经济学大纲》，第 226 页；前引李斯特：《政治经济学的国民体系》，第 114、140 页。

② 前引李斯特：《政治经济学的国民体系》，第 152 页。

③ 前引李斯特：《政治经济学的自然体系》，第 69、66、37 页；前引李斯特：《美国政治经济学大纲》，第 209 页。

自然正常的发展"。①李斯特的经典告诫是："新建成的国内工业要想同国外成立已久的工业在自由竞争下获得胜利是绝没有希望的"，而"幼稚的工业如能加以适当的保护，不论开始时怎样缺点累累、成本高昂，通过实践、经验与国内竞争，其产品一定能够在任何方面与国外竞争者的老牌产品相匹比而毫无愧色"。②

2. 工业扶持

李斯特深知，幼稚产业保护远不限于人所共知的关税保护，更涉及其他广泛的工业扶持措施。后发国首先应该积极地从外部"输入机器、技工、资本、企业精神"等各种先进生产要素，并效仿领先者的先进制度环境，这是"人为"加速发展的终南捷径，也是英国后来居上的制胜法宝。引进战略与关税保护毫不矛盾，倒是互为表里，所以李斯特会说："在我们的保护制度下，国外工人、才能和资本流入时应受到鼓励"；借助"限制制度、特惠待遇、奖励补助等种种措施，把那些外国人的财富、才能和进取精神移植到本土"③。李斯特列出的相关工业扶持措施还包括：兴办技术院校，掌握国外行情，博览传播知识，授予发明专利，支持特许公司，补贴工厂新建，奖励效率改善，推动进口替代，表彰质量进步，支持培训工人，改进交通运输，促进国内流通，开设更多银行，建立公债制度，增加流通货币，提供政府贷款，等等。当然，他特别强调，"除非实行关税政策，否则，所有这些措施都不会有多少效果"。值得注意的是，李斯特并不赞成出口补贴，认为它会"助长营私舞弊"；同时他重视奖励措施的社会溢出效应，希望借以兴其利除其弊；他还劝告应"在国内市场上形成本国制造商之间激烈的内部竞争"。④

---

① 前引李斯特：《政治经济学的自然体系》，第 111、86、31 页。
② 前引李斯特：《政治经济学的国民体系》，第 101、40 页。
③ 前引李斯特：《政治经济学的国民体系》，第 262、40、117、102 页。
④ 前引李斯特：《政治经济学的国民体系》，第 260 页；前引李斯特：《政治经济学的自然体系》，第 106、124、119、82 页。

3. 产业协调

李斯特坚信生产力的强弱不但取决于分工,更取决于分工基础上的联合,他称之为"生产力的平衡或协调"①。因此,在推崇工业主力作用的同时,他始终主张各产业的协调发展,称"一国农业、商业、工业的和谐发展同样会促进国力和财富。如果缺少这种和谐发展,国家决不会富强"②。和谐发展首先体现于工农业之间的良性互动及"等比例的发展"③。工业发展需要有个稳固的农业基础,如此才能"给工业提供必要的原材料、食物和制成品市场"。同时,"在工业化的初期阶段,为促进制造业而实行的进口关税可能会使农业承受一些牺牲",但这是一种为了总体和长远利益需作的必要牺牲。反过来,工业在增加本国农产品需求的同时,也会改善农业生产条件,转移农村剩余劳力,控制土地有害细分,扩大农业技术应用,细化农业劳动分工,促进地产合理配置,增加土地收益价值。待有了本国工农业扎实的基础后,内贸、外贸、航运才能持久地成长。英国和汉萨同盟的正反经验表明,"只有在外贸能促进工农业发展的情况下,才能把外贸视为有益于经济发展"④。总之,李斯特反复提醒,"所有的生产部门之间应该有一种和谐的平衡",在更大范围内,"农工商业、政治力量和国内财富也要作等比例发展",在"精神工作与物质工作之间"亦同样如此。⑤

4. 交通运输

李斯特很早就揭示了交通运输对经济发展的推动作用,在从事铁路建设实务之余,他留下了这方面的不少论述。他认为,"英国建造了文明世界第一个完善的国家公路和运河网,表明建设高效率的交通体系的成效是多

---

① 前引李斯特:《政治经济学的国民体系》,第141页。
② 前引李斯特:《美国政治经济学大纲》,第209页。
③ 前引李斯特:《政治经济学的国民体系》,第135页。
④ 前引李斯特:《政治经济学的自然体系》,第70、84、67、95页;前引李斯特:《政治经济学的国民体系》,第27—28页。
⑤ 前引李斯特:《政治经济学的自然体系》,第187页;前引李斯特:《政治经济学的国民体系》,第125、140页。

么非凡。这样的运输体系会有力地促进国家所有的生产力";"英国使全世界看到了运输便利对生产力增长可以发生如何有力的影响,从而促成国家财富、人口与政治力量的增长"。①于是,"改进路政"须成为落后国家之优先任务,"只有提供必要的交通之后,大工业才有可能发展起来";运输工具的改进,能"有力地促进工业和农业的发展",其回报会"十倍"于运输资本投入。②一国应当发展包括运河、公路、海运、铁路在内的完整交通体系,其中,轮船特别是火车尤有价值,因为这些新型交通工具能大幅提高运输效率、扩大市场范围、深化专业分工、强化生产力联合,可资进一步"唤醒欠发达国家",引发相应"超水平的发展",并在国际上瓦解"海上强权",也使得"野蛮国家文明化"。③显然,交通运输是李斯特赶超发展体系中的一个重点,他所言"就现在一代的支出来说,再没有比改进交通运输工具方面的支出更加绝对地特别有利于后代的"④,已十分超前地揭示了国家富强的又一要诀。

第三节 李斯特与斯密的范式对垒

从经济学谱系看,李斯特学说最显著的特征就是与亚当·斯密学派的遥相对垒。质言之,斯密学派创立的是一种"世界主义一体发展范式",强调在一个存在领先强国和落后弱国的世界上,大家理当奉行比较优势原理,顺应既存国际差别,展开专业分工并自由贸易,如此各得其所、各安其分,世界

---

① 前引李斯特:《政治经济学的自然体系》,第 135 页;前引李斯特:《政治经济学的国民体系》,第49 页。

② 前引李斯特:《政治经济学的国民体系》,第 30、206 页;前引李斯特:《政治经济学的自然体系》,第 72 页。

③ Friedrich List, *Die Welt bewegt sich : Über die Auswirkungen der Dampfkraft und der neuen Transportmittel ...* 1937, Herausgegeben von Eugen Wendler, Vandenhoeck & Ruprecht, 1985, p. 131, p. 85, p. 117, p. 121.

④ 前引李斯特:《政治经济学的国民体系》,第 252 页。

可望增益财富并促进和平。李斯特却相信,"世界主义一体发展范式"只会造成扶强抑弱的"马太效应",故而他代之以一种"民族主义赶超发展范式",针锋相对地强调,落后国不该迁就目前的自身产业地位和国际分工格局,而应借助关税保护、政府干预等积极手段,加速培植自主工业生产力,以争取赶超先进国家。

经济民族主义可谓李斯特学说及其范式的灵魂,多位学者指出:"李斯特的书是对经济民族主义的首次权威阐述"①;"李斯特乃经济民族主义的缔造之父"②,"位居民族主义政治经济学的先锋行列"③。然而,李斯特绝非自由学派的天敌,他不仅曾信从斯密学派,还"把他们的理论当作确实可靠的学说而热情讲授"。岂料拿破仑战争结束后与英国贸易的恢复与放任,却重创欧洲特别是德国的产业,面对理论承诺与经济现实的奇异背离,李斯特开始怀疑斯密和萨伊理论的正确性。④这一思想转向发生于1818年前后,即李斯特出任蒂宾根大学教授并即将投入德意志关税同盟运动之际,从此,幡然醒悟的他踏上了向自由学派反戈一击的征途。⑤

有观点认为,李斯特是在1825年6月抵美受影响后才与自由学派分道扬镳,也即"到美国之前……他基本上还是斯密学派的忠实信徒和宣传者"⑥。此论值得商榷,因为在启程赴美前的1825年4月,李斯特便已写道:"无论世界在其他方面多么受惠于亚当·斯密,斯密的全部贡献都无法弥补他劝导我们某些无主见的教条主义者接受所谓自由贸易理论所造成的巨大

① Liah Greenfeld, "The Worth of Nations: Some Economic Implications of Nationalism", *Critical Review*, Vol. 9, No. 4, 1995, p. 565.
② Lucia Pradella, "New Developmentalism and the Origins of Methodological Nationalism", *Competition and Change*, Vol. 188, No. 2, 2014, p. 181.
③ David Levi-Faur, "Friedrich List and the Political Economy of the Nation-State", *Review of International Political Economy*, Vol. 4, No. 1, 1997, p. 155.
④ 前引李斯特:《美国政治经济学大纲》,第213—214页。
⑤ *Ibid*. Hirst, *Life of Friedrich List, and Selections from His Writings*, p. 300.
⑥ 杨春学:《中译者前言》,载前引李斯特:《政治经济学的自然体系》,第3页。

伤害。"①此言足可表明,李斯特至此已经改变信仰。当然,这种思想改宗在经济思想史上不时可见,美国的亨利·凯里、德国的古斯塔夫·施穆勒、英国的约翰·梅纳德·凯恩斯、阿根廷的劳尔·普雷维什等人也经历过类似的心路历程。②然而,以挑战自由学派之先机、彻底和影响而论,李斯特不愧为"第一人"。有道是:"当代经济学家看来日渐愿意承认,李斯特是第一个从后进的欧洲国家角度批评斯密和李嘉图的突出人物"③;是他发起了"针对斯密及之后边沁、穆勒所构建的自由普遍主义的首波抵抗"④;"这时的欧洲几乎只有李斯特一个声音在孤独地呼吁反对自由主义、反对外围去工业化的经济政策"⑤。

有关斯密学派与李斯特学说的重大差别,这里列表对照如下:

表 3.1

斯密学派	李斯特学说
世界主义:假定世界已经大同,财富总量的增长施惠于全人类。	**民族主义**:认定世界分裂为情况各异的诸多国家,各国利益追求并不一致,甚至彼此冲突;已出现的领先工业强国会滥用自身优势,危及其他国家的生存与发展。
个人主义:主张个体各求私利,如此便可最好地促进公共利益。	**国家本位**:强调在个人与世界之间还有国家,个人的安危贫富荣辱与国家息息相关,国家超越个体生命,成为族群利益的守护者,个体利益视必要应服从国家利益。

---

① *Ibid*. Henderson, *Friedrich List*:*Economist and Visionary*, p. 144; *Ibid*. Hirst, *Life of Friedrich List*, *and Selections from His Writings*, p. 33.

② 前引梅俊杰:《贸易与富强:英美崛起的历史真相》,第345—347页。Harald Hagemann, "Concluding Remarks", in José Luís Cardoso, and Michalis Psalidopoulos, eds., *The German Historical School and European Economic Thought*, Routledge, 2016, p. 230.

③ *Ibid*. Szporluk, *Communism and Nationalism*:*Marx versus List*, p. 147.

④ Immanuel Wallerstein quoted, in Ben Selwyn, *The Global Development Crisis*, Polity Press, 2014, p. 33.

⑤ [挪]埃里克·赖纳特:《作为发展经济学的德国经济学:从"三十年战争"到第二次世界大战》,载前引赖纳特等主编:《穷国的国富论》下卷,第232页。

续　表

斯密学派	李斯特学说
交换价值:重视现成财富,依靠国际分工与交换加速财富增长。	**生产源力**:相信有了财富的自主生产力,就能拥有持续的财富,而为了未来的生产力,不妨牺牲眼前的交换价值,故此以生产者为本位应优先于以消费者为本位。
物质主义:多从经济角度看问题,相对轻视非物质因素的作用。	**超越唯物**:特别重视关涉财富创造的各种非物质因素,长于从政治经济相结合的角度看问题,坚信政法制度、社会教化、精神生产、政要作为等无不影响着生产力。
自由贸易:倡导各国顺应比较优势,在专业化整合中共创繁荣。	**关税保护**:断言比较优势实不足恃,且往往人为大于天成、捷足便能先登,工业化才是落后国的富强之道,为此应保护幼稚产业,限制扶强抑弱的国际自由贸易。
放任自流:赞成任由市场这只看不见的手配置资源、促进发展。	**政府干预**:对志在赶超的国家尤其必要,因为在工业强国率先崛起的形势下,单靠市场力量难以经受超强竞争、有效动员资源、集中发展工业、实现成功赶超。
分工至上:这是提高社会生产率、进而增进社会总财富的法宝。	**生产力协作**:比劳动分工更重要,全部个体生产力之总和能达到何种程度,取决于彼此间的联合和协调程度,故各产业、各地域、国内外的生产力均需统筹兼顾。
抽象演绎:借助理论分析可从貌似纷繁的经济中得出普遍规律。	**经验归纳**:更注重从各国历史中探求实证的结论,由此关注复杂的多元因素,保持很强的实践导向,同时强调任何制度或政策的合理性都往往对应于特定的时空。
范式本质:世界主义一体化发展优先服务于强者的利益与意志。	**范式本质**:民族主义赶超发展的焦点在于,打破貌似和谐实则不平等的国际分工与交换体系,后发国有权自主发展并赶超先进,但这也不免加剧国际竞争和冲突。

需要说明的是,以上两相对照难免失之过简,对自由学派的呈现一定程度

上依照了李斯特的刻画,而时常有批评称,这种刻画不无偏颇。例如,亨德森指出,李斯特认定斯密虚构了大同世界与永久和平,这是对斯密的误解乃至曲解,毕竟人所共知,斯密说过国防比国富更重要之类的话。①其他研究者同样提及,李斯特与斯密彼此间不乏共性②;斯密也赞同某些保护主义做法,正如李斯特也认可自由贸易原则③;故而有必要打破对李斯特和斯密的公式化。④还有学者则认为,李斯特对斯密的批判其实更适用于李嘉图。⑤不过,无论如何,李斯特批评的对象原未限于斯密,他常指控的"流行学派"本已包括了萨伊、李嘉图、鲍令、库柏等多人。如果不再纠结于李斯特"把斯密解释者的某些浮泛空言装到了斯密嘴里"⑥这一技术细节,干脆将那些人统一归入"斯密学派"或"自由学派",则李斯特的抨击所指远非无中生有、片面构陷。

如果说斯密学派的"世界主义一体发展范式"代表了英国那样的工业化领先者的利益,体现了强者维护现有国际分工与交换体系的意愿,其政策核心就是国际自由贸易,那么,李斯特创立的"民族主义赶超发展范式"则代表了工业化后发者的立场,体现了后发国抵制现有国际等级结构的期待,其政策核心就是幼稚产业保护。二者发展战略的范式级分野不仅无可否认而且具有相当的普遍性,可见于世界近现代史上诸多国家都曾经历过的发展道路之争。研究者原已指出,"在英国,资本主义拥有较长久的历史和较巩固的基础,使得斯密和李嘉图成为自由贸易的鼓吹者,德国的落后状态则促使

① *Ibid*. Henderson, *Friedrich List: Economist and Visionary*, p. 165. 前引李斯特:《政治经济学的国民体系》,第 268 页。

② Alexander Gray, "The Individual and the State: Adam Smith and Friedrich List", *Transactions of the Faculty of Actuaries*, Vol. 20, No. 175, 1950-1951, pp. 119-144.

③ Guido Giacomo Preparata, and John E. Elliott, "Protecting the Infant Industry: Cosmopolitan versus Nationalist Economies", *International Journal of Social Economics*, Vol. 23, No. 2, 1996, pp. 4-34.

④ Christine Margerum Harlen, "A Reappraisal of Classical Economic Nationalism and Economic Liberalism", *International Studies Quarterly*, Vol. 43, No. 4, 1999, pp. 733-744.

⑤ *Ibid*. Watson, "Friedrich List's Adam Smith Historiography and the Contested Origins of Development Theory", p. 465.

⑥ *Ibid*. Henderson, *Friedrich List: Economist and Visionary*, p. 165.

李斯特成为经济民族主义的传道士"①;李斯特乃"反英国、反世界主义、反古典学派、带有强烈民族性的资产阶级反对派在政治经济学领域中最有影响的代言人"②。只是,尚需要从范式层级来深化认识,这样才能认清世界历史发展的大势,也才能判别李斯特学说的历史地位。

客观地说,两个不同的范式各有立场也各有利弊。"世界主义一体发展范式"的问题在于,一个以领先强者为中心的国际体系如何处理好众多后发弱者的利益关切和发展诉求?"民族主义赶超发展范式"的问题在于,一个以多元竞争为本的国际体系又如何处理好群雄竞逐必然带来的矛盾与冲突? 当然,在一体化发展下不是没有民族主义(首先就有英国的民族主义),也远非没有竞争与对抗,只不过矛盾主要源自强者的实力滥用,相比而言,赶超发展确有可能引发更广泛的国际冲突。世界近现代史上,接近前一种范式下的"霸权稳定"秩序终属少数,后一种范式下的"群雄逐鹿"局面似更如通则,19世纪后期欧洲短暂自由贸易局面瓦解后,在民族主义赶超加上其他因素的作用下,帝国主义世界瓜分及两次世界大战接踵而至。这种两难局面和历史教训警示世人,无论在哪种发展范式下或无论如何组合两种范式,都必须找到更有效的国际体系管理方式,至少从李斯特时代至今,这确已成为国际合作的一个重要方向。

就事论事而言,李斯特开创的"民族主义赶超发展范式"的即时价值在于,它让相对落后的国家拥有了明确可依的赶超发展方案。本来,在拿破仑战争结束的1815年,"英国的领先产业占有无可挑战的优势,任何地方的任何人都无法与之展开有效竞争"③。面对英国的工业成就、自由贸易的诱惑,以及英国对幼稚产业保护论的打压④,与英国贸易互补、分工互动简直

---

① [英]埃里克·罗尔:《经济思想史》,陆元诚译,商务印书馆1981年版,第223页。

② 前引法比翁克:《弗里德里希·李斯特》,第31页。

③ P. T. Ellsworth, and J. Clark Leith, *The International Economy*, Macmillan Publishing Company, 1984, p. 46.

④ 前引梅俊杰:《贸易与富强:英美崛起的历史真相》,第34—39、152—159页。

成了唯一可行甚至唯一可设想的经济发展方案。而此时出现的李斯特学说恰好提供了一个全然不同的替代方案,它通过揭示英国经长期保护主义而成功的秘诀,抵制了那股腐蚀落后国工业化意志的舆论,指明了落后国加速工业化方能赶超的正道。结合历来对自由贸易的理论修正可知,李斯特不仅直接推动确立了幼稚产业保护论,而且也暗合或预告了贸易条件论(强者利用强势地位影响利益分配)、报酬递增论(专业化于工业部门会得利更大)、国内扭曲论(市场失灵下保护措施会改善收益)等等①,有关先见无不具有启蒙落后国理念、推动其赶超发展之功效。

如今,经济学说史家同声指出,"斯密对幼稚产业秉持颇为静态的观点……未能研判其中所牵涉的本质上动态的问题"②;李斯特则"扩大了古典学派的政治视野,用动态的概念代替他们关于国家发展的纯粹静态的概念"③。这样说是因为,当主流经济学家埋头考察人口、交换、货币、租金、稀缺等静态问题时,李斯特却聚焦于落后国的生产力成长和工业化赶超这样的动态问题,尤其是以今观之,"他综合地把经济发展与国民创富之间的协同增效,以及报酬递增活动和基础设施巨大投资的产出,视为国民财富背后的驱动力,这种整体视角是史无前例的"④。因此有言:"单纯把李斯特当作一位首要的保护主义者是有失公允的,未能领会其论述的真正意义"⑤;"那些仅仅将李斯特视为保护主义者的人,完全误解了他"⑥。必须看到,正是因为自由学派特别是自由贸易学说"未能处理好动态的经济发展这一问题,未能处理好发达与落后经济之间的复杂关系,这种失败才构成了诸如李斯

① [美]道格拉斯·欧文:《自由贸易思想史》,梅俊杰译,上海财经大学出版社 2021 年版,第 115—189 页;前引梅俊杰:《贸易与富强:英美崛起的历史真相》,第 321—336 页。

② 前引欧文:《自由贸易思想史》,第 135 页。

③ [法]夏尔·季德、夏尔·利斯特:《经济学说史》上册,徐卓英等译,商务印书馆 1986 年版,第 327 页。

④ 前引赖纳特:《作为发展经济学的德国经济学》,第 233 页。

⑤ *Ibid*. Henderson, *Friedrich List*:*Economist and Visionary*, p. 158.

⑥ *Ibid*. Hirst, *Life of Friedrich List*, *and Selections from His Writings*, p. 134.

特、汉密尔顿、凯里等19世纪保护主义者所作批评的基础"①。如此评说深刻揭示了李斯特学说相对于斯密学派的特质与价值。

第四节　追赶与超越的不同政策需求

今人谈及"赶超"发展,往往视之为某个单一过程,其实可从中分辨出"追赶"和"超越"两个不同阶段,它们的政策需求必然互不相同,阶段的过渡也需要某种政策转换。英国就曾在19世纪前期历经了从重商主义向自由贸易的转换,体现于一系列政策的自由化,如取消机器出口禁令(1835年)、大幅降低进口关税(尤其在19世纪40年代)、废除《谷物法》(1846年)、废除《航海法》(1849年)。大致可言,15—18世纪,英国依赖保护主义体制,努力追赶先进国家,此乃其追赶阶段;之后英国则依凭无敌实力,利用自由贸易体制恃强竞逐,此即其超越阶段。②追赶是超越的必要铺垫,超越是追赶的理想结果,所处阶段与所行政策自应相互匹配。若以超越阶段的自由化政策去完成追赶任务,就如完成追赶任务后却还拒斥超越所需的自由化转型,结果都只能南辕北辙。

李斯特固然没有原样使用"追赶"与"超越"这些术语,但他对于落后国的赶超确实作过阶段区分。其实在"追赶"之前,他还定义了一个初始阶段。照其构想,处于初始阶段的国家应与先进国家开展自由贸易,借以尽快"使自己脱离未开化状态"。到了追赶阶段,则应当"用商业限制政策,促进工业、渔业、海运事业和国外贸易的发展"。而到了超越阶段,"当财富和力量达到最高度后,再行逐步恢复自由贸易原则,在国内外市场进行无所限制的

---

① A. G. Kenwood, and A. L. Lougheed, *The Growth of the International Economy*, 1820-1960, George Allen & Unwin Ltd., 1971, p. 81.

② 前引梅俊杰:《贸易与富强:英美崛起的历史真相》,第149、135页。

竞争,使从事于农工商业的人们在精神上不致松懈,并可鼓励他们不断努力于保持既得的优势地位"①。李斯特以此表明,不同阶段需要有不同政策,阶段更迭需要政策转换。人们通常重视的李斯特学说实即经济民族主义范式,主要对应于追赶阶段。但除此之外,该学说还有对应于超越阶段的自由主义一面,如果忽略这另一面,便无法全面领会李斯特学说,还会耽误超越所必需的自由化转型。

在李斯特思想中,自由体制始终是个应当追求的景象,他对此也从来不吝赞美。在《自然体系》中,他明言:"我们仅仅把民族主义视为人类发展的特定阶段,总有一天,这种民族主义要被世界主义所取代";"我们把自由贸易和世界共和国都视为是所有国家在政治和社会制度方面和谐统一地发展的自然结果"。故此,理应"把关税保护政策视为最终走向普遍的国际自由贸易道路上的一步",且只有往自由贸易目标迈进,关税保护"这种政策才是必要而有益的"。当然,他非常清楚,这样的自由远景需要实现条件:"自由贸易并非痴心妄想。随着理性的胜利,自由贸易会普遍建立起来,届时,全球所有民族将实现最大程度的物质和文化福利。然而,这只有在所有国家的经济、道德、社会和政治发展达到相同阶段时才有可能。"②当然,他这里提出的有关条件是不低的,包括理性的胜利,以及各国达到相同的发展阶段,这些条件显然只能瞩目于长远。

后来在《国民体系》中,李斯特仍然坚持这一立场。他说:"为使自由贸易能获得自然的推行,必须先用人为方法,把那些落后国提高到曾经用人为方法使英国达到了的那个文化阶段";要使"广泛同盟成为现实,只有多数国家在工业与文化、政治修养与权力达到尽可能近于同等的程度时才能办到。只有当这样的同盟在逐渐形成过程中时,普遍自由贸易才能发展"③。显而

① 前引李斯特:《政治经济学的国民体系》,第 105 页。
② 前引李斯特:《政治经济学的自然体系》,第 192、113、99 页。
③ 前引李斯特:《政治经济学的国民体系》,第 117、113 页。

易见,这里在继续强调追赶与超越之别,只有经过追赶阶段的"人为方法",才能与领先国趋同从而一起实行自由贸易之类的政策。因为兼顾现实与理想,所以李斯特是二元复合的,即"既爱国又充满人道主义",只不过基于落后国的现状,他此刻更强调"首先是一国公民,然后才是世界公民";要"把自己对人类的信念建立在坚实的民族主义基础上"。①如此言之谆谆,岂能听之藐藐?

区分出"追赶"与"超越"两个阶段特别是其各自不同的政策需求,这是我们可从李斯特学说中获得的一个重大洞见,它对后发国的赶超发展具有重要的政策意义。现实中也时常听到人们就国家作用、产业政策等问题展开激烈争论,对立双方多会各执一端、各是其是。而若按李斯特的二分法,此类争论即显得相当无谓。当处追赶阶段,落后者面对领先者的竞争优势,依照领先者的成功榜样,在发展方向、前进路径、需要突破的领域都十分清晰的情况下,自然可以依靠政府干预等超经济手段来"集中力量办大事"。如在后发工业化过程中,无论是资本的原始积累、外部的技术引进,还是工业化意识形态的确立、相应的社会改造和动员,都不宜简单依靠市场力量,否则难以实现追赶所需的加速度和大突进。后人所谓"一个国家越落后,它的工业化就越可能在某种有组织的指导下进行","工业化过程越晚,为打破惯例和停滞所需的爆发性突然增长就会越急速"②,讲的都是这个道理。

然而,在完成追赶、趋向超越之时,或者但凡在具备相当国际竞争力的任何领域,都应该把社会资源和选择权利交还给真正的企业和民间,交由市场力量来决断,原有的动员体制理应向自由体制转变,这既是在走到发展前沿、缺乏先驱榜样情况下需要依靠众智、避免决策错误的需要,也是回归常

① 前引李斯特:《政治经济学的自然体系》,第 15、123 页。
② [俄]亚历山大·格申克龙:《经济落后的历史透视》,张凤林译,商务印书馆 2009 年版,第 53、180 页。

态自发秩序、直面竞争提高效率、真正实现长治久安的合宜道路。正如李斯特批评法国："如果它在工业力量充分强大、有了稳固基础以后，不愿意回复到比较缓和的保护制度，从而允许有限度竞争，激发国内工业家的竞胜情绪，这将进一步铸成大错。"①有鉴于此，仔细分辨出李斯特学说中对"追赶"和"超越"的不同构想于今仍有指南意义，尽管对两个阶段的定义和划分尚需从原则笼统走向实证具体。有当代发展学家敏锐地指出，李斯特的"政策建议相当出色，他对实行政策措施应该遵循的恰当的历史先后顺序的感觉非常独特"②。注意到李斯特眼中的不同阶段以及有关政策措施的历史先后顺序，这无疑抓住了李斯特学说的一大精髓。

当然，也有研究者（如英国的亨德森及日本的小林昇）称，李斯特对自由主义景象的称颂不过是"空口应酬"。③显然，这是一种典型的错误解读。表面上看，似难确认李斯特赞美自由主义时的真诚性，岂能一边强烈要求关税保护和政府干预，另一边又高调赞许自由贸易及其潜在利益？然而，一旦用追赶和超越两个不同阶段来分别对应这些不同内容，则李斯特身上的所谓矛盾性便不复存在，其自由主义言论的真诚性也就不容怀疑。诚然，李斯特强调的当下重点肯定是民族主义范式，这是因为"作为欧洲大陆追赶理论的杰出支持者，李斯特至死都相信，德国不可能超过英国"④，所以自由主义只能是个远景，不是其学说的迫切要点。尽管如此，仍应意识到，李斯特观念中的追赶和超越这两个阶段也不一定相互排斥，毕竟它们存在前后承继、互为因果的内在联系。因此，他始终为关税保护和政府干预之类政策划出防范界线，谨防其走到过犹不及的地步；对于比如自由体制在追赶阶段中的重

---

① 前引李斯特：《政治经济学的国民体系》，第 262 页。
② 前引赖纳特：《作为发展经济学的德国经济学》，第 232 页。
③ *Ibid*. Henderson, *Friedrich List: Economist and Visionary*, p. 144；Tetsushi Harada, "Noboru Kobayashi's Research on Friedrich List: A Contribution on List's Reception and Interpretation in Japan", in Harald Hagemann, Stephen Seiter, and Eugen Wendler, eds., *The Economic Thought of Friedrich List*, Routledge, 2019, p. 156.
④ 前引弗里曼：《大陆、国家和次国家的创新体系》，第 168 页。

要性，他也一向强调有加；在呼唤民族主义的同时，他也依然倡导国际联合、区域联盟、世界贸易大会；还有，他始终认为"对人权和公民自由的尊重应当伴随工业发展过程"[1]，等等。

因此必须看到，虽然李斯特批判了斯密学派，但他并未抛弃自由主义。在把"赶超"细分为"追赶"和"超越"两个阶段后，不难发现李斯特学说既有适合追赶阶段的民族主义的一面，也有适合超越阶段的世界主义的另一面。正如在他的构想中，贸易保护与自由贸易历史地看也不是截然对立的，因为它们都统一在发展工业生产力、争取落后国家图存赶超这个大目标下，不过是适应不同阶段需要的不同政策手段而已。约瑟夫·尼科尔森在1885年版《国民体系》导言中，就指出过李斯特学说中这种立场的两面性及其互不矛盾性。[2]如此兼顾追赶与超越的不同政策需求，让李斯特学说同时具备了民族主义和自由主义两套政策方案，由此也获得了难得的灵活性、丰富性、宏大性。

更进一步，如果由后世发展理论的左右分野来回观李斯特学说，还可发现其实李斯特既开辟了左翼发展理论之先河，又开拓了右翼发展理论之传统，况且他早已融汇并超越了左右两翼。二战后兴起了以现代化理论为代表的新古典正统发展学说和以依附论为代表的新马克思主义激进发展学说，然而，在多有对立的两个阵营，都可见到李斯特的诸多论点。例如，在右翼的沃尔特·罗斯托那里，经济成长阶段论、非经济因素作用论、科技促进增长论、民族主义推动现代化论、多元因果关系论等都是典型的李斯特论点。[3]同样，在左翼的劳尔·普雷维什这里，中心与外围区分论、适度贸易保护论、计划与市场结合论、各部门协调论、区域联盟论、投资基础设施论等更

---

① *Ibid*. Hagemann, "Concluding Remarks", p. 224.
② ［美］迈克尔·赫德森：《保护主义：美国经济崛起的秘诀（1815—1914）》，贾根良等译，中国人民大学出版社2010年版，第83页。
③ 前引迈耶等编：《发展经济学的先驱》，第282、247、243、238页。

酷似李斯特学说。①当然,李斯特学说能够如此"左右逢源",成为一个世纪后左右两翼共同的精神先导,除了因为要照应追赶和超越的不同需求外,归根结蒂得益于"李斯特实事求是的头脑和敏锐的目光"②。

据实而论,李斯特早就是一位当代意义上的赶超发展理论家,其发展阶段论、生产源力论、依附风险论、幼稚产业论、国家干预论、科技创新论、产业协调论、分工合作论、国内竞争论、交通优先论、智力资本论、农业人口过剩论等,都是当代发展经济学的重要命题,况且大大超前。如今,人们对此终于有所认识并开始承认:"李斯特预见到了现代文献的许多主题"③;冈纳·缪达尔、保罗·罗森斯坦-罗丹的发展理念与李斯特学说颇为相似④,且李斯特的分析反而更加全面⑤;有关"国家经济作用的诸多理念,早为李斯特所预言、分析并捍卫"⑥;正是"李斯特先期提出了依附论的诸多理念,甚至是相关术语"⑦;"也许李斯特才真正是伊曼纽尔·沃勒斯坦的先辈"⑧;马克思主义与李斯特学说"绝对存在联系",在欠发达问题上的马克思主义视角其实"更与李斯特存在共同点"⑨;在揭批英国自由主义方面,李斯特"超

---

① 前引迈耶等编:《发展经济学的先驱》,第 179、182—183 页。

② 前引季德、利斯特:《经济学说史》上册,第 319 页。

③ 前引弗里曼:《大陆、国家和次国家的创新体系》,第 144 页。

④ James P. Belshaw, "Gunnar Mydal and Friedrich List on Economic Development", *The Indian Economic Journal*, Vol. 6, No. 4, 1959, p. 415; P. Sai-wing Ho, "Analyzing and Arresting Uneven Development: Friedrich List and Gunnar Mydal Compared", *Journal of Economic Issues*, Vol. 40, No. 2, 2006, p. 359; P. Sai-wing Ho, "Distortions in the Trade Policy for Development Debate: A Reexamination of Friedrich List", *Cambridge Journal of Economics*, Vol. 29, No. 5, 2005, p. 742.

⑤ Armando J. Garcia Pires, and José Pedro Pontes, "Industrialization 'Without' Tariffs—Friedrich List as a Forerunner of Modern Development Economics", http://core.ac.uk/display/46116821, 2015, pp. 19-20.

⑥ *Ibid.* Levi-Faur, "Friedrich List and the Political Economy of the Nation-State", p. 171.

⑦ Otfried Garbe, "Friedrich List and His Relevance for Development Policy", *Intereconomics*, No. 9/10, 1977, p. 252.

⑧ William Darity, Jr., "Review of W. O. Henderson's *Friedrich List: Economist and Visionary, 1789-1846*", *History of Political Economy*, Vol. 17, No. 3, 1985, p. 496.

⑨ *Ibid.* Szporluk, *Communism and Nationalism: Marx versus List*, p. 236.

过了其时任何非议者"；"在理论方面，经济计划之父的头衔属于李斯特"①；当代人迟至 20 世纪 80 年代还在步李斯特后尘，"尝试用'社会能力'这个笼统概念解释赶超现象"②；"李斯特确实预先提出了当前有关国家创新体系工程的关键内容"③。

上述承认姗姗来迟，也是因为从 19 世纪中叶起，西方主流经济学步入将近一个世纪的"静态插曲"，增长不再是关注焦点，"对不发达的兴趣就更少了"④，而李斯特学说因与斯密学派分道扬镳，遂不可避免地被边缘化。二战结束后，尽管发展经济学高歌猛进，但主流学派执意把发展经济学仅仅当作"战后产物"，须知，这本身就是"主流学界刻意遗忘德国历史学派的一种方式"⑤。更有甚者，"德国经济学传统连同纳粹的洗澡水被一起泼了出去"⑥，李斯特不但被视为"保守自由分子""新重商主义者"，甚至还被称作"经济民族主义的有毒源头""德国和希特勒帝国主义的先导""纳粹思想家"。⑦当发展经济学家日后"小儿科"地反思，"我没有估计到欠发达国家经济生活政治化的普遍影响"（彼得·鲍尔），"没有意识到这种不平衡增长暂时意味着最初非扩展部门实际收入下降"（艾伯特·赫希曼）⑧，至少可见，战后制定发展政策的那些专家对李斯特学说特别是其赶超发展思想实在太过陌生。这令人不禁感慨，哀叹李斯特"身后寂寞"一如其生前坎坷，获得的

---

① Frederick Clairmonte，"Friedrich List and the Historical Concept of Balanced Growth"，*Indian Economic Review*，Vol. 4，No. 3，1959，p. 43，p. 39.

② Jang-Sup Shin，*The Economics of the Latecomers：Catching-up，Technology Transfer and Institutions in Germany，Japan and South Korea*，Routledge，1996，p. 43.

③ José Luís Cardoso，"Friedrich List and National Political Economy：Ideas for Economic Development"，in *ibid*. Hagemann，et al.，eds.，*The Economic Thought of Friedrich List*，p. 56；Stefano Spalletti，"Friedrich List's 'Economics of Education'"，in *ibid*. Hagemann，et al.，eds.，*The Economic Thought of Friedrich List*，p. 94.

④ 前引阿恩特：《经济发展思想史》，第 32 页。

⑤ 刘帅帅、朱成全：《德国历史学派经济思想研究》，东北财经大学出版社 2019 年版，第 180 页。

⑥ 前引赖纳特：《作为发展经济学的德国经济学》，第 238 页。

⑦ *Ibid*. Clairmonte，"Friedrich List and the Historical Concept of Balanced Growth"，p. 36.

⑧ 前引迈耶等编：《发展经济学的先驱》，第 42、110 页。

"关注实在太少了";假如其著作"成为从事发展政策的政、学、产各界人士的必读书目,我们本可得到很多收益……许多错误本可得以避免"①。

第五节　历史学派的独特经济学价值

李斯特高度重视政治经济学的历史维度,长于实证地总结历史经验教训。他声明,自己要构建的学说体系"不是建立在空洞的世界主义之上的,而是以事物本质、历史教训和国家需要为依据"②,"卓越的体系绝对要有卓越的历史根据"③。于此可见,历史是他建言立说的一大支柱。同时,历史也是他建言立说的起始点和方法论,他曾表示,自己"首先要寻求历史教训,从中推导出基本原理并加以完善,再把以前的体系付诸批判性考察,最后则要说明目前的商业政策立场"④。

一般认为,经济学历史学派在德国兴起的标志,是 1843 年威廉·罗雪尔发表《历史方法的国民经济学讲义大纲》。⑤可应当知道,且不论《自然体系》完成于 1837 年,即使按《国民体系》发表的 1841 年论,李斯特也比罗雪尔要早两年,何况李斯特的经济史研究在深度和广度上更胜一筹,罗雪尔本人 1874 年时尚赞扬李斯特拥有"一流的历史头脑"⑥。当然,在罗雪尔眼里,尽管李斯特方向正确,关注了经济史上那些更大的"制度性和集体性因素",可李斯特毕竟忙于办实务而非搞纯学术,所以其理论终究"不连贯、不

---

① 前引森哈斯:《李斯特与发展的基本问题》,第 57、65 页。
② 前引李斯特:《政治经济学的国民体系》,第 7 页。
③ 前引朱绍文:《经典经济学与现代经济学》,第 104 页。
④ *Ibid*. Hirst, *Life of Friedrich List*, *and Selections from His Writings*, p. 300.
⑤ 朱绍文:《中译本序》,载[德]威廉·罗雪尔:《历史方法的国民经济学讲义大纲》,朱绍文译,商务印书馆 1981 年版,第 2 页;前引刘帅帅、朱成全:《德国历史学派经济思想研究》,第 3 页。
⑥ Harald Hagemann, "German, American and French Influences on List's Ideas of Economic Development", in *ibid*. Hagemann, et al., eds., *The Economic Thought of Friedrich List*, p. 67.

系统"。然而，不可否认的事实是，"罗雪尔从李斯特这里获得了灵感"，"当罗雪尔以今是昨非的口吻向兰克写信，说有意从古史研究转向历史政治经济研究时，他特别提到了李斯特此前在该领域的作为"。①

因此，熊彼特称李斯特为"经济学历史学派的先驱"，当然完全在理。②不过，其他史家倾向于直接承认李斯特为历史学派的创始人："从实质上说，李斯特的方法是开创性的，他第一个系统地利用历史的对比作为政治经济学上的一种论证手段。虽然他不能自命为这种方法的创始人，但他对这种方法的巧妙运用，使我们有理由把他与那些在同一时期致力于创立历史学派并把历史学作为经济研究主要方法的学者列于同等地位，如果不说他比他们更高明的话。"③

李斯特学说对经济学历史学派的开拓性贡献可凝结为以下几点，它们对赶超发展皆具积极意义。

第一，历史经验更是可靠知识来源。李斯特学说的根本立场是，关于政策优劣、制度成败、经济兴衰、国家安危的复杂关系，是无法通过可重复实验去推演的，然而，历史中存在相关的案例或线索，完全可以借助历史比较归纳方法，去求得实证的教训。这些实证的教训要高于抽象分析演绎出的结论，也能避免天马行空又教条僵硬的各种决定论或必然论。李斯特断言，政治经济学更应当"以历史为依据"④，单纯的抽象分析远不足恃。为此，他注重从各国经济史特别是工商业成长史中，查找有利于现代落后国赶超发展的适用规律，也因此展现了"用经验事实支撑论点"与"倾向于表述可能性"的说理方式。⑤例如，为说明农业国与工业国自由贸易的危害，他屡屡援引

---

① Hans L. Eicholz, "Hamilton, Harvard, and the German Historical School: A Short Note on a Curious History", *The Journal of Private Enterprise*, Vol. 29, No. 3, 2014, pp. 51-52.

② ［奥］约瑟夫·熊彼特：《经济分析史》第二卷，杨敬年译，商务印书馆 1992 年版，第 196 页。

③ 前引季德·利斯特：《经济学说史》上册，第 326 页。

④ 前引李斯特：《政治经济学的国民体系》，第 117 页。

⑤ 前引森哈斯：《李斯特与发展的基本问题》，第 60 页。

英葡《麦修恩条约》、英法《伊甸条约》等史上商约引以为戒。史家故言,李斯特学说"充满着从历史和经验中援引来的事例",因而"非常有说服力"。①当然,李斯特的经验归纳也包括统计推导,他在行文中时常出现"统计和历史教导我们"之类字样;另还包括现实观察,他甚至认为,"新大陆上关于政治经济学的最好书本就是现实生活"②。这也说明,经验归纳与实践导向本乃天然盟友。

第二,各经济总处于特定历史阶段。李斯特在历览经济史后断定,经济是历史演化的,是有阶段区分的。按产业发展而言,存在原始未开、畜牧、农业、农工业、农工商业五个时期③;按对外交往而论,又可分为自给自足、外贸介入、关税保护、国际竞逐四个阶段;各国之间存在发展阶段之别及其他巨大国情差异。既然如此,"每个国家都必须根据自己的国情发展生产力;换言之,每个国家都有其独特的政治经济学";"各国根据自身国情采取自己的政策时,国家实现经济成熟的速度会最快"④。抽象演绎法惯于推导所谓"普世公理",如认为自由贸易原理放之四海而皆准;与此对照,经验归纳法更看重特定性和相对性,相信有关结论往往对应于某特定阶段,有关建议仅仅适用于某具体场景。因此,即使对于其所热衷的能加速赶超的关税保护,李斯特也坚信:"所有这些保护方式,没有一个是绝对有利或绝对有害的;究竟采取哪个方式最为适当,要看国家特有环境和它的工业情况来决定。"⑤至于人口增长、机器使用、交通投资、勤劳节俭、专业人士、货币输入等其他因素是否必定有利于赶超发展,他均拒绝一概而论,只就具体情况作具体分析。⑥

---

① 前引季德、利斯特:《经济学说史》上册,第312页。
② 前引李斯特:《政治经济学的国民体系》,第7页。
③ 前引李斯特:《政治经济学的国民体系》,第155页。
④ 前引李斯特:《政治经济学的自然体系》,第92、40页;前引李斯特:《美国政治经济学大纲》,第229页。
⑤ 前引李斯特:《政治经济学的国民体系》,第261页。
⑥ 前引李斯特:《美国政治经济学大纲》,第229—233页。

第三,国家才能维护长远历史利益。李斯特既不接受自由学派"无边无际的世界主义",也不赞成"支离破碎的狭隘的本位主义和个人主义"。他强调在人类与个体之间还有国家,国家直接影响到个人的安危贫富荣辱。更有甚者,国家超越个体生命周期,代表了一个群体的长远历史利益,"可以保障其国民在财富和教化方面世世代代发展下去"①。为此,个体利益必要时应当服从群体利益,"只有个人利益和国家利益决不冲突时,自由放任、自由通行这一原则才行得通"②。而在赶超发展中,尤其需要按集体意志、长远追求去动员和组织私人自发力量,包括为培育未来生产力而牺牲眼前利益,因为"有些在私人经济中也许是愚蠢的事,在国家经济中却变成了聪明的事"。谅必有感于德国分裂无力的局面,李斯特反复提醒,虽说国家不能"越俎代庖",不必"吃力不讨好",毕竟个人最清楚自己的利益,但是国家终究承担着长远历史利益监护者的角色。他甚至极而言之:"如果我们没有国家,没有使我们国家得以恒久存在的保证,那么……我们的一切努力又有什么意义呢?"③

第四,一切历史积淀都会发挥作用。落后国家的赶超发展理应调动一切积极因素,在不言而喻的物质资本如"地下蕴藏、疆土范围、地理位置、人口和国力"外,李斯特突出强调精神资本,即他所定义的"我们以前许多时代一切发现、发明、改进和努力等等累积的结果"④。这些精神资本涉及国民素质、道德习俗、宗教伦理、文学艺术、科技创造、教育体系、法律秩序、政治体制、政策措施等等,构成了他所谓"物质商品生产之前,必须具备的某些条件"⑤。所有这些因素都是历史的积淀,但不等于不必或不能改造和完善,事实上,正因为它们时时影响着经济活动、处处塑造着经济结果,所以更需

---

① 前引李斯特:《政治经济学的国民体系》,第152、121页。
② 前引李斯特:《美国政治经济学大纲》,第234页。
③ 前引李斯特:《政治经济学的国民体系》,第145、143、355页。
④ 前引李斯特:《政治经济学的国民体系》,第124页。
⑤ 前引李斯特:《政治经济学的自然体系》,第187页。

要按照赶超发展的要求加以改良。李斯特甚至断言："对于前人的这些成就怎样加以运用,怎样用自己的心得来加以发扬光大;无论哪一个国家生产力的进退,就决定于这方面领会的深切程度"①。如果说自由学派的抽象演绎法惯于简化,以致不断数学化,进而"往数学阻力最小的方向前进",从而存在着日益脱离实际的危险,那么历史学派的经验归纳法无疑更善于多元化,更长于如实关注影响发展的众多因素,不仅经济的而且非经济的因素,那些难以量化或模型化的关键性历史积淀因此得以进入分析视野。不能不说,这是李斯特留下的一份重要遗产。

李斯特如此开辟日后蔚为大观的历史学派亦决非偶然。一方面,李斯特对书本理论及其演绎"公理"产生怀疑:"有关商业政策的重大问题虽在各国书本和立法机构得到了最精明头脑的讨论,但从魁奈和斯密时代以来所见的理论与实践间的鸿沟,不但没有填平,反而在逐年拉大。科学如果不能照亮实践之路,那它对我们还有什么用处?"他的结论是:"针对国际贸易问题,政治经济学必须从经验中生发其教益,必须让其措施适应现实的需要,适应一国的特定境况。"②另一方面,李斯特也得益于德意志传统,他之前的德国"官房学"本质上是关于"经济管理和政策原理"的"国家科学"③,"是一门建立在经验基础之上的经验科学","没有太多形而上学的推测和高度的抽象"④。李斯特无疑光大了这一传统,且以其"研究的开放性和政策建议",主要是对所谓经济学"公理"的拒斥以及对赶超发展的务实指导,而在斯密学派之外"形成了一个另类选择",从而使得落后国家可以更"与德国范式气味相投"。⑤

① 前引李斯特:《政治经济学的国民体系》,第124页。
② *Ibid*. List, "Introduction to *The National System of Political Economy*", pp. 289-290.
③ [奥]约瑟夫·熊彼特:《经济分析史》第一卷,朱泱等译,商务印书馆1991年版,第244页。
④ 前引赖纳特:《作为发展经济学的德国经济学》,第221页。
⑤ Cardoso, José Luís, and Michalis Psalidopoulos, "Introduction", in *ibid*. Cardoso, et al., eds., *The German Historical School and European Economic Thought*, pp. xvi-xvii.

　　熊彼特曾指出，所谓"经济分析"，其实包括了三个部分：历史、统计、理论，而在他看来，历史即经济史"是最重要的"，如果他要重新开始研究经济学的话，三者之中，他"就选择经济史"。他提出的理由有三条：其一，"如果一个人不掌握历史事实，不具备适当的历史感或所谓历史经验，他就不可能指望理解任何时代（包括当前）的经济现象"；其二，"目前经济分析中所犯的根本性错误，大部分是由于缺乏历史的经验，而经济学家在其他条件方面的欠缺倒是次要的"。其三，对赶超发展也最有政策意义的是，"历史的叙述不可能是纯经济的，它必然要反映那些不属于纯经济的'制度方面'的事实，因此，历史提供了最好的方法让我们了解经济与非经济的事实是怎样联系在一起的"[①]。熊彼特的此番高论让人进一步认识到了李斯特所光大的历史学派传统的重大意义，特别是这一传统由于重视非经济因素而给准确理解并切实推动经济发展所作出的积极贡献。

　　史家如今承认，"德国历史学派久远前植根于李斯特的著作，从 19 世纪中叶至一战后主导了德国的学术界和公共管理部门"[②]。李斯特身后，历史学派在德国获得长足发展，前有包括威廉·罗雪尔、布鲁诺·希尔德布兰德、卡尔·克尼斯在内的"旧历史学派"，后有以古斯塔夫·施穆勒为领袖的"新历史学派"，还有以马克斯·韦伯、维尔纳·桑巴特为代表的"新新历史学派"，它们与李斯特学说仍一脉相通。以新历史学派为例，其所强调的主题依然是归纳比较、国民经济、团体主义、伦理关注、人文环境、时空限制、发展阶段等。[③]时至今日，德国学者森哈斯在研究赶超发展时，也还在倡导"采用比较历史研究法"，因为此法既能够避免空洞的"一刀切"的抽象推论，又"能够得出单独案例研究或局部细节研究不易产生的真知灼见"。森哈斯本人对工业革命以来欧洲各地不同发展道路及其成败缘由的分析，便是历史

①　前引熊彼特：《经济分析史》第一卷，第 29 页。
②　*Ibid*. Cardoso, and Psalidopoulos, "Introduction", p. xvi.
③　前引刘帅帅、朱成全：《德国历史学派经济思想研究》，第 110—112、68—71、48—52 页。

学派方法在当代的最新成功应用。

同样值得注意的是德国历史学派的海外影响。当英国在 19 世纪 80 年代竞争乏力时,威廉·坎宁安、威廉·阿什利、威廉·休温斯等人大力借鉴德国历史学派,包括于 1885 年翻译出版李斯特的著作,由此形成了一个"完全成熟的英国版历史学派",并敦促用归纳、比较、历史的方法重建经济学,重回以重商主义促进国家利益的经典轨道。①美国的经济学深受德国影响,美国经济协会最初 26 位主席中有 20 位曾留学德国;托斯丹·凡勃仑研究方法上不同凡响,韦斯利·米歇尔用统计去分析商业周期,约翰·康芒斯倡导社会改良主义等,都证明"在德国历史学派与美国制度学派首要代表的关键内容间存在某种相似性"②。保罗·萨缪尔森也承认:"我会把弗里德里希·李斯特的名字加到美国最主要国民经济学家的名录中。"③

终其一生,李斯特都是雷厉风行的实干闯将,不是坐而论道的书斋学者,然而,他在颠沛流离中还是超前地留下了有关落后国赶超发展的一个完备学说。由上可见,这一学说展现了令人信服的开拓之功和先见之明,堪称常读常新的经典,对当今世界的发展实践也依然不失其独到的借鉴意义。

---

① 前引梅俊杰:《贸易与富强:英美崛起的历史真相》,第 172 页。
② *Ibid*. Hagemann, "Concluding Remarks", p. 229. 前引刘帅帅、朱成全:《德国历史学派经济思想研究》,第 169—173 页。
③ 前引文得乐:《弗里德里希·李斯特传》,第 159 页。

第四章
思想渊源：重商主义基础上的集大成

关于本人学说的思想渊源，李斯特并未留下太多自我陈述。不过，他在《自然体系》中写道，自己"多年研究各种经济学说"[1]；后在《国民体系》中又表示："我没有仿照时下的风气多所引证，但可以说，我所读到的多于我所引证的又何止百倍。"[2]显然，一方面，李斯特受到了众多前人（包括同时代人）既有成果的启发；另一方面，他著作中的直接引证仅占参考文献中极小的比例。很少明确标示材料或理念之源出，部分与当年尚不严格的学术规范有关，部分也与李斯特并非书斋学者这一特性及报人急就为文的习惯有关。这些原因使得世人不易查清李斯特思想的本源，后来的某些抄袭指控与此也多少有点关系。尽管如此，依据李斯特书中现有的直接引证加上注释说明，结合其观点阐述及与他人观点的比较，再借助相关记录者和研究者的佐证，今人仍可大致探得李斯特的思想渊源。追寻这一来龙去脉，有助于认识李斯特理论构建所能借鉴的传统资源，查考其继承与创新究竟何在，如此可望更客观地评价李斯特学说的学术价值与历史地位。

---

[1]　［德］弗里德里希·李斯特：《政治经济学的自然体系》，杨春学译，商务印书馆1997年版，第19页。

[2]　［德］弗里德里希·李斯特：《政治经济学的国民体系》，陈万煦译，商务印书馆1961年版，第8页。

第一节　与重商主义的总体关系

人们通常把李斯特学说归入重商主义传统,维尔纳·桑巴特即颇为典型地持此观点。[1]有研究者指称,李斯特追求的是政治与经济实力,他把实力跟福祉联系起来,"无论他如何百般否认,他还是在向重商主义回归"[2]。有鉴于此,在探寻李斯特的思想渊源时,首先需要阐明他与重商主义的关系。由于重商主义本身是个历来争议很大、至今众说纷纭的术语[3],一个不可避免的问题是:如果把李斯特归入重商主义传统,他究竟是怎样的一个重商主义者呢?

李斯特自己总结过重商主义的三大正面内容:第一,重商主义重视发展本国工业,它"清楚地认识到国内工业的价值,认识到工业对本国农业、商业、海运以及对国家文化与力量的影响,而且毫不含糊地表明了这种认识"。第二,重商主义深知发展工业的手段,它"指出了一个有条件建立工业的国家要达到建成工业的目的时,大体上应当采取哪些正确的方法"。第三,重商主义立足于国家这个概念,它"把国家看作基本的实体,处处所考虑的是国家利益与国家情况"[4]。

李斯特称这三项内容是重商主义相对于其他学说体系而展现的"长处",以后在他本人学说中,对自主工业化的高度重视、对工业化手段尤其是幼稚产业保护的有力倡导、对国家本位及本国国情的清醒强调,都成了不可

---

[1] Harald Hagemann, "German, American and French Influences on List's Ideas of Economic Development", in Harald Hagemann, Stephen Seiter, and Eugen Wendler, eds., *The Economic Thought of Friedrich List*, Routledge, 2019, p. 60.

[2] Edward Mead Earle, "Friedrich List: Forerunner of Pan-Germanism", *The American Scholar*, Vol. 12, No. 4, 1943, p. 432.

[3] 梅俊杰:《重商主义真相探解》,载《社会科学》2017年第7期,第123—144页。

[4] 前引李斯特:《政治经济学的国民体系》,第285页。

或缺的理论支柱。既然李斯特学说与重商主义在工业发展及国家作用方面
持有相同立场,李斯特无疑是一位重商主义者,比如,埃里克·赖纳特就据
此称他为"重要的重商主义者"①。可是,李斯特本人并不赞成"重商主义"
这一说法,在他看来,这纯粹是自由学派的"误称",所以为名副其实,他干脆
改称"重商主义"为"工业主义"。②

已有研究表明,英国在取得工业革命的率先突破后,为扩大本国的竞争
优势和垄断利益,便需要放弃已延续多个世纪的幼稚产业保护制度,着手打
造一个用英国制成品交换他国原材料的国际自由贸易体系,自由经济学说
正是在此背景下上升为新主流意识形态的。③在这个过程中,从亚当·斯密
的有意扭曲开始,以工业化为内核的贸易保护学说被污名化为"愚蠢地迷恋
金银","把货币与财富混为一谈"④,并被冠以"重商主义"这个贬损性名称。
按李斯特所见,此乃十足的贼喊捉贼,因为自由学派崇奉"交换价值",自己
"才是道道地地的'重商主义'";何以会把"重商主义"这个名称"强加在工业
主义头上","实在令人费解";"一些学说对于工业主义作了错误的责难",其
实"并不能获得事实上的印证"。⑤

不过,李斯特尽管明察重商主义的"工业主义"实质并全力为之辩诬,他
仍然指出,这个名称已约定俗成的重商主义也确实存在若干"缺点"。据称,
"它对于国家工业发展的基本原则以及使这个原则能够付诸实施的一些情
况,一般缺乏认识"。具体而言,首先,重商主义未能划出贸易和产业保护的
边界,在保护的范围上失之过宽。结果会"使处于不适宜于发展工业的那些
地带的人民以及小型的与未开化的国家和民族发生误解,以为也可以采取

---

① 〔挪〕埃里克·赖纳特、索菲斯·赖纳特:《重商主义与经济发展:熊彼特动态、制度建设与国际
　评价基准》,载〔挪〕埃里克·赖纳特、贾根良主编:《穷国的国富论:演化发展经济学论文选》下
　卷,贾根良等译,高等教育出版社 2007 年版,第 49 页。
② 前引李斯特:《政治经济学的国民体系》,第 282 页。
③ 梅俊杰:《贸易与富强:英美崛起的历史真相》,九州出版社 2021 年版,第 28—29 页。
④ 〔瑞典〕拉斯·马格努松:《重商主义政治经济学》,梅俊杰译,商务印书馆 2021 年版,第 9、5 页。
⑤ 前引李斯特:《政治经济学的国民体系》,第 293、286—287 页。

保护制度"。而李斯特始终认为,规模过小、不具备"正常状态",或原始落后、处于热带地区的国家和民族,本就难以发展本国工业,因而不该跟着实行关税保护。保护范围过宽也体现为,"它总是企图把保护制度应用到农业,尤其是原料生产的方面,不懂得对原料生产采取保护措施是对农业有害的"。而李斯特依据当时农业的实际情况,总认为农业"天然享有充分保护,是不怕国外竞争的"①。

其次,在李斯特看来,重商主义倡导的贸易和产业保护在程度上失之过严。第一,"它企图用限制原料输出的办法来过甚地爱护工业",李斯特相信,这种一味限制原料出口的做法也会损及农业部门,不利于产业的协调发展。第二,重商主义未能强调,对于那些已在形成工商优势的国家,"应当容许在本国市场范围内实行自由竞争,从而防止本国工业家和商人流于怠惰"②。显然,无论是责之保护范围过宽还是保护程度过严,李斯特都表达了对重商主义诉求下过度保护的一种警惕。因此,在他自己所提出的赶超发展学说中,对关税保护措施处处设限,对其过犹不及的危险时时提防,已成为一种反复言之的老生常谈,这一点与世人习以为常的、公式化的李斯特保护主义者形象是有显著差别的。

更有甚者,李斯特如同一般的自由主义者那样,也指出重商主义存在崇拜金银、以邻为壑之类的片面性。特别是前期撰写《自然体系》时,他曾直言,重商主义有两个基本原则:一是以为"只有贵金属才是国家财富";二是相信"一国的繁荣只能以牺牲另一国的利益为基础"。针对前一原则,他批评道,尽量从外国获得货币并留在国内,"这种政策来自商人那种缺乏远见的狭隘观点",决不能把这种"重商主义"与"工业主义"相提并论,乃至跟着也去谴责工业主义。③针对后一原则,他在晚年撰写《国民体系》时仍坚持认

① 前引李斯特:《政治经济学的国民体系》,第285—286页。
② 前引李斯特:《政治经济学的国民体系》,第286页。
③ 前引李斯特:《政治经济学的自然体系》,第181页。

为,重商主义一心追求自身目标,"忽视了一切国家之间的国际关系,忽视了全人类的目标,因此会导致国家趋入歧途";"完全忽视了世界主义原则,因此就没能认识到,作为一切国家的努力方向,应当争取逐步接近的是世界上一切国家的共同联合,是持久和平的树立与普遍的自由贸易"。①在如此批评重商主义时,李斯特简直是"欣然接受《国富论》对重商主义的刻画"②,其立场已无异于自由主义。须知,此言绝非他不成熟的偶然表述,无疑也是他重商主义面面观中的侧面之一。

李斯特从未因为重商主义包含了促进工业化等大可称道的合理侧面,就避而不谈他眼中重商主义的不合理侧面。在《国民体系》导言中,他总结道:"所谓重商主义体系犯下的一个大错就是,在看到保护性限制对某些国家的某些发展阶段有利有益后,就坚持认为这种限制具有绝对的和普遍的优越性和必要性,看不到限制只是手段、自由才是目的。它仅仅看到国家,从来看不到个体,仅仅看到目前,从来看不到未来,在思想上完全只有政治和族群,缺乏哲学视野和天下情怀。"③显然李斯特相信,重商主义追求应该只是手段而非目的,一如赖纳特所言:"李斯特将重商主义看作是通向实现平等经济主体之间全球性自由贸易的必由之路。换言之,成功的重商主义应该带有自我毁灭的种子",在帮助本国基本确立了工商优势后它就必须功成身退。④

据此可言,无论如何为了赶超需要而强调保护主义和民族主义,李斯特对于长远的自由主义和世界主义前景还是真诚追求的;纵然对于他素所推许的科尔贝,他也坚称,"遗憾的是,这位大臣抱有重商主义的一切偏见"⑤。

① 前引李斯特:《政治经济学的国民体系》,第286页。
② William Darity, Jr., "Review of W. O. Henderson's *Friedrich List: Economist and Visionary, 1789-1846*", *History of Political Economy*, Vol. 17, No. 3, 1985, p. 495.
③ Margaret Esther Hirst, *Life of Friedrich List, and Selections from His Writings*, Smith, Elder & Co., 1909, reprinted by Forgotten Books, 2012, p. 292.
④ 前引赖纳特等:《重商主义与经济发展》,第49页。
⑤ 前引李斯特:《政治经济学的自然体系》,第151页。

李斯特孜孜以求者,正是要限定重商主义所适用的阶段,即它仅仅适用于"追赶"阶段,而不能延续至"超越"阶段。因此,在具体政策操作中特别是在发展阶段过渡时,必须对重商主义进行去芜存菁的"扬弃",恰如李斯特所自陈:"在我的理论中,对于那个备受责难的重商主义体系只是采纳了其中有价值的部分,它的谬误之处则一概摒弃。"①也因此,他在本人代表作出版后致信友人时,"批驳了认为他是重商主义者的那种通常报道"②。

最后,就学说构建的方法而言,李斯特认为即使在采纳重商主义中那些有价值的部分时,自己的立足"依据也与所谓重商主义学派完全不同,是以历史与事物本质为依据的"③。也即,李斯特认为既往重商主义固然存在合理内容,但终究缺乏科学性特别是实证性,他本人则注重通过系统的历史考察来弥补这一弱点。在李斯特的观念中,"历史能昭示,人类的物质和精神福祉自古以来如何随着其政治和商业的联合而增长",并"能昭示,不重视增进自身文化与实力的民族又是如何衰败的,与先进民族无所限制的贸易如何在各民族早期发展阶段中肯定带来好处,而为何到了某一时刻,却只能通过对自身国际贸易加以限制,才能获得更高的发展并与先进民族平起平坐"④。故此,李斯特自信,历史方法最能让自己有别于并超越于一般的重商主义。

至此,答案已经清楚。一方面,李斯特高度认同重商主义的工业化追求,也大力倡导为推进工业化而采用贸易保护和国家干预等典型的重商主义手段。在这个大的方面,李斯特无疑是重商主义者,也即"工业主义"意义上的重商主义者。李斯特学说与重商主义的最大共性在于,它们同属国际竞争激化时代的一种民族主义赶超发展学说,均致力于依靠政治力量促进落后国家经由工业化而自存图强、富国裕民。

---

① ③　前引李斯特:《政治经济学的国民体系》,第 8 页。
②　*Ibid.* Hirst, *Life of Friedrich List, and Selections from His Writings*, p. 123.
④　*Ibid.* Hirst, *Life of Friedrich List, and Selections from His Writings*, p. 291.

　　另一方面，李斯特又不是流行意义上的重商主义者。在他提出本人学说时，斯密等人的理论已经占据主导地位，对重商主义的不实指控也已凝固为流行"常识"。因此，面对当时的舆论环境和话语现实，李斯特不能不努力拉开自己与重商主义的距离。针对所谓重商主义的狭隘财富观及零和博弈观，李斯特自然愿以宏大的视野加以撇清、予以纠偏。特别是基于"追赶"和"超越"这两个阶段不同的政策需求，他反复强调，关税保护等重商主义手段终究只是阶段性、临时性工具，在协助实现工业化赶超目标后，它们理应让位于自由主义和世界主义。以此而论，李斯特其实融合了重商主义和自由主义[1]，的确"不能被认为是昔日重商主义者的直接后裔"[2]。当然，若要继续把李斯特及其学说归入重商主义谱系，也不是不可以，但首先要客观还原重商主义的本来面目[3]，并充分认识到，李斯特决不是一个狭隘、极端的重商主义者，更与那种被公式化甚至污名化的重商主义者形象格格不入。

　　在厘清了李斯特与重商主义的基本关系后，现可具体考察重商主义的"国别版本"对李斯特的思想影响，那些国别重商主义指的是意大利的"国家经济学派"、西班牙的"欠发达经济学"、法国的"科尔贝主义"、英国的"保护主义贸易学"、德国的"官房学派"、美国的"美利坚体制"。虽然在斯密学派之前欧美范围内也可说存在一个经济学范式——这个范式非重商主义莫属，但由于"早期现代"的世界尚未达到 19 世纪起不断增强的那种全球性，因而重商主义还带有很大的国别差异，故而其对李斯特的影响有必要分而论之。

---

① Christine Margerum Harlen, "A Reappraisal of Classical Economic Nationalism and Economic Liberalism", *International Studies Quarterly*, Vol. 43, No. 4, 1999, p. 733.

② ［法］夏尔·季德、夏尔·利斯特：《经济学说史》上册，徐卓英等译，商务印书馆 1986 年版，第 320 页。

③ 何新：《思考：新国家主义的经济观》，时事出版社 2001 年版，第 206—256 页；前引梅俊杰：《重商主义真相探解》，第 123—144 页。

第二节　意大利的国家经济学派

意大利是欧洲近现代历史的起点,也是近现代经济学及重商主义的发源地。熊彼特说过,"经济学主要是意大利的科学",早期这一领域的"最高荣誉应归于意大利",其次才轮得到西班牙、法国和英国。[①]故此毫不奇怪,李斯特重视意大利的经济学说,会称许"在政治经济学的理论与实践方面,意大利是一切近代国家中的先驱者",并且会研读意大利相关的文献"概览"。[②]在《国民体系》第三编即"学派"部分,李斯特首先论列了他所谓"意大利的国家经济学派",主要提及两位早期的重商主义者,即尼科洛·马基雅维利和安东尼·舍拉。

李斯特深受马基雅维利的影响,人们注意到,《国民体系》最后一章形同马氏《君主论》的最后一章,"都在敦促缔造祖国的政治统一"[③]。李斯特推崇马基雅维利,称之为"热忱的共和主义者、大思想家、卓越学者、爱国志士",马氏关于国家统一的论述构成了意大利国家经济学的思想主体。据李斯特观察,从 15 世纪起,当统一的大君主国在周围兴起时,意大利的四分五裂便弊端毕现,加之各城邦在教会统治下丧失了自治自由,意大利工业于是走向衰落。当此局面,马基雅维利竭力主张"各邦联合起来一致对外",其所著《君主论》(1532 年)即反映了在意大利铲除城邦寡头政治、借助"一位独一无二的霸主"实现国家统一的强烈意愿。李斯特尤其赞赏马基雅维利关于建立国家军队、施以新式训练、装备新式武器等现代化举措。[④]

---

① 　[奥]约瑟夫·熊彼特:《经济分析史》第一卷,朱泱等译,商务印书馆 1991 年版,第 247 页。

② 　前引李斯特:《政治经济学的国民体系》,第 276 页。

③ 　Juan Fernando Palacio, "Was Geopolitics Born 60 Years Before Mahan and Mackinder? The Forgotten Conbtribution of Friedrich List", *L'Espace Politique* (online), 2013, parag. 44.

④ 　前引李斯特:《政治经济学的国民体系》,第 276—279 页。

在经济领域，马基雅维利也致力于民族主义富强运动。受其影响，"从1537 年开始，美第奇大公就已实施了后人所称的重商主义政策"，包括"为限制原材料出口而设定关税和禁令"与"促进原材料进口并推进工业化"。[①]虽然李斯特并未直接列举马基雅维利名下的具体经济政策，但马氏民族主义富强运动的经济导向，随同对政治统一和军事现代化的追求，想必也为李斯特所熟识，何况有关经济导向本已见于欧洲中世纪以来的政策实践。[②]

在安东尼·舍拉这里，所谓国家经济学更体现为惯于把经济问题与政治问题结合起来考虑。按李斯特的澄清，舍拉所著《简论国家获得大量金银的方法》（1613 年），远非探讨贵金属聚敛之道，倒是展现了宏大的致富观。舍拉认为："农工商业和海运事业是国家财富的主要来源，土壤的肥沃是繁荣的可靠来源，但更加有利的来源是工业……工业是广大商业的基础。"难能可贵的是，舍拉认识到，国家财富的丰厚本质上取决于国民之勤俭进取、政体保障、政治稳定、法律一贯、城市自治、公民自由等多重非物质因素。李斯特尤其赞赏其关于非物质因素能塑造经济繁荣这一思想，称在政治经济学的不少论点上，特别是就"正确估计政治环境对国家财富的影响"，以及政策意志对现实环境的控制而言，舍拉比近两个世纪后的某些自由经济学家反而更有见地。[③]

如果对照李斯特有关赶超发展策略与舍拉的相应思想，从工业化的必要性、产业协调的重要性，到非物质因素的能动性、政治因素的主导性，其间的承继关系可谓一目了然，以致有学者断言："舍拉早已预示了李斯特的政治经济学国民体系。"[④]

舍拉特别采用比较的方法，研究了为什么虽然同在意大利，建于危险沼

① ［挪］索菲斯·赖纳特：《意大利的政治经济学传统：启蒙运动时期半边缘化地区的发展理论与政策》，载前引赖纳特等主编：《穷国的国富论》下卷，第 251 页。

② 前引梅俊杰：《重商主义真相探解》，第 133—135 页。

③ 前引李斯特：《政治经济学的国民体系》，第 279—282 页。

④ 前引马格努松：《重商主义政治经济学》，第 83 页。

泽的威尼斯居然那么富裕,而资源丰富的那不勒斯却这般贫穷。按照现代诠释,舍拉当年在分析邦国之间的发达与欠发达问题时,"第一个写出了有关经济原理和政策的论著"①,十分超前地提出了若干现代致富规律和经济赶超策略,大致包含以下几项:

其一,进口替代工业化论:应"通过法令吸引国际技术的流入",倡导有益于工商业发展的发明和创造,"将制成品进口限制在最低的幅度,同时要鼓励原材料进口"②。

其二,工业报酬递增论:"原材料生产和制成品生产遵循的是不同的经济法则","制造业的产量可成倍增加,并导致利润成倍增长,这种情况在农业中并不存在";经济发展关键要靠集聚"大量不同的经济活动,它们都是报酬递增且成本下降的"。③

其三,增长要素互动论:"一个孤立的产业难以存在",国家致富的秘诀在于让报酬递增"与大规模劳动分工结合在一起",体现为"城市中不同职业和生产活动的数量最大化",及其彼此的"协同"、相互的"催化"。④

其四,人口素质作用论:当一国民众"天性勤奋、喜爱发明、伺机让自己的勤奋发挥作用、在国内外都建立起贸易",则该国便具备了致富的基本条件。⑤

其五,制度和政策决定论:"仅仅拥有工业是不够的,因为还必须有恰当的制度来培育和支持它"⑥;政策尤有直接的决定性,堪称"最强有力的一个

---

① 前引熊彼特:《经济分析史》第一卷,第296页。
② 前引赖纳特:《意大利的政治经济学传统》,第254页。
③ [挪]埃里克·赖纳特:《富国为什么富穷国为什么穷》,杨虎涛等译,中国人民大学出版社2010年版,第119、6页;[挪]索菲·赖纳特、埃里克·赖纳特:《早期的国家创新体系:以舍拉1613年的〈简论〉为例》,载前引赖纳特等主编:《穷国的国富论》下卷,第297页。
④ 前引赖纳特:《富国为什么富穷国为什么穷》,第183、56、72页。
⑤ 前引赖纳特等:《早期的国家创新体系》,第299页。
⑥ 前引赖纳特:《意大利的政治经济学传统》,第254页。

因素，可谓有效原因，比所有其他因素都重要"①。

照此解读，舍拉实已构建了"当时最为复杂的经济增长模型"，整合了多重因素的协同增效和良性循环，涉及制造业的扩张与分工、商贸的集群与带动、人口的汇聚与素质、国家的规制与政策。②特别是他已触及"重商主义的经济本质"，即"把国家引入能够产生经济发展良性循环的报酬递增产业，从而让个人和公众都从中受益"；并揭示了一条历来皆然的"成功赶超战略"，即"注重培育、促进和保护那些具有报酬递增性质的经济行为"。③由此可见，李斯特对赶超发展战略的领悟，与他通过舍拉而探得重商主义的现代发展真谛是大有关系的。

除此之外，舍拉在方法上的某些特点后来在李斯特这里也得到再现。例如：第一，"舍拉感兴趣的是生产财富的方法，而不仅仅是财富的再分配"；第二，"舍拉把经济学明确定义为'实验科学'，即以经验而不是以先验假设为基础的科学"，长于通过案例比较分析，借助"正确和错误政策所造成的结果来证明自己观点的说服力"④；第三，舍拉强调政策不可能"中性"普适，正如"太阳使黏土变硬而使蜡烛变软，口哨让马儿安静却让狗儿兴奋"，凡事应该具体问题具体分析。⑤舍拉的这些方法特点尽管李斯特本人并未直接提及，但都是李斯特学说的鲜明特征，二者之间的相似性不可能纯属偶然。

在述说意大利经济史时，李斯特援引过多种著作，例如艾蒂安·德莱可吕斯的《佛罗伦萨的兴衰》、皮埃尔·达律的《威尼斯史》、约瑟夫·贝奇奥的《意大利政治经济史》、让-夏尔·西斯蒙第的《意大利各共和国历史》。⑥以

---

① 前引赖纳特等：《早期的国家创新体系》，第 303 页。
② ［挪］埃里克·赖纳特：《评价成功的基准：同时代的欧洲经济学家对荷兰共和国（1500—1750）的观点》，载前引赖纳特等主编：《穷国的国富论》下卷，第 78 页。
③ 鲁友章：《重商主义》，商务印书馆 1964 年版，第 54 页；前引赖纳特等：《重商主义与经济发展》，第 44、47 页。
④ 前引赖纳特等：《早期的国家创新体系》，第 292—293 页。
⑤ 前引赖纳特：《富国为什么富穷国为什么穷》，第 220 页。
⑥ 前引李斯特：《政治经济学的国民体系》，第 10、14—15 页。

此推断,李斯特对意大利经济学思想的了解不限于马基雅维利和舍拉。

在缺乏直接证据的情况下固然不该妄断,但有必要提示一下意大利总体的经济学传统。那里常见的议题包括:"市场的正常运行需要适当的制度性基础设施;制造业既带来物质财富也带来道德影响;国家在经济增长中发挥着特定作用;经济核心地带的作者与经济边缘地带的作者对经济增长机制有着不同的理解。"此外,"意大利人对国家经济发展的方法以及有效的政策措施更感兴趣,而对于乌托邦理论的构建却不感兴趣"①。这些观点在李斯特学说中皆似曾相识。

就具体意大利经济学家的思想而言,早在 15 世纪,被誉为"当之无愧的最伟大的顾问行政官"的迪奥梅德·卡拉法在所著《论王权和好国王……的作用》(1475 年前后)中,已在倡导"工商业自由发展,不受干涉",同时建议"应该用贷款和其他方法鼓励工业、农业和商业的发展",还树立了促进经济发展的"开明君主"理想。②

16 世纪末,乔瓦尼·博特罗高调推崇丰富的制造业,称其为"增强国力、增加人口、增益财富"的不二法门,远在美洲金银矿藏之上;"君主必须引进每一种制造技艺,可借助于吸引其他国家的优质技工,为之提供生活安排及一切开业便利,鼓励新颖技艺和独特产品,奖励精益求精和出类拔萃。但最关键是,他绝不能允许原料、羊毛、丝绸、木材、金属等等流向国外,因为能工巧匠会随之而流失。……制成品的出口能比单纯的原材料给统治者带来更多的收益。"③博特罗在所著《论国家的理性》(1589 年)中还提出了实现国家富强的综合经济条件,包括"庞大的人口、充足的资源、管理得法的农业、门类多样的手工业等"④。

① 前引赖纳特:《意大利的政治经济学传统》,第 248、259 页。

② 前引熊彼特:《经济分析史》第一卷,第 248—249 页。

③ Philipp Robinson Rössner, "Manufacturing Matters: From Giovanni Botero to Friedrich List", in *ibid*. Hagemann, et al., eds., *The Economic Thought of Friedrich List*, pp. 104-105.

④ 前引马格努松:《重商主义政治经济学》,第 84 页。

及至 18 世纪，可见到更多李斯特思想的意大利先驱。安东尼奥·吉诺维西在详细介绍英国的重商主义政策后，"一心一意劝诫国人也应该走这样的保护主义道路"①。斐迪南多·加利亚尼也推崇制造业，称"有希望通过制造业治愈人性中的两个最大缺陷：迷信和奴役"②。塞扎尔·贝卡利亚等人"在论述企业家重要性的同时，一致强调了良性法律体系和国家干预的重要性。……在观察经济发展的历史轨迹后，他们并不相信那种脱离文明社会基本制度和共同利益框架的市场机制"③，况且，"贝卡利亚对自由贸易论和自由放任主义表现出了某种带有批判意味的冷淡"④。

意大利的上述早期经济思想，无论李斯特是否直接征引，待归总到一起时，即呈现出与日后李斯特学说显著的相似性。即使不少情况下已无法确证李斯特的承袭情况，以上展示至少表明，李斯特的诸多思想和方法决非无本之木，它们原已散见于经济学的早期即意大利重商主义阶段。当熊彼特说，15 世纪"卡拉法发表了他对经济政策本身的看法，后来 18 世纪的许多论著读起来像是这些看法的延伸"，"他第一个全面论述了近代新兴国家所遇到的经济问题，在接下来的三个世纪许多作家都步他的后尘"⑤，这里所说受惠于意大利早期经济思想的后来者中，李斯特必定是善于荟精集萃的一位。

第三节　西班牙的欠发达经济学

在金银为王的早期现代，西班牙从美洲征服中获得了大量贵金属，岂料

---

① 前引马格努松：《重商主义政治经济学》，第 85 页。
② 前引赖纳特：《评价成功的基准》，第 73 页。
③ 前引赖纳特：《意大利的政治经济学传统》，第 267 页。
④ 前引熊彼特：《经济分析史》第一卷，第 274 页。
⑤ 前引熊彼特：《经济分析史》第一卷，第 249 页。

反而日渐陷入某种"欠发达"状态。当今欠发达国家的典型病症,诸如进口过多、财富外流、通胀高企、投机盛行、实业不振、生产萎缩、对外依赖、就业输出、土地集中、行政混乱、阶层固化、寻租普遍、分配悬殊、消费奢靡、宗教狂热、穷兵黩武、恶性循环等等,在当年的西班牙简直一应俱全。①

西班牙的厄运如同"幽灵"长期盘旋在欧洲各国头上,于是,探究西班牙何以从富强跌入穷困,正如探究荷兰何以由蕞尔小国跃升为海上霸主,成了近代欧洲的一门显学。在此过程中,西班牙自己的重商主义经济学家尤其深入剖析了本国"欠发达"的成因机制,并提出了相应的一系列对策,核心是要把国家从浮财聚敛扭转到实业生产的轨道上。因此,在成为负面发展案例的西班牙,居然诞生了一门最早的"欠发达经济学"。

李斯特倾心于总结国家兴亡规律,热衷于推动赶超发展,西班牙的欠发达经济学必然介入其学说构建。由文本可知,在《自然体系》论述西班牙的经济政策史时,李斯特援引了法文版的《热罗尼莫·乌斯塔里兹论西班牙的贸易自由》(1753 年)和贝尔纳多·乌洛阿的《西班牙工厂和贸易的振兴》(1740 年)。这两位作者都是著名的"西班牙重商主义者",1886 年德国出版的一本书即名为《两位西班牙重商主义者:乌斯塔里兹和乌洛阿》。②后在《国民体系》中可见,李斯特又援引了乌斯塔里兹的《商业和航运的理论与实践》(1724 年)、乌洛阿的《西班牙工厂和贸易的振兴》③,再次表明他比较熟悉这些重商主义者的学说。

从受影响的角度看,李斯特赞赏乌斯塔里兹和乌洛阿对西班牙病症的诊断,称他们"正确地把西班牙农业的衰落和整个经济崩溃归因于工业的毁

---

① Cosimo Perrotta,"Early Spanish Mercantilism:The First Analysis of Underdevelopment", in Lars Magnusson,ed.,*Mercantilist Economics*,Kluwer Academic Publishers,1993,p. 20, pp. 41-42.

② 前引李斯特:《政治经济学的自然体系》,第 171 页。

③ 前引李斯特:《政治经济学的国民体系》,第 64 页。

灭"①。这一结论固然可以是李斯特向来重视工业发展这一立场的逻辑延伸，但西班牙的教训无疑强化了他对工业发展的坚定信念。例如，李斯特的著作中，可以见到充斥了关于只有工业发展才能拯救并提升农业的论述。②

据知，乌斯塔里兹探讨了典型的重商主义问题：如何设计有利的税收制度？如何促进人口的增长？如何兴建更多的工场？专就工业发展而言，"他主张原料应由本国工业来加工，而不该向外出口"；他认为，"为进口外国制品而输出货币"乃有害的商业行为，应予谴责，"出口制品以换取原料"乃有益的商业行为，则应予称道。③总之，乌斯塔里兹以荷兰为榜样，给西班牙开列了力争赶超的"长长的政策工具清单"，"旨在使西班牙的经济与荷兰共和国的经济更加相似"。④

同样，乌洛阿也大声疾呼要发展国内生产，并倡导应效仿法国科尔贝所推行的那些重商主义政策，借以振兴西班牙工业。⑤乌斯塔里兹和乌洛阿将本国工业发展视为西班牙复兴的重中之重，同时把科尔贝式贸易保护和产业激励当作工业振兴的必由之路，这些观点得到了李斯特的倾心接纳。

乌斯塔里兹和乌洛阿全面分析了西班牙工业欠发达的原因，按李斯特的转述，他们总结的相关原因有：各省互设关税，苛捐杂税遍地，道路条件恶劣，境内运河缺乏，桥梁运河缺失，拦路打劫严重，外国商品涌入，走私活动猖獗，客栈环境恶劣。李斯特对这些原因自然是认同的，他以后提出的促进工业化的政策建议正是反其道而行之。比如，他提出要用关税手段阻止外国制成品的大举输入，并要下大力气改善国内交通条件。不过，李斯特也非照单全收，他更认为西班牙的病根在于"心理上的偏信盲从、不实事求是，教士的贪婪腐败，贵族的享有特权，政府的专制横暴，以及民众的愚昧与缺少

---

① 前引李斯特：《政治经济学的自然体系》，第 171 页。
② 前引李斯特：《政治经济学的国民体系》，第 141、125、202、174、135、216 页。
③ 前引马格努松：《重商主义政治经济学》，第 88 页。
④ 前引赖纳特：《评价成功的基准》，第 84 页。
⑤ 前引李斯特：《政治经济学的国民体系》，第 64 页。

自由",所以他批评乌斯塔里兹和乌洛阿"对西班牙败落的两个主要原因——政治专制和宗教狂热却缄默不语","没有敢公然指斥"。①

由上可知,即使受西班牙重商主义者的不少影响,李斯特仍有自己的独立判断,更愿用他所看重的非经济因素特别是政治因素来解析西班牙的衰败缘由。要言之,西班牙这一负面案例,加上西班牙颇为独特的欠发达经济学,对于李斯特归纳出国家兴衰与赶超发展的基本规律,必定大有助益。

在乌斯塔里兹和乌洛阿之外,鲜有其他西班牙经济学家进入李斯特直接征引范围。然而,西班牙尚有更早且也与李斯特思想接近的先驱,最突出者是曾任财政大臣的路易斯·奥尔蒂斯,此人著有《献给国王的备忘录:论如何阻止货币流出西班牙国境》(1558 年)。该备忘录针对西班牙难以遏止的金银流失,非常超前地提出了"一项考虑得很周全的工业发展计划,这种计划后来在 17 世纪的西班牙和英国很常见"②。奥尔蒂斯强调加工制造的重要性,指出荷兰的成功就在于低价购入西班牙的原料,"却以数十上百倍的价格返销制成品",从而"给西班牙带来奇耻大辱",令其"成为整个欧洲的笑柄"。③

同样关键的是,奥尔蒂斯跟意大利的舍拉一样,"大力倡导通过保护手段实现工业发展",并称舍此"西班牙将始终处于'欠发达'状态"④。因为奥尔蒂斯的书名明言要阻止货币外流,所以他长期被当作聚敛金银的重商主义即"重金主义"的典型而"遭到人们的谴责"⑤,但其实他在书中强调的是工业发展而非金银聚敛。历史地看,即使或曾有过那种"重金"型重商主义,可自从出现了西班牙这一反面教材后,特别是经过奥尔蒂斯等人的研判后,此种舍本逐末的重商主义也早已销声匿迹,真正流行的是以国内工业生产

---

① 前引李斯特:《政治经济学的自然体系》,第 171 页;李斯特:《政治经济学的国民体系》,第 64 页。
②⑤ 前引熊彼特:《经济分析史》第一卷,第 252 页。
③ 前引赖纳特:《评价成功的基准》,第 92 页。
④ 前引马格努松:《重商主义政治经济学》,第 88 页。

和对外贸易管制为内核的"重工"型重商主义，李斯特承接的就是这个成为常态的"重工"型重商主义。

与奥尔蒂斯同时或稍后，不到一个世纪里，西班牙涌现出一批立志革除本国欠发达病症的经济学家。熊彼特在《经济分析史》中提及 17 世纪上半叶的两位，一是佩德罗·纳瓦雷特，此人断定，"人类的劳动为原料增添的价值要比金银重要得多"，"工业化进程将大大有助于消除当时西班牙遭受的灾难"；二是弗朗西斯科·马塔，此人沿着纳瓦雷特的思路，较为系统地"提出了一项工业政策计划"。①这二位固然见识可贵，但也应知道，他们决非异类，科西莫·佩罗塔在《早期西班牙的重商主义：对欠发达的最早分析》一文中，便列出了多达 40 名趋向相似的作者。②

这批人大多早于李斯特所援引的乌斯塔里兹和乌洛阿，他们在多元剖析西班牙发展受阻的复杂原因后，提出了林林总总旨在重振实业、再造富强的良性发展策略，包括禁入竞争产品、实行"进口替代"（该术语 1687 年即已出现）、吸引外来技工、扶持纺织产业、设立技术机构、提高产品质量、减少对外依附、提供低息融资、改善工商管理、拓展运河交通、发展农业生产、增加王国人口、减轻税收负担、增加就业岗位、提高民众收入、改造特权体制、铲除寄生压榨、减少神职人员、转变浮华风气，等等。对欠发达问题作出如此周全且率先的研究实属罕见，故有言，"其分析超过了同时期的法国人和英国人"③。

再往后，18 世纪下半叶，在西班牙力图扭转政治经济颓势的过程中，也出现过一批志在改革的经济学家。这些人倡导放开国内贸易、改进交通运输、提高技术水平、增强生产能力、鼓励农业出口，但同时特别敦促政府加强进口限制，借以发展本国工业。其中一位代表性人物是佩德罗·坎波马内

---

① 前引熊彼特：《经济分析史》第一卷，第 256 页。
② *Ibid*. Perrotta，"Early Spanish Mercantilism"，p. 23，pp. 44-48.
③ *Ibid*. Perrotta，"Early Spanish Mercantilism"，pp. 22-42.

斯,他 1774 年出版的《论发展大众工业》也阐述了把自由主义与保护主义内外结合的观点。这些观点不仅看起来与半个世纪后李斯特的论点颇为接近,而且影响了 19 世纪早期墨西哥的幼稚产业保护思潮。①

尚无证据表明李斯特受到上述经济学家的直接影响,但欧洲历来是各种要素互动密切的多元平台,一国的思想成果自然会迅速传播到其他国家,因此,西班牙的自我反思与改良运动对李斯特不可能不产生作用。除了通过李斯特明确征引的乌斯塔里兹和乌洛阿外,李斯特经由其他国家的作者同样也能受到启发,毕竟如前已述,西班牙作为反面案例乃欧洲知识界的研究热点。例如,李斯特在学生时代就熟读孟德斯鸠的《论法的精神》(1748年)②,该书就辟有专节论述美洲财富对西班牙的影响,而且李斯特在本人书中多次引用孟德斯鸠的论点。③

从李斯特对西班牙经济史的论述看,他批评了西班牙"任意追求奢侈享乐""政治专制且顽固不化""摧残国民的进取精神""宗教排异精神把本国工业放逐出境""不许国外工业家在境内安家落户""用从殖民地榨取的金银向外国购买工业品",以及国民堕落同时用飞来横财"养肥了敌国"。他的结论是:"只有在宗教自由、政治自由的土壤上,进取精神、工业和商业才能生根,才能发荣滋长;只有工业懂得怎样吸引并使用金银时,金银才能保持住。"④如此强调工业发展,强调经济发展的多元条件,特别是强调制度和文化等非经济因素,诚可谓与西班牙的欠发达经济学见解异途同归甚至一脉相承。

---

① Eric Helleiner, *The Neomercantilists: A Global Intellectual History*, Cornell University Press, 2021, pp. 318-319.
② Montesquieu, *The Spirit of Laws*, Encyclopaedia Britannica, Inc., 1989, Book XXI, Chapter 22, pp. 171-173.
③ 前引李斯特:《政治经济学的自然体系》,第 24、39 页;前引李斯特:《政治经济学的国民体系》,第 13、16、188、222 页。
④ 前引李斯特:《政治经济学的国民体系》,第 56—58 页。

第四节 法国的科尔贝主义

李斯特与法国关系深厚,他幼年受到法国大革命的影响,早年已熟读卢梭、孟德斯鸠等启蒙思想家的著作,素来向往法国的政治自由主义。据认为,他对人类社会不断完善、终将迈向大同的信念来自卢梭,然而,"对他影响更持久的是孟德斯鸠",就对世界发展规律的探寻、对历史经验教训的重视、对普遍与特殊及理想与现实的权衡把握,以及对行政、立法、司法三权分立的信念,他都受惠于孟德斯鸠。①

至于经济领域,李斯特无论早年在家乡、流亡法国和瑞士(1822—1824年)、赴美前滞留法国(1825年),还是由美返欧出差(1831年)、长期寓居法国(1837—1840年)期间,都有机会接触大量法国著作,包括译成法文的意大利和西班牙的经济书册。他个人论著中对法国经济学家的引证明显更多,毕竟他最重要的两本传世之作基本上写于法国。此外,他结交的好友从拉法耶特到梯也尔多为法国人,他所景仰的有数的经世济国者中就包括科尔贝和拿破仑。因此,事实的确是,"法国对李斯特产生了强大且持久的影响,令其他任何国家都望尘莫及"②。

具体而言,李斯特从法国版重商主义即科尔贝主义那里,汲取了有助于赶超发展的一系列政策启示。李斯特极其推崇科尔贝作为路易十四股肱大臣在17世纪下半叶的施政实践,称"科尔贝曾培养出一个强国发展经济所

---

① Mechthild Coustillac,"Friedrich List and France: The History of a Lifelong Engagement",in *ibid*. Hagemann, et al., eds., *The Economic Thought of Friedrich List*, p. 76; *Ibid*. Hagemann,"German, American and French Influences on List's Ideas of Economic Development",p. 62. 前引李斯特:《政治经济学的自然体系》,第24、39页;前引李斯特:《政治经济学的国民体系》,第13、16、188、222页。

② *Ibid*. Coustillac,"Friedrich List and France",p. 74.

需要的一切条件,每个负责任的政府都应该仿效这些例子,努力排除那些阻碍文明进步的障碍,促进国家生产力的发展";还称"自科尔贝之后,没有一个人能够成功地把一种新的经济学说付诸实践"。①

李斯特列举过科尔贝采用的种种重商主义政策,如招聘外国技工、收买商业秘诀、搜罗机械工具、改善交通运输、撤减国内关税、降低地产税率、简化税收手续、平衡租税负担、重视发展渔业、扩大对外贸易、增加贸易线路、拓展殖民贸易、节省行政开支、规范行政秩序,等等。他高度评价科尔贝跨越式发展的施政效果,包括驳斥了重农学派所谓科尔贝牺牲了农业部门等指责,称誉"法国工业的全盛时代是从科尔贝开始的","自从科尔贝执政以后,法国才第一次有了大工业"。②毫不奇怪,这些统称为"科尔贝主义"的成功做法以后几乎全部进入了李斯特的赶超发展政策工具箱。

有关科尔贝主义对李斯特的启发,还应注意三点。其一,科尔贝本也吸纳了本国重商主义先驱及其他国家的有益政策③,比如,科尔贝曾委托身边顾问研究荷兰的最佳实践,乃至"把荷兰有益的经济政策的历史回溯到第一个千年之前的时代"④。所以,从来不排除李斯特更从科尔贝主义的源头那里直接借鉴的可能,毕竟欧洲原乃思想与实践彼此激发的互动平台。

其二,科尔贝的重商主义相当激进,对外甚至不免好战,但他也仍有某种节制的意图。据研究,"科尔贝已经把重商主义政策视为临时性政策,并把贸易保护性关税称为帮助制造业学会走路的拐杖,过后就要扔掉它"⑤。李斯特后来对于关税保护的戒备态度是否受此启发了呢?

其三,科尔贝的经济奇迹转瞬便人亡政息,"断送在痴迷狂妄和专制暴虐

① 前引李斯特:《政治经济学的自然体系》,第41、17页。
② 前引李斯特:《政治经济学的国民体系》,第66、289页。
③ 梅俊杰:《理当为历史上的重商主义者立传》,载[法]伊奈丝·缪拉:《科尔贝:法国重商主义之父》,梅俊杰译,上海远东出版社2012年版,第IV页。
④ 前引赖纳特:《评价成功的基准》,第82页。
⑤ 前引赖纳特等:《重商主义与经济发展》,第49页。

的铁腕之下,消失得比兴起时更快",李斯特给出的原因就有"《南特敕令》的废除、路易十四无目的无理由的战争、路易十五的胡乱花钱等等"①。如此成败得失诚属不可多得的教材,成了李斯特构建自身学说时念念不忘的殷鉴。

在李斯特视野中,科尔贝主义经历史检验,证明确乃落后国赶超发展的有效工具。他论道:"在法国我们看到,本国工业、自由的国内贸易、对外贸易、渔业、海运业和海军,总之凡是一个富强国家应有的一切特征——这些都是英国花了几个世纪不屈不挠的努力才挣得的——在一个伟大天才的手里,就像用魔杖一挥那样,在短短数年之间就色色俱备。"②

可是,鉴于科尔贝奇迹转瞬即逝,李斯特屡屡重申,虽然在"某一特定阶段专制措施对人类进步特别是工业发展可以有促进作用","有时会出现具有雄才大略的专制君主,使国家一下子作几个世纪的跃进,为国家恒久的生存和进步打下基础",但是,"主要问题不在于行政在某一时期应当如何完善,而在于应当如何求其连续不断、始终如一地尽善尽美,后任的执政者不至于破坏前人的良好成就"。因此,李斯特得出结论:只有"长期处于适当组织的立宪政体下的国家","能使人民获得高度的个人自由和财产安全……公众福利才会获得高度进展,工商业才会达到高度繁荣状态"③。

科尔贝主义昙花一现后,法国在 18 世纪先后经历了路易十四的好大喜功和穷兵黩武、重农学派的重农轻工和自由贸易,以及法国大革命的玉石俱焚和经济倒退。④直到 19 世纪初期,法国才又出现了重续科尔贝主义的努力,其主导者便是李斯特借鉴较多的两位保护主义者:一是让-安托万·沙普塔尔,此人不仅是经济学家,还是化学家、实业家、拿破仑的得力经济助

---

① 前引李斯特:《政治经济学的国民体系》,第 102、289 页。
② 前引李斯特:《政治经济学的国民体系》,第 102 页。
③ 前引李斯特:《政治经济学的自然体系》,第 152 页;前引李斯特:《政治经济学的国民体系》,第 281、250 页。
④ 梅俊杰:《法兰西帝国:重商主义的大陆强权》,载李伯重、韦森等:《枪炮、经济与霸权:谁在争夺世界经济的铁王座》,现代出版社 2020 年版,第 102—104 页。

手,被誉为"19世纪的科尔贝",著有《论法国工业》(1819年);二是查理·杜潘,此人是数学家、工程师、政治家、经济学家,著有《法国的生产力与商业》(1827年)。①

沙普塔尔和杜潘等人提出为振兴经济,"法国应当坚持曾由科尔贝成功推行的传统经济政策,只需视经济自17世纪以来所发生的变化作出必要调整便可"。他们相信,"国家有责任全力以赴鼓励农工商各业","应当设置高关税保护本国产业,刺激出口赚取外汇,采用航海条例保护航运业","国家应当多管齐下促进经济增长,包括组织工业博览会、鼓励发明者、吸引外国技工、建立技术院校和科研院所"。②这些观点与李斯特学说如出一辙,不过,分析显示,切实影响了李斯特的主要是沙普塔尔,还不是杜潘。

李斯特早就读过沙普塔尔的《论法国工业》,因为他在1820年2月致呈梅特涅的一份备忘录中已提及此书。③在《美国大纲》中,李斯特称赞沙普塔尔在其"优秀著作"中"对萨伊理论作了最实事求是、有理有据的反驳",实乃萨伊"强有力的对手"。他认为:"这位伯爵利用他在化学方面的研究成果和政治上的影响力,对促进法国工业作出的贡献超过任何一个其他国家的人对自己国家所作的贡献。"尤其值得注意的是,李斯特"希望像沙普塔尔这样的权威意见会成为我批判斯密、萨伊理论的依据"④,事实上,李斯特对斯密和萨伊展开批判时的确借重了沙普塔尔的思想。

在《自然体系》中,李斯特引用了沙普塔尔的论断,如"完善的关税制度是工农业发展的可靠保障"、"捍卫着我国工业的独立,使我国富强起来"、"禁运可以保护幼稚产业免遭外国竞争的损害",并称沙普塔尔"清楚地说明

① W. O. Henderson, "Friedrich List and the French Protectionists", *Zeitschrift für die gesamte Staatswissenschaft*, Bd. 138, H. 2., 1982, p. 263, p. 265, pp. 268-269.
② *Ibid*. Henderson, "Friedrich List and the French Protectionists", p. 262.
③ *Ibid*. Henderson, "Friedrich List and the French Protectionists", p. 263.
④ [德]弗里德里希·李斯特:《美国政治经济学大纲》,杨春学译,载前引李斯特:《政治经济学的自然体系》,第216页。

科尔贝的政策是一种明智的政策"。这些也都成了李斯特的典型论点。此外，李斯特引用沙普塔尔的工农业数据，用以佐证工业发展不会牺牲、反会提升非工业部门的利益，以及农业并不需要保护等观点。[①]而在《国民体系》中，李斯特除偶尔引述沙普塔尔书中关于法国工业的历史事实外，强调沙普塔尔的书"自始至终只是在于说明法国保护制度的功效"[②]。

这里可直接引用沙普塔尔在《论法国工业》中的一段话："无需多加思考就可以确信，单纯的愿望不足以克服工业发展道路上的自然障碍。到处我们都可感到，'幼稚工业'如果不求助于保护政策，以战胜国外工业的竞争，就无法与经过长期巩固的、有大量资本支持的，并无忧无虑地由很多训练有素的熟练工人进行生产的老企业进行竞争。"[③]沙普塔尔对幼稚产业保护如此明确的表述，必然给李斯特留下了深刻印象。

李斯特受沙普塔尔影响应该不限于以上各点。据知，沙普塔尔书中还"批评了1786年《伊甸条约》"，称英法不同产业水平下的自由贸易让法国遭受了经济内伤；"考察了1789年前法国与外国的商业关系"，以此揭示了法国大革命背后的经济原因；"特别强调了17世纪苏利和科尔贝促进工业扩张的方式"，以证明法国的经济重建需要恢复曾经的保护主义政策；"认为采用新的机器、引进以科学发现为基础的新流程，是刺激制造业扩张的重要因素"，并可解释法国当时工农业各部门的最新进展；阐述了"对产业的行政管理"，称"商业、农业、工业乃一国财富之根基，政府只应当瞄准一个目标，那就是保护并鼓励这些产业"[④]。

上述所有论点后来都见于李斯特著作，但是也不能妄言它们都取自沙普塔尔，毕竟李斯特涉猎广泛且自有独立思考能力和强大综合能力。其实，

① 前引李斯特：《政治经济学的自然体系》，第150、152、65、91页。
② 前引李斯特：《政治经济学的国民体系》，第57、300页。
③ 前引季德、利斯特：《经济学说史》上册，第333页。
④ *Ibid*. Henderson, "Friedrich List and the French Protectionists", p. 266.

李斯特不可能盲目照搬他人观点。沙普塔尔或因长期在战时主持经济工作,不仅赞成保护性关税,而且提出对原材料也要征收进口关税,还认为禁入令促成了法国工业繁荣,所以转入和平年代后也应延续。①而人所共知,李斯特总认为进口关税要优于禁入令,他曾明确批评法国拿破仑战争后"在保护政策的推行上是过火的、有缺点的","用进口税限制原料与农产品输入,这是一个错误",等等。②

与前辈沙普塔尔相比,查理·杜潘只能算李斯特的平辈。虽然有人猜测,"生产力"这一术语"也许"借自杜潘③,但当杜潘1827年发表《法国的生产力与商业》时,李斯特同年先已写出《美国大纲》④,其中的第四封及第五封信且已论述生产力问题。当然,杜潘著作发表后,李斯特应该很快读到了此书,因为李斯特在当年11月演讲时,已提及杜潘书中内容。⑤

后在《自然体系》中,李斯特对杜潘不吝赞美,称"杜潘关于法国生产力的杰作是一部开拓性论著";"第一个充分认识到生产力的重要性,强调生产力的真正实际价值","第一个从国家生产力角度考察了法国经济和整体";"对法国在实践中发掘各种生产力的方式作了彻底的、详细的、全面的、系统的考察";"清楚地说明了法国从大陆体系和复辟政府所风行的关税保护政策中得到了多少好处";"其研究之深刻、思路之清晰、观察之全面极为精妙地揭露了'世界主义体系'的严重不足"。⑥

然而,如此高调称赞杜潘未必就是李斯特受其影响的充分证据。须知,《自然体系》是应征作文,而杜潘正是出题人和评审人,所以,除了李斯特与杜潘确有思想共识外,行文中也难免某种奉承之意。可资对照的是,后来的

---

① *Ibid*. Henderson, "Friedrich List and the French Protectionists", p. 267, p. 265.

② 前引李斯特:《政治经济学的国民体系》,第262页。

③ 前引季德、利斯特:《经济学说史》上册,第333页。

④ *Ibid*. Henderson, "Friedrich List and the French Protectionists", p. 271.

⑤ Friedrich List, "Extract from Professor List's Speech", in *ibid*. Hirst, *Life of Friedrich List, and Selections from His Writings*, p. 282.

⑥ 前引李斯特:《政治经济学的自然体系》,第150、34、188页。

《国民体系》就表达得远为克制，仅称杜潘的书"对于法国从复辟以来所遵行的商业政策的成就，作了详尽叙述"云云。①

就具体观点看，杜潘相信，法国 1815 年后之所以经济很快恢复、工业化扎实起步，原因在于科尔贝主义得以复活，核心是国家发挥了积极有为的作用。国家采取的各种政策——"高关税使得制造业免遭外国竞争的冲击；航海条例保护了航运业的利益；国家提供资金扶持了新产业和新发明；技术院校给工业提供了受教育的技工和经理；工业博览会得到了举办"等等，都有助于壮大法国的"生产力"并促进经济发展。②

杜潘在代表科学院向征文作者提出的答题"提纲"中，其实就贸易和工业方面的政策选择也表达了自己的观点："是否可以允许廉价进口品以自由贸易的名义摧毁本国的某一工业？是否应该让战争期间为生产短缺物品而发展起来的工业在停战以后渐渐废置？外国竞争对手由于使用新发明的高效率机器而获得某种优势，使得国内某一工业无法与其竞争，是否应当从本国国民利益出发，为这一国内工业提供保护？国家是否应该采取保护性关税和吸引外国熟练技工来法国定居的政策，以促进某一新兴工业的发展？"另外，值得一提的是，杜潘还提出，在贸易中不必保护"粗心大意、愚昧无知、闲散怠惰的法国农民"，宁愿让他们去面对"邻国积极、聪敏、高效率的农民的竞争"，况且还可因此减少外国的贸易报复。③

杜潘的上述观点无疑为李斯特所熟悉，也见于李斯特著作，但是很难说李斯特在多大程度上受到了杜潘的影响。在重商主义普遍流行的欧洲，特别是在科尔贝主义早有实践的法国，那些观点从来不是某个人的原创思想。事实上，杜潘始终无意自我标榜为"原创思想家或新理论构想者"，他不过把自己看作"叙述者"和"统计学家"，其不少法国经济统计数

---

① 前引李斯特：《政治经济学的国民体系》，第 313 页。
② Ibid. Henderson, "Friedrich List and the French Protectionists", p. 270.
③ 前引李斯特：《政治经济学的自然体系》，第 4、90 页。

字后也确为李斯特所援用。故此,把杜潘视为李斯特的志同道合者才比较合适。李斯特"力图说服德国人采纳杜潘正在法国倡导的同样政策",杜潘的书"提供了借由国家行为促进经济增长而取得成功的证据",因而在李斯特抨击自由贸易和放任自流等流行理念的斗争中,杜潘是一个可以借重的"强大盟友"。①

有鉴于此,李斯特并未因为征文失利而从此无视或否定杜潘的观点。其实在当时由四名评审人组成的评审委员会中,"只有杜潘采取了较为温和的立场,对李斯特观点的多个方面尚表示赞同"②。在《国民体系》中,李斯特依然赞扬杜潘和沙普塔尔"对法国工业现状是具有深刻观察力的",并一直呼吁德国要效仿法国的幼稚产业保护政策。同样,杜潘1846年还托人把自己的一篇演讲稿转给李斯特,此文随后刊于李斯特主编的《关税同盟要报》。③可见,直到李斯特最后岁月,两人还保持着惺惺相惜的同道关系。

这里还不能不提及法国另一位保护主义者弗朗索瓦·费里埃,此人在拿破仑时代曾出任海关督察,著有《从商业关系角度对政府的考察》(1802年)、《英国19世纪海上贸易制度》(1829年)。④费里埃赞赏拿破仑的威权主义,反对自由贸易,相信自由贸易理论决非普适科学,不过是掩饰英国利益的幌子,与英国自由贸易只会让欧洲大陆变成工业"沙漠"。⑤然而,费里埃作为经济学家声名平平,李斯特曾不点名地称赞他"是个很好的例证,把理

① *Ibid*. Henderson, "Friedrich List and the French Protectionists", p. 271; *Ibid*. Coustillac, "Friedrich List and France", p. 64.

② Mechthild Coustillac, „Die List-Rezeption in Frankreich", in Eugen Wendler Hrsg., „*Die Vereinigung des europäischen Kontinents* ": *Friedrich List—Gesamteuropäische Wirkungsgeschichte seines ökonomischen Denkens*, Schäffer-Poeschel Verlag, 1996, p. 218.

③ *Ibid*. Henderson, "Friedrich List and the French Protectionists", p. 272.

④ 前引李斯特:《政治经济学的自然体系》,第23页。*Ibid*. Henderson, "Friedrich List and the French Protectionists", p. 272.

⑤ *Ibid*. Helleiner, *The Neomercantilists*: *A Global Intellectual History*, p. 47.

论知识和实践经验结合起来",不过特别指出其"论点以一些早被证明是错误的原理为基础".①

引人瞩目的是,马克思在《评弗里德里希·李斯特的著作〈政治经济学的国民体系〉》草稿中,对照了李斯特与费里埃在批评斯密学派、鼓励工业发展等问题上的相近言词,随即称"李斯特的书中没有一个基本思想不是费里埃的著作已经说过而且是说得比较好的","他到处剽窃费里埃的话,却没有一个地方引证费里埃的话".②恩格斯也在《卡尔·马克思〈政治经济学批判〉》一文中指控李斯特:"他的全部洋洋大作是从大陆体系的理论创立者法国人费里埃那里抄来的,但是总不失为德国资产阶级经济学著作中最优秀的作品."③

从基本观点看,费里埃与沙普塔尔和杜潘一样,支持拿破仑包括大陆封锁在内的经济政策,强调政府有责任全力以赴地促进农工商各业的发展,因而也带有科尔贝主义倾向,等等。然而,即使观点近似,也不是指控剽窃的理由。况且,德国学者恩斯特·拉登廷,及李斯特研究专家埃德加·扎林、阿图尔·佐默仔细对比查究后,"未能提供李斯特抄袭费里埃的恰当证据";"虽有证据表明李斯特知道费里埃其人,但不能证明费里埃对李斯特有过任何影响".④因此,在这段公案中,对李斯特的剽窃指控一般被认为"是毫无根据的".⑤

其实对李斯特影响很大的法国经济学家倒是萨伊兄弟,先说相对少为人知的弟弟路易·萨伊。李斯特1822年潜逃到法国惊魂未定,就读到了路易·萨伊刚出版的《论立法与产业》。该书从政治经济学角度精当概述了从

① 前引李斯特:《政治经济学的自然体系》,第17页。

② [德]卡尔·马克思:《评弗里德里希·李斯特的著作〈政治经济学的国民体系〉》,载《马克思恩格斯全集》第42卷,人民出版社1979年版,第243、270、268页。

③ [德]弗里德里希·恩格斯:《卡尔·马克思〈政治经济学批判〉》,载《马克思恩格斯全集》第13卷,人民出版社1965年版,第525页。

④ *Ibid*. Henderson, "Friedrich List and the French Protectionists", pp. 272-273.

⑤ 前引季德、利斯特:《经济学说史》上册,第334页。

斯密、李嘉图以来多人的经济学说,并且指出了各家的缺点,包括批评了兄长让-巴蒂斯特·萨伊。李斯特定然赞赏此书,所以会在法文能力有限的情况下仍打算将它译成德文。①李斯特致信出版家朋友推荐此书,称赞作者把高深的经济理论写得通俗易懂,"让经济学最重要的内容成为大众财富……必能在德国赢得更多受众"②。

译书一事并未做成,但后来在《国民体系》中,可见李斯特引用了路易·萨伊相关论点。关于生产力问题,萨伊说过:"组成财富的并不是使我们的需要或享乐获得满足的那些事物,而是使我们能经常享用这些事物的能力。"李斯特就此下结论:"按照萨伊的说法,国家的财富并不在于物质商品和它们的交换价值,而是在于不断生产这些商品的能力。"关于交换价值概念,李斯特转引了萨伊的话:"重商主义学说的错误观点在于以贵金属为财富,代之而兴的另一学说的错误观点则在于以买卖或交换价值为财富",这个由反驳重商主义而兴的斯密学派所建立的理论才"应当称作重商主义理论"。李斯特因此称赞这位萨伊"凭着他简单朴质的常识,清楚地看到了价值理论的根本错误",同时对他"不为人所周知"不免感到遗憾。③

于此可见,在李斯特学说的关键点——树立生产力观念、批判交换价值概念、指称斯密学派才是狭隘的重商主义,路易·萨伊无疑影响过李斯特。当然,马克思曾指出李斯特为了虚构"同盟者"而"歪曲"了路易·萨伊的话,据称"萨伊说的不是生产的能力,而是享用的能力,是一个国家的'收入'所提供的能力"④。如果确实如此,则反而说明,生产力概念更像是李斯特的自创,至少没有套用萨伊的思想。

兄弟俩中更为人知的是哥哥让-巴蒂斯特·萨伊,此人经常跟斯密一起

① [德]欧根·文得乐:《弗里德里希·李斯特传》,梅俊杰译,商务印书馆2019年版,第73—74页。
② Keith Tribe, *Strategies of Economic Order: German Economic Discourse*, 1750-1950, Cambridge University Press, 2005, p. 32.
③ 前引李斯特:《政治经济学的国民体系》,第196页。
④ 前引马克思:《评李斯特的著作〈政治经济学的国民体系〉》,第268、245—246页。

成为李斯特严词批评的对象,但仍须看到,他有不少观点为李斯特所接受。据研究,"有某些迹象表明,李斯特在蒂宾根大学就已读过萨伊《政治经济学概论》1803 年初版。……可以比较肯定地说,李斯特在萨伊那里找到了许多理念,转而用于自己对斯密的批判"①。这一结论完全在理。

例如,李斯特写道,萨伊提出,"也许丝绸和其他行业从科尔贝的鼓励中得到了好处";"给予某些未来有可能繁荣的工业以鼓励,也许是正确的";"一个国家除非有繁荣的城镇和欣欣向荣的工业,否则它的农业始终会处于一种不幸的、衰退的境地";"也许政府最好对某些工业生产加以促进,开初可能会蒙受损失,但几年之后就会从这种行动中获得宝贵的利益"。此外,李斯特也承认,"萨伊已经阐明亚当·斯密关于'劳动'的定义太过于狭窄",尽管他自己仍"只是从纯粹唯物主义的角度来揭示生产力"②。李斯特曾就这位萨伊论道:"一个作家,他的理论基础也许始终是完全错误的,但是对科学的个别部分仍然有可能提出极有价值的见解和推论。"③这表明,即便在批判对象这里,李斯特也有机会找到思想共鸣点并辩证地加以吸收。

总之,法国给予李斯特的思想启迪是多方面的,按书中自证,还可看到有关其学说本源的重要提示。就大的思想支柱言,李斯特提到,在《政治经济学与致富原理》(1829 年)中,"约瑟夫·法罗兹以犀利的文笔对斯密和萨伊的'世界主义体系'进行了尖锐的抨击,最后一章精彩详尽、文辞华美,将'世界主义体系'与生产力学说作了比较。假如他把这一章加以发展,他就可能会提出一种以现实世界所发生的事实为坚实基础的新学说"④。就具体史实而言,李斯特借重了雅克·纳克的《对科尔贝的颂词》(1773 年),该书"用了整百页的篇幅来说明科尔贝所施行的制度及其成就";⑤还参阅了

---

① *Ibid*. Coustillac,"Friedrich List and France",p. 78.前引文得乐:《弗里德里希·李斯特传》,第 19 页。

② 前引李斯特:《政治经济学的自然体系》,第 190、193 页。

③ 前引李斯特:《政治经济学的国民体系》,第 303 页。

④ 前引李斯特:《政治经济学的自然体系》,第 188、190 页。

⑤ 前引李斯特:《政治经济学的国民体系》,第 67 页。

弗朗索瓦·米涅的《法国革命史》,书中述及"路易十四的疯狂和奢靡足以毁掉十个科尔贝的业绩"①。统而论之,李斯特与法国结下了不解之缘,称法国乃李斯特的精神故乡当不为过。

第五节　英国的保护主义贸易学

李斯特学说构建的初衷,是要帮助落后国家抵挡英国的竞争打压、争取赶上率先工业化的英国。因此,英国是李斯特念念不忘的焦点,无论他反对什么、倡导什么,背后多有英国的影子在。一方面,李斯特坚决反对英国惯于滥用其国际优势地位、力图垄断世界工业利益、图谋借自由贸易理论瓦解他国工业化意志;另一方面,李斯特又始终把英国当作落后国发展的楷模,主张落后国应效仿英国数个世纪赶超发展中曾行之有效的保护主义方略,即那门炉火纯青的"贸易科学"②。显然,英国在政策实践和思想理论上,都深刻塑造了李斯特的学说。

早年李斯特在蒂宾根大学当旁听生时,英国宪政就是课程之一,正如斯密著作也是他研读的一个对象。③李斯特对英国的政治制度怀有仰慕之情,"他希望德国也能采用英国藉以赢得富强的那些制度"④。如果说在经济上,李斯特对斯密学派的态度后来发生了重大转向,由忠实的信奉者一变而为严厉的批判者,那么在政治上,李斯特自始至终都"对英国的政治制度衷心赞赏"⑤。他相信,"英国工业与实力的增长,只是从英国的国家自由奠定

---

① 前引李斯特:《政治经济学的自然体系》,第144、152页。
② 前引马格努松:《重商主义政治经济学》,第239页。
③ 前引文得乐:《弗里德里希·李斯特传》,第19页。
④ *Ibid*. Hirst, *Life of Friedrich List, and Selections from His Writings*, p. 5.
⑤ [英]桑普森·劳埃德:《英译者序》,载前引李斯特:《政治经济学的国民体系》,第2页。

实际基础的时候才真正开始的"；"凡是长期处于适当组织的立宪政体下的国家，在工商业和海运事业方面就会获得那样巨大的成就"①。

当代学者总结道："议会制、法治、对政府行政的公共控制、出版自由、社区层面的某种自治，李斯特用这些重大因素解释了为何英国的经济绩效要好得多。"②这无疑是透辟之论。李斯特既然高度重视经济发展中的非经济因素，他所赞赏的英国宪政制度便成为其政治经济学中一个持久的参照系。也因此，李斯特学说中的政治趋向始终是自由主义的，这一点不容误读。

在经济学说方面，英国对李斯特影响最大者当属詹姆斯·斯图尔特。斯图尔特著有《政治经济学原理研究》（1767 年），熊彼特对此书评价非常高，认为"除《国富论》外，英国严格说来只有一部系统性著作，即斯图尔特的《政治经济学原理研究》，但此书具有头等重要意义"。据称，"该书在许多方面要比《国富论》更有创见，思想也更为深刻"，其"在人口、价格、货币和税收等理论方面……所达到的深度远远超过了斯密"。尤为突出的是，斯图尔特"很强调"幼稚产业保护论。③

由于卷入高层政争，斯图尔特被迫流亡海外十几年，特别是曾于 1757—1761 年客居德国蒂宾根，且在那里吸收德国政治经济学并完成了自己代表作的"很大部分"④。上述因素使得斯图尔特的著作"在英国从未受到多大注意"，"却受到了一些德国人的过分重视"⑤。另有史家称，"对斯图尔特著作的赞赏在 19 世纪的德国达到了最高峰，这毫不令人惊奇"⑥。李

① 前引李斯特：《政治经济学的国民体系》，第 98、250 页。
② Ibid. Hagemann, "German, American and French Influences on List's Ideas of Economic Development", p. 66.
③ 前引熊彼特：《经济分析史》第一卷，第 267—268、519 页。
④ Ibid. Hagemann, "German, American and French Influences on List's Ideas of Economic Development", p. 60；William McCulloch, "Three Essays on the Role of History and the Theory of Long-term Growth", Ph. D. dissertation, University of Utah, 2012, pp. 4-5.
⑤ 前引熊彼特：《经济分析史》第一卷，第 267 页。
⑥ Henry William Spiegel, The Growth of Economic Thought, Duke University Press, 1991, p. 216.

斯特求学和任教都在蒂宾根,1818 年担任蒂宾根大学教授期间,曾大量购书、认真备课①,他有机会接触斯图尔特的学说自属顺理成章。

在《国民体系》不多的注释中,可以查见李斯特援引过斯图尔特一长段文字:"一个国家为了振兴工业,不但要有所许可,要进行保护,而且必须采取行动。假使法国鉴于英国经营毛纺织业极端有利,自己也想动手建立这一工业,而国王对于创办者不作大力支持,不给以种种优惠待遇,对一切国外毛织品输入也不加以严格限制,那么这一工业怎能建成?试问,任何国家要建立新工业时,除了采取这类措施,还有什么别的方法?"斯图尔特关于幼稚产业保护的这个论点,以后正是李斯特学说的要点。李斯特定然非常欣赏斯图尔特得自实践的这一真知,所以他赞许道:"斯图尔特的学说大部分是从英国的实际情况推演而来的,正同舍拉的学说是从威尼斯的情况推演而来的一样。"②

此外,还有更多间接证据表明,李斯特吸纳了斯图尔特的理论,毕竟其某些"招牌式"观点在斯图尔特那里都似曾相识。例如,斯图尔特提出,"国家各不相同,各自必然有不同利益……各国的利益都应单独加以考虑";既然不存在"以相同的法律来治理、按协调的计划来管理"的单一世界政府,任何一国若国门洞开,关税失守后将"会很快遭遇毁灭"。③比较李斯特对世界主义理念的批判、对贸易保护政策的信奉④,二者何其相似乃尔!

再如,斯图尔特告诫,治国者作为"经济的看护人和指导者",有责任通过鼓励和限制手段,双向地"调控经济";必须"管控恶性的贸易部门,以争取更可取的贸易商品结构";必须"阻止劳动成果的进口并鼓励劳动成果的出

---

① W. O. Henderson, *Friedrich List*: *Economist and Visionary*, *1789-1846*, Frank Cass and Co. Ltd., 1983, p. 29.

② 前引李斯特:《政治经济学的国民体系》,第 285 页。

③ [美]道格拉斯·欧文:《自由贸易思想史》,梅俊杰译,上海财经大学出版社 2021 年版,第 44 页。

④ 前引李斯特:《政治经济学的自然体系》,第 28—31 页。

口"；必须避免"政策方面任何猛烈的急转弯"①；特别是斯图尔特经济学在方法上无意追求普适原理，更强调具体国情具体分析，且重视国民经济概念及政策能动作用。②如此等等，也无不与李斯特日后的观点相契合。当然，李斯特并没有采纳斯图尔特"广泛的出口补贴政策"，也没有那么坚决地假定"明智且仁厚的治国者实乃经济的看护人和指导者"③。

需要说明的是，上述观点大多并非斯图尔特的原创思想，他自己已属西方重商主义悠久传统的"殿军"。史家指出，"在16世纪中叶托马斯·史密斯爵士的《关于英吉利王国福利的对话》与18世纪初查尔斯·金的《英国商人》，再甚至与1767年斯图尔特的《政治经济学原理研究》之间，关于商业政策的观念居然变化得如此之少"。如此看来，李斯特笔下那些耳熟能详的内容不可能仅仅来自某一重商主义者如斯图尔特，更可能是以包括英国传统和德国传统在内的整个重商主义为借重对象。当然，对李斯特而言，能近便地较早接触到重商主义的一部"登峰造极之作"，终究是一种幸运，毕竟《政治经济学原理研究》"远比其他策论更有力地阐述了"落后国高度干预贸易并保护幼稚产业的必要性。④纵然斯图尔特的学说对于已完成追赶、正奋发超越的英国不再具有吸引力，可对于尚落后几步的德国却正是对症之良方。

在李斯特的著作中，还可以发现另一个英国影响源，此即亦具重商主义色彩的大卫·休谟。休谟既是哲学家，又是历史学家和经济学家，其巨著《英国史》(1789年)长期都是关于英国历史的经典之作。由引证可知，此书成了李斯特获取英国经济史实的首要来源。英国对李斯特的思想影响原不限于理论方面，英国集中呈现的重商主义实践经验特别为李斯特所看重。他经休谟著作而援引的英国史实无不蕴含他有意阐发的政策启示，体现为如下几个方面：

其一，英国经济曾长期处于欠发达状态，13世纪时，汉萨同盟的商人

---

① ③　前引欧文：《自由贸易思想史》，第42—43页。
②　 *Ibid*. Spiegel, *The Growth of Economic Thought*, p. 216.
④　前引欧文：《自由贸易思想史》，第44页。

"垄断了这个王国的全部对外贸易",英国被迫为他们免除一般商人受到的限制和进口税。①英国随后长期的所作所为属于典型的落后状态下的赶超。

其二,英国早就开始厉行系统的保护主义管控政策,至少从14世纪起就施行谷物禁运及食物和工资控制政策,并且迫使外商把进口销售所得"全部用于购买英国产品"②。

其三,在实施对外商业限制措施后,英国内部的工商兴趣和企业精神得到了迅速的激发,及至15世纪中叶,随着国内实力的增强,外国垄断商人即"完全被排除出这个市场"③。

其四,英国从14世纪起就尝试实施以保护主义为特征的航海条例,尽管直到17世纪中叶它们才得到有效执行。航海条例对于击溃荷兰海上力量、建立英国霸权优势至关重要。④

其五,引进外国技工加速了产业发展,英国自14世纪吸引佛兰德等地纺织工前来定居后,才将养羊业优势转变为毛纺织业,至16世纪与17世纪之交毛织品出口已占到英国出口总额的十分之九。⑤

上述各点,都是李斯特从休谟《英国史》中摘引的史实,英国如此连续多个世纪的重商主义实践给李斯特的启示,丝毫不亚于有关理论给予的启示。当李斯特说,"每一个欧洲大陆国家都是这个岛国的老师,它的每一种工业技术都是向这些国家模仿得来的,它学会了以后就把这些工业建立在自己的国土上,然后在关税制度下加以保护,促使它们发展",当他再说,"一个国家借助于航海条例,就可以把那些在财力上、经验上、力量上都胜过一筹的

① 前引李斯特:《政治经济学的国民体系》,第19页。
② 前引李斯特:《政治经济学的自然体系》,第132页;前引李斯特:《政治经济学的国民体系》,第21—22页。
③ 前引李斯特:《政治经济学的国民体系》,第23页。
④ 前引李斯特:《政治经济学的国民体系》,第18、42页;前引李斯特:《政治经济学的自然体系》,第133页。
⑤ 前引李斯特:《政治经济学的自然体系》,第129页;前引李斯特:《政治经济学的国民体系》,第37、39页。

外国人顺利排挤出去",李斯特其实已经给出了赶超发展的成功秘诀。鉴于此,他忠告世人:"在大胆建立自己的理论体系以前,或者在向操着国家祸福之权的执政诸公献策之前,请先读一读英国工业发展的历史。"①

其他诸多英国史料也给了李斯特立论依据和政策启迪。据李斯特所引用,《爱德华三世法规》涉及英国在 14 世纪如何由输出羊毛原料转向输出毛织品,如何用优惠条件吸引外来毛纺织技工,直至条件成熟时,"禁止穿着任何用外国材料制成的衣服"。《爱德华四世法规》涉及英国在 15 世纪如何为应对外国制品"充斥市场"并造成失业与破产,而强令外国商人在向英国输入商品时必须等值输出英国商品,乃至"实际上禁止进口所有外国纺织品及许多其他外国产品"。②

基于这些史料,李斯特判定,"科尔贝所施行的、曾由意大利人用他的名字来命名的那个制度,在我们看来似乎并不是出于他的创造;就我们所知,英国人早在他之前就充分推行了这个制度";英国"在工业、财富和力量上是出类拔萃的,它所施行的排外性关税制度也是独步一时的"③。就是这一认识,使得李斯特特别重视英国进入"超越"阶段之前、在"追赶"阶段采用的那些经济民族主义政策措施。

李斯特参考了涉及英国的大量材料,有案可稽的还包括:查尔斯·达维南特的《英国财政收入和贸易文集》④,亚当·安德森的《商业起源的历史和年代推断》⑤,约瑟夫·普里斯特莱的《历史和一般政策演讲集》⑥,戴维·麦

---

① 前引李斯特:《政治经济学的国民体系》,第 40、46 页。
② 前引李斯特:《政治经济学的自然体系》,第 129 页;前引李斯特:《政治经济学的国民体系》,第 21 页。
③ 前引李斯特:《政治经济学的国民体系》,第 104 页。
④ 前引李斯特:《政治经济学的自然体系》,第 139 页。
⑤ 前引李斯特:《政治经济学的自然体系》,第 139—140 页;前引李斯特:《政治经济学的国民体系》,第 18、43、56、59—60 页。
⑥ 前引李斯特:《政治经济学的自然体系》,第 141 页;前引李斯特:《政治经济学的国民体系》,第 46、308 页。

克弗森的《商业史》①,约翰·海华德的《爱德华六世传记》②,约翰·坎贝尔的《海军将领传记》③,奥古斯塔斯·斯塔普尔顿的《坎宁先生的政治生活》④,《英国商人》杂志⑤,《泰特氏爱丁堡杂志》⑥,约翰·鲍令的《关于德意志关税同盟向帕默斯顿子爵的报告》⑦,等等。

以上种种,既能确认李斯特的已有看法,也自然会给他进一步的启发。例如,安德森在《商业起源的历史和年代推断》中论及英国与葡萄牙签订《麦修恩条约》(1703 年)、英国禁止进口印度纺织品和丝织品。这些重大问题上的论述必然强化了李斯特的思想,因为他留下赞语:"安德森对于有关英国商业政策的一切问题是具有清晰观察力的,而且讨论这些问题时态度也是非常坦率的。"⑧同样,普里斯特莱指出,待产业成熟之后,届时自应取消航海条例等保护制度,这正如产业起步之初实施保护制度,将是"同样的适合机宜"。这一涉及幼稚产业保护及成熟后须撤除保护的论断一定让李斯特印象深刻,以致他先后三次加以引述,并作了着重强调。⑨

最后,还必须讨论一下亚当·斯密对李斯特的影响。《国富论》早在1776 年、1778 年即已分两册译成德文⑩。众所周知,李斯特早年曾对斯密学派心悦诚服。之后,李斯特固然与斯密学派分道扬镳,可是,对总体理论框架的背弃并不意味着细节性的合理内核也会跟着遭弃。事实上,李斯特

---

① 前引李斯特:《政治经济学的国民体系》,第 39 页。
② 前引李斯特:《政治经济学的国民体系》,第 23 页。
③ 前引李斯特:《政治经济学的国民体系》,第 24 页。
④ 前引李斯特:《政治经济学的国民体系》,第 70 页。
⑤ 前引李斯特:《政治经济学的自然体系》,第 139 页;前引李斯特:《政治经济学的国民体系》,第 58—60 页。
⑥ 前引李斯特:《政治经济学的国民体系》,第 48 页。
⑦ 前引李斯特:《政治经济学的国民体系》,第 324 页。
⑧ 前引李斯特:《政治经济学的国民体系》,第 60 页。
⑨ 前引李斯特:《政治经济学的国民体系》,第 308、46 页;前引李斯特:《政治经济学的自然体系》,第 141 页。
⑩ Ibid. Tribe, *Strategies of Economic Order: German Economic Discourse*, p. 25.

坦言，自己"完全承认亚当·斯密和J.B.萨伊的伟大贡献"。例如，他多处承认，"斯密对于国家状况主要决定于生产力的总和这一点，看得何等清楚"；"斯密对于英国的航海条例曾作出耸动一时的论断"；斯密认识到，"就是社会中最低级成员的生活必需品，也是出于许多个人共同劳动与协作的结果"；首先指出限制殖民地发展工业"这种政策有欠公正的是斯密，这份功劳是应该归属于他的"；此外，为了报复威慑、国防维护、税收平衡等需要，斯密照样允许动用关税手段。①毋庸赘言，在承认斯密理论这些合理点时，李斯特实已认同甚至采纳了相关意见。

　　此外，李斯特也承认，斯密"对个人经济和人类经济的研究，才使经济学的基本原理得以发现"，错误只在于"没有注意到国家经济问题"②；斯密"把英国的经济繁荣归功于英国的政体，归功于人民的创业精神、勤奋和克俭"，自然言之有理，只是他"否认英国关税法规的有益效果"，由此造成"对于国家繁荣的原因完全缺乏正确的观点"③。在指出谬误的同时，那些得到认可的斯密论点无疑也能生发参考意义。再如，斯密相信农业国的工业化会"提高国内剩余土地生产物的价值"；斯密批评商人"只要稍有一点不如意，他就会将其资本连同这种资本所经营的产业，从一个国家迁到另一个国家"；斯密认为"一国财富不仅仅由贵金属构成，而且还包括一切具有交换价值的产品"④。如此等等，作为合理常识也均可见于李斯特学说。

　　顺便要指出，李斯特批评斯密及萨伊的教义为"价值理论"，这个名称来自同时代英国经济学家约翰·麦卡洛赫，李斯特即明言此乃麦卡洛赫所取的一个"恰当的名字"。⑤于此也可见英国影响的重要性。

---

① 前引李斯特：《政治经济学的国民体系》，第19、119、124、132、88、268页。
② 前引李斯特：《美国政治经济学大纲》，第206页。
③ 前引李斯特：《美国政治经济学大纲》，第247页。
④ 前引李斯特：《政治经济学的自然体系》，第79、105、185页。
⑤ 前引李斯特：《政治经济学的自然体系》，第35页。

第六节　德国的官房学派

　　在李斯特的主要著作中,很少见到他对德国经济学家的征引。早期,仅在《美国大纲》中,他提到过一次"德国最著名的政治经济学著作家佐登伯爵",并称此人曾给李斯特1819年起编辑的《德国工商业者专刊》"写过许多极有价值的东西"①。佐登伯爵本名弗里德里希·海因里希,提前从普鲁士官位上退休后集中研究政治经济学,著有九卷《国民经济学》(1805—1824年)。他的思想立场是,"虽然谴责重商主义、禁入令、高关税,但不是一个无条件的自由贸易者";虽然"总体上接受斯密的理论",但对《国富论》抱轻蔑态度,认为斯密观点"偏狭",另还论及"生产(源)力"。②李斯特文中述及佐登伯爵,这是他受德国经济学家影响的确证,可惜这样的例证寥寥无几。史家因此得出结论:"作为一位'著名的德国经济学家',李斯特对可识别的德国思想传统的借鉴非常有限。"③不过,所谓"可识别"这个字眼值得细究。

　　单纯关注李斯特书中的征引,固然可以得到他受人影响的"可识别"信息,但必然会埋没未能明示的其他大量思想源出,毕竟他说过,"我所读到的多于我所引证的又何止百倍"④。当然,李斯特著书时,多不在德国,他甚至抱怨自己的书稿资料不在身边,"我只得完全凭记忆"⑤。由此可以想见,他写作时能参考到的德语文献会比法语等其他文献反而相对缺乏。但如今也知道,1838年初他从巴黎致信在德国家里的妻子,请她带些书过来,既提及

① 　前引李斯特:《美国政治经济学大纲》,第215页。
② 　*Ibid*. Hirst, *Life of Friedrich List, and Selections from His Writings*, p. 185. 前引文得乐:《弗里德里希·李斯特传》,第204页。
③ 　*Ibid*. Tribe, *Strategies of Economic Order：German Economic Discourse*, p. 33.
④ 　前引李斯特:《政治经济学的国民体系》,第8页。
⑤ 　前引李斯特:《政治经济学的自然体系》,第4页。

美国经济学家丹尼尔·雷蒙德、托马斯·库柏、马修·凯里等人,也提及德国经济学家鲁道夫·洛茨、奥古斯特·吕德尔、路德维希·雅各布。[①]以此观之,本国政治经济思想不可能对李斯特没有影响,特别是在多为单纯求知而阅读的早年,更可能早已产生潜移默化的作用。

本土思想产生影响的一个突出例证是,李斯特崇敬德国政论家尤斯图斯·默泽,1840年夏为了优化德国铁路线走向而接连发文造势时,李斯特为避免秘密部门节外生枝,曾署上了这位已故爱国者的名字。[②]默泽强调应当尊重基于历史社群的各种市政自治、只有拥有土地的农民才能成为真正的国民等等,此类理念据称都对李斯特的政治经济思想产生过"决定性影响",尽管这一影响"经常被忽略"。经查,1818年,李斯特在蒂宾根大学"符腾堡国家宪法"的讲课中尊称默泽为"古日耳曼史头号权威",并在讲课及同期多篇文章中援引其有关地方自治、代议政府的思想;在《农地制度、小农经营与向外移民》篇首则提及默泽关于经济独立才能参与好国家政治、履行好国民义务的思想。[③]

另有一例可说明,李斯特早年在国内便形成了以后个人学说中的一个支柱性思想,即对斯密尤其是其"世界主义"的批判。他盛赞过一位1810年即早逝的德国人亚历山大·马维茨,称之为"德国最伟大的政治经济学家",此人曾批判过斯密"狭隘、无趣"的观点。更明确的是,在蒂宾根大学讲义"符腾堡治国的理论与实践"中,李斯特已明确写道:"以为全世界可结成一个公民大联合,这纯粹是一种非自然的理念,因为独立国家之间的战争如同个体间的打斗一样,都是原始人性的爆发。"后来他更确认,自己"是在为工商联合会工作的两年中,构想出了世界主义与国民经济的区别,

---

① *Ibid*. Tribe, *Strategies of Economic Order: German Economic Discourse*, p. 47.

② 前引文得乐:《弗里德里希·李斯特传》,第 216 页。

③ Tetsushi Harada, "Noboru Kobayashi's Research on Friedrich List: A Contribution on List's Reception and Interpretation in Japan", in *ibid*. Hagemann, et al., eds., *The Economic Thought of Friedrich List*, pp. 164-166.

以及生产力理论"①。

其实德国原也有过世界主义思潮,譬如见于伊曼努尔·康德的哲学。然而,从 18 世纪末起情况发生变化,特别是在拿破仑军队入侵后,德意志民族主义骤然上升。②约翰·费希特在 1800 年出版的《锁闭的商业国》中已提出,"要取消抽象的个人主义的经济学说,而代以具体的国家主义的经济学说;取消人自为战的混乱的经济政策,而代以国家安排的统系的经济政策";需为本国工商业提供"保护政策,以抵抗外来的竞争"。这些现成思想对李斯特不可能没有影响,中国早期的介绍者便指出,李斯特的"国家主义经济学"是在吸纳费希特等"前哲教训"基础上加以自身经验而形成的学说。③可见,李斯特集中抨击斯密等人的世界主义等论调确实早有本土伏笔。

还有一个可算本民族的思想联系也值得指出,这涉及海因里希·施托希。施托希被称为"俄国首位政治经济学家和统计学家"④,但他其实是生于里加的德意志人。此人所著《政治经济学教程或决定国家繁荣之原理阐述》1815 年出版于圣彼得堡,1824 年又在巴黎再版。李斯特固然指责施托希一直在向俄国统治者"灌输自由贸易学说"⑤,但这并未妨碍他吸收了这位德裔经济学家的思想。据研究,施托希先已强调人的"内在素质"及其与经济发展中物质和精神决定因素的联系,而这些理念后来成了李斯特生产力理论中特色显著的组成部分。⑥

---

① *Ibid*. Hirst, *Life of Friedrich List*, *and Selections from His Writings*, pp. 123-124, p. 9.

② [美]里亚·格林菲尔德:《资本主义精神:民族主义与经济增长》,张京生等译,上海世纪出版集团 2004 年版,第 217、255 页。

③ 李璜:《述国家主义的经济学》,载《醒狮》1925 年 4 月 4 日,第 4 版。

④ Vladimir Avtonomov, and Georgy Gloveli, "The Influence of the German Histotical School on Economic Theory and Economic Thought in Russia", in José Luís Cardoso, and Michalis Psalidopoulos, eds., *The German Historical School and European Economic Thought*, Routledge, 2016, p. 185.

⑤ 前引李斯特:《政治经济学的自然体系》,第 179—180 页。

⑥ Stefan Kolev, and Joachim Zweynert, "Friedrich List (1789-1846)", in Gilbert Faccarello, and Heinz D. Kurz, eds., *Handbook on the History of Economic Analysis*, Vol. I: "Great Economists since Petty and Boisguilbert", Edward Elgar Publishing, 2016, pp. 168-169.

如此承接德意志本土思想当然不足为奇，毕竟德国拥有颇为发达的政治经济学传统，特别是较早就形成了作为德国版重商主义的"官房学派"。17世纪，带有重商主义色彩的经济学已在德国巍然成型，涌现出多位经济学大家，如探讨货币性质及贵金属积累的雅各布·博尼茨，注重公国行政管理和经济政策的路德维希·泽肯多夫，倡导促进全民福利和农工商平衡的约翰·贝歇尔，强调扶持国内工业、努力出口制成品的菲利普·霍尔尼克，讨论如何开源节流并保护国内工业的威廉·施罗德。[①]他们的论述以"官房"即国库或财政为重点，涉及货币、商贸、工业、行政、治安、福祉等广泛议题。

到18世纪，德国经济学继续沿官房学派的轨道蓬勃发展。随着普鲁士国王设立两个官房学教职，"世界上最早的两个经济学（及官房学）教授职位于1727年出现在德国，这比英国早了大约一个世纪"；如今的官房学派文献目录列有"约一万四千本书"，其中"大部分出版于18世纪"；"仅在德国注册的登载经济文献的报纸和刊物就有170家"。事实上，当时德国经济学的发达程度甚至超过英法等国，至少据载，"1850年前译成瑞典语的207种经济学著作中，有84本原文是德语，55本是法语，51本是英语"[②]。可见，单是德国的官房学派就不乏李斯特可援用的丰富思想资源。事实上，他在蒂宾根大学任教时，系主任富尔达即信奉官房学派，故有断言："李斯特肯定受到重商主义和官房学派的强烈影响。"[③]

对李斯特深有意义的是，官房学派怀有落后国家志在赶超的强烈意识。德国经济学萌发之初，正是德意志遭遇乱世之际，三十年战争以降，所谓的德国长期形同"失败国家"。经济的欠发达、对英法等国的商贸依

---

①　前引马格努松：《重商主义政治经济学》，第99—115页。

②　[挪]埃里克·赖纳特：《作为发展经济学的德国经济学：从"三十年战争"到第二次世界大战》，载前引赖纳特等主编：《穷国的国富论》下卷，第229页；前引熊彼特：《经济分析史》第一卷，第245页。

③　*Ibid*. Hagemann, "German, American and French Influences on List's Ideas of Economic Development", p. 59.

附、国家发育的迟缓,如古斯塔夫·施穆勒所言,反过来也生成了"德国重商主义的独特性"①。德国历史文献中"一个经常出现的主题就是德国与其他欧洲诸国相比是个落后国家"。本来,欧洲近代的经济学基本上"都是在当时很穷的国家写出来的,或者是为当时很穷的国家而写的",对于德意志则更其如此。所以毫不奇怪,"德国经济学自诞生之日起,就具有了落后国家奋力追赶富有邻国的特点"②。

凯恩斯曾有高论:"局势越是混乱,自由放任就越是无能",官房学派既然怀有重拾河山并赶超发展之志,必然会重视国家作用和政府干预。所以"德国经济学传统把国家看作重要的经济推进器,并会在困难时期使出'杀手锏'",也就不足为奇了。③如18世纪的约翰·尤斯蒂、约瑟夫·宗南费尔斯等官房经济学家,均对国家干预倡导有加。④与英国古典经济学不同的是,官房学派不会把经济学仅当作"一门关于交易的学问"来研究,他们更关注"公共管理、税收、制度、法律和规范",以及"地理与历史、技术及其变迁、政府与管制、社会问题及其解决办法"等直接的经邦济民问题,由此也派生出注重经验归纳、密切联系实际、强调整体主义等方法特点。⑤李斯特学说与此一脉相承谅非偶然。

同样对李斯特有显著预示性的是,官房学派坚信依靠工业化去加速赶超发展。约翰·穆勒曾说:"只有在世上落后国家里,增加生产才仍然是个重要目标。而那些最发达的国家,经济上需要的是更好的分配。"⑥德国无疑应验了这一论断,因为"官房主义者对保护制造业非常推崇"⑦。与此互

---

① 前引马格努松:《重商主义政治经济学》,第100页。
② 前引赖纳特:《作为发展经济学的德国经济学》,第218页;前引熊彼特:《经济分析史》第一卷,第228页。
③ 前引赖纳特:《作为发展经济学的德国经济学》,第219、221页。
④ 前引马格努松:《重商主义政治经济学》,第111页。
⑤ 前引赖纳特:《作为发展经济学的德国经济学》,第221、218、222页。
⑥ *Ibid*. Spiegel, *The Growth of Economic Thought*, p. 389.
⑦ [挪]埃里克·赖纳特:《竞争力及其思想先驱:五百年跨国比较的视角》,载前引赖纳特等主编:《穷国的国富论》下卷,第128页。

为表里的是,官房学派"都反对重农学派",不相信放任自流会建立"自发秩序",不相信固守农业会造就强大经济,倒是认为"发展制造业不仅不会损害农业,反而会带动农业"。突出的例证是约翰·普法伊费尔,他著有《反重农学派》(1780 年),并以此眼光"编写了一本成功的官房学教科书",以及六卷本欧洲经济思想史教材。①以李斯特观点上及年代上跟他们接近,难以想象他未受到思想影响。

为发展本国工业而要求贸易保护,这在官房学派那里也早有先例。应该说,各种扶持本土工业之策在欧洲原本屡见不鲜,但在官房学派这里更有系统建议,以菲利普·霍尔尼克最为典型。此人比李斯特早一个半世纪,在所著《奥地利富强论》(1684 年)中提出了广为人知的"本土经济学九原则",可概括为:1.摸清基本国情,发挥生产潜力;2.本国加工原料,收获百倍增值;3.扩大劳动队伍,吸引外来技工;4.禁止金银外流,保证通货供给;5.使用本国产品,开展进口替代;6.万一需要进口,宜用产品交换;7.鼓励进口原料,促进国内就业;8.大力出口成品,借以换取金银;9.避免进口洋货,哪怕价廉物美。②除了李斯特日后的政策与此酷似外,尤应注意,霍尔尼克的书作为"那个时代最成功的德语经济学著作"连印 16 版,1784 年还发行了"百年纪念版",并重申该书对奥地利经济的缔造之功。③李斯特忽略此书的可能性微乎其微。

此外,李斯特对国家兴衰原因的探究也有前例。评价治乱得失本来就是"重商主义的关键工具之一,也是重商主义的启示。……这种评价的实践早在 15 世纪晚期就已存在"④。但就在 18 世纪的德国,这方面有位难以逾

① 前引赖纳特:《作为发展经济学的德国经济学》,第 223、230—231 页。
② *Ibid*. Rössner, "Manufacturing Matters", p. 108. 前引马格努松:《重商主义政治经济学》,第 112 页;前引赖纳特:《作为发展经济学的德国经济学》,第 227—228 页。
③ 前引赖纳特:《富国为什么富穷国为什么穷》,第 73 页;前引赖纳特:《作为发展经济学的德国经济学》,第 226 页。
④ 前引赖纳特等:《重商主义与经济发展》,第 40 页。

越的研究者雅各布·比尔费尔德。此人就国家衰落总结出 12 个涉外原因：蛮人大举入侵、外敌战争来犯、边患冲突频仍、疆域过于辽阔、独立主权丧失、计划大而无当、战乱瓜分帝国、双元分割主政、统治能力减弱、海外领地失控等。涉内原因则有 20 个：宪法邪恶、国王无能、寡头弄权、群臣背叛、治理低劣、蔑视宗教、宗教狂热、专制过度、自由泛滥、漠视民生、贵族骄奢、法律失当、人口减少、领地过大、疫病流行、酗酒成风、军纪松懈、债台高筑、机关内斗、破坏宪政等。须知，"比尔费尔德的著作是最畅销的经济学书籍之一，共出了 12 版"①。这样有影响的国家兴衰分析也不大可能为李斯特所忽略。

关于李斯特之前官房学派的先驱思想，这里不妨再对照一位，此即 18 世纪的约翰·尤斯蒂。此人的主要论点有：城市重商主义正在让位于国家重商主义；自然的禀赋优势日益让位于人为的比较优势；只有存在制造业的地方才会有成功的农业②；一个仅从事原料生产的国家会陷于"人造的"贫困③；制造业对激发国内经济并促进出口具有根本性意义；创造竞争优势的关键在于建立新行业、推出新产品、开发新工艺；减少进口本质上要靠吸引外国技工、促进科技转让、鼓励发明创造。④政府监管固然必不可少，但工商业真正需要的是自由与安全；为了公共利益有时需要保护性关税或进口禁令，但一般应减少贸易限制；政府对国民与社会、精神与物质、生产与管理等各方面都负有责任，但行政命令不应取代经济规律和企业活力；纵然节省劳动的机器会造成失业，但这不是反对机械化的理由，因为新的就业机会可创造出来。⑤尤斯蒂诸如此类的观点，包括其辩证看问题的方法，在李斯特那里不是也司空见惯吗？

---

① 前引赖纳特：《评价成功的基准》，第 101 页。
② 前引赖纳特：《评价成功的基准》，第 100、81 页。
③ 前引赖纳特：《富国为什么富穷国为什么穷》，第 131 页。
④ *Ibid*. Rössner, "Manufacturing Matters", p. 110, p. 113.
⑤ 前引熊彼特：《经济分析史》第一卷，第 260—262 页。

　　行文至此，仍要强调欧洲这一开放平台上交互影响的特点。官房学派固然是重商主义在德国的具体呈现，但它也属国际互动的产物。据考证，"官房学派一词本身以及官房学派的著作都是从瑞典和俄国传播到西班牙和意大利的"①，无非是再传到德国后，适宜的国情使之得以茁壮成长。再如，因《德意志公国》（1656 年）而被誉为"官房学派的亚当·斯密"的泽肯多夫，正是从实地考察的荷兰那里获得了诸多启发，其中包括：通过加工制造而实现增值已成一种"迫切需要"；应当扶持本土幼稚工业借以替代进口制品；国家是肩负"共同福利"的一个有机整体；统治者不仅有权利来管理国家，更有义务去发展国家。②如此举例意在表明，李斯特与官房学派观念接近，也可能是他受其他国家经济思想影响的一个反映。不过，以上对官房学派的德国追溯即使不能坐实李斯特的直接借鉴，也至少有助于认识其学说成长的本国经济学背景。

　　在厘清官房学派这一思想渊源后，最后也应述及德国经济思想浪漫主义派别的代表亚当·米勒。此人发表过《治国要义》（1809 年），也反对斯密的理论，强调生产力对经济发展的重要性③。据称他更早提出了"国家生产力"概念④，并对物质资本与精神资本作过"著名的区分"⑤，认为宗教、道德、科学、技术知识、国民觉悟这些非物质因素也具有经济意义。⑥为此，布吕格曼及马克思认为李斯特剽窃了米勒。⑦两相对照表明，尽管李斯特与米勒一

①　前引赖纳特：《作为发展经济学的德国经济学》，第 219 页。

②　*Ibid*. Rössner, "Manufacturing Matters", p. 106. 前引赖纳特：《作为发展经济学的德国经济学》，第 224—225 页。

③　*Ibid*. Hagemann, "German, American and French Influences on List's Ideas of Economic Development", p. 60; Stefano Spalletti, "Friedrich List's 'Economics of Education'", in *ibid*. Hagemann, et al., eds., *The Economic Thought of Friedrich List*, p. 87.

④　前引赖纳特：《竞争力及其思想先驱》，第 128 页。

⑤　Fritz Karl Mann, "Review of *Friedrich List* by Carl Brinkmann", *The American Economic Review*, Vol. 41, No. 3, 1951, p. 433.

⑥　*Ibid*. Helleiner, *The Neomercantilists: A Global Intellectual History*, p. 57.

⑦　前引文得乐：《弗里德里希·李斯特传》，第 259 页。

样反对斯密,但米勒要求回归中世纪的经济和政治制度①,"对现代工业总是表示敌意"②,"从来不像李斯特那样认可英国在工业发展和政治自由方面的示范效应"。因为米勒持有"眼光向后的封建保守观点",所以他追随甚至要求梅特涅打压李斯特,成了李斯特的"私敌"。③当然,大趋向上的差异并不会妨碍对具体观念的吸收,但即使不采信李斯特的自辩及他1842年后才读米勒书的档案证据,所谓李斯特剽窃米勒的指控也还是难以坐实,毕竟在同一个文化体系下完全可能所见略同,再说也有结论说他们之间"仅存在最模糊的术语上的雷同而已"④。

第七节　美国的美利坚体制

李斯特1825年至1832年定居美国,扣除中间回欧洲近一年,实际在美居住约六年时间。虽然李斯特在新大陆主要从事各种实业及报纸编务,但美国与李斯特学说的构建还是关系很大,毕竟他在那里完成了代表其学说成型的《美国大纲》,且在那里有机会全面接触到亚历山大·汉密尔顿、丹尼尔·雷蒙德、马修·凯里等思想合拍者的论著。然而,在李斯特本人看来,最大的收获还是来自美国活力四射的发展实践。他说过:"当命运把我带到美国时,我把所有书本都留在身后,它们只会把我引入迷途。在新大陆上,关于政治经济学我们可以读到的最好书册就是生活本身"⑤。

---

① *Ibid*. Hirst, *Life of Friedrich List*, *and Selections from His Writings*, p. 122. 前引季德、利斯特:《经济学说史》上册,第334页。

② 〔英〕埃里克·罗尔:《经济思想史》,陆元诚译,商务印书馆1981年版,第225页。

③ 〔德〕京特·法比翁克:《弗里德里希·李斯特》,吴薇芳译,商务印书馆1983年版,第11页。*Ibid*. Hagemann, "German, American and French Influences on List's Ideas of Economic Development", p. 60.

④ *Ibid*. Tribe, *Strategies of Economic Order*: *German Economic Discourse*, pp. 45-46, p. 48.

⑤ *Ibid*. Hirst, *Life of Friedrich List*, *and Selections from His Writings*, p. 36. 前引李斯特:《政治经济学的国民体系》,第7页。

李斯特言之真诚，因为他接着娓娓道来："美国就在我们眼前由茫茫旷野变成富强国家。这里首次让我看清，国家会历经不同的经济发展阶段，在欧洲费时几百年的进步，即从自然状态向畜牧业再向农业然后向工业和商业转变的过程，这里就发生在大家眼皮底下。在这里可观察到，地租如何从零起步，逐步增长到可观的数目。这里一个朴素农民靠实际经验，便能比旧大陆最深刻的学者更好地理解农业和地租的增长机制，他会力图把制造厂商和技术工人吸引到自己身边。农业国与工业国的对照在这里以最明了的方式呈现出来，从而激发人们展开最猛烈的倡议行动。在哪儿都不能像在这里一样，让人充分领悟交通工具的真正价值，及其对人们精神与物质生活的影响。我如饥似渴、孜孜不倦地阅读这本书，力求把这里的心得跟我以前的学识、经验、思考协调起来。结果是我如愿提出了一个学说体系。"①

显而易见，经济发展一日千里的美国对李斯特的理论构建给予了最有力的触动。然而，也应当指出，李斯特之所以能在美国迅速开始建言立说，终究是因为到达之前，他已积累了足够的"学识、经验、思考"。常可见一种观点，倾向于高估美国经历对李斯特理论构建的重要性，相应则低估他抵美前的思想积累，这种观点与事实有明显出入。例如，有称"在德国时，李斯特基本上还是维护亚当·斯密的经济学说"②；也有称他赴美前"虽曾鼓动以关税同盟作为国家统一的基础，但对经济发展仅具有最模糊的理念"，并进而称正是美国经历才"直接派生了他关于保护主义和关税同盟的经济构想"③；还有说李斯特从美国返回德国，他才把美国的经济学说移植回去，并从此"率先宣扬德意志关税同盟"云云。④

---

① 前引李斯特：《政治经济学的国民体系》，第 7 页。*Ibid*. Hirst, *Life of Friedrich List, and Selections from His Writings*, p. 37.

② 前引法比翁克：《弗里德里希·李斯特》，第 12 页。

③ *Ibid*. Tribe, *Strategies of Economic Order: German Economic Discourse*, p. 44, p. 65.

④ ［美］迈克尔·赫德森：《保护主义：美国经济崛起的秘诀（1815—1914）》，贾根良等译，中国人民大学出版社 2010 年版，第 75 页。

其实,即使不去查考李斯特早年代表德国工商联合会致呈邦联的请愿书,即使不去回溯让他潜移默化的欧洲重商主义经济传统,单凭他赴美前夕那句话:斯密的"全部贡献都无法弥补他劝导我们某些无脑教条主义者接受自由贸易理论而造成的巨大伤害"①,就不难看出,所谓李斯特思想主体得自美国这种说法与实情不相吻合。一个不争的事实是,"李斯特到美国前,已经是亚当·斯密和J.B.萨伊的批评者,他不是因为读了美国作者的著作才皈依保护主义的"②。他踏上新大陆前说过:"我希望美国将给我提供一个很好的例证来证明我的主张。美国人遵循斯密的理论,直到整个工业都荒废后,才开始奉行理论家们所厌恶的体制。"③正因为先已具备了斯密理论应当抵制、幼稚产业必须保护这样的思想基础,所以李斯特甫抵美国,既反感托马斯·库柏宣扬的那套斯密类学说,也远离了那些空想社会主义试验,很自然地信奉起那个与自己思想一拍即合的"美利坚体制"。

"美利坚体制"据称由汉密尔顿最早于1787年提出,也有说由亨利·克莱基于汉密尔顿的思想而在1812年战争后提出,李斯特还曾称誉克莱"这位先生却是对美国工业利益最杰出、最有远见的拥护者"④。无论如何,大家公认,这一概念包含的基本理念源自汉密尔顿,早已体现于美国初期的一系列官方文件。美利坚体制的政策倡议是:为促进经济发展,政府理应积极有为,尤应采用关税手段扶持制造业;联邦政府应筹资建设交通设施,通过拓展内部市场激发经济扩张;并应设立国民银行及公债制度,借以促进工商业的快速发展。⑤若简言之,则"美利坚体制就是保护性关税"⑥。美利坚体制故此成了美国保护主义者的旗帜,李斯特的《美国大纲》最早在报上刊载

①③ *Ibid*. Hirst, *Life of Friedrich List*, *and Selections from His Writings*, p. 33.

② *Ibid*. Henderson, *Friedrich List*:*Economist and Visionary*, p. 154.

④ 前引李斯特:《政治经济学的国民体系》,第316页。

⑤ Mark Knell, "Friedrich List and the American System of Innovation", in *ibid*. Hagemann, et al., eds., *The Economic Thought of Friedrich List*, p. 192; *Ibid*. Hagemann, "German, American and French Influences on List's Ideas of Economic Development", p. 61.

⑥ *Ibid*. Henderson, *Friedrich List*:*Economist and Visionary*, p. 153.

时，即"列于美利坚体制标题下"①。

特应指出的是，美国交通发展实践对李斯特大有触动。他自述："我以前按照学到的价值理论去看待交通的重要性，仅仅从交通单纯的运输后果，从市场的扩展、物质产品价格的下降这样的角度看问题。现在我才开始从生产力理论来看待交通问题，注意从其对于国民运输体系，从其对一个社会全部的经济、思想和政治生活的提升，从其对国家实力的促进这样的角度看问题。如今我意识到一国制造能力与国民交通体系之间存在相互依赖、不可脱离、彼此共进的关系。因此，我能比之前任何国民经济学家都更全面地看待这一物质条件。我自信可无愧于心地说，本人是清晰展示了铁路网之必要性和效用性的首位国民经济学家。"②交通方面的这一领悟尤其得益于李斯特本人在美国修造铁路的亲身体验与思考。

对于李斯特这样孜孜好学的人而言，从美利坚体制包括美国实践中汲取营养并升华本人思想是完全可期的。但除此之外，他在美期间还是通读了包括经济学在内的大量书籍，这种书本的影响决不能低估，哪怕作为实干家的李斯特惯于强调来自实践的启迪。离开欧洲时他或许的确没有带上任何书册，但居美"这些年中他手写的几份书单留存下来了，表明其阅读面特别是英文阅读面是宽广的"③。即使在农场经营十分困难的抵美后首个冬季，在熟悉环境、经营农场、学习英语外，他仍博览群书。他离世前回忆："我勤奋地学习化学、机械、采矿、农业、贸易，一有机会，便积累农业、制造业、商贸各方面的实际经验，同时还要完善新语言的技能。为了消遣，我钻研历史和政治，甚至医学也成为爱好。……当然，我也用心了解美国宪法及北美的社会和经济形势。"④

① *Ibid.* Hagemann, "German, American and French Influences on List's Ideas of Economic Development", p. 61.
② 前引文得乐：《弗里德里希·李斯特传》，第 154 页。
③ *Ibid.* Hirst, *Life of Friedrich List, and Selections from His Writings*, p. 37.
④ 前引文得乐：《弗里德里希·李斯特传》，第 142 页。

汉密尔顿这位美利坚体制首创者的有关报告,特别是那份著名的《关于制造业问题的报告》(1791 年)肯定为李斯特所优先重视。在《美国大纲》第一封信中,他写道:"我仔细读了费城民族工业促进会的各种书信、国会对这一问题的各种演说,以及'奈尔斯的录鉴'等许多资料……这个国家的第一流政治家们早就作过非常坦率、非常敏锐的阐述"。他还说自己若再就他们业已论及的诸多实际问题发表意见,"就显得目中无人了"①。这里提到的"费城民族工业促进会"一说由汉密尔顿创立,另一说由马修·凯里创立,后改称"宾夕法尼亚制造与工艺促进会"(简称"制造促进会")。该会 1824 年、1827 年均重印过汉密尔顿的著名报告,②那自然在李斯特"仔细"阅读的资料范围内。

在《美国大纲》中,李斯特列举过 12 位"古今最有见识的贤达",其中就有华盛顿、杰斐逊以及汉密尔顿。③在《自然体系》中,他称赞汉密尔顿"很出色"地准备了"一份关于美国制造业的详细报告",并提到以后的执政者正是"以汉密尔顿的报告为基础",才提议"为保护工商业应该提高进口关税"。李斯特还表示,"虽然这些关税仍不很高,但已足以使美国东部诸州工业得到相当大的发展"④。在制造促进会 1827 年 11 月举行的答谢宴会上,他又充满赞许地谈及"汉密尔顿的著名作品"⑤。

当然,在后来的《国民体系》中,李斯特未再提到汉密尔顿及其制造业报告,这也是事实。然而,李斯特从汉密尔顿这里得到了观点的确认、深化、影响,这一点无可置疑。例如,针对发展工业的必要性,汉密尔顿在《关于制造业问题的报告》中说:"看来明确可言,一个既有制造业又有农业的国家,在

① 前引李斯特:《美国政治经济学大纲》,第 202 页。
② *Ibid*. Hirst, *Life of Friedrich List*, *and Selections from His Writings*, p. 41, p. 156. 前引赫德森:《保护主义:美国经济崛起的秘诀》,第 83 页。
③ 前引李斯特:《美国政治经济学大纲》,第 213 页。
④ 前引李斯特:《政治经济学的自然体系》,第 173—174 页。
⑤ *Ibid*. Hirst, *Life of Friedrich List*, *and Selections from His Writings*, p. 284. 前引李斯特:《政治经济学的自然体系》,第 178 页。

贸易上会比纯农业国更能盈利并更加繁荣。……双方商品交易中，一方的需求稳定如一，另一方的需求飘忽不定，必然倾向于让交易总过程变得不利于纯农业国。""不仅一国的财富，而且一国的独立和安全，看来都与制造业的发达息息相关。考虑到这些重大问题，每个国家都应当努力自行拥有国民全部必需品供应，它们构成了衣食住及国防的基本条件。"①这些基本观点后在李斯特那里都耳熟能详。

汉密尔顿尤其分析了落后国发展工业面临的障碍："从事并完善了某一工业的国家享有先发优势，这对同一工业引入从未有过该工业的国家构成了一个巨大障碍。在一国新创产业与另一国久已成熟的产业之间，要想在质量和价格上展开平等竞争，大多数情况下是不切实际的。质量或价格任一种差距，或者同时两种差距，必然相当悬殊，使得若无政府非同寻常的援助和保护，便不可能展开成功的竞争"；"有关规定限制外国制品与本国制品展开竞争，其所产生的直接且明确的效果将是抬高价格。虽然这一点是确实的，但举世公认，待每一行制造业成功后，所产生的最终效果将完全相反。当国内制造业达到完善状态，并拥有大批称职的人员从事其经营时，价格必然会便宜下来。"②熊彼特称赞这一分析为"极好的应用经济学"，并观察到"这种分析结构后来在雷蒙德、李斯特等作家的著作中清楚地表现了出来"③。

此外，汉密尔顿在报告中开篇就逐条批驳了从重农学派到斯密学派"不赞成鼓励制造业"的各种论调，且阐明了诸多幼稚产业保护措施，包括制成品保护性关税、竞争制品禁入令、制造业原料禁出令、财政补贴与奖励、制造业原料免税或退税、国内外发明奖励与引进、机器设备进口激励、制成品合

---

① Alexander Hamilton, "Report on the Subject of Manufactures", in Joanne B. Freeman, ed., *Alexander Hamilton*, *Writings*, The Library of America, 2001, p. 689, p. 691.

② *Ibid*. Hamilton, "Report on the Subject of Manufactures", p. 671, p. 688.

③ 前引熊彼特：《经济分析史》第一卷，第302页。

理检验、资金异地汇付便利、货品运输便利等。汉密尔顿还指出："不仅必须精心规划政府方面会直接影响制造业的那些扶持与保护措施,而且要通盘管理那些会产生间接影响的其他方面,谨防它们可能损及制造业。"①汉密尔顿这一系列务实的工业化措施必定给李斯特留下了深刻印象,史家有言,作为李斯特"最有名的贡献","幼稚工业论显然是汉密尔顿的东西,是李斯特在美国逗留期间所吸取的经济智慧的一部分"②。

美利坚体制中对李斯特产生影响的第二人是丹尼尔·雷蒙德。此人在李斯特抵美前五年已发表《政治经济学思考:一个生产力理论》(1820 年)。该书的特点是:阐述了一个以生产力为基础的经济发展理论,用以对抗斯密等人的价值理论,并拒斥斯密对生产性与非生产性劳动的分类;强调国家财富不在于商品,而在于'能力',这最能通过国内农业与工业的协调发展来获得,政府当下有责任采取关税和补贴这样的积极步骤去发展制造业;反对斯密等人聚焦于私人经济因而忽略了国家这个有机整体,主张政治经济学应把国家而非个人放到中心,相信国家干预对促进经济发展有着关键作用。③不难看出,雷蒙德与汉密尔顿有所不同,径直摆出了"跟斯密《国富论》对垒的姿态"④。这些特点后在李斯特那里可谓一应俱全。

正因为二者观点十分近似,查尔斯·尼尔在 1897 年书中,专门研究了李斯特是否抄袭雷蒙德的问题,他的结论是:"雷蒙德与李斯特同样抵制斯密学派的经济体系,相信那是个人经济而非公共或政治经济;他们都否定个体与社会之间假定的利益和谐;他们都坚持认为国家乃有机统一体;他们都要求政治经济学以国家利益而不是个人或人类利益为对象;他们都拒斥价值并否认

---

① *Ibid*. Hamilton, "Report on the Subject of Manufactures", pp. 697-709.

② [奥]约瑟夫·熊彼特:《经济分析史》第二卷,杨敬年译,商务印书馆 1992 年版,第 196 页。

③ *Ibid*. Hagemann, "German, American and French Influences on List's Ideas of Economic Development", pp. 61-62; *Ibid*. Hirst, *Life of Friedrich List*, *and Selections from His Writings*, p. 112.

④ *Ibid*. Tribe, *Strategies of Economic Order*: *German Economic Discourse*, p. 52.

其在真正政治经济学理论中的任何地位；他们都认定国家财富不在于商品而在于'能力'或'生产力'；他们因此都拒绝斯密对生产性与非生产性劳动的划分；他们都反对斯密关于国际劳动分工与自由贸易的论点；他们相反都倡导各国农业与工业利益的协调发展；他们都反感放任自流，指望政府来保持并增进国家财富。"①不过，即使存在"相当不寻常数量的思想巧合"，尼尔还是认为，"尚不足以得出结论，说李斯特的思想整体袭用自雷蒙德"。②

雷蒙德的著作在李斯特抵美前，共出了两版（二版时改称《政治经济学要义》），总共发行1 250册，其时公认这是"美国问世的首部系统的政治经济学专著"③，并因"其政策结论指向提高关税而受到马修·凯里及其他头面保护主义者的热情称赞"④。据此而论，当李斯特受命出面批驳自由学说时，当时"雷蒙德已经提供了一套现成的可替代理论"，他要查阅美国政治经济学参考书，不可能不关注雷蒙德的著作。⑤尽管李斯特在自己书中从未标明引用过雷蒙德，但在1838年致信妻子索书时，确实提及雷蒙德，说明他应该藏有此书。因此，完全可以同意尼尔的另一个结论，即"雷蒙德和李斯特找到同样的原理作为其政治经济学体系的基础。在李斯特有证据显示正在构想类似理念前一些年，雷蒙德先已向公众推出其原理，也即，李斯特向世人呈现其体系是在他有机会熟悉雷蒙德著作之后，故而，难以相信李斯特实际上不了解后者著作"⑥。

学界主流之所以并不认为李斯特抄袭了雷蒙德，或许除了雷蒙德文笔稍逊、李斯特雄辩滔滔外⑦，主要在于，雷蒙德的思想本身也多采自汉密尔顿及其他同样影响过李斯特的前人。事实上，"雷蒙德采用的论点中很少不

①　*Ibid*. Tribe, *Strategies of Economic Order*：*German Economic Discourse*，p. 53.

②　*Ibid*. Henderson, *Friedrich List*：*Economist and Visionary*，p. 155.

③　*Ibid*. Tribe, *Strategies of Economic Order*：*German Economic Discourse*，p. 48.

④　*Ibid*. Hirst, *Life of Friedrich List*, *and Selections from His Writings*，p. 112.

⑤　*Ibid*. Tribe, *Strategies of Economic Order*：*German Economic Discourse*，p. 52, p. 48.

⑥　*Ibid*. Hirst, *Life of Friedrich List*, *and Selections from His Writings*，p. 113.

⑦　*Ibid*. Hirst, *Life of Friedrich List*, *and Selections from His Writings*，p. 112, p. 117.

能在汉密尔顿的制造业报告中找到","雷蒙德在自己的序言中也致谢汉密尔顿的报告"。①再有,其反斯密的思想,包括对公共经济与私人经济的区分等等,从书中反复引证可知,本采自斯图尔特、劳德戴尔等以前作者。②因此,史家也相信,"认为雷蒙德是李斯特的唯一启蒙者,似乎完全言过其实。……雷蒙德的思想并没有特殊的创造性"③。总之,李斯特无疑借鉴过雷蒙德,但他们无疑更拥有汉密尔顿等共同的"精神之父",这个事实本身反映了欧美经济学丰富多元、复杂互动的传统。

美利坚体制中影响李斯特的第三人是马修·凯里。此人系爱尔兰难民,具有强烈反英情绪,他儿子亨利·凯里后也投身美国保护主义事业,成为内战期间总统亚伯拉罕·林肯及其财政部长的经济政策顾问④,名声大于乃父。李斯特甫抵美国,即结识了正担任制造促进会会长的马修·凯里,由此也接触到了凯里自 1819 年以来发表的一系列小册子和演讲录。据研究,"李斯特在《美国大纲》及后来作品中大肆声张的某些论点,是对马修·凯里有力论辩的重申和改编。俄国采用开明政策保护自身工业,西班牙和葡萄牙这些国家坚持自由贸易而陷于衰落,亚当·斯密理论谬误连连,一国信奉哪个市场便宜就向哪里购买这套制度等于自取灭亡,所有这些论点均见于凯里的小册子,以及他的朋友和同事——巴尔的摩的黑泽凯·奈尔斯出版的《每周录鉴》"⑤。

尤其是在幼稚产业保护问题上,马修·凯里继汉密尔顿后,作了进一步的阐述⑥,那是在李斯特抵美前数年。据介绍,凯里在所著《政治经济学论

---

① *Ibid*. Tribe, *Strategies of Economic Order: German Economic Discourse*, p. 47, p. 52.

② 前引赫德森:《保护主义:美国经济崛起的秘诀》,第 75 页。*Ibid*. Hirst, *Life of Friedrich List, and Selections from His Writings*, p. 112; *Ibid*. Tribe, *Strategies of Economic Order: German Economic Discourse*, p. 52.

③ 前引季德、利斯特:《经济学说史》上册,第 333 页。

④ *Ibid*. Helleiner, *The Neomercantilists: A Global Intellectual History*, p. 167.

⑤ *Ibid*. Hirst, *Life of Friedrich List, and Selections from His Writings*, p. 41, pp. 113-114.

⑥ José Luís Cardoso, "Friedrich List and National Political Economy: Ideas for Economic Development", in *ibid*. Hagemann, et al., eds., *The Economic Thought of Friedrich List*, p. 49.

集》(1822 年)中,列出过自由贸易和保护主义各自利弊得失的清单。按其总结,保护主义存在 19 个有利结果,主要是"工业得到扶持并繁荣";而自由贸易存在 31 个不良结果,如"本国工业衰败""工人失业""贫困率增高""懒惰、赤贫、犯罪增加""施食处增多""工厂设施废弃""制造行业倒闭""商人跟着破产",最后一点是"得不到照应的公民与政府离心离德"。①由于凯里的著作都由他担任会长的制造促进会出版发行,而李斯特与他熟识,且自称"仔细地读了"该会"许多资料"②,所以李斯特肯定熟悉凯里的思想。当然,研究者也注意到,其中对民生疾苦的强烈关注却没有重现于李斯特学说。③

这里不妨引用马修·凯里的一些话,以更直观地了解李斯特可接触并因袭的思想。关于不平等交换,凯里说:"殖民地人被完全限于种地,用原材料去交换宗主国的制成品,这种'彼此交换'……不过是要让人继续贫穷和依附。……原材料与制成品的交换只会让宗主方得利,而让殖民地受损。"④针对斯密所称自由贸易不会让人失业的说法⑤,凯里反驳道:"问题是,存在这些可让人们转移其营生的富余行当吗?……斯密及其门徒到哪里去寻找能雇佣……众多工匠的富余行当呢?"就国家在工业化中的作用,凯里指出:"政治经济学中如果有一条真理比其他真理更加神圣和无可辩驳,那就是,国家的繁荣与其对国内工业的鼓励成精确比例,国家衰败的进程则与其对国内工业的忽视成同等比例。"⑥这些观点以后都成为李斯特学

①　*Ibid*. Tribe, *Strategies of Economic Order:German Economic Discourse*, p. 54.

②　前引李斯特:《美国政治经济学大纲》,第 202 页。

③　*Ibid*. Helleiner, *The Neomercantilists:A Global Intellectual History*, p. 45.

④　Guido Giacomo Preparata, and John E. Elliott, "Protecting the Infant Industry:Cosmopolitan versus Nationalist Economists", *International Journal of Social Economics*, Vol. 23, No. 2, 1996, p. 20.

⑤　[英]亚当·斯密:《国民财富的性质和原因的研究》下卷,郭大力等译,商务印书馆 1997 年版,第 41 页。

⑥　*Ibid*. Preparata, and Elliott, "Protecting the Infant Industry", p. 19.

说的要点,这种观点上的承袭关系或许有助于理解,为何马修·凯里的朋友奈尔斯出版的《每周录鉴》以及亨利·凯里几乎从来不提《美国大纲》或其中论点。[①]

最后,也应该讨论一下美利坚体制的对立面给予李斯特的特殊影响,这个对立面主要是托马斯·库柏。此人 1759 年生于伦敦,1795 年移居美国,后成为南卡罗来纳州哥伦比亚学院教授,所著《政治经济学讲义》(1826 年)被英国经济学家麦卡洛赫称为"我们所曾遇到的美国最好的政治经济学著作"。库柏信奉自由贸易和放任自流,相应地在政治上支持总统杰斐逊、麦迪逊、门罗,是美国南方主张及"州权"的"热烈倡导者"。[②]以库柏著作的出版为背景,北方的保护主义者为了予以回击,便"约请李斯特展开批判"[③],这才引出李斯特对库柏著作的研读及《美国大纲》的撰写。

库柏对李斯特的影响比较特殊,因为那是"一种强大的反向影响"[④]。据知,《政治经济学讲义》开篇就罗列了"25 条原理",认为这些所谓原理均无法成立。其中有一条列出的"虚假原理"是:"每一幼稚制造业要提升到成熟程度,都必然先由消费者作出牺牲、不惜一切代价,以让子孙后代获益。"如此罗列"虚假原理",正好为李斯特这样的论辩高手提供了系统的靶子,所以确实可以相信,"李斯特自己的国民经济原理乃针对库柏的观点而阐述,正是通过这一系统的辩驳过程,他才形成了关于国家发展的经济论点";进言之,"许多这些'虚假原理'其实恰恰直接预示了李斯特即将提出的那些论点,涉及商贸、财富、税收、农业、制造业在国民经济发展中的作用"[⑤]。

能从意见对立者那里获得启发,尤其标志着一个人的思想已有定见或已趋成熟。经过库柏那些"虚假原理"的系统激发,加之美利坚体制的思想

---

① *Ibid*. Hirst, *Life of Friedrich List, and Selections from His Writings*, p. 114, p. 120.

② *Ibid*. Hirst, *Life of Friedrich List, and Selections from His Writings*, pp. 156-157.

③ *Ibid*. Tribe, *Strategies of Economic Order: German Economic Discourse*, p. 52.

④ *Ibid*. Hirst, *Life of Friedrich List, and Selections from His Writings*, p. 117.

⑤ *Ibid*. Tribe, *Strategies of Economic Order: German Economic Discourse*, p. 57.

加持，李斯特如今对政治经济学和国家发展问题的视野显著扩大了，构想也更条理化了。他曾说过："一切新思想的历史表明，人类的进步不是靠不加批判地全盘接受伟大思想家的学说来推动的……后继者对大思想家们的学说加以充实完善是理所当然的。"①正是强大的批判精神，加上广泛的国际游历、既有的思想积累、天生的敏锐悟性、出色的集成能力、雄健的文字功夫，终于在新大陆让李斯特迅速站上了一个理论制高点，开启了构建一个赶超发展学说的拓荒之旅。

第八节　李斯特的创新究竟何在

以上追溯了重商主义及其"国别版本"与李斯特学说的丰富思想联系，这一查检有助于我们思考李斯特学说在欧美出现的趋向性，并体会欧美率先崛起的必然性。不难看出，就其学说中的每一具体论点而言，李斯特之前已有诸多先驱，以欧洲中世纪以来政治经济传统之积厚流广、洋洋大观，这一点完全不足为奇。因此，确实难言李斯特有何独特的原创性，也难怪马克思会酷评说，李斯特"提出的原理没有一个不是在他之前很久就已经有人提出来了"②。

然而，后人的工作无不立足于前人基础之上，李斯特又何能例外？这不禁让人想起熊彼特对亚当·斯密的评论："《国富论》中所包含的分析思想、分析原则或分析方法，没有一个在 1776 年是全新的"，"如果抽掉这些前驱者的思想，是否还能剩下斯密的思想，是很值得怀疑的。"③把这段话用到李斯特身上，甚或用到绝大多数体系创立者身上，应该也是适合的。事实上，

---

① 　前引李斯特：《政治经济学的自然体系》，第 19 页。
② 　前引马克思：《评李斯特的著作〈政治经济学的国民体系〉》，第 249 页。
③ 　前引熊彼特：《经济分析史》第一卷，第 280、294 页。

熊彼特确也说过:"李斯特对经济学的分析器械没有作出独创性的贡献。但他得宜地、正确地使用了原有分析器械中的某些部件,而这也意味着科学的功绩。"①

既然如此,我们该如何公正地看待李斯特的创新呢? 这里且把李斯特学说分解开来。就"民族主义""贸易保护""国家干预",以及"发展阶段"而言,尽管这些都是李斯特的"招牌式"论点,但若与其学说中的其他构件相比,它们的创新度其实最低,因为这方面的前驱论述可谓举不胜举。纵然李斯特将这些观念与政策高调地用于他所推崇备至的工业化,借此论证了幼稚产业保护的无比必要并始终强调有加,将之放到了本人学说的基础位置,这种应用上的新颖性也不等于他在理念上的原创性。当然,李斯特的贡献是,当古典自由经济学把此类论点扫入垃圾堆并确立相反的理念后,李斯特依然顶住压力,坚持并高扬这些有助于后进国工业发展的"明智之道",且将其组装到了本人的对立性学说中。

创新度较高者或许是作为李斯特学说核心的"生产力"论,不过,其中的创新性主要在于他对"生产源力"的开拓,特别是对众多非物质因素作为财富源泉的重视。他把"身心力量""政治状况""社会条件"等方面的广泛因素纳入生产力考察视野,特别是惯于从政治角度思考经济问题,把国家维度嵌入经济思考中,虽然之前也有人提过故而难言完全原创,但其反复论列毕竟言之有理且已系统完整、蔚成一家。前已梳理出的李斯特有关赶超发展的16个因素中,更多的是非物质因素,这一强调引人瞩目,有助于人们超越单纯物质主义或他所谓"死板的唯物主义"思维框框,多元地理解"财富生产"和经济发展的精神性支撑和非物质条件,这种见识的宽度和高度不要说相对于以前的重商主义,即使在后来的发展经济学中亦可谓鹤立鸡群。

更高的创新度见于李斯特经济学的历史方法。他的基本立场是,在判

① 前引熊彼特:《经济分析史》第二卷,第213页。

断理论得失、政策成败、制度优劣、国家安危时，包括在构建本人的学说时，理当用实践特别是积累已久的历史实践作为检验的标准，而且他在著作中大量论述了主要国家的经济史，用以佐证自己的论点。这种注重已有经验比较归纳的历史方法，以及总体的历史视角（如注重鉴别经济发展所处特定阶段以对应施策，认定需要依靠国家来维护群体的长远利益，强调一切历史积淀都对经济运行产生影响），开辟了以后蔚为大观的历史学派。李斯特巧妙应用的这种历史方法是对单纯演绎分析方法的重要补正，具有显著的开创意义，也所以有史家称其历史方法展现了"真正的创造性"①。

然而，单凭上述几点恐怕仍不足以覆盖李斯特的全部创新性，更无法以此来巩固李斯特的崇高历史地位。反过来说，假如仅用上述各点来描述李斯特及其学说，也明显对他不够公平。主流学派惯于让人相信，"李斯特以粗糙构建的幼稚产业论为依据，不过是个头脑简单的'保护主义者'"②，但是亨德森直言，"单纯把李斯特当作一位首要的保护主义者是有失公允的，未能领会其论述的真正意义"③；赖纳特也指出，"主流经济学家对李斯特的'强有力的'评价是建立在狭隘的基础之上的"④。进言之，如果说李斯特"身后寂寞"⑤，学界对他"缺乏兴趣"⑥，"至今未获公正评价"⑦，这很大程度上就是因为人们将其学说仅仅定格在上述理论构件上，由此便容易断定李斯特缺乏创新，并以为有关论点已经过时。在此视野下，李斯特及其学说自然难以得到恰如其分的估量。

---

① 前引季德、利斯特：《经济学说史》上册，第 326 页。

② P. Sai-wing Ho, "Distortions in the Trade Policy for Development Debate：A Re-examination of Friedrich List", *Cambridge Journal of Economics*, Vol. 29, No. 5, 2005, p. 742.

③ *Ibid*. Henderson, *Friedrich List：Economist and Visionary*, p. 158.

④ 前引赖纳特：《作为发展经济学的德国经济学》，第 232 页。

⑤ ［德］迪特·森哈斯：《弗里德里希·李斯特与发展的基本问题》，梅俊杰译，载《国外社会科学前沿》2019 年第 12 期，第 57 页。

⑥ 前引文得乐：《弗里德里希·李斯特传》，第 8 页。

⑦ ［德］迪特·森哈斯：《欧洲发展的历史经验》，梅俊杰译，商务印书馆 2015 年版，第 31 页。

李斯特的真正创新在于,他用上述理论构件构建了一个以"民族主义赶超发展"为范式的经济学说,为处于落后境地,甚至面临依附危险的落后国家提供了自存图强、徐图赶超的战略导向和政策方案。从历史背景看,英国率先工业革命后,国际竞争出现了新的复杂局面。一方面,世上出现了英国这一足以独霸的垄断性工业强国;另一方面,该工业强国又以斯密学派为基础,推出了一套看似有充分说服力的、意在说服其他国家放弃工业化努力的世界主义图景和自由经济理论,为的是建立一个以英国工业优势和垄断利益为核心的国际分工体系。当此国际关系暗潮涌动、落后国家何去何从的历史关头,是李斯特大步站了出来,迎面挑战这个借斯密而构建的"世界主义一体发展范式"。须知,"这时的欧洲几乎只有李斯特一个声音在孤独地呼吁反对自由主义和外围去工业化的经济政策"[①];是李斯特提出了"针对亚当·斯密和大卫·李嘉图教义的'第一修正案'"[②]。

李斯特通过借鉴已被斯密学派扭曲和抹杀的传统经济学资源,特别是通过吸收各国重商主义中有关工业发展和国家富强的丰富思想和广泛实践,并结合本人对经验事实的考察与思考,终于成就了一个与斯密学派针锋相对、适合落后国需要的赶超发展学说。纵观经济学遗产,能成为重大范式的学说必然寥若晨星,但李斯特学说足以构成与斯密学派互相对垒的一个范式。双方的范式对垒可概括为:世界主义↔民族主义;个人主义↔国家本位;一体发展↔自主兴业;交换价值↔生产源力;自由贸易↔贸易保护;放任自流↔政府干预;物质主义↔超越物质;分工至上↔协作为重;抽象演绎↔经验归纳。这种对垒才真正凸显了李斯特的理论创新,他的那些构件都是在"民族主义赶超发展"这个范式内各得其所并增效发力的。因此,李斯特

① 前引赖纳特:《作为发展经济学的德国经济学》,第232页。
② Roman Szporluk, *Communism and Nationalism*:*Karl Marx versus Friedrich List*, Oxford University Press, 1988, p. 150.

的创新性主要在于他是范式的创立者，或通常所谓"体系创立者"①，这一点酷似斯密原创性无多而"主要是系统化者和集大成者"②。若非范式层面上的创新，我们就无法理解为什么欧根·杜林会在 1866 年宣称，李斯特的学说代表了《国富论》出版之后经济学领域"首次真正的进步"，他可谓 19 世纪数一数二"最伟大的天才"。③

　　与斯密学派一样，李斯特学说在细节上的新颖性或许在在可商，但作为一个集大成的整体，它确实有自己可独立的框架。诚然，有独立框架的大家历来多有，但获得世人公认从而立下范式者则屈指可数。斯密学派能开辟一个新范式，是因为它满足了英国这一工业化率先、竞争优势显赫的强国的需要，以后任何一个享有竞争优势的强者都乐以此作为其意识形态。相比之下，李斯特学说能确立其范式，是因为它满足了后发追赶者的需要。从追赶者或落伍者数量远多于领先者而言，特别是从这个世界上民族国家利益分野根深蒂固这一本质而言，李斯特的范式无疑更具有普遍性与经典性，哪怕它所拥有的话语权总是遭到强势者及其意识形态的挤压。其实，李斯特的范式类似于斯密范式之前的重商主义范式，然而，由于英国崛起之后拥有了近乎垄断的工业优势，释放出了前所未有的"边缘化压力"，包括那套足以瓦解后发者工业化意志的意识形态，故此，李斯特在重商主义基础上重新打造起来的范式便具有非同小可的全新意义。

　　由此观之，李斯特用以构建其学说的构件也许创新性不足，甚至可以说本已平淡无奇。然而，他依据对时代需要的敏锐把握，通过范式的转换，化无奇为神奇，把常人熟视无睹的零散内容融汇成一个切合时代需要的创新体系，实现了"整体大于部分之和"的效应。这还不全是一般意义上的"集大

---

① *Ibid*. Mann, "Review of *Friedrich List* by Carl Brinkmann", p. 432.

② Thomas K. McCraw, "The Trouble with Adam Smith", *The American Scholar*, Vol. 61, No. 3, 1992, p. 362.

③ *Ibid*. Henderson, *Friedrich List*：*Economist and Visionary*, p. 214, p. 260.

成",因为其中包含了某种"格式塔转变",即凭借想象的为之一变而见识到一个全然不同的整体图景。唯其如此,我们才能理解为何熊彼特会这样赞誉:"即使作为科学经济学家,李斯特也具有伟大的因素之一,即关于国家形势的伟大想象力,这种想象力本身虽不是科学成就,却是取得某种科学成就的先决条件。"这里所说的李斯特的想象力也表现为,他固然看到了落后国家"正在最近的悲惨过去所强加的桎梏中挣扎,但是他也看到了这个国家在经济上的全部可能性"①。

再强调一下,与所有确立范式的伟大人物一样,李斯特无疑也幸运地生逢其时,能得风气之先,并能"得预新潮流"。易言之,李斯特不仅满足了时代之需求,而且有能力放大时代之需求。他通过手中舆论阵地和如椽巨笔,通过不屈不挠的国内外活动,简直以一己之力,长期普及本人学说或相关理念。也因如此,施穆勒称李斯特为"鼓动家,不是教授",还有人称"李斯特的才智在于普及他人的理念"②,这些说法都不无道理。正是那种出色的宣传能力让他获得了额外的影响力,使他成为"迄今在新兴工业化国家中最受欢迎的保护倡导者",其代表作"在保护主义者圈子内赢得的地位犹如《国富论》之于自由贸易论者"③。因此,以见机之早、影响之广而论,李斯特当之无愧地是"第一个从后进的欧洲国家角度批评亚当·斯密和大卫·李嘉图的突出人物"④;再以其论著常读常新的经典性、其范式至今不衰的生命力而言,称他为"当今发展理论、发展决策、发展规划的鼻祖"⑤"所有欠发达国家雄心壮志的预言家"⑥,不亦宜乎? 国际上最新一部讨论斯密之后经济学对立思潮的著作,虽力图"超越以李斯特为中心"的史观,但论述中仍然不由

---

① 前引熊彼特:《经济分析史》第二卷,第 195 页。
② *Ibid*. Tribe, *Strategies of Economic Order: German Economic Discourse*, p. 36, p. 34.
③ 前引欧文:《自由贸易思想史》,第 139 页。
④ *Ibid*. Szporluk, *Communism and Nationalism: Marx versus List*, p. 147.
⑤ 前引森哈斯:《李斯特与发展的基本问题》,第 57 页。
⑥ Theodore H. von Laue, *Sergei Witte and the Industrialization of Russia*, Atheneum, 1974, p. 57.

自主地以李斯特为标杆①，岂偶然哉？

最后，还是再借熊彼特的一段话来加深对李斯特历史地位的理解。熊彼特说："这样，我想，就对李斯特的分析天才和成就作了公平的估价，同时也把它缩小到了它固有的比例。那些坚持要把他们的英雄变成一切可以想象的功绩的所有者的人，是在用造成虚假历史的虚假关系来表现他的思想。李斯特是 18 世纪思想的继承者，他是浪漫主义的产物，他又是经济学历史学派的先驱。这一切说法只不过意味着：每个人都是在他以前所发生的一切事情的继承者，又是在他以后将要发生的一切事情的先行者。他是一个伟大的爱国者，一个目标明确的有才气的新闻工作者，和一个把似乎可以用来补充他的想象的一切东西调节得很好的能干的经济学家。""李斯特像所有那些从事漫长的艰苦斗争从而名垂青史的人们一样，是一个民族英雄"②——当然现今还应补充道，由于其学说的指南意义及其实际作为，他堪当一切不甘落后、志在赶超的所有民族的英雄。

---

① *Ibid*. Helleiner, *The Neomercantilists*: *A Global Intellectual History*, pp. 10ff.
② 前引熊彼特：《经济分析史》第二卷，第 196、194 页。

第五章
亲身实践：推进德美等国的赶超发展

究其一生，李斯特都是"一位不知疲倦的旅行者，永不停歇是他生命的显著特点"[1]。他固然素怀阐发理论之志，却始终情不自禁地投身于实务，无论是为关税保护和政治改良而宣传发动，还是为铁路建设和投资项目而奔走呼号。他所留下的文字严格来说多属陈情献策的请愿书或影响舆论的报章文，哪怕是理论性的论著亦属"急就章"，明显是在实务之余仓促成稿的。因此，实干行动才是李斯特的人生本色和毕生追求。即便在个人论著中，他也不吝赞美实干家。他批评斯密及其信徒"侮辱敢于用实践经验向他的错误理论挑战的人"，"使用辱骂性语言论及实干家"；同时他赞叹，"在先进国家，古往今来，有多少实干家，他们的聪明才智、经验、判断力和爱国精神使他们被同时代人奉为伟大的引领者"[2]。显然，实践乃李斯特思想和行动之所归，况且其所推重之实践无不属于赶超发展范畴。对于"知行合一"的李斯特而言，其亲身实践正好可为其赶超发展学说提供某种难得的参照和检验。

---

① ［德］迪特·森哈斯：《弗里德里希·李斯特与发展的基本问题》，梅俊杰译，载《国外社会科学前沿》2019年第12期，第57页。

② ［德］弗里德里希·李斯特：《政治经济学的自然体系》，杨春学译，商务印书馆1997年版，第16页。

第一节　对德国赶超发展的功绩

有关李斯特对德国赶超发展的功绩，前文在述说其生平时已有涉及，这里专就若干影响深远的方面，按保护性关税、铁路网建设、德意志统一再加概述。大致而言，德国人对李斯特的定评也在此三项，例如，迪特尔·拉夫便称李斯特是"德国统一关税、建立铁路网和实行保护关税的先驱"[①]。这些方面无不与德国当年的赶超发展息息相关，李斯特在为德国崛起立下奠基性功勋之际，实也展开了自己赶超发展学说的首个成功实验。

一、领导关税保护事业

李斯特很早就致力于德国的关税保护运动。拿破仑大陆封锁体系崩溃后，英国制成品大举涌入德国市场，与此同时，英国对谷物和木材等德国货物却设置高额进口关税；俄国和奥地利也对亚麻货品设置超高关税，法国则几乎关闭了莱茵兰制成品的进口大门。目睹这一局面，特别是痛感于德国缺乏对外报复性关税，李斯特在 1816—1817 年合办的刊物《符腾堡实录》上，即严词批评德国的现行政制，提出把松散无力的 1815 年邦联打造为坚强有力的中央政府，首先应当组建关税同盟、实现经济统一。他从"斯密和萨伊的忠实信徒"转变为"自由贸易和放任自流的首要批判者、幼稚产业保护的倡导者"[②]，就发生在这一背景下。

李斯特更直接的贡献是，在 1819—1820 年组织并领导了德国工商联合

---

① ［德］迪特尔·拉夫：《德意志史：从古老帝国到第二共和国》，波恩国际出版社 1987 年版，第458 页。

② W. O. Henderson, *Friedrich List：Economist and Visionary 1789-1846*, Frank Cass and Co. Ltd., 1983, p. 33, p. 17, p. 143.

会。他起草致邦联大会和主政者的多份请愿书,要求对内撤销邦国间的关卡,对外则提高关税实施贸易保护。他创办《德国工商业者专刊》,批驳对工商联合会的攻击,并在全德关税同盟一时难成的情况下,转而倡导先在南部组建地方性关税同盟。他还率团在境内周游列国,就关税保护的必要、关税同盟的创建等迫切问题游说邦国政要。经此努力,以后十几年里,在区域层面出现了谈判达成地方关税同盟的势头,直至全国性"德意志关税与贸易同盟"于 1834 年正式启动。①

李斯特此期有两项成就足可彪炳青史。其一,他领导创建的德国工商联合会实乃汉萨同盟解体后德意志范围内首个商人联合组织,而且主要代表了汉萨同盟未曾有过的工业阶层。其二,尽管李斯特并非关税同盟的直接创立者,但他当之无愧地是关税同盟的有力倡导者、同盟进程的积极启动者。在德国从四分五裂迈向经济统一乃至政治统一的过程中,工商联合会特别是关税同盟发挥过重大促进作用。随着关税同盟的成立,德国征收的日常工业品保护关税提高到 20%—60% 不等,"德国在繁荣方面、工业方面、国家尊严与国家实力方面,都在突飞猛进,十年的过程相当于一个世纪"②。李斯特对此居功至伟,考虑到 1819 年 9 月《卡尔斯巴德法令》出台前后德国处于形格势禁的政治高压之下,其行为需要非凡的勇气,他也的确为此付出了个人代价,那就更应充分估价李斯特的功绩。

然而,当时的关税同盟是有严重缺陷的。最突出者,汉堡和不来梅不愿放弃其传统的国际自由港地位,不愿因加入关税同盟而受制于普鲁士。汉堡早已是英国制成品和殖民地物产的主要入口,不来梅则经营着与北美的密切商业联系。此外,北方第二大邦汉诺威纠合数个小邦成立了对抗性税

---

① [德]欧根·文得乐:《弗里德里希·李斯特传》,梅俊杰译,商务印书馆 2019 年版,第 32、39—49 页。

② [德]弗里德里希·李斯特:《政治经济学的国民体系》,陈万煦译,商务印书馆 1961 年版,第 324 页。

收联盟，专以低关税输入制成品和殖民地货物并输出本土农产品。这三方的缺席使得关税同盟无法掌控对外通商的北海岸线，汉诺威与英国单独订约又进一步损及关税同盟利益。①

与此同时，关税同盟并非如李斯特所愿由现成的邦联牵头建立，也非由关税率较高的奥地利所领导，而是由关税率较低的普鲁士实际主导。当时，普鲁士内自由贸易势力颇为强大，它们拒不接受南德诸邦的贸易保护要求。普鲁士对进口制成品仅征 10％ 的关税，对殖民地货物和酒类也不过征税20％—30％，"此乃欧洲最宽松的关税"，这使得幼稚的德国工业得不到保护。②于是，李斯特 1840 年自法国回德定居后，只能继续投身于未竟的关税保护事业。

李斯特持续效力于本土工业发展，他联络并组建各地工商团体，以便采取一致的幼稚产业保护行动，比如他临终的行程就是前往慕尼黑推动成立巴伐利亚工商协会。同时，他代表实业家向国王请愿，反对关税同盟与荷兰、英国签订的商约，为的是保护本土新兴产业、捍卫德国关税自主权。李斯特的显著贡献也可证之于工业界给予的物质和精神回报。据载，莱茵兰铁器制造商、波希米亚棉纺厂商、符腾堡制造商协会都曾给予他一定资助，乃至英国驻柏林大使函告本国政府时，称李斯特是"德国制造商雇用的非常能干的写手"③。

需要再次强调，李斯特此番作为到晚年亦不免风险，在他 1841 年 10 月获得符腾堡国王大赦、公民权得到恢复前则更是如此。时任符腾堡内务大臣的同窗好友约翰内斯·施莱尔就担心，李斯特作为关税运动领导者展开的一系列活动，使他不但难以在政府部门谋得任何稳定职位，还可能重陷符

①　*Ibid*. Henderson, *Friedrich List：Economist and Visionary*, pp. 92-95.

②　*Ibid*. Henderson, *Friedrich List：Economist and Visionary*, p. 51, p. 98.

③　Margaret Esther Hirst, *Life of Friedrich List, and Selections from His Writings*, Smith, Elder & Co., 1909, reprinted by Forgotten Books, 2012, pp. 93-94；*Ibid*. Henderson, *Friedrich List：Economist and Visionary*, p. 84, p. 86.

腾堡及德国的政治麻烦。特别是李斯特强烈反对普鲁士 1841 年 3 月代表关税同盟与英国签订的商约,招致了官方报纸的斥责,"使他与官方发生冲撞"①。于此可见,李斯特从事的关税保护事业几乎终生皆属逆势之举。

李斯特的另一功绩体现于 1843 年创办《关税同盟要报》,并在随后近四年写下 650 篇文章,且同时还为《汇报》大量撰稿,而关税保护始终是这些文章的一大焦点。李斯特一以贯之地强调:必须扩大关税同盟,尤其应把汉堡、不来梅、汉诺威等北方自由港市纳入其中,以便有效管控全国贸易;必须提高关税同盟的对外关税,以期充分保护并激励德国工业化;必须将关税同盟的功能从关税协调拓展到其他领域,从而推进国家经济统一。②

李斯特以《关税同盟要报》为平台,集中揭露英国那些自由贸易推手(如科布登、鲍令)的不良居心,他反复告诫国人,适合工业领先者英国的自由贸易政策对德国却无比凶险,处于工业幼稚阶段的德国亟待借关税同盟自我防卫。③李斯特"强烈地要求对制铁、棉纺、亚麻、航运等产业实施保护",因为它们深受英国冲击(例如,自英国进口的麻线由 1840 年的 19 000 英担跃升至 1844 年的 62 000 英担),这些产业特别是制铁和棉纺,对德国未来工业发展无比重要。李斯特甚至认为,"不仅应该采用高关税,而且应该利用国家补贴争取把本土市场留给德国制造商"④。

在此过程中,尽管国内和国际的自由贸易势力"竭力败坏李斯特的声誉",他"被贬低为愚蠢之人和冒险之人"⑤,但其不懈努力,尤其包括发表杰

---

① Julius Weise, "Brief Memoir of the Author", abridged from *Friedrich List*, *ein Vorläufer und ein Opfer für das Vaterland* (Stuttgart, 1877), in *The National System of Political Economy by Friedrich List*, Longmans, Green and Co., 1909, p. xx.

② *Ibid*. Henderson, *Friedrich List*: *Economist and Visionary*, p. 85, p. 237, pp. 90-91.

③ *Ibid*. Hirst, *Life of Friedrich List*, *and Selections from His Writings*, p. 91; *Ibid*. Henderson, *Friedrich List*: *Economist and Visionary*, p. 100.

④ *Ibid*. Henderson, *Friedrich List*: *Economist and Visionary*, p. 101.

⑤ Eugen Wendler, „Arthur Griffith—der erste irische Ministerpräsident—ein begeisterter Anhänger von Friedrich List", in Eugen Wendler Hrsg., „*Die Vereinigung des europäischen Kontinents*": *Friedrich List—Gesamteuropäische Wirkungsgeschichte seines ökonomischen Denkens*, Schäffer-Poeschel Verlag, 1996, p. 316.

作《国民体系》，还是为他赢得了"关税同盟理论家"①"关税同盟事务权威""保护主义政策斗士"的普遍声誉。他以"德国国家利益的代言人"自励，除用笔杆子发挥作用外，还展开了大量社会活动，广泛联络王公大臣、政府官员、工商领袖、土地贵族等等，由此自成一股无可忽视的力量。法国经济学家、《国民体系》法译者亨利·里歇洛 1845 年写道："虽然李斯特并不享有财富、头衔、荣耀，但其卓越才智、个性、爱国心让他成为德国的一方重镇；他或许没有群众运动的支持，但确有很多制造业者站在他身后。"②

当然，李斯特的悲剧在于，1846 年猝然离世时，他在关税保护、工业培育方面的长期努力尚未结出如意硕果。"即使李斯特及其追随者得到了莱茵兰和南德部分头面实业家的支持，他们也仅为关税同盟的关税率争得若干有限的提高，至于要制定德国航海条例借以壮大航运业的建议，更未产生任何结果。"差强人意的是，1848 年，在李斯特门徒、《关税同盟要报》继任主编特奥多尔·特格尔的主导下，"德国保护本国产业联合总会"终于在法兰克福宣告成立，这一全国性组织可谓接续了李斯特曾领导创立的德国工商联合会，且于次年发布了联合会的关税草案，大幅提高了关税同盟的关税率。然而，关税保护运动也扩大了南北之间的分歧，所以真正的统一仍障碍重重。③

对李斯特来说更不幸的是，他离世之际恰逢英国自由贸易进程势如破竹之时。英国《谷物法》1846 年的废除极大地鼓舞了德国的自由贸易势力，英国自由贸易干将科布登到访柏林时受到了热烈欢迎，主要来自北方的自由贸易分子于 1848 年 11 月发布了形同自由贸易的税则，半年后各地自由贸易团体联合组建了总部设于柏林的自由贸易协会。虽然之后保护主义势

①　Keith Tribe, *Strategies of Economic Order：German Economic Discourse，1750-1950*，Cambridge University Press，2005，p. 36.

②　*Ibid*. Henderson，*Friedrich List：Economist and Visionary*，p. 117，p. 100，p. 75.

③　*Ibid*. Henderson，*Friedrich List：Economist and Visionary*，p. 101，p. 86.

力在德国也时有反弹,比如奥地利曾试图在全德实施保护性关税,此议且得到"保护本国产业联合总会"的响应,但是,主要由于普鲁士的不同立场及当时欧洲的大形势,自由贸易运动在德国长期占据上风,保护主义要到1871年德国统一后才具备重振的条件。①

在这一保护主义低潮中,李斯特及其作品也相对沉寂,有称他"在1848年后的德国完全被人遗忘约达30年之久",1875年也有人说德国"没有学校、没有老师、没有学说在倡导保护性关税"②。这些说法无疑反映了大部分事实。然而,在自由贸易主流之下,德国始终涌动着一股师法李斯特的潜流,这一点不容失察。1850—1851年,德国出版了路德维希·霍伊瑟尔编的三卷本李斯特文集,其中附有编者所撰李斯特传;1863年,李斯特塑像矗立于家乡罗伊特林根;1866年,欧根·杜林宣告,李斯特学说代表了《国富论》之后经济学领域"首次真正的进步"③。

因此,要评价李斯特在关税保护事业上对德国的功绩,理应采取相对动态和长远的观点,否则便容易就事论事、失之偏颇,以为李斯特对德国的关税保护实践并未产生显著效果。以动态论之,以远期观之,李斯特的言行影响流长,尤其是他终究留下了一个学说体系,所以其历史作用不会随其自然生命的消逝而终结。也须知,关税保护是一个受制于国内外诸多因素的问题,由理论发动转变为现实政策尚需要水到渠成的过程及风云际会的机缘。这就不能不把目光投向李斯特离世后的德国历史。

李斯特的幸运在于,随着德国的统一,内外形势都在发生深刻变化。最主要是,欧洲在推行大范围自由贸易后,却从1873年起迎来了经济大萧条,终使保护主义卷土重来。④在此背景下,据德国1891年版《奥匈与德意志帝

① *Ibid*. Henderson, *Friedrich List*：*Economist and Visionary*，pp. 101-102，p. 205.
② ［德］京特·法比翁克:《弗里德里希·李斯特》,吴薇芳译,商务印书馆1983年版,第66页。*Ibid*. Henderson, *Friedrich List*：*Economist and Visionary*，p. 214.
③ *Ibid*. Henderson, *Friedrich List*：*Economist and Visionary*，p. 214，p. 260.
④ 梅俊杰:《贸易与富强:英美崛起的历史真相》,九州出版社2021年版,第168页。

国 1868 年以来的海关政策》，及至 1878 年，《国民体系》已成为德国"最受欢迎的书册"①。另知，李斯特女儿 1877 年向首相俾斯麦及王储赠送过三卷本李斯特文集②，"德国所有大学都在学习"李斯特的著作，"而且此书成了俾斯麦的案头书"③。据信，俾斯麦也从斯密学派的信奉者转变为"李斯特的崇拜者"④，乃至形同李斯特的"遗嘱执行人"⑤。

的确，就是在俾斯麦主政下，德国于 1879 年在欧洲率先提高了关税率。虽然这一关税达不到李斯特观念中可以保护幼稚产业的程度，也虽然这种保护覆盖到了李斯特并不赞成的农业方面，但德国毕竟成了"实质性改变海关政策的首个欧洲大国"，引发欧陆各国纷纷跟进，就此终结了 1860—1879 年英国主导的自由贸易阶段。⑥欧洲范围内的这一政策转向意义重大，它为德国及其他后发国家随后的加速赶超创造了毋庸置疑的必要条件，果然不出 20 年，德国与英国之间的贸易关系结构和产业竞争态势便发生了根本逆转。⑦

二、加速铁路网建设

英国专家指出："德国这个四分五裂的国家居然能比邻国更快地建造铁路，一定程度上缘于李斯特坚持倡导这一交通方式。"⑧德国专家也论道："李斯特不仅用笔写作，而且身体力行，孜孜不倦地推动德国铁路系统建设，

---

① *Ibid*. Henderson, *Friedrich List：Economist and Visionary*，p. 215，p. 260.
② 前引文得乐：《弗里德里希·李斯特传》，第 267 页。
③ Theodore H. von Laue, *Seigei Witte and the Industrialization of Russia*，Atheneum，1974，p. 62.
④ Roman Szporluk, *Communism and Nationalism：Karl Marx versus Friedrich List*，Oxford University Press，1988，p. 195.
⑤ Valner Krinal und Jüri Sepp, „Die List-Rezeption in Estland", in *ibid*. Wendler Hrsg.，*Friedrich List—Gesamteuropäische Wirkungsgeschichte seines ökonomischen Denkens*，p. 134.
⑥ Paul Bairoch, *Economics and World History：Myths and Paradoxes*，The University of Chicago Press，1993，p. 24.
⑦ 前引梅俊杰：《贸易与富强：英美崛起的历史真相》，第 167 页。
⑧ *Ibid*. Henderson, *Friedrich List：Economist and Visionary*，p. 124.

理应在德国铁路史上占据显赫地位;如果曾有过一位技术先知的话,李斯特必定堪当此任。"①这些论断足以反映李斯特对德国铁路事业的巨大功劳。

李斯特1824年在英国首次接触到铁路这一新交通方式,从此终生兴致盎然,随后在国内坐牢期间,他就提出在符腾堡修建一条木轨道路,以让铁轮车厢把黑森林的原木运到加工厂。②他实际有机会建设铁路则是在美国,他组建公司于1831年建成一条22英里以骡马为动力的轨道运煤线,且在1833年把它改造成主要依靠蒸汽动力的轨道运输线。③世上最早的运输轨道1825年才在英国建成,可见,李斯特是世界范围内名副其实的铁路先驱。

李斯特的卓越之处在于,他很早就敏锐地认识到,轨道即日后的铁路运输方式相对于河运及普通陆运具有无比的潜力,尤其是铁路能"让内陆也拥有沿海地区的全部优势"④。他从北美频繁致信巴伐利亚矿业总监约瑟夫·巴德尔,既介绍了美国交通发展的经验、预见了铁路运输行将突破的前景,又提出了在德国及中西欧建设铁路网的设想,特别是强调了铁路对巴伐利亚的经济发展及德国统一会产生的带动作用。这批极富前瞻性的通信后以《李斯特北美备忘录》为名结集出版。其最直接的成果是,让犹豫不决的巴伐利亚当局确定了取铁路、舍运河的交通发展方案。⑤

即使身处美国的荒郊野岭,李斯特心中的念想仍是要打造一个覆盖德国全境的铁路网。他早已把全国铁路网跟关税同盟连到一起,认定只有依

① Bernhard Wieland, "Two Early Views on Railway Regulation in Germany: Friedrich List and David Hansemann", in Harald Hagemann, Stephen Seiter, and Eugen Wendler, eds., *The Economic Thought of Friedrich List*, Routledge, 2019, p. 122.

② 前引文得乐:《弗里德里希·李斯特传》,第124页。*Ibid*. Henderson, *Friedrich List: Economist and Visionary*, p. 124.

③ Eugen Wendler, *Friedrich List's Exile in the United States: New Findings*, Springer, 2016, pp. 31-32.

④ Keith Tribe, "Friedrich List and the Critique of 'Cosmopolitical Economy'", *The Manchester School*, Vol. 56, No. 1, 1988, p. 30.

⑤ Eugen Wendler, *Friedrich List: An Historical Figure and Pioneer in German-American Relations*, Verlag Moos & Partner Gräfelfing, 1989, pp. 73-77.

凭铁路网,"商业联盟才能充分发挥效益"。特别可贵的是,李斯特在铁路网建设上,看到了德国的赶超机遇。他说:"德国之前的交通手段相对于这一民族的文化、规模、工业,处于不完善状态,而交通方式越不完善,铁路网对德国财政能力与国民经济的效果必然越是巨大。"正因认识到这一赶超机遇,远离祖国的李斯特才会"虽则个人际遇很好,却总不免闷闷不乐"①。可见,建设德国铁路网的梦想成了李斯特 1832 年携家离美的主要动机。

李斯特回国后对德国铁路建设的重大推动是,在 1833 年德国有关萨克森铁路的争论中,他依据地理、政治、经济等多重理由,反对这一德国首条长距铁路从莱比锡到法兰克福的规划走向,转而提出了从莱比锡通往德累斯顿的方案,并以全面的可行性报告加以论证。李斯特在扎实分析了铁路建设成本、经济带动、融资办法之外,特别画出了一张与后世实情几乎如出一辙的未来德国铁路网线路图,如此也一举奠定了他作为铁路权威在国内的声誉。1834 年,他担任铁路筹建委员会特别委员,起草了也具有全局指导意义的征地法案、铁路手册,以及相关各类报告和大量报刊文章。1836—1839 年,全长 115 公里的莱比锡至德累斯顿的铁路竣工,其中的首功当归于李斯特。②

李斯特对德国铁路网的第二大贡献是,1840 年由法国甫返德国,针对普鲁士政府规划的从哈雷至卡塞尔、绕过图林根地区传统道路、几乎全在普鲁士境内的直通方案,他连续发文,提出了更合理的线路图。尽管其方案里程稍长,但能把普鲁士、汉诺威、萨克森、巴伐利亚诸邦铁路连接起来,沿线服务居民可从 6 万增加到 20 万。李斯特还直接去访图林根地区,说服大公国哥达、迈宁根、魏玛共同维护旧有交通要道,最终迫使普鲁士作出让步,接受优化方案。从有关公国主政者给予李斯特的公开称誉,以及耶拿大学法

---

① *Ibid*. Hirst, *Life of Friedrich List, and Selections from His Writings*, p. 58.

② *Ibid*. Henderson, *Friedrich List: Economist and Visionary*, pp. 134-136; *Ibid*. Hirst, *Life of Friedrich List, and Selections from His Writings*, pp. 75-76.

学系授予其名誉博士学位可知,他再次为德国铁路网建设立下了功勋。①

李斯特 1840 年中还介入了另一场关于德国南北铁路在德国中部走向的争论,当时,一个方案路经萨克森,萨克森政府自然倡导这一方案;另一方案路经图林根,沿萨勒河至哈雷,为普鲁士政府所力主。李斯特同时否定了两个方案,他建议铁路在过境图林根的情况下,应该沿威拉河而行。这个第三方案当时虽未获采纳,但到 1882 年终成现实。这一意见仍然展现了李斯特专业的前瞻眼光。②

除此之外,李斯特为推动全德铁路网建设,还积极提出过其他不少建议,即使未能如愿也坚持不懈。1833 年起,他反复游说普鲁士高官,提出在柏林与马格德堡、马格德堡与莱比锡之间修铁路;1835 年,又向布伦瑞克公国推销其汉萨—汉诺威—布伦瑞克铁路计划,还向巴登议会递交了沿莱茵河右岸建造曼海姆至巴塞尔铁路的计划。另外,1843 年,李斯特首次会晤梅特涅时,建议奥地利将其铁路网与巴伐利亚、符腾堡的铁路网连通起来。1844 年,当公众就在莱茵河左岸还是右岸修建铁路激辩时,李斯特也表明态度,赞成在左岸修建从路德维希港至美因茨的铁路。③

同样重要的是,1835—1837 年,李斯特以一己之力,创办了世上首份专以铁路为主题的高水准《铁路专刊与国民杂志》,共出刊 40 期。他向读者力推这种潜力无穷的新交通方式,描画德国铁路网的未来设想,提供欧美铁路建设的丰富信息,驳斥一英国工程师所谓德国铁路修建不可行论,并"在铁路政策上影响政府和公众意见"④。李斯特在德国固然未能如愿担任铁路

---

① 前引文得乐:《弗里德里希·李斯特传》,第 215—217 页。*Ibid.* Henderson, *Friedrich List : Economist and Visionary*, pp. 139-140.

② *Ibid.* Henderson, *Friedrich List : Economist and Visionary*, p. 140, p. 249.

③ *Ibid.* Henderson, *Friedrich List : Economist and Visionary*, pp. 137-138, pp. 107-108, p. 141.

④ 前引文得乐:《弗里德里希·李斯特传》,第 178 页。*Ibid.* Hirst, *Life of Friedrich List, and Selections from His Writings*, p. 77; *Ibid.* Henderson, *Friedrich List : Economist and Visionary*, pp. 138-139.

高官或直接管理铁路公司，但这种宣传发动为其所擅长，此项面上工作其实比具体事务功效更大，它让更广大的公众对铁路之于工业经济、未来统一的重要性有了更深的认识。据此，我们才能理解，为何德国人有此赞誉："就推进德国的铁路事业而言，唯有李斯特一人值得国人称颂。"①

三、促进国家经济统一

李斯特在致力于关税同盟和铁路建设时，从来都着眼于国家统一，首先是国家的经济统一。如他所言，"铁路和关税同盟乃连体婴儿，为着同一个伟大目标而合力奋斗，旨在把德意志诸邦统一为伟大、文明、富强、不可侵犯的国家"②。彼时的德意志诸邦各行其是，举凡关税、财政、铸币、交通、法律、教育、救济、外交等各项事务，无不散布于邦国手中，闭关自守、以邻为壑遂成为常态。③有鉴于此，李斯特在关税同盟和铁路建设之外，始终怀有更宏大的追求。

早年创办《符腾堡实录》时，李斯特即曾刊文专论宪法问题，既涉及符腾堡的宪法，也涉及德意志邦联的宪法。他提出应修改邦联宪法，既要组建关税同盟，允许德国人跨邦国自由流动，又要设立国民议会、国家军队、邦联上诉法院，建立扶持技艺、科学、教育的邦联机构。他的目标是要把松散的邦联改造为有力的中央政府。为此，他努力宣传个人见解，以让国家统一的观点深入人心。④作为现实主义者，李斯特把诸侯邦国的商业联合和经济融合作为优先重点，这点在他发起成立德国工商业者联合会前，已向政治人物和社会贤达致信宣明。⑤这一时期他在报上大声疾呼："不在德意志各邦国人

---

① 前引文得乐：《弗里德里希·李斯特传》，第 182 页。
② *Ibid.* Szporluk, *Communism and Nationalism：Marx versus List*, p. 112.
③ *Ibid.* Henderson, *Friedrich List：Economist and Visionary*, p. 32.
④ *Ibid.* Henderson, *Friedrich List：Economist and Visionary*, p. 17.
⑤ *Ibid.* Hirst, *Life of Friedrich List, and Selections from His Writings*, p. 13.

民之间实行自由交往,便不可能有统一的德国,不建立共同的重商制度,便不可能有独立的德国。"①

诚然,对于国家统一的必要性,当时德国其他不少人也是深有感触的,但是李斯特长于舆论发动,"身为天生的记者和鼓动家,他有着双重的天赋,既能从一切可能的源头收集材料,又能以吸引人的新方式将其呈现"。在领导德国工商联合会期间,他几乎独力支撑着联合会专刊,且在焦点的关税问题之外,照样倡导其他一系列有利于国家统一与赶超发展的改良,从创立帝国邮政体系、制定帝国专利法,到举办泛德工业博览会、成立全德制成品出口协会,所有这些计划"让尚不习惯于按大德国来思考问题的谨小慎微之辈大为惊恐"②。

晚年回德国定居后,李斯特继续在关税事业外,"以不知疲倦的精力争取可促进国家统一的其他手段",如统一的德国邮政系统、全德铁路网的扩展,特别是能改变邦国各自为政局面的"议会政府"。③同时,他或提出或声援一系列促进国家统一的政策建议,包括实行统一的货币和度量衡制度、建立全国性银行和统计局、构建整合水陆运输的全国性交通体系、派驻代表德国整体的海外领事、创立德国海军和商船队、颁布德国航海条例并开辟轮船航线、形成统一的工商法规和专利奖励制度、举办全德博览会及工业展览等等。④

上述建议中有不少李斯特早年即已阐述,他对国家统一尤其是经济统一的追求"从未动摇过",并且"远远超前于时代",乃至被讽刺为"幻想家""设计匠"。⑤然而,至19世纪40年代,李斯特深感德国的统一不仅条件成熟,而且在英国综合实力一马领先的情况下已刻不容缓。他在1843

---

① 前引法比翁克:《弗里德里希·李斯特》,第11页。

② *Ibid.* Hirst, *Life of Friedrich List, and Selections from His Writings*, p. 91, pp. 18-19.

③ *Ibid.* Hirst, *Life of Friedrich List, and Selections from His Writings*, p. 92.

④ *Ibid.* Henderson, *Friedrich List: Economist and Visionary*, p. 97, p. 103.

⑤ 前引法比翁克:《弗里德里希·李斯特》,第20页。

年宣告,"已经到了让德意志邦联在促进国家经济福祉方面发挥积极作用的时候"①。国家统一诚可谓李斯特的毕生追求,他 1845 年开始写作但终未完稿的作品就是《德意志民族的政治经济统一》。②

李斯特的悲剧又在于,除关税同盟外,他至死也未能见到自己孜孜以求的诸多统一设想化为现实,只是在他 1846 年离世后,统一进程才显著加速起来。1847 年,德国铁路管理联合会宣告成立,用以协调各私有和国家铁路的运行。1849 年,新宪法得以通过,规定建立一个在中央政府领导下的统一联邦,全德"在商业和关税上实现联合,外围设一共同的海关边境,废除一切内部关税",包括河道上的通行税费。1850 年,邮政公约签署生效,预付之邮件可在德国全境基本上直线寄送。③

然而,这些进展正是李斯特生前努力之所在,即使不考虑关税同盟和铁路建设等事宜,也还是与他大有联系的。例如,就那个迈向统一的新宪法而言,参加制宪的"经济委员会中的主导人士之前受到了李斯特的强大影响"。当然,由于统一进程必然损及邦国主权,具体步伐仍会一波三折,如新宪法就"从未实际生效"。即便是那些经济统一的举措,大多也要等政治统一实现后才能真正落实。④但这一点恰恰证明李斯特超前引领了时代,也因此,"李斯特后被崇奉为 1871 年国家统一的主要贡献者",⑤"现代德国的缔造者之一,哪怕他未能活着看到 1848 年革命、俾斯麦的成功、德意志帝国的创立"⑥。罗莎·罗森堡则专就李斯特有关"国民经济"的构想断言,"李斯特更应被视为德国统一的真正救主"⑦。

---

① *Ibid.* Henderson, *Friedrich List: Economist and Visionary*, p. 103, p. 97.
② 前引法比翁克:《弗里德里希·李斯特》,第 20 页。
③ *Ibid.* Henderson, *Friedrich List: Economist and Visionary*, p. 103.
④ *Ibid.* Henderson, *Friedrich List: Economist and Visionary*, pp. 103-104.
⑤ *Ibid.* Tribe, *Strategies of Economic Order: German Economic Discourse*, p. 36.
⑥ Edward Mead Earle, "Friedrich List: Forerunner of Pan-Germanism", *The American Scholar*, Vol. 12, No. 4, 1943, p. 430, p. 432.
⑦ *Ibid.* Szporluk, *Communism and Nationalism: Marx versus List*, p. 149.

李斯特对国家统一的贡献不限于以上各端,除此之外,他因领导编撰德国首部百科全书、经办多家刊物影响舆论等,也协助打造了统一的文化和意识。他心目中的德国是欧洲"大陆最富有的国家""欧洲和平的首要保障者"①,因此,如何吸纳荷兰和比利时以掌控北海岸线,如何组建一个覆盖欧洲中部的关税同盟,如何让德国移民迁居到欠发达的东南欧,如何开发多瑙河全线及近东的经济资源,如何控制从欧洲到印度的陆上通道,如何争取英德联手对付拉丁和斯拉夫民族,等等,这些国际举措也是他殚思竭虑的要点。不过,单限于国内而言,关税保护、铁路建设、经济统一无疑是李斯特"事功"的突出方面,他为德国立下的功绩在于脚踏实地地促成了德国赶超发展的前提条件,与其赶超发展学说上的建树可谓相映生辉。

第二节 对美国赶超发展的贡献

李斯特 1825 年初夏携家眷抵达美国纽约,1832 年盛夏全家离开美国,实际在美居住约六年。美国的岁月让李斯特收获颇丰,他开矿修路,积累了铁路建设经验,并领悟了国民运输体系对一国经济发展的关键作用;他吸收美国的政治经济学思想,撰成《美国大纲》,开始形成自己的赶超发展学说;他获得美国公民身份,结交美国上层人物,后来还以美国在德领事身份回国。然而,这几方面既体现了李斯特从美国的获得,也可映照出他对美国的贡献。这里集中列举其在美三项贡献,一涉及实业主要是铁路的建设,二涉及赶超发展道路的选择,三涉及高关税立法的出台。

一、推动早期铁路建设

李斯特在美国开煤矿、修铁路,所从事者乃具体有形的实业,属于局部

---

① *Ibid*. Henderson, *Friedrich List: Economist and Visionary*, p. 76.

性的项目，但其有关工作在美国历史上仍居显要位置。专就铁路修建而言，世界上最早的铁路是英国斯托克顿—达林顿线，全长 40.6 公里，1825 年通车；英国第二条铁路是利物浦—曼彻斯特线，全长 49.2 公里，1830 年通车。美国最早的铁路是巴尔的摩—俄亥俄首期，全长 21.4 公里，1831 年通车，而李斯特领导修建的塔莫奎—克林顿港线同年通车，其 33.4 公里明显更长。美国第二条铁路是里士满—切斯特菲尔德线，全长 23.7 公里，1832 年通车。可见，即使按李斯特那条线改用蒸汽机车的 1833 年算，它仍属美国最早铁路之一，在世界范围内也名列前茅。[①]以此观之，李斯特对于铁路这一新交通方式在美国的推行贡献巨大。

在美国早期发展中，汉密尔顿等人提出了被称为"美利坚体制"的发展战略。该战略的政策内容，除包括人所熟知的政府积极有为、关税保护、工业扶植之外，一项新颖的重要内容是政府筹资、发展交通、拓展市场、扩张经济，其中发展交通是核心一环。[②]一方面，李斯特借鉴美利坚体制、观察美国交通与经济发展的实践。例如，他注意到，才隔半年再去费城，就"发现全新的街道、全新的街区，原因在于农业生产的超常增长，以及随之而来对制成品的需求，而这些均由各种自然的和人工的交通方式所推进"[③]。

另一方面，李斯特也在美国提出了自己关于交通问题的见解，至少包括如下几点：第一，政府有责任做好凡能促进国家富强的每项要务，"修筑公路、桥梁、运河、铁路"等交通运输设施便是其中之一，它与保护航运业、鼓励新发明、扶持制造业同等重要，决不能放任自流。第二，美国在短时间内就完成了交通类公共设施的改善，这与人口和领土的快速增长、工业和技术的

---

①　前引文得乐：《弗里德里希·李斯特传》，第 188 页。

②　Harald Hagemann, "German, American and French Influences on List's Ideas of Economic Development", in *ibid*. Hagemann, et al., eds., *The Economic Thought of Friedrich List*, p. 61; Mark Knell, "Friedrich List and the American System of Innovation", in *ibid*. Hagemann, et al., eds., *The Economic Thought of Friedrich List*, p. 192.

③　*Ibid*. Hirst, *Life of Friedrich List, and Selections from His Writings*, p. 61.

快速进步、海军与国力的快速壮大,都是同步发生的,从而成就了一个自由与富强国家的良好条件。第三,铁路与运河等交通设施若要发挥正面作用,需要以地区间合理的产业分工为前提,分工加上交通才能促进交换并提高效率,否则反而可能加剧同质化竞争。①李斯特对交通运输作用的强调、对交通与其他部门关系的判定,均有其独到之处,与其关税保护等思想一样,也融汇到了美利坚体制中。

二、倡导良性发展道路

李斯特1825年抵达时,独立近50年的美国已在关税及发展道路问题上经历诸多摇摆反复。大体而言,1781—1787年邦联时期,美国13州各自为政,缺乏统一关税,国内工业得不到保护。1787年联邦成立后,主政者有意借助关税保护工业,首个1787年关税法即旨在"保护和鼓励制造业",只是税率较低难以达到目标。汉密尔顿1791年《关于制造业问题的报告》固然提出了全面的幼稚产业保护政策,但保护力度仍嫌不足,后来其实是依靠1808年禁运法及1812—1814年第二次英美战争,美国工业才获得了不期而然的成长条件。可是,战争结束及英美和约又使美国再失贸易保护,这才又激发起新一轮保护主义声浪。②

1816年、1824年关税法出台后,美国的关税率相继提高,然而,是否已足以成就美国工业自主发展的基本条件,尚大有疑问。原因涉及两个方面:从国际看,当时领先强国的对外经济政策过于压制性,即英国执意"把美国的木材、谷物、豆粉及其他农产品一概关在英国门外,至于原棉也只有用来交换英国工业品时才可以允许出口"③。从国内看,自由贸易与保护主义势

① [德]弗里德里希·李斯特:《美国政治经济学大纲》,载前引李斯特:《政治经济学的自然体系》,第210、235、211、231页。
② 前引梅俊杰:《贸易与富强:英美崛起的历史真相》,第205—219页。
③ 前引李斯特:《政治经济学的国民体系》,第313页。

力谁胜谁负的问题尚未解决,是农业立国还是工业立国的抉择远未一锤定音。纽约、新泽西、宾夕法尼亚、俄亥俄、肯塔基等州的纺织与制铁厂商呼吁贸易保护,而新英格兰各州的航运与进口商加上南方的种植园主则要求自由贸易。1820 年要求提高关税的法案以一票之差未获通过,便反映了双方的势均力敌。[1]

美国保护主义者的有利条件是,立国以来,主要在汉密尔顿等人指引下,已形成了通过关税保护和公共设施建设来激励工业发展的政策方案,即所谓"美利坚体制"。而李斯特赴美前本也看法相似,他早已认识到关税保护对后进国的极端必要性,也早已认识到自由贸易论对后进国的"巨大伤害"。同时,他也已熟悉美国的曲折关税道路及其后果,知道美国人"遵循斯密的理论,直到整个工业都成为废墟,之后才开始奉行理论家们所厌恶的体系"[2]。总之,德美两国都经历过松散邦联制下的市场失守,都遭遇过战争封锁造就的工业发展机遇以及战后和平下自由贸易酿成的不良后果,都受制于英国的压迫但基于良好发展条件又同在急起直追,诸如此类的共通背景使得李斯特抵美后与美利坚体制一拍即合并悉心采纳,反过来也能回馈于美国的幼稚产业保护事业。

李斯特的贡献首先体现于所著《美国大纲》,其影响力非同一般。此书原应宾夕法尼亚"制造促进会"约请而撰,实乃 1827 年 7 月 30 日于哈利斯堡召开的全美保护主义者大会上反自由贸易的思想纲领。自 1827 年 8 月至 11 月,文章在费城最主要的《国民报》上连载,并获各地报纸纷纷转载,后还专册印行。[3]从前总统詹姆斯·麦迪逊、国务卿亨利·克莱等政要纷纷致贺,制造促进会专为李斯特举行隆重答谢宴会,总统约翰·昆西·亚当斯莅临祝贺,到李斯特再上台发表批判自由贸易的演讲,该演讲内容后又获刊于

---

[1]　*Ibid*. Hirst, *Life of Friedrich List*, *and Selections from His Writings*, p. 40, p. 49.

[2]　*Ibid*. Hirst, *Life of Friedrich List*, *and Selections from His Writings*, p. 33.

[3]　*Ibid*. Henderson, *Friedrich List*:*Economist and Visionary*, p. 251, p. 71.

《国民报》等报纸并同样发行单行本,再到制造促进会委托李斯特尽早编写一册简明教材和一部系统专著①,可知李斯特政治经济观点的风靡程度。他自己盛赞保护主义者大会"宣告了美国的经济独立",深感"在这个国家大有用武之地"。②

李斯特此番作为是有实际影响的,这一点有迹可循。首先,他在上述全国保护主义者大会上发表了主旨演讲,而这次大会最后"通过决议,要求对制造商和生产者给予高水平保护,并写入致国会的报告中"。有关决议要求"普遍地保护农产品和工业品,特别是对羊毛和羊毛制品加征新关税,税负之重几近禁入令"。其次,李斯特的《美国大纲》得到了当时美国财政部长也是李斯特首访英国时的旧识理查德·拉什的好评。拉什后在致国会的年度报告中专门提及保护问题,称"正如本国的土地法保护着农业,至少同等的保护应该给予工业"。虽然思想影响行动是个难以捉摸的过程,但称李斯特的论点"应该影响了拉什的年度报告"③,这一判断完全合情合理。反正制造促进会公开声明:"李斯特教授创立了一个合乎自然的政治经济学体系,从而为合众国作出了极其重大的贡献。"④

名声大噪后,李斯特备受制造促进会的器重,"受雇为制造促进会答复那一系列公开反对新关税提案的小册子、致国会的备忘录及各种讲演稿"。当时正逢 1828 年关税法案在国会辩论之际,"保护主义者面对国会中波涛汹涌的拉锯战,在希望与忧虑间来回切换",因而十分需要李斯特的针对性观点及其有力阐述,李斯特由此深度介入贸易政策与发展道路之争。其有案可稽的参与至少有:第一,1828 年 2 月 2 日李斯特执笔的《波士顿报告拷

---

① *Ibid*. Hirst, *Life of Friedrich List*, *and Selections from His Writings*, p. 43, p. 46.

② Harry Rickel, "Friedrich List—An Unknown Great American", in *ibid*. Wendler, *Friedrich List's Exile in the United States*, p. 38; *Ibid*. Henderson, *Friedrich List: Economist and Visionary*, p. 71.

③ *Ibid*. Hirst, *Life of Friedrich List*, *and Selections from His Writings*, p. 43, p. 48, p. 44.

④ 前引法比翁克:《弗里德里希·李斯特》,第 12 页。

问》致送宾夕法尼亚州议会，此件批驳了亨利·李的《波士顿及周边地区公民委员会反对进一步提高进口关税》，李斯特的反驳文后刊于费城《国民报》。第二，1828 年 3 月 12 日，李斯特执笔的《对拨款委员会报告的看法》致送联邦众议院，众议院在一份报告中批评了财政部长拉什关于提高某些进口货关税的提议，李斯特则应命予以反驳，此件后由制造促进会刊发。①

三、促成关税大幅提高

正是在李斯特他们的积极努力下，保护主义者取得了出乎意料的大胜。随后通过的 1828 年关税法使得"平均关税率远远超过 50％，代表了美国关税的高潮"。初级产品出口势力恼羞成怒之下称之为"可恶关税"，乃至南北严重对立就此而埋下祸根，然而，美国的制造业部门无疑获得了有力的保护。②李斯特在整个过程中的影响力毋庸置疑，他自豪地称，为制造促进会工作是本人"对关税辩论的贡献之一"③。确实，有位议员曾致信李斯特，说自己向多人分送了《美国大纲》，也建议国会订购该册子，他还感谢李斯特"在这一非同小可并极其有趣的问题上，向美国人民传达了有教育意义的爱国观点"。一个世纪后的 1926 年，为李斯特作传的美国人哈利·里克尔依然承认："李斯特乃倡导美国当今保护性关税政策的先驱，显然是 19 世纪第一个 25 年里美国最重要的政治经济评论家之一，他在那个时期关税辩论中的影响力和重要性尚未得到充分评价，甚至完全不为人知，但却具有难以估量的意义。"④

当时自由贸易分子对李斯特的抨击，也能从反面印证李斯特的特别作用。众议院 1828 年 4 月辩论关税法案时，反对关税保护的南卡罗来纳州议

---

①　Ibid. Hirst, Life of Friedrich List, and Selections from His Writings, pp. 47-48；Ibid. Henderson, Friedrich List：Economist and Visionary, p. 71, p. 233.

②　前引梅俊杰：《贸易与富强：英美崛起的历史真相》，第 227—228 页。

③　Ibid. Hirst, Life of Friedrich List, and Selections from His Writings, p. 47.

④　Ibid. Rickel, "Friedrich List—An Unknown Great American", p. 40.

员麦克杜夫一方面讽刺李斯特无非是那些"设计者手中的工具,全然不了解美利坚体制的政治和经济方向",另一方面仍承认,"为公道起见,我还得说,也挑不出比他更有显赫资格的人,可向哈利斯堡[保护主义者]大会作宣讲"。另一位议员汉密尔顿则调侃:"我们似乎绝对违反了美利坚体制的要义,竟然从德国进口一名教授,来讲述有关经验教训,要让人相信斯密蠢了、李嘉图错了。"①再比如,弗吉尼亚州州长威廉·贾尔斯指责"李斯特教授缺乏说服力地试图为美利坚体制打气",甚至指责他是梅特涅那里派来"挖美国宪政墙角的危险密使"。②总之,在当时的政治环境中,"李斯特很快成了美国的一位公共要人",同时他因"介入美国政治,必然招致对自己的攻击"。③

当然,美国历史上关税变化异常繁复,所以并无某一言行能够持久地发挥作用,但在当时那个政策转折点上,李斯特无疑产生了直接的影响力。从李斯特向前总统麦迪逊"送阅《美国大纲》及其他十篇社会经济论文",并收到麦迪逊的祝贺,再从他曾会晤在任总统安德鲁·杰克逊,并被派任美国驻德领事,等等,可知其政治经济观点也确有机会影响美国政要。④《国民体系》英译者桑普森·劳埃德所以说,李斯特的"论点直接促成了世界上两大国即德国和美国的商业政策"⑤。当然,美国自有其美利坚体制及本土利益集团,后尤其出现了保护主义大家亨利·凯里,有观点甚至认为,凯里对美国、德国及日本赶超发展的促进作用不亚于李斯特。尽管就李斯特影响凯里的程度尚有分歧,但至少凯里读过李斯特的书,并同样坚信必须针对英国的不公平贸易竞争,构建贸易壁垒从而保护美国的幼稚产业。⑥一般认为,

---

① Ibid. Hirst，*Life of Friedrich List，and Selections from His Writings*，pp. 51-52.
② Ibid. Henderson，*Friedrich List：Economist and Visionary*，p. 71；Ibid. Wendler，*Friedrich List … in German-American Relations*，p. 86.
③ Ibid. Szporluk，*Communism and Nationalism：Marx versus List*，pp. 109-110.
④ Ibid. Wendler，*Friedrich List … in German-American Relations*，pp. 96-97.
⑤ 前引李斯特:《政治经济学的国民体系》,第1页。
⑥ Eric Helleiner, *The Neomercantilists：A Global Intellectual History*，Cornell University Press，2021，p. 166，p. 138，pp. 145-148.

李斯特对国内市场的重视、对多样化工业发展的倡导、对制造业能反哺农业的信念、对经济发展阶段的论述、对国际经济利益冲突的判断、对于德美之类新兴国家必须摆脱英国掌控的强调，实际上都影响到了凯里。①在19世纪晚期的美国竞选中，共和党人依然在援用李斯特和凯里的观点。②

李斯特1832年离开美国后未再踏足新大陆，然而，他依然关注美国的产业保护与赶超发展，不但继续贡献高见，且还预言了美国内战。他在1841年为《国民体系》写下的长序中，针对当时美国关税再次被拉低的痛心局面说道："北美的自由州想要靠维持现有的商业条件而取得哪怕是一般性的经济地位，都完全不可能，它们绝对有必要回归以前的关税。即使蓄奴州设法抵制，并得到执政党的支持，时局的力量也一定会比党派政治更为强大。只是，我担心迟早会由大炮来轰开立法机构无法解开的死结。美国也将用枪炮去向英国还债，美国关税立法中的错误只好由战争之下的实际封禁加以改正……但愿我们判断有误！然而，万一预言成真，我们希望把这场战争的责任归到自由贸易理论的头上。"③

第三节　关于匈牙利发展的献策

在德国和美国之外，匈牙利可谓李斯特倾注热情最多的一个国家。作为罗伊特林根那个"帝国自由城市"的子民，李斯特对家乡曾经效忠的神圣罗马帝国怀有特殊好感，也对守护帝国传统的哈布斯堡家族，进而再对奥地利和匈牙利情有独钟。他不仅期待奥地利出面主导关税同盟和德国统一进

---

① *Ibid*. Hirst, *Life of Friedrich List*, *and Selections from His Writings*, pp. 119-121.
② *Ibid*. Helleiner, *The Neomercantilists*：*A Global Intellectual History*, p. 167.
③ Friedrich List, "Introduction to *The National System of Political Economy*", in *ibid*. Hirst, *Life of Friedrich List*, *and Selections from His Writings*, p. 294.

程，而且希望德国人大量移居匈牙利，甚至提出要建立一个包括德国已有关税同盟、奥地利、匈牙利在内的中欧关税同盟。①为此，李斯特在 1844 年造访奥地利和匈牙利长达四个月，除与他素所反感的梅特涅会面外，还受托呈交了两份建言献策的备忘录。

在李斯特眼里，匈牙利是个典型的落后农业国。一方面，该国土地肥沃，适合农业和畜牧业，木材、泥炭、矿物供应充足，占据欧洲中部有利的地理位置，还有多瑙河流经境内。另一方面，该国又交通阻滞、资本不足、企业精神匮乏，丰富的潜力得不到应有开发，民众生活水平低下。②如果说德国和美国属于排在英国（一流）、法国和比利时（二流）之后的"第三流工业国"，那匈牙利只能是等而下之的欠发达国家。③既然匈牙利堪称当时及以后众多欠发达国家的一个缩影，李斯特对匈牙利发展问题的探讨便具有普遍意义。

李斯特着重分析了匈牙利经济落后的多重原因。首先在经济和社会上，贵族大地主依然保有众多封建特权，自己享有免税待遇，又拥有向他人征税的权利；农民仍处于缺乏自由的状态，大多还需尽其封建义务，这里不存在"自由、勤劳、有文化、得小康的农民群体"；在贵族、豪绅、教士这些特权阶级与农民、工匠这些底层阶级之间，存在着巨大鸿沟，社会的中间环节非常薄弱；因缺乏发达国家中能施加经济和政治影响力的中产阶级，本该由中产阶级发挥的职能仅由犹太人在填充。其次在政治上，把持权力的官僚集团趋向保守；议员不是由选举产生，而是靠世袭获得席位；议会采用拉丁语议事，很多议员无法参与辩论，仅从维护自身特权的角度投票表决。④李斯特所诊断的问题颇有典型性，有关症状在诸多欠发达国家中皆屡见不鲜。

---

① *Ibid*. Henderson, *Friedrich List*: *Economist and Visionary*, pp. 104-105.
②④ *Ibid*. Henderson, *Friedrich List*: *Economist and Visionary*, p. 113.
③ 前引李斯特：《政治经济学的自然体系》，第 43 页。

一、关于交通体系建设

在落后国加速发展的千头万绪中，李斯特惯于强调交通先行。就匈牙利的局面，他同样强调，要把改善交通当作"全部文明进步、全部个人福祉、全部财政充盈、全部国家实力的基础性条件"。他所呈交的两份备忘录——《关于匈牙利交通体系的改进》《关于匈牙利国民经济的改革》中，有一份专论交通问题，也可见交通在他心目中的优先程度。①

在李斯特看来，匈牙利公路和运河匮乏，铁路则完全空白，所以反倒可以在一张白纸上，按国家的未来需要，比较容易地画出交通体系的理想蓝图。显而易见，这一设想包含了"后发优势"的理念。他对照指出，领先者英国的交通建设"不成系统、零敲碎打"，而且，在国家角色缺位的情况下，私人承建者惯于从"股东收益最大化"角度考虑问题，致使最终结果"未必符合国家整体利益"。李斯特建议，匈牙利的"交通计划应由经济学家而不是由工程师或投机家来制定"，这样，通过落实"一个五到十年的计划"，可望合理、快速地建成包括公路、铁路、河道在内的交通网络，从而为经济发展创造前提条件。②

具体而言，李斯特提出，先应发挥境内多瑙河的运输能力，使之成为匈牙利"未来交通体系的天然中心"。多瑙河固然问题众多，如部分航道水流湍急、不同季节水位落差较大、全年雾天较多、冬季部分河段冰封，致使航运不确定性甚大。然而，这一河流终究是现成的运输干线，在设法完善其适航条件后，可以改进国内大片平原地区，以及平原地区农业带与边疆山区林矿带之间的交通运输，而且因为该河段西接奥地利和德国，东连巴尔干，尤可

---

① Eugen Wendler，„Die List-Rezeption in Urgarn"，in *ibid*. Wendler Hrsg.，*Friedrich List—Gesamteuropäische Wirkungsgeschichte seines ökonomischen Denkens*，p. 590.

② *Ibid*. Henderson，*Friedrich List：Economist and Visionary*，p. 114，p. 111.

促进西部流域的工业品与东部流域的农产品和原材料的交换。①当然，在改善多瑙河航道之外，李斯特提出匈牙利应该重点发展陆上交通。

关于陆上交通，李斯特指出，匈牙利交通体系中具有"高优先性"的项目应该是在维也纳与布达佩斯之间修建铁路。当时，有两家公司在分头倡建，但一家计划建于河流左岸，一家则计划建于河流右岸。李斯特称，这种情况其他国家也常出现，竞争者往往"无视公共利益"，仅从自身利益出发争抢业务，可是分开经营的话谁也无法拥有充足的业务量。他强调，同时上马两条相互竞争的铁路将无比荒唐，必定还会与河运争抢业务。他的规划思路是，应该着眼于联合协作，重在"补充河运之不足"，必要时铁路线也应过河并考虑加建支线，总造价还可因此显著降低。②这个例子展现了李斯特素所强调的从国家整体利益出发、防止局部利益主导局面的一贯思想。

李斯特并不反对由私有公司参建或承建铁路和运河，相反他对此持高度赞成态度，甚至希望在匈牙利交通体系建设中，"大部分资本从国外特别是德国引进"。不过他提醒，私有的铁路和运河公司应当"按照国家计划"来修建基础设施，而且"一段时间后有关设施应成为公共产品"，服务于全社会的共同利益。而为了吸引外国资本，有必要"由国家出面担保"，借以保障铁路和运河公司股份的收益，反过来，"对于私方从承建公共设施中的获利，国家也应该征税"③。

李斯特在对各国提出基础设施特别是铁路建设的建议时，从来都把融资当作专题重点讨论，他对匈牙利的献策中，同样包含了上述非常合理可行的务实建议。他同时提议，匈牙利可"组建大型股份公司"，这样的公司甚至可以拥有自己的信贷银行，以便把修建铁路和运河、改善通航条件、抽干沼泽等交通宏愿变为现实。不过，李斯特在雄心勃勃中也不忘精打细算、因地

①　*Ibid*. Henderson, *Friedrich List：Economist and Visionary*, p. 111.

②　*Ibid*. Henderson, *Friedrich List：Economist and Visionary*, p. 112.

③　*Ibid*. Henderson, *Friedrich List：Economist and Visionary*, p. 114, p. 111.

制宜。他向匈牙利提出，对于地广人稀的地区，可建造"马拉的窄轨铁路"，这比新建公路成本要低；同样，"窄运河"比"宽运河"造价更低，也适合地广人稀的地区。[①]

李斯特在向匈牙利建言献策时，一如既往地重视交通建设的溢出效应，他的交通设想本来都是要服务于赶超发展大目标的。他反复说明，道路、运河、铁路的建设不仅能促进匈牙利农业和矿业资源的开发、创造大量新的经济活动、促进农业和工业的扩张，而且尤能"立刻为大批工人创造就业机会"，会扩大对建筑材料的需求，会提升土地的价值，会刺激货币流通和经济增长，新的水路还有助于排干沼泽，总之，"社会各部门皆可从中获益"[②]。向匈牙利提出的这些对策，与李斯特此前在总结各国历史经验时形成的赶超发展战略，大体是一脉相通的。

二、全方位的发展建议

对于落后国的赶超发展，李斯特从来都强调需要多管齐下，尤其是从政治上力加推进。针对匈牙利的落后局面，李斯特断言必须着重改革其"行政管理中陈腐不堪的封建内容"，即使匈牙利贵族和奥地利官僚体系强烈抵制，也应在所不惜，否则无法创造适宜的条件去激励农工商各业的发展。他特别指出，现有的国家议会和地方议会应经选举产生，以便上通下达、革新政治；应当废除各种封建特权，让农奴获得解放，同时应当废止贵族和乡绅的免税待遇，从而确立"一套公平的税收制度"。李斯特坚信，这些举措有助于改良财政、激发生产力、促进经济成长。[③]

在经济领域，李斯特提出了一系列具体的发展建议，例如：进行全国范围的地理勘察，注重探寻燃料及其他矿物以及旱区的水源，建设各地的排水与灌溉系统；改进农业耕作和林业经济，改良亚麻、烟草、饲料之类的

---

① 　*Ibid*. Henderson，*Friedrich List：Economist and Visionary*，p. 115，p. 111.

②③ 　*Ibid*. Henderson，*Friedrich List：Economist and Visionary*，pp. 114-115.

种植,培育新的作物;促进适合目前经济阶段的工业和手工业制造,振兴
现有城市并开拓新兴行业;着力从文明和富裕国家引进人才和资本,发展
公共信贷,并且拓展国内产品的对外出口;完善并普及国民教育,在整个
劳动阶层提倡勤俭守德、整洁舒适的生活方式;由国家创设一门独立的统
计学。这些建议"其实囊括了1848年革命后匈牙利经济政策的所有重要
方面"①。

专就对外经济关系而言,李斯特原则上赞成"匈牙利工业保护联盟"及
其一般经济目标,但并不赞成抵制奥地利商品,认为此举"愚蠢并有害"。李
斯特认为,匈牙利作为落后的农业国,目前尚需维持与奥地利的自由贸易,
即需要以匈牙利的农产品交换奥地利的制成品。在他看来,匈牙利的关税
应该仅仅保护本国那些"资本需求不大、雇用人手较多、生产基本消费品的
手工业"。他相信,匈牙利的手工业"不但可从关税保护中获益,也将从交通
改善带动的制成品需求扩张中获益"。以当下发展阶段看,匈牙利"建立大
工厂的时机尚不成熟","操之过急会付出沉重代价"。他提醒道:"工业化是
个缓慢渐进的过程",幼稚产业终究要"花费相当时间才能成熟起来"。②

李斯特提出,"应该撤除匈牙利与奥地利间的关卡",促进匈牙利农产品
跟奥地利工业品的自由贸易。他之所以提出这个稍显异常的建议,是因为
在他心目中,德意志关税同盟的未来范围不该限于德国,最终应建成一个包
括匈牙利及多瑙河下游地区在内的"奥地利—德国关税同盟"。他预期,待
专制腐败的奥斯曼统治在巴尔干崩溃时,哈布斯堡应当取而代之,在这一地
区推行更有效、更文明的治理。他认为,匈牙利作为"通向土耳其和整个近
东地区的关键",以其相对较好的经济基础和文明程度,未来将需要发挥更
大的作用,当然首先应该实现跟奥地利及关税同盟的自由流通。他甚至预
期最终由关税联合迈向政治合作,乃至"在黑海与亚得里亚海之间建成一个

---

① *Ibid*. Wendler, „Die List-Rezeption in Urgarn", pp. 605-606.
② *Ibid*. Henderson, *Friedrich List: Economist and Visionary*, p. 115, p. 110.

强大的德意志—马扎尔帝国"。①

正是出于上述目的，李斯特一向呼吁德国人向匈牙利移民，借以"加强在匈牙利（再后在巴尔干）的德意志元素"。他判断，匈牙利每年可以接纳约50万移民，而德国西南部正面临由人多地少滋生的经济危机，向外移民自然可以缓解德国内部困局。其实自中世纪以来，德国农民、矿工、工匠本来就有移居匈牙利的传统，那里已有140万德国人在定居。如今匈牙利也有足够的机会，自应鼓励德国人前去开设农场、工厂、店铺，这比越洋去往北美显然对移民、对德国都更加有利。李斯特去访奥地利和匈牙利，一个重要目的就是要促进德国人向匈牙利的大举迁移。②

三、献策中的德国立场

李斯特关于匈牙利发展的上述设想，是他在主要大国之外最完整的国别论述，并且是以直接献策方式提出的。在李斯特著作中，对匈牙利的论述构成了一个关于欠发达经济体的完整开发方案，因此值得特别关注。李斯特关于交通规划建设中落后国的后发优势、交通先行对赶超发展的引领作用、经济发展初期外来商品与资本及技工的引进必要、政治和社会等广泛领域配套改革的不可或缺，如此等等，无不具有广泛的借鉴意义。

然而，必须看到，李斯特肯定是有立场的，他原说过："如果我是英国人，我就该是个自由贸易论者。"③无非是身处德国使他自然站到了比英国落后的那些国家的立场上，只是这种落后国立场的核心终究是德国利益。既然如此，当面对同样落后或更落后的国家如匈牙利时，李斯特也必然首先从德国的角度考虑问题。直言之，李斯特给匈牙利献策中有个基本前提，就是要把匈牙利整合为德国或者以德奥为主导的大型经济体甚至国家体的一部

---

① *Ibid*. Henderson, *Friedrich List：Economist and Visionary*, pp. 104-105, p. 110, p. 107.

② *Ibid*. Henderson, *Friedrich List：Economist and Visionary*, pp. 105-106, p. 109.

③ *Ibid*. Hirst, *Life of Friedrich List, and Selections from His Writings*, p. 134.

分,使之与人口比较稠密、工业相对发达的德奥形成境内的互补关系。李斯特建议撤除匈牙利与奥地利间的关税边卡、双方开展以匈牙利农产品对奥地利工业品的自由贸易、匈牙利大举引进德国资本和移民,无不带有基于德国或德奥立场的利益考量。李斯特固然"要求促进在匈定居的德国人加快匈牙利化"①,但联想到他关于"正常国家状态"特别是所谓"国家领土上的缺陷是可以补救的"之类观念,则匈牙利基本上就是被当作德国进一步发展的某种垫脚石。

这里不妨比较一下李斯特有关波兰的发展建议。波兰与匈牙利一样,也是位于中东欧的落后农业国,李斯特却给出了相反的政策建议。他明确指出,波兰"应当输入的不是外国工业品,而是外国工业家和外国工业资本";"应当自己建立工业,国内原料和粮食应当由它自己进行加工和消费";凭借"强大的工业、自由的内政制度和富足的城市","才能争取独立自主,才能对文化比较落后的邻近国家取得政治优势"。他哀叹,"波兰的贵族阶级热衷于把从农奴劳动中得来的微不足道的产物运销国外市场,换回外国制造的价廉物美的商品",那里"没有保护制度,只有自由贸易制度下与先进国家发生的商业关系",其结果就此而注定:农业"处于残缺状态","自发的工业力量从未有过发展机会","由于没有工业,已致国家衰亡并被瓜分"。②

有关波兰问题的上述道理,李斯特其实从来都强调有加并且始终如一,无奈因为他对匈牙利的定位不是一个独立国家,所以随之而来的发展建议便偏离了他反复重申的关税保护、工业发展这些一贯原则。可是,德国人的立场不可能就是匈牙利人的立场,正如英国人的立场不可能就是德国人的立场。匈牙利人可以为加速发展而热忱欢迎德国的移民和资本,也可以高度认同李斯特具体的经济对策,但在国家独立、自主发展这些大是大非问题上却决不敢苟同李斯特的建言。匈牙利独立运动领导人拉约什·科苏特尽

---

① *Ibid*. Wendler, „Die List-Rezeption in Urgarn", p. 589.
② 前引李斯特:《政治经济学的国民体系》,第 188—189 页。

管总体上坚定信奉李斯特学说，对李斯特也毕恭毕敬，但他"不同意"要让匈牙利进入关税联盟的那个倡议，相信那种联盟只会"受控于德国和奥地利"①。故而，科苏特的诉求就是匈牙利的独立，这也算深得李斯特真传后再"以子之矛攻子之盾"吧。

当然，匈牙利人也公允地认识到，尽管"李斯特博士从德国的立场来观察问题并试图控制匈牙利的农业和工业"，但"这并不等于说他的计划就是要以牺牲匈牙利的繁荣为代价来换取德意志民族的繁荣，毕竟他还是希望双方实现共同繁荣的"。②然而，即便如此，他的有关建议在当时也缺乏实施条件，关键是匈牙利不是独立国家，只是"哈布斯堡统治下的一个王国"，其经济主权概由奥地利操控，自身"不可能执行一条无视维也纳当局的经济政策"。③在此复杂局面中，纵然李斯特在访问奥地利和匈牙利时受到了盛大的接待，他会见了包括梅特涅在内的高层决策人士，并以备忘录形式阐明了自己的发展倡议，他的匈牙利开发计划终究被束之高阁，连自己想谋得一官半职的愿望也终成泡影。

四、学说影响无可否认

李斯特关于匈牙利的发展建议未能如愿落实，不过，其学说对匈牙利人还是产生了很大影响。早在到访前，李斯特的著作已在匈牙利受到追捧，除了因为匈牙利在地理和文化上接近德国外，主要是因为这个落后国家亟需某种适合的经济理论来加速发展。因此，继《国民体系》德文版在匈牙利"引起极大反响"后，匈牙利版随即在 1843 年发行，成为"一部全国闻名的著作"，也成为"李斯特在世时其代表作唯一的外文译本"，李斯特的名字及其

① *Ibid*. Wendler，„Die List-Rezeption in Urgarn"，p. 585. 前引文得乐：《弗里德里希·李斯特传》，第 271 页。*Ibid*. Henderson，*Friedrich List：Economist and Visionary*，p. 114.

② *Ibid*. Wendler，„Die List-Rezeption in Urgarn"，p. 597.

③ *Ibid*. Henderson，*Friedrich List：Economist and Visionary*，p. 110.

工商业发展、铁路网建设、保护性关税等倡议也在匈牙利的"立法机构大厅内被反复提起"。①

观察 19 世纪 40 年代的匈牙利,如同遭受强国工业化辐射的其他落后农业国一样,也面临着行自由贸易还是保护主义这一国内发展道路之争。如果说之前贵族阶层整体上都坚守着以农为本的共同立场,那么之后外部经济环境的变化却引发了内部的方向分歧。大地主阶层倾向于走自由贸易道路,希望与哈布斯堡展开经济合作,充分利用国际农产品的市场机会,加大出口并融入国际经济。中下层贵族则看到,匈牙利的前途在于从奥地利的控制中解放出来,建立自主的工业,确保自主的发展机遇。匈牙利人对李斯特学说的信奉、匈牙利保护协会的成立、李斯特成为该"保护协会的精神领袖",统统反映了这一意愿。②匈牙利改革之父伊斯特万·塞切尼追随李斯特学说,坚信"经济现代化乃打造匈牙利现代国家时的重中之重",以致被称为"匈牙利的李斯特"。故有言:"匈牙利与德国一样,工业化的理念从一开始就是与李斯特的理论相连的。"③

受李斯特影响最典型者当推反对派代表科苏特,之前他是"自由贸易的坚定支持者",然而,在接触了李斯特学说后,他深深叹服其中的民族性、独立性、爱国性、科学性、适用性,以致随后"脱离了自由贸易阵营,加入了关税保护者的行列"。他从此愈发坚信,自由贸易有害于匈牙利,"保护性关税才是实现并维护匈牙利经济与政治独立的最好手段,借此方可培育匈牙利的幼稚产业、壮大中产阶级并最终实现民主"。他的结论是:"匈牙利的政治家无需再做什么,只需将李斯特的理论从德国引入匈牙利便可。"也因此,即使李斯特有关匈牙利发展的献策并未得到官方的回应,但在反对派那里,他关于废除封建特权、推行宪政改良、摆脱普遍贫困,以及并非针对匈牙利而提

---

① *Ibid*. Wendler, „Die List-Rezeption in Urgarn", p. 579, p. 592.

② *Ibid*. Wendler, „Die List-Rezeption in Urgarn", p. 604, p. 610.

③ *Ibid*. Szporluk, *Communism and Nationalism: Marx versus List*, p. 161.

出的保护幼稚产业等建议，还是获得了热烈的响应。①

　　越来越多的匈牙利人认识到，李斯特期望用自己学说去解决的"所有那些德国问题在匈牙利同样存在，而且程度更严重"。他们同样要问，包括也要向德国人发问："为什么我们的邻国拥有工业而我们却不能拥有？为什么我们的邻国拥有贸易政策而不允许我们也拥有？"于是，特别在科苏特领导的反对派那里，李斯特学说"提供了同对立面作斗争的武器"，甚至"赢得了比在自己祖国更大的反响和支持"。这一态势在英国坐探1843年从匈牙利向英国发回的不无忧虑的报告中也得到印证："我白天都在接触议员们……他们或多或少都信奉李斯特的政治经济思想。……这种观点已经占据主导地位，我承认本人对匈牙利的这种情况全无思想准备。"②

　　总之，在考察李斯特的赶超发展实践时，匈牙利也是一个值得解剖的案例。在世界落后农业国中，唯有匈牙利的发展问题得到了李斯特的专门指导。反过来，李斯特作为"唯一把匈牙利列为研究对象的伟大国民经济学家"，也在匈牙利得到了最早的追捧。一批匈牙利人士很早就认识到，李斯特学说"可以帮助修正亚当·斯密的错误观点"，"会在国民经济学这门科学中开启一个新阶段"；而且，"没有任何其他国家能像匈牙利那样迅速地理解和传播李斯特的思想"，并确立其"决定性权威"。③从匈牙利在独立运动中高扬国家权利，1867年较早在哈布斯堡王朝内争得实际的独立地位，再到其现代经济发展中铁路网建设作用显著，无不见证了李斯特学说的清晰印记。

---

① *Ibid*. Wendler，„Die List-Rezeption in Urgarn"，pp. 608-611，p. 591；*Ibid*. Henderson，*Friedrich List：Economist and Visionary*，p. 116.

② *Ibid*. Wendler，„Die List-Rezeption in Urgarn"，p. 602，p. 580，p. 595，p. 605.

③ *Ibid*. Wendler，„Die List-Rezeption in Urgarn"，p. 607.

第六章
身后影响:全球传播中启示赶超发展

　　要讨论李斯特学说产生的影响,如同讨论其他任何人物或理论的影响一样,是比较困难的一件事。人所共知,影响颇难测定,毕竟思想观念向社会实践的传导是个微妙复杂的过程,不但经常缺乏实证的记录,而且连当事人自己也往往说不清道不明。此外,如前已示,李斯特学说,如同绝大多数理论体系一样,也是某种集大成的产物,其中的理论构件多采自前人的思想成果,因此,与李斯特学说看似对应的某种实践到底是由当事人直接得自李斯特,还是得自其他源头甚或源头的源头,这些恐怕都渺不可考。为此,这里集中关注李斯特学说的国际传播,这个方面相对容易查考,从中尚能管窥李斯特学说的某种反响,况且,在其传播过程中,各国人士不同时期从不同角度对李斯特及其学说的观察与见解至今仍可供我们参考。

第一节　在德国、法国、英国

一、李斯特学说在德国

　　严格来说,李斯特学说的国际传播不应包括其在德国的传播,但显然,缺失德国则这一部分必定不完整。因此,这里仍应择要回顾一下李斯特在其本国的传播,尽管这是很难周全概述的内容。

　　李斯特在世时,其思想的自我传播主要靠两个方式,简言之即"言"和"行"。其"言"的方式,不外乎出版著作、经办报刊、发表文章、递送报告、公开演讲。其"行"的方式,则包括行政调研、组织发动、投资经商、社会交往、游说献策等,本质上他的这些活动也还是要通过"言"的方式而发挥作用。因此,有人在比较李斯特与俾斯麦时认为,"强有力的帝国宰相能够使用最强大的物质手段实施其计划,而可怜的李斯特却没有这种手段"①。此话固然不错,但以李斯特的活动能力、能文善辩、爱国奉献、不屈不挠,特别是以其为时甚久的报人生涯,在那个时代他还是产生了一个"无冕之士"所能达到的最大影响力。

　　有关李斯特学说的本国传播,因头绪过多,只能选取以下六方面的部分事实。其一,首要代表作的重印再版。《国民体系》在李斯特生前已印过三次,他去世后于1850—1851年又有了第四、第五次重印,从1877年到1930年共重印九次,1950年时已重印15次。后来的版本一般都由德国李斯特研究权威撰写导言,如1950年版由汉斯·格里希导读②;最新的《国民体系》2008年版则由欧根·文得乐导读。③李斯特作品在全世界已被相继译成匈、法、英、罗、瑞、日、俄、保、中、孟、芬、西、葡、意、韩等近20种语言,成为马克思以外名声最大的德国经济学家,主要基于《国民体系》这一首要代表作。④其他作品如《自然体系》,因迟至1926年才在法国发现,虽不能说已时过境迁,但公之于世远晚于内容更丰满的《国民体系》,故而其影响比较有限。

　　其二,李斯特文集的编纂出版。李斯特生前已有多种作品行世,过世未

---

① 〔德〕京特·法比翁克:《弗里德里希·李斯特》,吴薇芳译,商务印书馆1983年版,第67页。

② 前引法比翁克:《弗里德里希·李斯特》,第19页。

③ Friedrich List, *Das nationale System der politischen Ökonomie*, Eugen Wendler Hrsg., Nomos Verlagsgesellschaft, 2008.

④ Eugen Wendler, *Friedrich List's Exile in the United States*: *New Findings*, Springer, 2016, p. 5; Eric Helleiner, *The Neomercantilists*: *A Global Intellectual History*, Cornell University Press, 2021, p. 80.

久,在 1850—1851 年即出现了一种三卷本,分别收录生平传记、文章选编、《国民体系》①,李斯特女儿 1877 年呈送俾斯麦和王储的就是这一版本。文集编纂最大的进展是,1925 年李斯特学会成立后,在埃德加·扎林等人的筹资和主编下,于 1927—1936 年完成了十卷《弗里德里希·李斯特:著作、讲话、书信》的出版。②扎林曾表示,此文集可令李斯特卓越成就流播于世,"这项任务 75 年来都是德国人民必须偿还的一笔债"③。即便更完整的李斯特全集至今仍无编印计划④,扎林等人当年克服世界经济危机的冲击,怀着"拖延就等于放弃"的警戒心,在滑向二战前抢出这一文集已属功德无量之盛举。⑤须知,1935 年交付最后一卷时,扎林为文集写下的后记还遭到纳粹的查禁。⑥这部比较完整的文集外,还出版过若干选编本,如 1942 年纳粹时期出过《李斯特著作选编》,T.施泰姆莱在选编序言中称,李斯特作为"大德意志帝国最伟大的奠基人之一已载入史册"⑦。

其三,李斯特传记的出版。路德维希·豪塞尔于 1850 年出版了世上首部李斯特传,之后在欧洲进入自由贸易阶段后,李斯特受到相对冷落,但再后从 1870 年到 20 世纪初,德国就出现了十数种李斯特传。其中大部分是总体性传记,如弗里德里希·戈尔德施密特 1870 年的《德国大经济学家李斯特》、尤利乌斯·魏泽 1877 年的《李斯特:为祖国奉献的先驱》、卡尔·延奇 1901 年的《弗里德里希·李斯特》等;也有小部分专以某一专题作传,如

---

① Margaret Esther Hirst, *Life of Friedrich List, and Selections from His Writings*, Smith, Elder & Co., 1909, reprinted by Forgotten Books, 2012, p. 320.
② [德]欧根·文得乐:《弗里德里希·李斯特传》,梅俊杰译,商务印书馆 2019 年版,第 267、325 页。
③ Eugen Wendler, „Die List-Rezeption in der Schweiz", in Eugen Wendler Hrsg., „*Die Vereinigung des europäischen Kontinents": Friedrich List—Gesamteuropäische Wirkungsgeschichte seines ökonomischen Denkens*, Schäffer-Poeschel Verlag, 1996, p. 507.
④ 前引文得乐:《弗里德里希·李斯特传》,第 325 页。
⑤ *Ibid.* Wendler, „Die List-Rezeption in der Schweiz", p. 510.
⑥ Roman Szporluk, *Communism and Nationalism: Karl Marx versus Friedrich List*, Oxford University Press, 1988, p. 13.
⑦ 前引法比翁克:《弗里德里希·李斯特》,第 69—70 页。

尼德米勒 1880 年的《莱比锡—德累斯顿铁路：李斯特的杰作》、汉斯·施努尔拜恩 1904 年的《作为铁路活动家的李斯特》等。[①]1915 年在蒂宾根出版了卡尔·孔普曼著《李斯特：新德国的先知》，篇幅很小，论评却颇得宜[②]；相比之下，1949 年柏林出版的卡尔·布林克曼著《弗里德里希·李斯特》篇幅甚大，但据称较为芜杂。[③]应该说在德语世界，李斯特传时有新作，只是未必总能精到地从创立经济范式的高度来评说李斯特。最新的一种是欧根·文得乐2013 年出版、由前总统霍斯特·科勒作序的李斯特传。

其四，李斯特纪念设施的设立。从 1848 年经 1875 年至 1906 年，民间人士为李斯特在奥地利库夫施泰因的墓园相继增添了墓碑石、石柱、栗树、纪念台等设施，以表达景仰之情。1863 年，罗伊特林根市在火车站前广场立起一座李斯特全身铜像，使之成为李斯特家乡的一个象征。在莱比锡，如今还有一座为表彰李斯特铁路建设贡献而矗立的方尖塔，另一座相关塑像则已在二战中被毁。现在德国有多个李斯特纪念点，其家乡的李斯特档案室和展览室最引人瞩目；德国城镇还有若干以李斯特命名的街道及柏林的一段河岸。二战结束后，李斯特学会重新成立，改称"李斯特学社"；1962 年，东德政府将德累斯顿技术大学的交通学院改以李斯特冠名。[④]1992 年，在罗伊特林根大学成立了文得乐任所长的"李斯特历史与现实经济研究所"[⑤]。

其五，李斯特纪念活动的举办。1848 年，符腾堡议会为李斯特平反昭雪，随即举行了纪念仪式，表彰李斯特推进了国家统一并增添了德国荣耀。[⑥]以后，至少在李斯特诞辰和去世的逢五逢十年份，一般都会有纪念活

---

① *Ibid.* Hirst, *Life of Friedrich List, and Selections from His Writings*, pp. 321-322.

② J. S. Nicholson, "Review of *Friedrich List als Prophet des neuen Deutschland* by Karl Kumpmann", *The Economic Journal*, Vol. 26, No. 101, 1916, p. 92.

③ Fritz Karl Mann, "Review of *Friedrich List* by Carl Brinkmann", *The American Economic Review*, Vol. 41, No. 3, 1951, p. 433.

④ 前引文得乐：《弗里德里希·李斯特传》，第 320—322、324—325 页。

⑤ *Ibid.* Wendler, *Friedrich List's Exile in the United States*, p. viii.

⑥ 前引文得乐：《弗里德里希·李斯特传》，第 323—324 页。

动包括书籍出版。例如,1896 年在柏林出版过路易斯·卡岑施泰因所撰
《李斯特逝世 50 周年纪念》。①1916 年、1946 年李斯特逝世 70 周年和 100 周
年时,官方都举办过纪念会,特奥多尔·霍伊斯还分别以符腾堡-巴登州文
化部长和战后首任总统的身份发表演说,称颂李斯特为"德意志伟人",既是
民族主义的创始人之一,也是超民族思想的先驱者之一。②李斯特诞辰 200
周年之际,西德和东德举办过各种官方与民间的纪念、研讨、讲座活动,迪
特·森哈斯发表了著名演讲《李斯特与发展的基本问题》,当时还组织了专
题展览、邮票发行等其他纪念活动。③

其六,李斯特及其学说的研究。对李斯特学说的系统研究首先集中见
于德国的历史学派,比如,布鲁诺·希尔德布兰德 1848 年《现在和将来的国
民经济学》、威廉·罗雪尔 1874 年《德国国民经济学说史》、古斯塔夫·施穆
勒 1888 年《国家科学和社会科学方法论》等,都论及作为历史学派开山鼻祖
的李斯特。④然而,纵然 1871 年德国统一后李斯特有条件"全面复活",1915
年前后李斯特研究者还是表示,"这位先知在自己的祖国太少受到敬重",长
期未能获得公正的更高品评。⑤此后,李斯特研究渐热,弗里德里希·伦茨
就推出过《李斯特与自由主义》(1924 年)、《李斯特、"庸俗经济学"与马克
思》(1930 年)、《李斯特其人其著》(1936 年)、《李斯特与大德国》(1938
年)。⑥及至 1950 年,已有学者指出:"德国过去 25 年间,评论任何一个以前

① *Ibid.* Hirst, *Life of Friedrich List, and Selections from His Writings*, p. 321.
② 前引法比翁克:《弗里德里希·李斯特》,第 69—70 页;前引文得乐:《弗里德里希·李斯特传》,
第 270 页。
③ Eugen Wendler, "The Present Day Reception of the Ideas of Friedrich List on Economics and
Transport Policy and the State of Current Research Projects in Germany", *Indian Economic
Journal*, Vol. 42, No. 2, 1994, pp. 158-162. [德]迪特·森哈斯:《弗里德里希·李斯特与发展
的基本问题》,梅俊杰译,载《国外社会科学前沿》2019 年第 12 期,第 57 页。
④ *Ibid.* Hirst, *Life of Friedrich List, and Selections from His Writings*, p. 322.
⑤ *Ibid.* Nicholson, "Review of *Friedrich List als Prophet des neuen Deutschland* by Karl
Kumpmann", p. 92.
⑥ Frederick Clairmonte, "Friedrich List and the Historical Concept of Balanced Growth", *Indian
Economic Review*, Vol. 4, No. 3, 1959, p. 35.

的国民经济学家的文章都没有像评论李斯特的文章那么多。"①不过，李斯特的部分悲剧性也在于，他重新走红是与纳粹统治相关联的，其学说被奉为"国家社会主义"的理论基础，而曾让他付出巨大代价的自由民主信念却遭到粗暴的剥离。②

二战结束以来，德国学术包括经济学在内都得到了改造，李斯特学说随之再被边缘化，文得乐便说，自己作为本国"从事李斯特研究的个别经济学家"，长期都是"孤独的漫步者"。③确实，即使以李斯特冠名的德国机构，如今都不再专门研究李斯特。然而，李斯特学说在当今德国也还是有真正传人的，比如，不来梅大学教授迪特·森哈斯即秉持李斯特的范式，在继续研究赶超发展问题。他在所著《欧洲发展的历史经验》中，提出了"选择性脱钩"的赶超秘诀，断定李斯特学说"对今天尤有参考价值"，并干脆用"新李斯特主义"来定位自己的研究。④但也须承认，森哈斯在德国终属凤毛麟角，一般而言，早已迈过发达门槛的德国人对李斯特学说的热情已大为下降，即使仍关注李斯特，其关注焦点也与发展中国家的学界判然有别，在李斯特学说呈回升之势的今天，这种状况恐亦不会改变。

二、李斯特学说在法国

李斯特与法国渊源很深，这既指他受到法国各种思潮的影响，也指他反过来给法国留下了颇深印记。早期流亡法国期间他曾悉心吸收那里的经济学等知识，及至流亡美国中途返回欧洲的 1831 年，他已经反过来在影响法国。此时，李斯特在法国《百科全书评论》和《宪法报》上发表了一系列文章，

①　前引法比翁克：《弗里德里希·李斯特》，第 72 页。

②　Stefan Kolev, and Joachim Zweynert, "Friedrich List (1789-1846)", in Gilbert Faccarello, and Heinz D. Kurz, eds., *Handbook on the History of Economic Analysis*, Vol. I: "Great Economists since Petty and Boisguilbert", Edward Elgar Publishing, 2016, p. 167.

③　前引文得乐：《弗里德里希·李斯特传》，第 vi 页。

④　［德］迪特·森哈斯：《欧洲发展的历史经验》，梅俊杰译，商务印书馆 2015 年版，第 2、353 页。

提议建设欧洲铁路网,他尤其介绍了便于铁路建设的现代征地方法。据李斯特自述,法国议会1833年初通过的新征地法便是他文章的内容。[1]

也在1831年,李斯特开始与路易-阿道夫·梯也尔交往。作为《宪法报》总编,梯也尔肯定读过李斯特的文章,他派人前往美国考察铁路事业,显然受到了李斯特的鼓动。1834年在新关税立法讨论中,梯也尔支持关税保护并援用了与李斯特相同的论据。[2]1837—1840年在法期间,李斯特曾获国王路易·腓力召见,并就法国铁路网的建设问题上呈过两份备忘录。梯也尔1840年出任首相前后,继续与李斯特过从甚密,他赏识李斯特的贸易与交通思想,所以会邀其在法国任职谋事。[3]另须知,1851年,因为梯也尔的据理力争,才使得一项赞成自由贸易的决议在议会受阻,从而为法国工业制造商又争取了近十年的成长保护期。[4]

李斯特1840年离去后再未踏足法国,但他在那里的声名经久不衰。1846年他的离世触动了法国公共舆论,《宪法报》和《舆论报》都在头版刊文悼念。那些悼文回顾了李斯特的政策贡献及理论意义,不仅称赞他为"关税同盟之父""德国统一的启蒙领袖",而且认为他是开拓性的思想家,深刻揭示在政治经济学领域,不存在普遍适用的理论。悼文作者预言,自由贸易论者不久一定会承认理论必须尊重现实,一定会逐渐接近李斯特的立场。当然,在谈及李斯特遭遇激烈反对时,也有观点称那是他蔑视自由主义先辈而应得的惩罚。[5]

李斯特学说传入法国的里程碑当然是《国民体系》法译本1851年的出

---

[1] Mechthild Coustillac, „Die List-Rezeption in Frankreich", in *ibid*. Wendler Hrsg., *Friedrich List—Gesamteuropäische Wirkungsgeschichte seines ökonomischen Denkens*, p. 208.

[2] *Ibid*. Coustillac, „Die List-Rezeption in Frankreich", pp. 208-209.

[3] *Ibid*. Hirst, *Life of Friedrich List, and Selections from His Writings*, p. 86.

[4] Jean-Pierre Potier, "The Reception of the German Historical Schools among French Economists (1857-1900)", in José Luís Cardoso, and Michalis Psalidopoulos, eds., *The German Historical School and European Economic Thought*, Routledge, 2016, p. 25.

[5] *Ibid*. Coustillac, „Die List-Rezeption in Frankreich", pp. 210-211.

版，译者是法国贸易部关税专家亨利·里歇洛。此君推崇李斯特的人品和见识，此前著书讨论关税同盟时，早已称颂李斯特对德国统一的贡献，1847年即开始翻译《国民体系》。①里歇洛希望，在法国自由贸易与保护主义两派的对垒中，自己译介的李斯特著作至少能让正统的自由主义者认识到，某种关税保护对法国工业终有必要。《国民体系》法译本反响良好，1857年便推出第二版，不过，随着英法1860年达成协定，自由贸易正渐入佳境，因此，李斯特学说又不免遭到忽视乃至敌视。②

在里歇洛看来，《国民体系》可谓《国富论》以来"最重要的国际贸易论著"，它已充分证明，自由贸易论缺乏普遍基础，李斯特学说却屡屡契合实践。里歇洛赞同李斯特的看法，即关税保护不会单纯有利于生产商，实可服务于全体国民，政治经济学的使命就在于督促政府发挥作用，借以维护全社会的长远利益。或许为了照应当时的自由主义情绪，里歇洛强调李斯特虽则批判了自由主义，却并未与之彻底决裂，不过是作了修正和发展，他所倡导的关税保护最终还是要导向自由贸易。当然，基于法国的经济特点，里歇洛不同意李斯特关于农业国必定落后于工业国、农业不应享受关税保护等论点。③

在方法论上，里歇洛欣赏李斯特关于大多数经济原理都是相对而非绝对的那种观点，也赞成不该把一个公式套用到所有地点和时间，他还认为李斯特以史为证的历史方法"看来拥有光明的未来"。④然而，当时正统的自由主义者却严词评说李斯特，除了经济理念和政策立场上的对立外，也毕竟他在世时便已开罪于法国的自由贸易论者。1852年起出版的《政治经济学词典》有一个关于李斯特的很长词条，作者约瑟夫·加尼耶尽管承认李斯特富

---

① ④ 　*Ibid*. Potier，"The Reception of the German Historical Schools among French Economists"，
　　 p. 25.

② 　*Ibid*. Coustillac，„Die List-Rezeption in Frankreich"，pp. 211-212，p. 217.

③ 　*Ibid*. Coustillac，„Die List-Rezeption in Frankreich"，pp. 212-215.

有才干并用心良苦,但仍将其体系贬低为"自封的政治经济学国民体系",称之了无新意,纯属"胡乱的思想杂烩","无非是给完全过时的重商主义体系和陈旧的保护主义学说重新披上外衣"。加尼耶还贬抑李斯特对铁路建设和关税同盟的贡献。①

之后在 1867 年,路易·雷博更是全面质疑李斯特的业绩,其中尚且掺杂了人身攻击。他坚称李斯特并未提出任何普遍性原理,至多为不同国家开出了廉价的处方;其作品哗众取宠,所谓的历史方法一无可观之处。李斯特之所以招来这些指责,除了自由贸易其时甚嚣尘上外,另一重要原因是,李斯特对法国的态度并非一向正面。他不但认为法国人轻浮寡义,到最后还在游说英国与德国结盟对付好战的法国人,所以雷博说,李斯特"冒犯了法国的自由人士和广大公众"。②这一点无疑也成了李斯特学说在法国传播中的一个消极因素。

在温和的自由主义者那里,李斯特尚能得到比较客观的评价。例如,曾谈成英法自由贸易协定的米歇尔·歇瓦利埃,就对李斯特敬佩不已。1847年,歇瓦利埃在报纸上高调赞扬李斯特,甚至视之为自由主义者,称他完善了斯密等人的自由学说。歇瓦利埃认识到,李斯特的保护关税旨在促进作为国家财富基础的生产,意在减轻来自外国的竞争,且有节制、有时限,因而"不失理智和公正",有别于主张持久高关税的法国保护主义。歇瓦利埃跟李斯特一样,相信个体乃集体一员,国家乃集体的一种高尚形式。可见,李斯特的诸多思想,包括关税保护一定条件下有助于促进工业发展和国家富强的思想,也还是能在温和自由主义者那里引起共鸣的。③

从 1870 年起,随着接连而来的德法战争、经济危机、俾斯麦加高关税及其他国家相应跟进,欧洲的自由贸易走向终结,法国在 1892 年大部分贸易

---

① *Ibid*. Coustillac, „Die List-Rezeption in Frankreich", pp. 217-219.

② *Ibid*. Coustillac, „Die List-Rezeption in Frankreich", pp. 219-220.

③ *Ibid*. Coustillac, „Die List-Rezeption in Frankreich", pp. 221-223.

协议到期后，也正式进入保护主义周期。正统自由主义于是渐失主导地位，李斯特学说遂获得青睐。有一位人称"李斯特信徒"的保罗·科维，他努力为李斯特正名并以他为师，吸收重商主义传统的资源，借鉴德国历史学派的方法，重视国家的调节作用，由此成为法国现代国家主义学派的创始人。而且，他应邀担任政府顾问，对 1892 年法国的关税提高产生了影响。当然，也有人批评科维等法国保护主义者偏离了李斯特，一是无视其经济发展阶段论，二是把关税保护也施之于农业，因而难免矫枉过正。①

李斯特其时进入法国日常舆论，则主要与朱尔·杜梅尔格有关。在 1884 年一篇长文中，杜梅尔格高度评价李斯特及其"忠实信徒"俾斯麦，断言 1860 年以来的自由贸易政策给法国造成了重大损失。他建议法国应效仿以李斯特为灵魂的德国模式，如此才能与德国竞争。杜梅尔格回击了所谓保护主义纯属倒行逆施的指责，坚称"适度的关税保护乃新兴工业抵御外国竞争破坏的唯一手段"。有意思的是，杜梅尔格从法国立场出发，猜疑俾斯麦主政的德国会否滥用李斯特学说来效仿英国，进而用德国霸权取代英国霸权，如此反让法国未蒙其利先受其害。对德国威胁的担忧随即投射到李斯特身上，所以总有部分法国人相信，李斯特是"好战的新日耳曼主义的权威思想家"，这等于说他是纳粹主义的始作俑者。②

该时期法国的经济学说史教材对李斯特相当重视。约瑟夫·朗博 1899 年版《经济学说史》除照例介绍李斯特的观点外，强调了他对德国经济发展和政治统一的重大贡献，并感叹法国人未能充分了解这些事实。朗博专门探讨了一个重要问题，即既然李斯特学说特别长于利用国家权力去组织经济生活，那它会否必然导向某种国家专制主义。朗博给予了否定的回答，因为他认为李斯特把国家作用限于捍卫本国财富免遭外国掠夺，却并不

---

① *Ibid*. Coustillac, „Die List-Rezeption in Frankreich", pp. 223-228；*Ibid*. Potier, "The Reception of the German Historical Schools among French Economists", p. 29.

② *Ibid*. Coustillac, „Die List-Rezeption in Frankreich", pp. 229-231, pp. 236-237.

打算放任政府去干预国内经济生活。①如此分辨李斯特关于国家作用的内外区别,可谓颇有见地的一个观点。

此外,在夏尔·季德、夏尔·利斯特首版于1909年的《经济学说史》中,利斯特专章论述了李斯特,可见其对李斯特学说的重视。书中的要点有:李斯特基于德国的现实经济状况,提出了两个新颖的概念,即与世界主义相对立的民族主义,以及与交换价值相对立的生产力;他继承并发展了重商主义,因限定关税保护的适用范围而展现了个人特色;他扩大了古典学派的政治视野,用动态的观念取代了有关国家富强的静态观念;他第一个把历史对比用作政治经济学中的论证手段,凸显了任何理论的时空对应性。②这部著作截至1947年已在法国出过七版,被译成近十种语言,著者一生多次修订这一章节③,留下了经得起时间检验的上述结论。

两次大战之间,世界经济陷入困局,法国与其他许多国家一样进一步推行保护主义政策。不过,李斯特的影响力并不算大,因为法国有观点认为,经济民族主义更适合德国而非视野宽广的法国,于是,李斯特学说的价值依然受到质疑。但另一方面,法国此时出现了比较精深的李斯特研究,如G.蒙佩茨完成于1919年的博士论文《李斯特与法国的经济民族主义》。蒙佩茨把李斯特学说与古典理论的差别概括为"相对主义,折中主义,实证主义",并据此得出结论:理性的、切合实际的关税保护应予支持,但关税保护也须随经济的不断发展而走向自由化。④

再后,勒内·戈纳尔在1922年《重农主义以来的经济学说史》相关章节中,把李斯特学说分解为这些要素:民族主义、常态国家、工业主义、国家干预、相对主义、生产力导向、社会学解释、协调发展。他称赞李斯特为国民经

---

① *Ibid*. Coustillac, „Die List-Rezeption in Frankreich", pp. 238-239.

② [法]夏尔·季德、夏尔·利斯特:《经济学说史》上册,徐卓英等译,商务印书馆1986年版,第312、314、320、317、326—328页。

③ *Ibid*. Coustillac, „Die List-Rezeption in Frankreich", pp. 239-240.

④ *Ibid*. Coustillac, „Die List-Rezeption in Frankreich", p. 223, pp. 243-245.

济学派的领袖,《国民体系》就是这一学派的宣言与原理应用。戈纳尔特别指出,李斯特超越了重商主义者,融汇了国家学说与世界主义,"民族主义方法与世界主义方法的结合构成了李斯特体系的基础"。1925 年出版的保罗·格梅林书中,在介绍若干"伟大的经济学家"时,称誉李斯特为"真正的经典作家",足可媲美斯密,且已在本国产生重大的实践影响。①

　　这一时期李斯特学说传播的另一标志是,法国在 1927 年再版了里歇洛的法译本《国民体系》,不过,值得注目的人物当推卢西恩·布罗卡尔。布罗卡尔曾师从"李斯特信徒"科维,他在 1929 年版《国民经济学与国际经济学原理》中分析了李斯特学说,认为李斯特倡导通过积极有为地发展国家全部生产力来追求国家富强,深化并发展了重商主义理论,从而成为现代国民经济学的创始人。当然,他也批评了李斯特存在夸张化、片面化倾向,特别是过于强调对抗古典理论,乃至给世人留下了民族主义方法与世界主义方法不可调和的印象。另外,他也批评李斯特对财富分配和社会公正问题关注不够。②

　　其他有些著作对李斯特提出了更多的批评,让·莫里尼-孔比在 1930年《重商主义与保护主义》一书中,追溯了从汉密尔顿到杜潘的思想历程,认为李斯特的体系算不上原创。费尔曼·乌莱斯在 1934 年《论国际贸易理论》中,批评李斯特的生产力理论假定生产力所需资本是现成的,而这缺乏依据。布维耶-阿贾姆在 1938 年专著《李斯特的生平、作品及影响》中,虽然承认李斯特在方法和理论上都有原创性、惊人地超前于时代,但也批评他是个差劲的历史学家,在通过学说偏见的扭曲镜片看待历史现象。B.V.达马拉在 1940 年《论国际商业的演化》中批评李斯特过于追求本国利益,无视保护主义的消极国际后果,其学说缺乏普遍适用性。弗朗索瓦·佩鲁在 1940年《自给自足与对外扩张》中,不赞成洗白李斯特的民族主义危险性,称其毕

①　*Ibid*. Coustillac, „Die List-Rezeption in Frankreich", pp. 246-248.
②　*Ibid*. Coustillac, „Die List-Rezeption in Frankreich", pp. 246-247.

竟为纳粹扩张起到了鸣锣开道的作用。①

　　二战结束后,国家干预成为资本主义制度中的常态成分,在法国尤甚,因此,李斯特学说的现代意义显著上升了,相应的研究也蔚然成风。据综述,法国有至少8位学者探讨了李斯特作为历史学派创始人的问题;有至少15位学者探讨了他作为保护主义者和国家利益代表的问题;有至少7位学者探讨了他作为古典理论和自由贸易学说批判者的问题;有至少7位学者探讨了他作为现代发展理论和政策思想开拓者的问题。在此过程中,法国涌现了若干李斯特式的现代发展学家,如弗雷德里克·克莱门特、弗朗索瓦·佩鲁。克莱门特在1958年《经济自由主义与经济欠发达国家》中明确指出,经济自由主义作为工业优势时期英国的学说仅具有特定的历史和地域有效性,不能照搬到欠发达国家,它们更适用李斯特学说。佩鲁则被认为"思想上同李斯特关系密切",彼此"有着惊人的相似之处",他也是战后最早批评工业国对第三世界国家采取错误政策的一位著名经济学家。②

　　战后法国的李斯特研究中,有些观点值得引述:李斯特是现代发展理论的主要开创者,当今发展中国家尤应重视其有关工业化的论断;李斯特更是欠发达国家的预言家,大大超过了马克思和恩格斯;李斯特把对政治经济自由的基本偏好同对科尔贝现实主义的赞赏结合起来,国家因此可成为工业化的催化剂和助产士;李斯特的特殊贡献在于重新把时间要素引入国际贸易理论,超越了古典作家的狭隘看法,其生产力理论展现了着眼于未来的思维,克服了古典理论的静态思维;李斯特重视已成为创新源泉的教育与研发活动,其借助关税扶植工业的思想也得到了某些自由主义者的承认;李斯特让经济学重新具备了相对性、动态性、国家性,也即重新回归实验性现实主

---

① *Ibid.* Coustillac, „Die List-Rezeption in Frankreich", pp. 249-250, p. 252, pp. 256-260; Imad I. Itani, *Friedrich List: Protectionism to Free Trade*, M. A. thesis, University of Calgary, 1985, p. 1, p. 3.

② *Ibid.* Coustillac, „Die List-Rezeption in Frankreich", p. 264, p. 267, p. 271, p. 276.

义；当然，李斯特的体系也包含了扩张主义，其"常态国家"概念会导向危险的"生存空间"理论；李斯特关于国家作用的思考是积极的，但也为某种无度的干预主义打开了方便之门。①

最后，还应提及 1982 年出版的法国另一本李斯特研究专著，这就是莫尼克·安森-迈耶的《19 世纪发展经济学家李斯特》。此书广泛分析了李斯特不同时期的作品，强调李斯特其实是一位发展理论家，他揭示了国际贫富差距拉大的机制，所提出的发展战略至今依然有效；李斯特的生产力理论注重从社会政治和历史关系上去分析经济问题，这是开拓性的发展社会学理论，比古典和新古典理论更适合当今第三世界国家。同时，安森-迈耶也提醒世人，虽然李斯特需要斯密来充当替罪羊，以便提升自身理论的针对性和新颖性，但李斯特学说本已吸纳诸多自由派思想，其与自由学说决非天差地别。②

总之，安森-迈耶的李斯特专著，连同伊曼纽尔·托德编订的里歇洛《国民体系》法译本 1998 年的新版，以及梅西蒂尔德·库斯蒂拉有关李斯特思想的长篇博士论文在 1999 年的出版，为法国一个半世纪的李斯特学说传播及研究作了一个很好的总结。特别是他们把李斯特定位于现代发展理论创始人的角色，为法国原本因人而异、时高时低的李斯特评价提供了一个稳定的基准，用库斯蒂拉的话说，"法国作者近期的作品把李斯特视为现代发展理论的创始人，如此显然踏上了正确的方向"③。

三、李斯特学说在英国

李斯特一生中两次到访英国，分别在 1824 年和 1946 年。第一次去访

---

① *Ibid*. Coustillac, „Die List-Rezeption in Frankreich", p. 271, p. 268, p. 270, p. 275, pp. 266-267.

② *Ibid*. Coustillac, „Die List-Rezeption in Frankreich", pp. 277-280.

③ 前引文得乐：《弗里德里希·李斯特传》，第 275—276 页。*Ibid*. Coustillac, „Die List-Rezeption in Frankreich", p. 285.

让他"首次透过欧陆眼镜眺望海洋"①,对李斯特后来在美国的发展及铁路事业均意义非凡。但当时他还不可能对英国有何影响,只有到再次访英时,他才有机会产生影响。他第二次去访本意是要撮合英国与德国结成联盟,其有关备忘录也得到了首相罗伯特·皮尔和反对派领袖亨利·帕默斯顿的阅读,只是结盟目的一无结果。②然而,在舆论和政策层面,李斯特还是给英国留下了挥之不去的印记。

进入 19 世纪 40 年代,有种担忧在英国蔓延开来,涉及两个方面:一是担心随着德意志关税同盟的壮大,英国会日益失去在德国的市场地盘;二是担心随着李斯特学说在欧洲大陆的扩散,各国纷纷走上工业化道路,那将从根本上削弱英国的工业垄断利益。英国人深知,在这两个方面,李斯特都处于焦点位置,何况他从来就把英国当作经济对手,指责英国阻碍了其他国家的进步。英国当时的报刊文章、私人书信、政治报告表明,诸多英国知名人士因此认真研究过李斯特,态度也倾向于从避而不谈转变为无情打击。③

《国民体系》出版后,英国媒体上尖刻的评论蜂拥而至,如约翰·奥斯汀斯 1842 年在《爱丁堡评论》发起长篇累牍的批判,称李斯特在谈论英国伟大的工业和商业时充满了嫉妒和敌意,是在以幸灾乐祸的心态预言英国的衰落;为了宣扬自己的理念,他有意误读英国的贸易政策,心怀庸俗和恶毒的偏见;其书作如同流俗小册子,毫无理性研究者的科学探索之意,纯粹要在造就了康德、莱辛的国度传播一种排外的野蛮思想。总之,如此学说不能不让世人予以否定。④

从日后名扬世界的《经济学人》周刊中,我们也可观察李斯特及其学说在英国的存在感。这本刊物是在英国大步迈向自由贸易之际于 1843 年应

① 前引文得乐:《弗里德里希·李斯特传》,第 126 页。
② Barbara Schwarz, „Die List-Rezeption in England", in *ibid*. Wendler Hrsg., *Friedrich List— Gesamteuropäische Wirkungsgeschichte seines ökonomischen Denkens*, pp. 107-108.
③ *Ibid*. Schwarz, „Die List-Rezeption in England", pp. 121-123.
④ *Ibid*. Schwarz, „Die List-Rezeption in England", p. 121, p. 124.

运而生的，自然以崇奉甚至夸大斯密的自由主义为宗旨。李斯特在世时，刊物已对他有不少关注，其名字最早出现在 1846 年 1 月一篇关于德国铁路的报道中，此文承认李斯特对德国莱比锡—德累斯顿的铁路线立下汗马功劳。其实更早几年，这家刊物已经发表一系列文章，对李斯特倡导的德意志关税同盟及其保护主义势头表达忧虑，尽管当时并未指名道姓。①

《经济学人》以后则更直接地反对李斯特。1846 年 7 月，刊物上有篇文章用三分之二的篇幅宣称，《国民体系》对南德邦国某些行业起到了"关键的煽动作用"，并指责李斯特借其《关税同盟要报》《汇报》上的定期文章继续给"工业利己主义"火上浇油。同一篇文章还怀疑，李斯特受雇于德国棉纺织之类利益集团。随后的文章继续以李斯特为批判焦点，例如，虽则称他为"精力充沛的聪明人"，但又愤怒指责《汇报》让其思想畅行无阻，称这种煽动只会让北德城邦和邻近国家陷于窘境和祸害中。②

李斯特自尽后，《经济学人》借机攻击，断言自由贸易在德国的盛行终于让李斯特"落入自我怀疑中"，其自我了断纯属"失败者的绝望之举"。所刊文章还说，李斯特向全世界宣扬一种自给自足的解决方案，其整个体系置数百年来的历史经验于不顾，完全建立在谎言和诡辩之上。同时，这家刊物判定李斯特的鼓动已经使得大陆国家对英国立场产生误解，于是告诫英国政府不能消极以对，而应出手减少李斯特造成的伤害。其实，《经济学人》的看法就是英国官方的立场，贸易大臣约翰·麦格雷戈提及《关税同盟要报》时，干脆称之为"一份卑鄙的德国报纸"，并称李斯特为"可怜之人"。③

对李斯特的关注也见于其他英国媒体。例如，《泰晤士报》在报道李斯特离世消息时，尚且承认他是"关税同盟的著名领袖"，成功地催生了德国的限制性政治经济体系，其著作已成为"制造业的教科书"。然而，这张

---

① *Ibid*. Schwarz，„Die List-Rezeption in England"，p. 115.

② *Ibid*. Schwarz，„Die List-Rezeption in England"，p. 116，p. 114.

③ *Ibid*. Schwarz，„Die List-Rezeption in England"，pp. 118-120.

大报也指责李斯特"公然纵容本位主义",酿成了德国南北邦国之间的关税政策分歧。①总之,李斯特在 19 世纪的英国备受重视,只是这一重视背后更多的是英国政治家和经济学家对李斯特及其学说的忧虑,所以这种重视夹杂了许多偏见和敌意,也正因如此,后来才会出现李斯特是被英国下毒致死的那种推测。

不过,即使在 19 世纪,也有李斯特在英国的高光时刻。鉴于 1880 年前后英国的国际竞争力出现颓势,一股被称为新重商主义的思潮便应时而起。威廉·坎宁安、威廉·艾什利等经济史学家着意借鉴德国乃至爱尔兰的保护主义思想资源,形成了一个像模像样的英国版历史学派。其成就之一是,经桑普森·劳埃德翻译,于 1885 年出版了《国民体系》英译本。②此书 1904年再版时又增加了爱丁堡大学教授约瑟夫·尼科尔森写的一篇导论③,尼科尔森基于收益递增等理由,为贸易保护政策作出辩护。④劳埃德则在译序中强调,李斯特的论点"直接促成了"德国和美国的商业政策,为保护制度"提供了确定的科学基础",还言称李斯特"绝不是英国的敌人"云云。⑤这可谓英国特殊时期难得的持平之论。

与 19 世纪相比,20 世纪英国对李斯特的关注显著减少,主要限于较窄的学术圈,一般舆论中即使提及李斯特,也会采取否定性态度,将其当作 19世纪保护主义的同义词、俾斯麦贸易政策的倡言者,甚至是纳粹思想的始作俑者。⑥这种看法到 21 世纪也仍有市场,有英国学者坚称,李斯特"确实是"两次世界大战的罪魁祸首,因为其"经济坏主意"发挥了作用。⑦尽管如此,

① *Ibid*. Schwarz, „Die List-Rezeption in England", pp. 119-120.
② 梅俊杰:《贸易与富强:英美崛起的历史真相》,九州出版社 2021 年版,第 172 页。
③ *Ibid*. Hirst, *Life of Friedrich List*, *and Selections from His Writings*, p. xxi.
④ [美]道格拉斯·欧文:《自由贸易思想史》,梅俊杰译,上海财经大学出版社 2021 年版,第 156 页。
⑤ [英]桑普森·劳埃德:《英译者序》,载[德]弗里德里希·李斯特:《政治经济学的国民体系》,陈万煦译,商务印书馆 1961 年版,第 1、2 页。
⑥ *Ibid*. Schwarz, „Die List-Rezeption in England", p. 109.
⑦ Stephen Davies, "From Pennsylvania to Verdun: Friedrich List and the Origins of World War I", *Freeman*, Jan./Feb. 2004.

在 20 世纪寥寥可数的英国李斯特研究者中，还是出现了两位值得敬仰的学者，一是玛格丽特·赫斯特，二是威廉·亨德森。

玛格丽特·赫斯特曾在剑桥大学上学，有感于《国民体系》之外的李斯特作品在英美两国鲜为人知，她在 1907 年前往德国，在李斯特家乡等地挖掘史料，特别是跟英国和美国相关的史料。赫斯特于 1909 年出版《李斯特生平与文选》，书中收录李斯特生平、《美国大纲》原文、《国民体系》完整导言等内容。值得注意的是，作者兄长弗朗西斯·赫斯特作为历史学家为该书作序并指出，假如把影响国家政策当作试金石，则在斯密的后来者中，李斯特必定居于高位。他断言，"支撑现代关税的大多数理念，无论是在旧大陆还是新大陆，均由李斯特首创或构想"。其结论不言而喻，这样一位深思之士兼力行之人遭欧美学界忽略已久，如今需要传扬其业绩、研究其学说。[1]

威廉·亨德森除在剑桥、利物浦等大学任教外，长期在曼彻斯特大学担任国际经济史教授，集中研究德国和欧洲经济史，1983 年发表《李斯特：高瞻远瞩的经济学家》，此书因资料丰富、结构全面、判断客观而自成李斯特研究领域的上乘之作。传记之外，亨德森还翻译并编辑了《自然体系》，包括撰写了英文版编者序（可惜中文版中未能署上亨德森之名），以及其他论述李斯特及其学说的多篇论文。[2]亨德森在传记中围绕命运悲苦的爱国者、经济联合的倡导者、铁路建设的先驱者、独到的政治经济学家、一生事业的最后归宿等主题，全面展现了李斯特的奋斗人生与非凡业绩。[3]

亨德森充分评价了李斯特的历史地位，认为他是"欠发达国家最早的捍卫者之一、自由贸易和放任自流的首要批判者、幼稚产业保护的倡导者"；他

①　*Ibid*. Hirst, *Life of Friedrich List*, *and Selections from His Writings*, pp. v-vi, p. ix, p. xi, p. xx, p. xii, p. xxi.

②　Henry William Spiegel, *The Growth of Economic Thought*, Duke University Press, 1991, p. 832, p. 759.

③　*Ibid*. Henderson, *Friedrich List*：*Economist and Visionary*, pp. vii-viii.

提出的国家经济学说、生产力理论、经济增长阶段论，是经济思想史上的重要贡献；正是他的不懈推动，让四分五裂的德国反而比诸多邻国更快地展开了铁路建设。①亨德森强调，李斯特的最终目标在于德国的国家统一、工业上与英国并驾齐驱、实现对英国的全面赶超；虽然他通常远远走在时代前面，以致有生之年未能达成这些目标，但其巨大努力促进了目标追求，况且其学说以后为许多欠发达国家提供了思想与政策的启迪。②

在英国的教科书上，对李斯特一般并不恭维。例如，2003 年版约翰·米尔斯的《一种批判的经济学史》仍以古典经济学为唯一正统，将李斯特学说列入名为"异端思想"的章节。该书固然承认了几个基本事实，即李斯特认为，自由贸易学说"只适合那些已经处于领先地位的国家，而不适合那些尚处于追赶过程中的国家"；其"原创性重要贡献之一，是把经济发展看作一种需要国家在其中扮演关键角色的动态而非静态的过程"。然而，书中某些陈述并不精当，如称，李斯特因为倡导自由贸易政策而得罪了官方当局并被关押；他是从深受影响的美国返回德国时才开始倡导关税同盟及高关税政策；他关于利用关税手段保护幼稚工业的观点其实与斯密的观点没有多大差别。③由此可见，这一英国教材的作者对李斯特尚缺乏应有研究。

当代英国另还有其他几位李斯特研究者。基思·特莱布尽管认为李斯特学说的经济理论基础令人失望，但还是承认李斯特拥有杰出的宣传鼓动能力，从而能够影响公众舆论并在经济史上发挥重要作用。④特莱布认为，李斯特"系统批判了得到当时普遍支持的那些原理"，他在此过程中对德国思想传统借鉴甚少，主要是在美国形成了自己的理论。⑤马克·布劳格固然

① *Ibid*. Henderson, *Friedrich List*：*Economist and Visionary*，p. 143，p. 124.

② *Ibid*. Schwarz，„Die List-Rezeption in England"，p. 111.

③ ［英］约翰·米尔斯：《一种批判的经济学史》，高湘泽译，商务印书馆 2005 年版，第 149—151 页。

④ *Ibid*. Schwarz，„Die List-Rezeption in England"，p. 111.

⑤ Keith Tribe, *Strategies of Economic Order*：*German Economic Discourse*，*1750-1950*，Cambridge University Press，1995，pp. 33-35，p. 44，p. 47，p. 53，p. 65；Keith Tribe, "Friedrich List and the Critique of 'Cosmopolitical Economy'"，*The Manchester School*，Vol. 56，No. 1，1988，p. 23.

把李斯特列入伟大国民经济学家的行列，但不仅怀疑李斯特学说的意义，而且也对其理论深度表示失望，认为李斯特并未恰当理解李嘉图的比较优势理论。①总之，英国的李斯特研究虽然寥寥无几，但是质量甚高，同时也从不缺乏对李斯特及其学说的严苛批评。

第二节　在俄国及其他老牌国家

一、李斯特学说在俄国

李斯特学说很早就引起了俄国人的重视，1843 年 7 月，李斯特曾与途经慕尼黑的俄国财政大臣、自由党人 E.F.坎克林晤谈五个小时。李斯特的治国思想必定给对方留下了深刻印象，所以那位有德国血统的财政大臣邀请李斯特前往俄国出任要职。李斯特认真考虑过这一邀请，只是国内事务繁多、对俄缺乏把握，再加坎克林不久病重去世，使得这段缘分无疾而终。②

李斯特学说正式传入俄国是在 1852 年，那年的俄国《农业杂志》介绍了多年前李斯特在德国农林业大会上的演讲情形和演讲内容，并以长篇摘要的方式介绍了《国民体系》，文章作者还宣布要把此书译成俄文，只是事后并无下文。1855 年，圣彼得堡大学出现了 B.F.卡利诺夫斯基有关自由贸易思想成长与应用的硕士论文，作者虽然倾向于古典学派，但还是详尽探讨了李斯特的观点。之后，另有两位俄国时评者也多次论及李斯特学说对俄国的意义。③其中有一位是尤里·萨马林，他用李斯特来为国民经济体制的多元化辩护，被视为"所有亲斯拉夫派中政治经济学造诣最深的人"。④

---

① *Ibid*. Schwarz, „Die List-Rezeption in England", p. 113.

② Eugen Wendler, „Die List-Rezeption in Rußland", in *ibid*. Wendler Hrsg., *Friedrich List—Gesamteuropäische Wirkungsgeschichte seines ökonomischen Denkens*, p. 475.

③ *Ibid*. Wendler, „Die List-Rezeption in Rußland", p. 477.

④ Vladimir Avtonomov, and Georgy Gloveli, "The Influence of the German Historical School on Economic Theory and Economic Thought in Russia", in *ibid*. Cardoso, et al., eds., *The German Historical School and European Economic Thought*, p. 186.

俄国的国民经济学家尤其青睐李斯特。1874 年前留学德国的亚历山大·楚普洛夫曾在莫斯科大学长期主持国民经济学课程,他以讲稿为基础于 1884 年出版《政治经济学史》,李斯特学说在书中得到了细致讨论。该书到 1923 年已出六版,是沙皇时期俄国主要的国民经济学教材。另有一位国民经济学家兼时评家彼特·斯特鲁威,他在 1894 年版《论俄国经济发展问题》一书中多次论及李斯特,称《国民体系》是一首工业化赞歌,赞赏其中关于生产力在国内联合的观念,他成了李斯特在俄国著名的支持者。[①]

李斯特的《国民体系》于 1891 年在圣彼得堡翻译出版,译者 K. W. 特鲁普尼科赞扬此书是"德国一部最独特、最有价值的著作","李斯特具有杰出的思想性和缜密的科学性",而且,他强调书中的论点理应成为俄国的典范。译者特别批判了亚瑟·叔本华、列夫·托尔斯泰关于俄国不必工业化照样可以富强独立的论调,希望李斯特的工业化和铁路建设思想能为俄国各界精英所了解,并能产生影响,以资反思俄国的道德精神和技术生产力。[②]

以上人物对李斯特在俄国的传播固然重要,但真正让李斯特影响到俄国政策的确凿人物首推谢尔盖·维特。维特 1889 年出任铁路局局长,1892年升任交通大臣,同年改任财政大臣,1903 年改任大臣委员会主席,1905 年担任立宪后首任总理,1906 年即去职。在前后近 20 年的主政生涯中,维特实施了关税保护制和金本位制,促成了跨西伯利亚铁路建设,推动了俄国的工业化和现代化,缔结了终止俄日战争的和约,主导了向立宪君主制的转型。[③]此外,他为激发工业化,推出了新专利法、完善了技术和商业教育,并努力吸引外国资本与技工。最关键的一点,维特的这些政策举措无不"追随李斯特而行"[④]。

---

① *Ibid*. Wendler, „Die List-Rezeption in Rußland", p. 478; *Ibid*. Avtonomov, and Gloveli, "The Influence of the German Historical School on Economic Theory and Economic Thought in Russia", p. 196.

② *Ibid*. Wendler, „Die List-Rezeption in Rußland", p. 478.

③ 梅俊杰:《译序:后发工业化和现代化的巨人》,载[美]西德尼·哈凯夫:《维特伯爵:俄国现代化之父》,梅俊杰译,上海远东出版社 2013 年版,第 i 页。

④ *Ibid*. Helleiner, *The Neomercantilists: A Global Intellectual History*, p. 91.

　　据《法兰克福报》称，作为德裔的维特"早在年轻时就为德国天才国民经济学家李斯特的思想和人品所吸引"，后在 1889 年发表了《国民经济学与李斯特》，他无比钦佩李斯特集博采众长的学者、有创造性的理论家、不知疲倦的实干家、追求富强的爱国者于一身。此书 25 年后再版时，维特在原书名上添加了"论民族主义"的主标题，可见他进一步抓住了李斯特学说之精髓。他说："我为李斯特的诸多思想所折服，他可算俾斯麦的前辈，我以为他们才是真正的民族主义者"；"世上确有病态的、利己主义的民族主义，但也存在一种健康的、令人信服的、强大也无害的民族主义，它设法保护人民用血汗铸就的国家历史生活成果以及所实现的目标。"[1]

　　对李斯特经济学说的具体吸纳，可见于维特 1911 年出版的《国民经济和国家经济讲义》（此书两年后还出过德文版）。这其实是 1900—1902 年作为重臣的维特为储君米哈伊尔·亚历山德罗维奇亲授经济学的讲义，第 18 篇题为"李斯特和俾斯麦公爵在 19 世纪最后 25 年对保护主义思想的有力发展"。文中总结了李斯特在德国史上的特殊贡献：为关税同盟开辟道路，为德国统一奠定基础，最早倡导铁路网建设，推动实施关税保护，高度重视全民教育。他指出若无这些措施，德国经济不可能取得如此惊人的发展。维特完全赞同李斯特对古典经济理论特别是自由贸易论的批判，强调李斯特的论断能让俄国免入歧途。[2]

　　维特主政期间可谓不折不扣地落实了李斯特的治国思想，他强势推行保护主义，体现于与德国开打贸易战并于 1894 年达成首份对德贸易协议，后在回忆录中，他专门谈及关税谈判中李斯特策略产生的指导意义。维特全力推进工业化时也照录了李斯特的观点：以工业品交换农产品迥然有别于以农产品交换工业品，"看不到其中的差别就无法洞察国际经济关系的本

---

[1]　*Ibid*. Wendler，„Die List-Rezeption in Rußland"，pp. 483-484.

[2]　*Ibid*. Wendler，„Die List-Rezeption in Rußland"，pp. 486-487. 前引文得乐：《弗里德里希·李斯特传》，第 272 页。

质"。他坚信为推进工业化，俄国贵族必须废除农奴制，同样，俄国民众也必须作出阶段性牺牲。此外，维特依照李斯特的理论，成功建造了俄国的铁路网特别是开通了跨西伯利亚铁路。①

维特对李斯特的信奉在俄国已臻登峰造极，他强调，既然德国所有大学都在读李斯特的书，其著作还摆上了俾斯麦的案头，那么俄国也该如此，目的是要让"未来的俄国追随李斯特的经济方针"。当然，维特研究者西奥多·劳厄特别注意到，维特的全部阐述中几乎没有提及李斯特一向重视的要点，即立宪政体和自由保障乃工业化的必备条件。无论这一疏忽是客观形势上的不得已还是主观认知上的片面性，今人皆知，这构成了一大致命缺陷，使得俄国未能按李斯特所期待，跻身欧洲最文明国家的行列。但不管怎样，单就历史片断而言，如劳厄所说，维特凭借李斯特学说，终究在俄国成就了"在落后国家加速经济发展的首个现代实验"②。

二、李斯特学说在瑞士

李斯特早年流亡瑞士，1823 年秋至 1824 年夏曾寓居阿劳市，离开瑞士后他在那里亦非默默无闻。李斯特诞辰 200 周年之际，阿劳市为他立碑，铭记他作为"国民经济学家、铁路先驱者、欧洲一体化倡导者"的功绩。晚年时，李斯特收到过不相识的瑞士人的来信，有伯尔尼中学老师向他求教移居奥匈帝国的具体事宜，也有圣加仑织布厂主向他讨教瑞士是否应该延续现行的孤立体制、为何德意志关税同盟建立多年后仍有邦国非常贫困等问题。针对后一话题，确知李斯特后来写过一篇"瑞士与关税同盟"的文章予以解答。③

---

① *Ibid*. Wendler, „Die List-Rezeption in Rußland", pp. 480-481，p. 488.
② Theodore H. von Laue, *Sergei Witte and the Industrialization of Russia*, Atheneum, 1974, p. 62, p. 119.
③ *Ibid*. Wendler, „Die List-Rezeption in der Schweiz", pp. 498-502.

圣加仑的实业家阿诺尔德·施陶布是第一个应用李斯特学说的瑞士人。他 1867 年前往南德创办了一家大型的机械化纺织厂，而且建造了全欧都难得一见的工人住宅样板区，十分关心产业工人的身心健康，严厉谴责英国工人遭受的非人待遇。施陶布是李斯特的坚定崇拜者，盛赞李斯特对关税同盟的贡献及其无畏、高尚的人品，施陶布作为南德纺织工业家协会主席，还曾与帝国首相俾斯麦专就实行关税保护事宜进行过商讨。①

1904 年底，伯尔尼大学早于德国大学，设立了首个以李斯特为主题的博士点，保加利亚人格奥尔吉·托谢夫在此完成了博士论文《李斯特与凯里：现代保护关税运动先驱》。托谢夫断言，凯里的多数观点均见于李斯特学说，因此，保护关税理论的创始人非李斯特莫属。1943 年，在埃德加·扎林推动下，巴塞尔大学也产生了一篇博士论文《李斯特与英国》，作者是瑞士人安德烈·拉维扎，此文于 1948 年正式出版。扎林另外指导维尔纳·斯特罗斯林完成了硕士论文《李斯特的经济发展学说》，作者认为，李斯特学说依然适合当代需要，绝大多数现代研究结论其实在李斯特那里皆有迹可循。②

不过，瑞士最特殊的贡献在于对李斯特学说的传承，因为埃德加·扎林在这里组织编纂了李斯特十卷文集。扎林 1892 年生于法兰克福，1927 年初应邀为巴塞尔大学作关于李斯特的公开演讲，随后便加盟该大学，从此开始了长达 50 年的研究和教学生涯，包括于 1961 年成为该校校长。1924 年还在海德堡大学时，扎林就认为李斯特备遭低估与误判，故而提出要创建李斯特学会、倾力汇编李斯特作品。到瑞士后，他争取到大批在瑞士的德国人加入学会，使得学会外国成员中瑞士人数居首，这对筹资出版李斯特文集至关重要。③

扎林不仅是李斯特文集计划的有力推动者，而且继赫尔曼·布吕格尔

---

① *Ibid*. Wendler，„Die List-Rezeption in der Schweiz"，pp. 514-515.

② *Ibid*. Wendler，„Die List-Rezeption in der Schweiz"，p. 515.

③ *Ibid*. Wendler，„Die List-Rezeption in der Schweiz"，pp. 502-507.

曼之后全身心投入到文集编纂中,自己就承担了第四、五、八、九、十卷的主要编务,其中第八卷李斯特书信的收集、整理和注释尤费精力。文集抢在二战前夕完成出版,堪称"与危机赛跑"的难得硕果,扎林及其巴塞尔团队居功至伟。更有甚者,在第三帝国时期,有些人试图从纳粹的角度来刻画李斯特,而扎林等人始终强调,李斯特毕生都在为公民自由权利、立宪法治国家、铁路建设与国际一体化而奋斗。他坚持认为,李斯特比其时所有政治家都看得更远,他的国民体系决非追求狭隘的国家主义,而是同时敬怀着"祖国、欧洲和人类",展现了宏大宽阔的胸怀。①

三、李斯特学说在奥地利

李斯特与奥地利原本就有非同一般的关系。1819 年 12 月,他随工商联合会代表团到过维也纳,希望哈布斯堡当局能够支持德意志的经济联合,为此,他在 1820 年 3 月、4 月两次觐见了国王弗朗茨一世。②当然,在首相梅特涅等保守势力眼里,李斯特是危险的教唆犯,所以始终对他严加防范,以后也百般阻挠他出任美国驻萨克森领事。一直要到 1843 年、1844 年,晚年李斯特才得到梅特涅接见,并呈交有关开发匈牙利的备忘录,如此终于有机会向主政者直接建言献策。③

与当局的冷淡相比,奥地利实业界对李斯特异常热情,在李斯特 1844 年 10—12 月的访问中,当地工业、航运、金融、地产各界给予他热情款待,特别是奥地利工业协会在 1844 年 12 月 23 日举办盛宴表示致敬。当时有位政府顾问、维也纳大学教授里特尔·库德勒在致辞中,除赞同李斯特"努力把国民经济学提升为一种真正的学说"外,特别赞赏他强调国家富强"不能

---

① *Ibid*. Wendler, „Die List-Rezeption in der Schweiz", p. 493, pp. 512-514.
② Eugen Wendler, „List und Österreich", in *ibid*. Wendler Hrsg., *Friedrich List— Gesamteuropäische Wirkungsgeschichte seines ökonomischen Denkens*, pp. 412-413.
③ *Ibid*. Wendler, „List und Österreich", p. 418, p. 421.

仅靠单一的经济促进手段，而要寄希望于整个社会状况的改善、制度的构建以及各部门道德和教育的进步"①。由此可见，李斯特的学说早为奥地利各界所了解甚至认同。

之后，李斯特对奥地利仍有一定影响力。例如，维也纳学派创始人卡尔·门格尔尽管与历史学派在方法论上发生过激烈争辩，但他对李斯特还是赞赏有加，表示奥地利如今有特别理由来充分理解和同情李斯特，并称"其作品的奥地利读者并不少于德国读者"。至于奥地利实业家联合会创始人、议员亚历山大·皮茨，更是写过许多关于李斯特的文章，并在1906年向实业家联合会发表的有关李斯特当代意义的讲演中，高度评价了李斯特的人格与见识。②

四、李斯特学说在比利时

李斯特与比利时打过不少交道。比利时于1830年摆脱荷兰统治后宣告独立，李斯特对这个新生国家饶有兴趣。1831年初，他即曾致函美国国务卿范布伦，希望能获得总统任命，担任美国驻比利时使节。当年在巴黎期间，李斯特曾与比利时驻法大使有过接触，向其游说过建造比利时连通德国的铁路，并且改变了大使重运河轻铁路的态度，大使还把李斯特的铁路计划转交给比利时政府。比利时国王利奥波德一世非常重视铁路建设，并通过发行国债建起了"首个国家铁路网"，从而在欧洲各国的工业竞赛中冲到了最前列。虽不能说这一发展思路得自李斯特，但完全可言"英雄所见略同"，其此番作为深得李斯特赞赏。③

1837年、1844年，李斯特两次到访比利时，会见过先后担任交通大臣和

---

① *Ibid*. Wendler，„List und Österreich"，pp. 421-423.

② *Ibid*. Wendler，„List und Österreich"，pp. 425-426.

③ Eugen Wendler，„List und Belgien"，in *ibid*. Wendler Hrsg.，*Friedrich List—Gesamteuropäische Wirkungsgeschichte seines ökonomischen Denkens*，pp. 57-58.

首相的让-巴蒂斯特·诺东。首次访问中,李斯特有关铁路建设的计划一定令诺东印象深刻,所以他不仅获邀出席梅赫伦—洛温铁路的落成典礼,而且被引荐给国王利奥波德一世,国王且经秘书转告,已充分了解李斯特非常出色的所有想法。①第二次访问中,李斯特除了为关税同盟与比利时达成贸易协议出力外,还提出了不少体现其一贯思想的建议,如比利时有权成为德意志关税同盟的成员,奥斯坦德和安特卫普应建成同时服务于比利时和德国之自由港,比德两国应当联合摆脱英国和荷兰经济优势的压迫,等等。②

总体而言,在19世纪40年代的比利时,也始终存在何种经济制度有利于本国发展的争论。绝大多数意见都赞成自由贸易,但保护关税制度也不乏支持者,主要代表就是J.F.康斯坦特,他于1842年出版过关于保护主义及其在比利时应用的两卷本著作。至于李斯特提出的自由港建议,即使在比利时与关税同盟签订贸易协议后,比利时官方报纸也仍发表社论,明确拒绝在安特卫普为关税同盟建设自由港。③从中可见,当李斯特站在德国立场上游说外国接受某种看似"双赢"的建议时,也往往会遭到对方的拒绝,原因正在于经济民族主义这一李斯特学说的基本出发点,这也算"以子之矛,攻子之盾"。

五、李斯特学说在荷兰

李斯特1820年在维也纳期间曾拜访过荷兰公使,并提交过一份德国商人希望扩大与荷兰贸易的备忘录。后来李斯特研究了荷兰加入德意志关税同盟的问题,认为联合起来对两国都有利。④在自己的代表作中,李斯特专

① *Ibid*. Wendler, „List und Belgien", p. 58, p. 65.

② *Ibid*. Wendler, „List und Belgien", pp. 58-59.

③ *Ibid*. Wendler, „List und Belgien", p. 62.

④ Jürgen Backhaus, und Arno Mong Daastoel, „Friedrich List Einfluß in den Niederlanden", in *ibid*. Wendler Hrsg., *Friedrich List—Gesamteuropäische Wirkungsgeschichte seines ökonomischen Denkens*, p. 371.

章论述过荷兰，但其学说在荷兰的反响并不显著，原因在于荷兰的利益格局与李斯特所言不太相符，何况政治经济学在荷兰的影响始终比较薄弱。①

M.G.皮尔森应该是简·丁伯根之前荷兰最著名的经济学家，他担任过银行家和大臣，总体立场趋向于自由主义。在其两卷本著作中，皮尔森仅在两处直接提及李斯特，但也有证据表明他系统借鉴过历史学派特别是李斯特学说。除此之外，荷兰的传统文献中很少查见对李斯特的引用，不过，研究者依然认为，李斯特学说在实际经济政策中是有所体现的。例如，国王威廉一世（1815—1840年在位）所主张的经济政策，特别是其铁路政策和关税政策，据信留有李斯特学说的痕迹。传播的路径是：李斯特在各种文章、演讲、会见中向普鲁士朝廷献策建言，而威廉一世作为普鲁士朝廷的常客随之受到了影响。②

1918年，在阿姆斯特丹自由大学新闻系，阿德里安·范德菲尔德完成了博士论文《为国家而战的李斯特》，论文对李斯特学说作了几乎是一边倒的肯定性解读。此外，马斯特里赫国立大学教授于尔根·巴克豪斯是当代荷兰的李斯特研究专家，他在李斯特诞辰200周年庆典上发表过《保护关税理论的政治经济学》，着重阐述了李斯特的发展战略。③

六、李斯特学说在意大利

早在1843年，意大利人卡尔洛·卡塔尼奥就在《工业》杂志上用65页的篇幅评述《国民体系》，只是作者基于自由主义立场，更多地在批判和否定李斯特的主张。1870年意大利统一后，随着维托·库苏马诺1873年详细介绍德国的经济发展理论，意大利国内的政治和经济辩论甚嚣尘上并形成

---

① *Ibid*. Backhaus, und Daastoel, „Friedrich List Einfluß in den Niederlanden", pp. 372-373.

② *Ibid*. Backhaus, und Daastoel, „Friedrich List Einfluß in den Niederlanden", pp. 381-382, p. 384.

③ *Ibid*. Backhaus, und Daastoel, „Friedrich List Einfluß in den Niederlanden", p. 371.

了对立的两派,焦点在于是走自由贸易道路还是贸易保护道路。自由贸易的支持者在各地成立了诸多"亚当·斯密学会",德国历史学派的支持者则成立了"进步经济学研究协会"并在各地设立分会。通过这一协会,李斯特思想在意大利得到了进一步传播。①

1895年,摩德纳大学政治经济学教授乌戈·拉贝诺出版了《美国商业政策》一书,其中有两章涉及李斯特。作者一方面用"过分、片面、不完善、不明确"来指称李斯特作品的弱点,另一方面又对这些缺点表示谅解,称《国民体系》的外贸和经济理论价值很大,有拓荒之功,相对于构建完美但脱离实际的理论,李斯特提供了尚不完美却适合实际的理论。②

受李斯特影响的教授还有阿尔弗雷多·罗科,他在1913年后成为意大利民族主义运动的领袖,其诸多政治经济学观点后为贝尼托·墨索里尼所采用。罗科依照李斯特学说,相信意大利应通过国家支持的工业化来发展生产力,如此不但可避免富强国家的欺压,还能与之展开竞争。他还认为意大利缺乏原料和资本且承受人口压力,只有采用扩张性对外政策才能解决经济问题。不过,他并不认同李斯特的政治自由主义立场。③

也是在法西斯统治时代,吉诺·鲁扎托1936年在《经济学史》发表长文,赞扬《国民体系》乃"国民经济学理论发展史上的历史丰碑",为德国统一后的工业崛起作好了思想准备;同时虽则作品首先发挥过历史作用,但因其内容深刻且经典而具有恒久的现代意义。1941年,米歇尔·特洛伊西在巴里大学也发表长文,论述李斯特学说的基本特点及其对欧美多国的影响,称李斯特学说"在意大利始终有生命力"④。

二战后,意大利首任总统路易吉·伊诺第也非常熟悉李斯特学说。这

---

① Eugen Wendler, „Die List-Rezeption in Italien", in *ibid*. Wendler Hrsg., *Friedrich List—Gesamteuropäische Wirkungsgeschichte seines ökonomischen Denkens*, p. 328, p. 45.
② *Ibid*. Wendler, „Die List-Rezeption in Italien", pp. 329-330.
③ *Ibid*. Helleiner, *The Neomercantilists: A Global Intellectual History*, p. 101.
④ *Ibid*. Wendler, „Die List-Rezeption in Italien", pp. 330-331.

位坚定的反法西斯主义者 1943 年流亡瑞士时，在巴塞尔与扎林成为好友。1962 年在给扎林 70 岁诞辰的贺信中，伊诺第热烈赞扬了李斯特文集的编纂出版，称之具有"文学、科学、政治上的意义"，并称扎林与李斯特的名字从此连为一体，恰如皮埃柔·斯拉法与其编辑的李嘉图全集不可分割。伊诺第战后回国后，也出任过意大利银行行长、内阁副总理兼财政部长，他对意大利的重建及重新融入世界多有贡献。[1]

战后曾任意大利议会领导人的缪西奥·罗伊尼 1961 年出版了首部意大利文李斯特传，全书共 433 页，指出除了法国和美国来源的决定性影响外，李斯特也得益于意大利的尼科洛·马基雅维利和安东尼·舍拉。在罗伊尼看来，李斯特的贡献在于创造了德国式的国民经济学，可谓"德国国民经济学界的路德和俾斯麦"；其独创性在于从四个方面拓展了经济学视野：考察了历史上的经济关系，彰显了经济活动的伦理维度，采用了动态演化的经济观念，展望了超国家的国际联合，诚乃 19 世纪特立独行的非凡人物。[2]这无疑是解人之论。

1972 年，意大利推出了乔治·默里翻译的意大利文《国民体系》，译者在序言中谈到，李斯特的理论比李嘉图的理论更为"敏锐和聪明"，对于那些工业化尚且落后但有志于成为世界工厂的国家具有影响力。默里在描述了李斯特思想在保加利亚、俄罗斯、西班牙、日本、印度的传播后，批评 1951 年版意大利百科全书仅用 30 行字描述李斯特，显然分量不够、难以周全，他认为李斯特学说对 20 世纪下半叶的意大利依然大有意义。[3]

七、李斯特学说在西班牙

与重商主义时代的许多作者一样，李斯特也很关注西班牙的发展情况。

---

① *Ibid*. Wendler，„Die List-Rezeption in Italien"，p. 325.

② *Ibid*. Wendler，„Die List-Rezeption in Italien"，p. 325，p. 332.前引文得乐：《弗里德里希·李斯特传》，第 275 页。

③ *Ibid*. Wendler，„Die List-Rezeption in Italien"，pp. 333-334.

他书中专章论述西班牙时,一方面相信该国拥有成为伟大国家的诸多要素,包括工业发展的良好条件,另一方面又深入分析了西班牙陷于落后的各种原因,特别是那些较难迅速调整的非物质因素。总之,西班牙构成了李斯特发展学说所立足的部分重要历史依据。①

就李斯特在西班牙的传播和影响而言,总体上显得不足,甚至可言西班牙对李斯特的重视或许还不如南美西语地区,如墨西哥和阿根廷。然而,西班牙在 1849 年就出现了《国民体系》节译本,名为《涉及工业和农业的国际商业》,只是该译本很不完整,几乎没有包括序言和历史部分,所以后来那里对李斯特著作的引述基本上依赖于法文译本。完整的西语《国民体系》译本一直要到 1942 年才出现在墨西哥。②

自 19 世纪中叶起,自由贸易思潮在西班牙也兴盛起来,其矛头指向关税改革,虽然不过让关税成为一个财政工具,但这引发了国内尤其是加泰罗尼亚实业家的保护主义呼声。就在经贸政策争论中,李斯特成为一个焦点,保护主义者用他的学说去抵制自由派的经济理念与商业政策。1862 年,J.L.费伍在评论《国民体系》时,比较了李斯特学说与曼彻斯特学派,肯定了李斯特对政治经济方法、本国生产力成长、各国自主发展的强调;费伍还认为罗雪尔继承了李斯特的工作。与此对应,自由贸易倡导者如 G.罗德里格斯则在 1861 年指称,李斯特学说作为保护主义的思想源头"缺乏科学基础",其所推导出的经济政策"完全错误"。③

进入 20 世纪后,李斯特继续保持其影响力。有案可稽的是,1906 年,西班牙的一部百科全书中列有关于李斯特的一个词条,词条用约一半的篇

---

① Eugen Wendler, „Die List-Rezeption im spanischen Sprachraum", in *ibid*. Wendler Hrsg., *Friedrich List—Gesamteuropäische Wirkungsgeschichte seines ökonomischen Denkens*, p. 548.

② Jesús Astigarraga, and Juan Zabalza, "The German Historical School in Spain: From the Fringes to Mainstream (1870-1936)", in *ibid*. Cardoso, et al., eds., *The German Historical School and European Economic Thought*, p. 99, p. 112.

③ *Ibid*. Astigarraga, and Zabalza, "The German Historical School in Spain", pp. 98-100, p. 102.

幅总结了《国民体系》的内容，并提到，此书吸引了一批杰出的国民经济学家来解读和援引。1955 年，马德里大学政治经济学教授米格尔·马科斯出版了两卷本西班牙文《国民体系》。马科斯在译序中表示，西班牙虽然之前实施过保护主义政策，并在 1930 年正式宣布采纳民族主义经济政策，但还是应该认真阅读"关于这种政策的基本著作"，深入了解李斯特的性格及其理解经济关系的特有直觉。马科斯且强调，李斯特认为国家利益与工人阶级利益之间不存在不可调和的矛盾，如果国家不去顺应工人阶级的利益，国家必将滑向贫困和堕落。①

　　在西班牙，李斯特学说除了对商业政策发生影响外，也像在那些弱小民族国家中一样，激发了民族意识的强化，主要体现为加泰罗尼亚地区主义的上升。从 19 世纪后期开始一直到整个 20 世纪，李斯特在这个"非学术领域"始终保持着特殊的魅力。G.格拉尔在多部著作中指出，李斯特的体系不仅在德国，而且在包括加泰罗尼亚在内的全世界，都播撒了"经济民族主义理念的种子"②。

八、李斯特学说在葡萄牙

　　葡萄牙在 18 世纪下半叶由蓬巴尔侯爵强势统治时，就流行过类似于德国官房学派的治国理念和经济实践。拿破仑战争结束后经济的颓势又使得深感落伍的葡萄牙人着意"寻求行之有效的防卫性国家战略"。③因此，葡萄牙在李斯特之前就有主张发展自主工业、实行关税保护的经济学家，最突出者就是 1822—1823 年曾任葡萄牙驻美大使的弗朗西斯科·康斯坦西奥。此人早先在巴黎经办刊物，指责主流政治经济学漠视国别经济实际，他倡导

①　*Ibid*．Wendler，„Die List-Rezeption im spanischen Sprachraum"，pp. 546-547.

②　*Ibid*．Astigarraga，and Zabalza，"The German Historical School in Spain"，p. 100.

③　António Almodovar，and José Luís Cardoso，"The Influence of the German Historical School in Portugal"，in *ibid*．Cardoso，et al．，eds．，*The German Historical School and European Economic Thought*，pp. 116-118.

通过国家手段保护幼稚产业,强调关税保护有助于落后国家赶上先进。①此外,还有一位侨居海外的经济学家何塞·博尔赫斯也提醒道,如果外国限制贸易而本国开放贸易,则"游戏不公平,必然招致损失"。②

尽管如此,康斯坦西奥等人的主张并没有引起多大反响,而李斯特的名声在世时倒已传到葡萄牙。19世纪40年代末,葡萄牙人奥里维拉·马雷卡以"工业利益"为题大量著文,强烈谴责政府降低关税的政策,呼吁亟须针对物美价廉的英国商品而保护本国工业,他承认了解李斯特的相关见解。马雷卡强调,"放任自流是一切幼稚产业的敌人";保护关税乃欠发达国家谋求工业化的合法手段;保护关税只应临时采用并限于工业产品;"财富的工具"比财富存量更为重要;应当发展经济适用的运输体系;亚当·斯密的理论不足为训;1703年英葡《麦修恩条约》应予抨击;如此等等,无不折射出其与李斯特思想的联系性。③

马雷卡有一次明确引用过《国民体系》的1851年法译初版,葡萄牙人很长时间内也是通过法译本了解李斯特学说的。④在李斯特作品的影响下,安东尼奥·马加良竭力驳斥自由贸易的理论依据,要求国家实施工业政策以摆脱落后局面,他在1871年同样断言:一个纯粹的农业国必定听命于国际贸易,而一个工业品生产国则左右着国际贸易。⑤1895年,在科英布拉大学

① José Luís Cardoso,"Friedrich List and National Political Economy: Ideas for Economic Development", in Harald Hagemann, Stephen Seiter, and Eugen Wendler, eds., *The Economic Thought of Friedrich List*, Routledge, 2019, pp. 49-50.

② *Ibid*. Almodovar, and Cardoso, "The Influence of the German Historical School in Portugal", p. 118.

③ Carlos Bastien, und Eduardo de Sousa Ferreira, „Die List-Rezeption in Portugal", in *ibid*. Wendler Hrsg., *Friedrich List—Gesamteuropäische Wirkungsgeschichte seines ökonomischen Denkens*, pp. 444-445; *Ibid*. Almodovar, and Cardoso, "The Influence of the German Historical School in Portugal", p. 119.

④ Carlos Bastien, "Friedrich List and Oliverira: Some Odd Coincidences", in Michalis Psalidopoulos, and Maria Eugénia Mata, eds., *Economic Thought and Policy in Less Developed Europe: The Nineteenth Century*, Routledge, 2002, p. 234.

⑤ *Ibid*. Bastien, und Ferreira, „Die List-Rezeption in Portugal", p. 446.

教授国民经济学的何塞·拉兰霍发表了《经济政策原理》，他多次直接提到李斯特及历史学派，并把李斯特和凯里视为历史学派的主要代表，称赞他们分别推动了德国和美国的关税保护运动。[1]

继拉兰霍讲授国民经济学课程的马尔诺科·索萨，在1908—1909年同样阐述了历史学派和李斯特学说。他赞同李斯特的观点，即古典学派忽视了一国的经济现实、利益所在、特定环境、与他国协作的前提条件；其所主张的自由贸易如今却导致了对落后国的压迫；落后国必须打造自身国家力量，借此争取缩小与先进国的差距，从而最终实现自由贸易和国际联合。[2]

及至20世纪30年代，里斯本大学仍有几位教授在研究李斯特。弗朗西斯科·科雷亚比较研究了斯密学派与李斯特学说，结论是：这两个体系分别主宰过英国和德国，尽管它们截然相反，但都适应了当时所在国的需要，本质上一国的政治经济处境决定了其所适用的经济理论。因此，要想正确解读李斯特，必须回顾19世纪德国的政治经济现实。利诺·内托则得出结论：李斯特学说不完全是另起炉灶的新体系，它只是自由主义捍卫自由贸易的一种变体；李斯特的功绩在于协助创立了关税同盟，实乃德国帝国主义之先驱，其地位仅次于俾斯麦。安东尼奥·萨拉查等人也认为，李斯特学说理论上并未战胜经济自由主义，然而在实践中却几乎战无不胜。[3]

第三节 在爱尔兰及东南欧弱国

一、李斯特学说在爱尔兰

爱尔兰其实是英国殖民帝国的最早试验场，爱尔兰的命运自然深得李

---

① *Ibid*. Bastien, und Ferreira, „Die List-Rezeption in Portugal“, p. 441.
② *Ibid*. Bastien, und Ferreira, „Die List-Rezeption in Portugal“, pp. 441-442.
③ *Ibid*. Bastien, und Ferreira, „Die List-Rezeption in Portugal“, pp. 448-449.

斯特的关注,也成为其思考一国自主发展、图存赶超时的前车之鉴。1843年,李斯特在论及落后农业国受控于工业强邻时指出:"奥地利与匈牙利的关系,酷似英格兰与爱尔兰,或者英格兰与加拿大,或者英国与其他所有农业国的关系。"①可见,李斯特把爱尔兰当作缺失自主性的农业经济体来看待。

此外,在1839年《爱尔兰的铁路业》一文中,李斯特除了表示铁路建设有助于在爱尔兰扩大就业并提高福利外,特别述及两点:其一,爱尔兰的土地大部分落入英格兰地主手中,地主们为提高地租,把土地细分成小块,这种土地分配状况加上土豆的广泛种植,使得人口迅速倍增,但也让爱尔兰大众陷于极端贫困,因而,"土地制度也是爱尔兰贫困的主因"。其二,虽然大地主、主承租人等借助与英格兰的合并而境况更好,但与英国的自由贸易总体上造成了爱尔兰手工业的破产及更严重的贫困,从中呈现出"一条经验规律,即光靠农业而没有活跃手工业的国家是不可能实现繁荣的"②。

1846年再访英国并了解了更多爱尔兰饥荒情况后,李斯特把批评的矛头直指英国对爱尔兰几百年来的榨取,相信如果爱尔兰人要想实现自我治理,那就必须废止让爱尔兰一切力量和所有财富都流向英格兰的那种体系。③严格来说,李斯特关于爱尔兰的观点本身算不上石破天惊,当年在爱尔兰有一位"民族意识崛起的公认代言人""伟大的爱尔兰鼓动家",即丹尼尔·奥康奈尔,人们甚至倒过来把李斯特称为"德国工厂主的奥康奈尔"。④当然,奥康奈尔长于政治造势,可是爱尔兰的独立运动最终还要靠经济重建,而这恰恰是李斯特学说在爱尔兰得到特别追捧的根本原因。

---

① Eugen Wendler, „Arthur Griffith—der erste irische Ministerpräsident—ein begeisterter Anhänger von Friedrich List", in *ibid*. Wendler Hrsg., *Friedrich List—Gesamteuropäische Wirkungsgeschichte seines ökonomischen Denkens*, p. 317.

② *Ibid*. Wendler, „Arthur Griffith—ein begeisterter Anhänger von Friedrich List", pp. 307-310.

③ Eugen Wendler, *Friedrich List und die Dritte Welt*: *Grundzüge der Entwicklungspolitik*, Springer, 2019, p. 93.

④ *Ibid*. Wendler, „Arthur Griffith—ein begeisterter Anhänger von Friedrich List", pp. 305-306.

众所周知，是爱尔兰独立运动领袖亚瑟·格雷菲斯最系统地介绍并最显著地应用了李斯特学说。格雷菲斯曾集中研究过匈牙利 1848—1849 年的自由斗争，从其《匈牙利的复活：爱尔兰的坐标》（1904 年）一书中可知，他师法匈牙利独立斗争领袖拉约什·科苏特，并由此高度赞赏作为科苏特经济思想之基础的李斯特学说。格雷菲斯于 1905 年创建了主张独立的"新芬党"，所通过的首部党纲足有近半篇幅讨论经济问题，李斯特学说构成了其中的基本内容，李斯特之名也在多处被提及或称颂。故有言："新芬党运动的所有政治主张都是格雷菲斯提出来的，他的这些主张大多基于李斯特的《国民体系》。"①

在格雷菲斯看来，李斯特揭示了斯密及其追随者的谬误，把国家置于其学说的中心位置，强调国家政治的使命就是自存进步，国家经济的核心在于发展生产力，当务之急是要用关税保护推进工业化、建设铁路网和商船队、创立银行系统和高等教育。李斯特不仅是"德意志关税同盟的精神之父"，为德国统一作出了巨大贡献，而且"挫败了英国统治世界经济的梦想"，"限制了英国的经济和政治权力"。格雷菲斯特别指出，德国收获了李斯特思想的果实，爱尔兰也迫切需要李斯特学说，故而他针对李斯特著作在爱尔兰尚默默无闻、在教育体系中无立足之地的局面，热切"希望所有爱尔兰人都去读读他的《国民体系》"②。

格雷菲斯本人身体力行，在 1907 年 4—8 月发表了名为"德国先驱"的系列文章，详细介绍李斯特学说尤其是《国民体系》的要点，以后在 1911 年又发表了名为《李斯特与凯里》的长文。他写道，英格兰在整个欧洲大陆大力倡导斯密的理论，甚至通过卑劣手段影响舆论，鼓吹各国向英国商品开放，但同时又紧紧封闭自己的港口。"正是在此时刻，德国出现了杰出的李

①　*Ibid*. Wendler，„Arthur Griffith—ein begeisterter Anhänger von Friedrich List"，pp. 317-318，p. 314. 前引文得乐：《弗里德里希·李斯特传》，第 274—275 页。

②　*Ibid*. Wendler，„Arthur Griffith—ein begeisterter Anhänger von Friedrich List"，pp. 318-320.

斯特,他的大胆见解、爱国热情、无畏性格为德国的经济和政治实力奠定了基础。"①随着德国和美国的崛起,"李斯特关于英国决不可能一树参天的预言已得到印证"②。

爱尔兰于1921年获得独立,不幸的是,格雷菲斯在当选首任首相后半年壮志未酬便饮恨而终。故此,除了批准独立条约外,他未及按照李斯特学说去取得具体的政治经济成就。更有甚者,继任者威廉·科斯加夫1923—1932年执政期间居然倾向于自由贸易和农业优先政策。待这一曲折过程结束后,爱尔兰才有机会重回李斯特式经济轨道,借此"建成了工业基础设施",从而为1959年宣布逐步告别保护主义并于1973年加入欧洲共同体创下必要的条件。③爱尔兰的历史总让人不胜唏嘘。

二、李斯特学说在匈牙利

前文已细述李斯特关于匈牙利加速发展的献策,这里仅提示几个有关其学说传播的主要事实。《国民体系》的匈牙利译本最早以三卷本的形式于1843年在科泽格出版,这是李斯特在世时的唯一外文译本,译本精美的制作还得到过李斯特的赞赏。译者安塔尔·萨瓦利希望这一"伟大的名作"能服务于自己的祖国,译作还收录了百科全书中关于李斯特生平的介绍,以及各派人物对政治经济学的不同看法。④

李斯特1844年去访奥地利和匈牙利前,已经在那里声名卓著。其所著《农地制度、小农经营与向外移民》先已译成匈文,并以"李斯特论匈牙利"为题发表在1842年12月的《佩斯报》上。1843年10月,匈牙利贸易学会创始人保罗·绍博致信李斯特,既通报学会的创办情况,又期待李斯特能在《关税同盟

① *Ibid*. Wendler, „Arthur Griffith—ein begeisterter Anhänger von Friedrich List", pp. 314-315.
② *Ibid*. Wendler, „Arthur Griffith—ein begeisterter Anhänger von Friedrich List", p. 317.
③ *Ibid*. Wendler, „Arthur Griffith—ein begeisterter Anhänger von Friedrich List", pp. 320-321.
④ Eugen Wendler, „Die List-Rezeption in Urgarn", in *ibid*. Wendler Hrsg., *Friedrich List— Gesamteuropäische Wirkungsgeschichte seines ökonomischen Denkens*, p. 579.

要报》上分享相关贸易前景的信息。匈牙利经济学会副会长约瑟夫·素帕里1844 年 7 月致信李斯特，盼望商讨推动德国移民定居匈牙利事宜。①

李斯特对匈牙利产生影响，除了通过直接到访及其他人物外，最主要者经由当地独立运动领导人拉约什·科苏特。此人曾经是自由贸易的坚定支持者，但在了解李斯特学说后便欣然接纳，期望它原封不动地应用于匈牙利。他看重李斯特学说体现的民族性、独立性、爱国性，坚信保护关税是争取匈牙利经济和政治独立的最好手段，借此可促进本国幼稚产业成长、壮大中产阶级并最终实现民主。科苏特于 1844 年与人共同创办了匈牙利保护协会，担任执行董事，李斯特被奉为"保护协会的精神领袖"②。

鉴于李斯特生前声誉已立，特别是直接的到访引起了巨大反响，加之他对匈牙利发展问题提出过具体指导，待他去世时，匈牙利主要报纸发布了简讯和悼念文章，不吝赞美之词，如《佩斯报》称之为"德国最正直最能干的时代之子""本时代最伟大的人"。《佩斯周报》上的悼文说得明白，我们都愿以李斯特为楷模，"他曾是德国统一和关税保护的倡导者，我们支持其思想，是因为匈牙利人同样关心自身的民族和贸易事务"，何况匈牙利要解决的问题比德国更加严重。③

就对李斯特学说的研究而言，匈牙利最早研究《国民体系》并因此闻名的人是奥古斯特·特雷弗特，他曾任匈牙利农业、工业、贸易、文化大臣及科学院院长。1841 年，才 23 岁的特雷弗特在匈牙利科学院大会上就《国民体系》作专题报告，提出该著作长于修正斯密的错误观点，在国民经济学领域开启了一个新阶段。他并且探讨了匈牙利是否已为全面推行李斯特学说作好了充分准备这一问题，结论是匈牙利目前尚应推行温和的保护关税体系。④

---

①　*Ibid*. Wendler，„Die List-Rezeption in Urgarn"，p. 582，p. 608.

②　*Ibid*. Wendler，„Die List-Rezeption in Urgarn"，pp. 609-610.

③　*Ibid*. Wendler，„Die List-Rezeption in Urgarn"，pp. 600-602.

④　*Ibid*. Wendler，„Die List-Rezeption in Urgarn"，pp. 606-607.

1845 年,A.卡瓦希编写了首部国民经济学教材,其中提到李斯特学说,可谓捷足先登。米哈伊尔·霍瓦特在 1867 年版《匈牙利史》中写道:"德国保护关税体系的倡导者李斯特在我们这里很受欢迎,其作品被译成匈文,其学说也广受赞同。"1868 年,匈牙利科学院发表尤利乌斯·考茨的文章,他对李斯特推崇备至,称近期推进国民经济学并取得完美结果的所有国外天才中,李斯特最为匈牙利人所注目,已在匈牙利树立起决定性权威。考茨还说:"李斯特是唯一将匈牙利列为本人研究对象的外国伟大国民经济学家,匈牙利政治家无须再做什么,只需采用李斯特学说便可。"①

再后,19 世纪末 20 世纪初,匈牙利经济学教授、参议员兼大臣贝洛·弗尔代什撰写了多篇文章,深入研究李斯特并赞扬其贡献。1915 年,匈牙利科学院纪念李斯特去世 70 周年时,还曾就李斯特与匈牙利的关系开展过一次有奖征文。②如此等等,都展现了李斯特在匈牙利的特殊影响。

三、李斯特学说在波兰

与李斯特同期,波兰出现过一位具有李斯特式思想的人物,这就是1821—1830 年任财政大臣的夏威里·德鲁基-卢贝奇。此人也相信,"外国的工业滥用其优势,会造成欠发达、受屈从"现象,为此,他展开了一场国家主导的工业化运动,相信"政治独立必须辅之以经济独立"。德鲁基-卢贝奇采用了关税保护、引进技工、吸引外资、建立国有企业、改善基础设施等典型的后发工业化政策,同时,他也照例引发了征税过重等批评,以及要求自由贸易、循序渐进的自由主义压力。可惜,初见成效的工业化随着反对俄国的起义遭镇压而一蹶不振。③

对于波兰这场工业化试验,李斯特在《国民体系》中并无直接评论,然

---

① *Ibid*. Wendler, „Die List-Rezeption in Urgarn", pp. 607-608, p. 613.

② *Ibid*. Wendler, „Die List-Rezeption in Urgarn", pp. 611-613.

③ *Ibid*. Helleiner, *The Neomercantilists: A Global Intellectual History*, pp. 311-315.

而，他还是指出，农业的残缺特别是工业空白才导致波兰"国家衰亡并被瓜分"。因此，其建议一如既往，波兰应确立贸易保护制度、建立本国工业。[①]对于站在落后国立场上的李斯特学说，波兰人从 1860 年起展现出明确的兴致。1862 年，波兰第一部百科全书在"国民经济"条目下，除提到亚当·米勒、约翰·费希特外，还称李斯特为"最著名的德国国民经济学家"。之后另一部百科全书的相关词条也长篇介绍了李斯特的生平与影响，特别是他作为铁路先驱所发挥的作用。[②]

1868 年，米奇斯瓦夫·特列普卡在《经济学研究》一书中，比较了李斯特与凯里的观点，称《国民体系》是"对古典学派最沉重的打击"，同时也强调了李斯特在德意志关税同盟中的作用，认为关税同盟是德国政治统一的"重要前奏"。此后，伊拉斯谟·马耶夫斯基在《文明的发展》一书中评价了李斯特学说对国家富强的意义，特别指出李斯特的最大贡献在于揭示了生产力理论与价值理论的区别。[③]

波兰 1918 年获得独立后，李斯特学说得到了有决策影响力的少数知识分子的重视，其中包括华沙大学经济学教授、波兰下议院议员罗曼·拉贝尔斯基。此人在编写的教材《国民经济思想》(1919 年)中高度评价李斯特学说，称赞该学说以鲜活的现实替代了乏味的理论，回应了国家对现实经济政策的需求，因而具有非同一般的意义。[④]

在社会主义时期，李斯特仍受到多角度的关注。长期担任国际经济史学会会长的波兰经济史学家维特霍尔德·库拉，在 1963 年赞扬李斯特把历史方法运用于经济学；波兹南大学新古典国民经济学家爱德华·泰勒在 1981 年肯定了李斯特积极有为的经济观点及其对经济历史主义的贡献；给

[①]　前引李斯特：《政治经济学的国民体系》，第 188—189 页。
[②]　Eugen Wendler，„Die List-Rezeption in Polen"，in *ibid*. Wendler Hrsg.，*Friedrich List—Gesamteuropäische Wirkungsgeschichte seines ökonomischen Denkens*，p. 431.
[③④]　*Ibid*. Wendler，„Die List-Rezeption in Polen"，p. 431.

予类似评价的还有国民经济学家兼政治家爱德华·利平斯基1968年作出的评论。波兰的历史学家则讨论过李斯特关于普鲁士关税政策及其经济后果的论点、李斯特对德国铁路业的投入与贡献等问题。①

当然，以其时的意识形态，李斯特也容易受到批评，比如，泰勒和利平斯基便把李斯特列入"影响了法西斯主义和希特勒独裁的意识形态"范畴；另外，瓦茨拉夫·斯坦凯维茨在1987年的经济思想史著作中，也把李斯特视为"德国帝国主义的思想先锋"；亚努什·帕耶夫斯基在论述李斯特的欧亚大铁路计划时，指出李斯特更关心德国的殖民主义和帝国主义事业。②大体而言，从20世纪30年代到社会主义制度解体这段时间，尽管对李斯特时有研究，但客观可靠的成果并不多，倒是出现了不少片面甚至贬低性看法。③

特别值得一提的是，生于波兰、在美国执教的史学家罗曼·祖波鲁克于1988年发表了《共产主义与民族主义：对比马克思和李斯特》。作者比较了马克思与李斯特的异同，指出虽然二者都关注工业时代落后民族的命运，但李斯特强调的是民族国家（而非人类世界）、生产力发展（而非阶级斗争）、渐进改革（而非暴力革命）、多元选择（而非单元决定）、精神因素（而非唯物主义）。祖波鲁克认为，李斯特学说与当今国家的追求及国际关系依然非常合拍，具有罕见的现代气息，左翼发展学说的很多命题尽管往往归于马克思，但其实更与李斯特密切相关。④

四、李斯特学说在罗马尼亚

李斯特在世时，其学说就已传入罗马尼亚，后构成罗马尼亚的两个侯国正争取成为主权国家，因此乐于传播并接受李斯特思想。当地几家主要图书馆较早就藏有《国民体系》1841年第一版、1842年第二版等早期版本，以

---

① ② *Ibid*. Wendler, „Die List-Rezeption in Polen", p. 432.

③ *Ibid*. Wendler, „Die List-Rezeption in Polen", p. 433.

④ *Ibid*. Szporluk, *Communism and Nationalism：Marx versus List*, pp. 115-166.

及 1857 年法译第二版,还有李斯特 1842 年文集《农地制度、小农经营与向外移民》《李斯特全集》前六卷等,这在当时条件下殊为难得。①

李斯特晚年访问奥匈帝国时,与来自罗马尼亚地区的上层人士有过接触并备受景仰,另有位侯爵御医曾就德国移民定居事宜致信李斯特及其《关税同盟要报》,这些事迹都反映了他在当地的知名度。从 1845 年起,李斯特的名字经常出现在罗马尼亚报纸上,比如他访问匈牙利的消息就得到过报道;他去世后,1846 年 12 月罗报纸发布讣告,悼念这位"著名的国民经济学家",并称此"天才人物的去世诚乃欧美经济学界的一大损失"。1847 年 5 月,当地报纸刊载的一篇纪念文章还批评德意志民族未能善待这位了不起的人物。②

1858 年,李斯特的名字首次出现于罗马尼亚著作,作者是国民经济学家季奥尼西·马尔蒂安,此人开启了罗马尼亚的保护关税传统,之后一些关税保护的支持者纷纷援引其观点。1867 年,法学家廷库在罗马尼亚文学与文化学会上发表题为《国民经济学的基本思想》的演讲,重点阐述李斯特学说,演讲稿随后连载于学会刊物。特别是,后担任罗马尼亚首相、议长的彼得·奥雷利安 1873—1875 年在所办的《科学评论报》上,多次报道李斯特的国民经济学观点。作为国民经济学家和政治家,他不但倾心赞同李斯特学说,且有机会在政策上加以贯彻。在罗马尼亚历史上,1880—1900 年这段时间被称为"奥雷利安时代"③。

罗马尼亚当时还有一位保护主义者亚历山大·谢诺波尔,据信他"深受李斯特和凯里观点的影响"。谢诺波尔曾在德国留学,1879 年发表论文集《经济研究》。他阐述了一系列李斯特式论点:农业与工业拥有不同的生产

---

① Eugen Wendler, „Die List-Rezeption in Rumänien", in *ibid*. Wendler Hrsg., *Friedrich List— Gesamteuropäische Wirkungsgeschichte seines ökonomischen Denkens*, p. 456.

② *Ibid*. Wendler, „Die List-Rezeption in Rumänien", pp. 465-466, pp. 457-458.

③ *Ibid*. Wendler, „Die List-Rezeption in Rumänien", p. 470, pp. 458-460, pp. 469-470.

率,因而国际交换是不平等的;以农产品去交换工业品,必然受到剥削并身陷依附,只会越来越穷;英、法的政治经济学不是科学,仅仅是服务自身国家利益的意识形态,其自由贸易学说不过是要阻止农业国工业化;如今的贫弱国家只有依靠工业化,才能推进经济发展、国家打造、文明进步;英、法、德、美各国依靠保护主义政策才赢得了工业优势;国家应当自上而下地诱导经济发展特别是工业化,产业保护不但需要对外采用关税,还需要对内采用优惠补贴和市场保障等手段;为追赶先进有必要采用超常手段,如重点兴办资本密集型大企业、先于公路就建造铁路、先于工业就创建银行业和保险业、先于经济独立就实现政治独立。①

总体而言,在 19 世纪后期,随着资产阶级的兴起,李斯特学说引起了罗马尼亚人的极大兴趣。比较典型的是一位政治经济学家扬·纳吉安,此人曾是斯密的追随者,1881 年起却转而信奉李斯特。他在《保护主义和自由贸易的经济学批判》一书中研究了两种学说,结论是保护主义更切合罗马尼亚的利益,为此他要求政府必须在全国经济发展中发挥主导作用。此外,J.法加拉萨努 1883 年在《为建设民族工业我们必须做什么》的报告中,也持同样的观点,他尤其崇拜《国民体系》,并在报告中大段引用李斯特的文字。②

1887 年,《国民体系》首个罗马尼亚文全译本出版,奥雷利安撰写了后来"著名"的序言和导论,称颂李斯特为"高瞻远瞩、名副其实的政治经济学大师"。奥雷利安说,既然俾斯麦堪称李斯特的"遗嘱执行人",罗马尼亚人理应"多多阅读这位德意志伟大国民经济学家的著作"并应用其"卓越思想",这对于缺乏类似理论建树、受教育者多站在正统自由贸易论一边的罗

---

① Joseph L. Love, "Resisting Liberalism: Theorizing Backwardness and Development in Rumania Before 1914", in *ibid*. Psalidopoulos, et al., eds., *Economic Thought and Policy in Less Developed Europe*, pp. 108-109, p. 123.

② *Ibid*. Wendler, „Die List-Rezeption in Rumänien", pp. 460-461.

马尼亚太有必要了。译者扬·帕皮钮曾就学于法国索邦大学,回国后从事外交工作,1896 年升任外交大臣,之前还起草过罗马尼亚关税法则以及与奥匈帝国的首份贸易协议。①

罗马尼亚的保护主义舆论还是产生了良好的效果,1886—1887 年、1904—1906 年的工业保护法律提高了进口制成品关税,减免了工业原料进口关税、国内工业税、铁路货运税,其对工业的促进是有案可查的。②相应地,在罗马尼亚大学的国民经济学课程中,李斯特的学说始终占有一席之地,1883 年、1895 年、1936 年、1938 年布加勒斯特等地出版的多部教材都详细讨论过李斯特学说。自然,在大学课堂上,李斯特也常被论及,比如维克多·瓦希洛尤曾以《李斯特对 19 世纪罗马尼亚经济思想的影响》于 1939 年在德国科隆大学获博士学位,他回国担任布加勒斯特大学经济系教授,即常提到李斯特并撰文论述。1941 年 3 月,罗马尼亚科学院开会纪念《国民体系》问世 100 周年,扬·勒杜卡努发表了纪念演说"李斯特经济思想中的国家观"③。

特别需要指出,在挑战自由贸易论的学说史上,罗马尼亚产生过一位与李斯特相关的重量级人物,此人就是曾担任过罗马尼亚工业与贸易大臣的米哈伊尔·曼努列斯库,他于 1921 年、1931 年在巴黎和伦敦出版了《保护理论与国际贸易》。曼努列斯库借鉴谢诺波尔等人甚至是 19 世纪 20 年代迪尼库·戈列斯库已经开启的工农业产品不平等交换理论,继续在本国观察到,劳动和资本的增值在制造业要远高于农业,自由贸易会让专事农业的国家无法取得预期的贸易收益,他的结论是,贸易保护远不止是临时的特例,其实具有长期的普遍功用。显然,他与李斯特持有类似的政策指向,还赞赏李斯特的生产力、民族主义等理念,不过,他仍批评李斯特未能把贸易

---

① *Ibid*. Wendler, „Die List-Rezeption in Rumänien", pp. 461-462.
② *Ibid*. Love, "Resisting Liberalism", p. 110.
③ *Ibid*. Wendler, „Die List-Rezeption in Rumänien", pp. 462-463.

保护置于恰当的理论基础之上,反而"把普遍有效性奉献给了自由贸易体系"①。有关结论尚有争议,但曼努列斯库无疑非常熟悉李斯特学说。

从 1948 年起,罗马尼亚的经济话语明显开始充满社会主义色彩,但李斯特学说仍得到一定注视,故而在 1973 年,罗马尼亚出版了《国民体系》的第二种译本,并配有前言和评注。这在东欧社会主义国家中,在民主德国之外也算绝无仅有,但考虑到当时罗马尼亚在社会主义阵营中的独立姿态,这也是可以理解的。概言之,李斯特学说在罗马尼亚得到了很大的肯定,有关影响可谓从未中断,罗马尼亚保护关税理论追随者历来主要从李斯特学说中获得启示和支持。②

五、李斯特学说在斯洛伐克

斯洛伐克人早就了解李斯特,《斯洛伐克民族报》一则李斯特死讯证明,李斯特乃"国民经济学著名作家和专家"已是当时当地的共识。19 世纪 40 年代,斯洛伐克的民族运动进入新阶段,运动领导者路德维托·史都尔曾在德国哈雷大学留学近两年。史都尔深知,经济在现代民族国家的存续发展中举足轻重,而且他接受了李斯特的观点,相信自由贸易会给工业落后国家带来灾难,为此,他坚决主张实施关税保护,发展斯洛伐克本土工业。③

史都尔之后,李斯特的名字和思想仍为斯洛伐克的知识分子所熟知,在1867 年奥匈实现和解以及匈牙利加强对斯洛伐克民族的压迫之后,李斯特对国家作用的论述更是成为人们的关注焦点。约瑟夫·伯蒂奇撰文赞扬了李斯特这位"伟大的国民经济学家",扬·哈拉就曾论述过李斯特对一战前斯洛伐

---

① 前引欧文:《自由贸易思想史》,第 179—182、265 页。*Ibid*. Love, "Resisting Liberalism", p. 123; *Ibid*. Helleiner, *The Neomercantilists*: *A Global Intellectual History*, pp. 123-124.

② *Ibid*. Wendler, „Die List-Rezeption in Rumänien", p. 463, p. 453, p. 470.

③ Roman Holec, „Friedrich List und die slowakische Nationalbewegung", in *ibid*. Wendler Hrsg., *Friedrich List—Gesamteuropäische Wirkungsgeschichte seines ökonomischen Denkens*, p. 523, p. 525.

克的意义。总之,正如法比翁克所言:"世界上无数民族资产阶级争取民主自由、反对帝国主义的独立追求"都曾"借助了李斯特思想中的进步因素"。①

六、李斯特学说在保加利亚

保加利亚索菲亚国立图书馆藏有一册首版的《国民体系》。1906 年,在瑞士伯尔尼大学就读的保加利亚人格奥尔吉·托谢夫,以论文《李斯特与凯里:现代保护关税运动先驱》获得博士学位。1926 年,拉乔·科塞夫将《国民体系》译成保加利亚文,并在正文前用 17 页介绍了李斯特的生平与作品。这部保文译本问世后,便成为索菲亚大学法学和经济理论史课程的固定内容,不时得到保加利亚国民经济学家的特别阐述。②然而,尽管保加利亚从 19 世纪末到 20 世纪上半叶都有过工业化的尝试,但对一个频频卷入战争、难以掌控自身命运的弱小国家而言,李斯特学说难有用武之地,战后被纳入苏联阵营后也同样如此。

保加利亚与其他东欧国家相似,20 世纪 90 年代初脱离苏联阵营后经历了市场化改革和全球化参与的过程。在此阶段,很大程度上由于某些矫枉过正的进展,李斯特学说重又得到人们的重视。当代保加利亚学界身处国家转型中,深切地意识到:李斯特的观点如同古典自由主义观点一样,并没有过时;李斯特的政治经济学视角值得赞赏,这是单纯经济学视角无法替代的;李斯特强调政治经济的自主发展,强调贸易和经济政策从属于国家富强的大目标,强调民族主义与世界主义的二元结合,这些要点都应成为市场化过渡中的指导方针。③

① *Ibid*. Holec, „Friedrich List und die slowakische Nationalbewegung", pp. 526-527.

② Mariana Mihailova, „Die ökonomisch-politischen Ideen von Friedrich List im Kontext zu den bulgarischen Reformen", in *ibid*. Wendler Hrsg., *Friedrich List—Gesamteuropäische Wirkungsgeschichte seines ökonomischen Denkens*, p. 72.

③ *Ibid*. Mihailova, „Die ökonomisch-politischen Ideen von Friedrich List im Kontext zu den bulgarischen Reformen", pp. 74-75.

七、李斯特学说在斯洛文尼亚

斯洛文尼亚人长期生活在多民族、异质化的哈布斯堡王朝,绝大多数是缺乏人身自由的农民。1857 年维也纳—的里雅斯特铁路竣工,给原本纯属农业社会的斯洛文尼亚社区带来冲击,一度使之反而变得更加农业化。直到 19 世纪末工业化在斯洛文尼亚站稳脚跟以前,这里遭遇到强大的国外竞争压力,于是,人们对李斯特学说产生了兴趣。①

当时的企业主中,反应最激烈者要数瓦连京·苏潘,此人出身于冶炼工家庭,但并不满足于个人发财,倒是钟情于政治经济的思想与活动,1867 年他出任当地工商协会会长。苏潘有意探寻究竟是什么原因造成了发达国家与欠发达国家并存的局面,从他发表的众多著述看,他显然受到了李斯特及凯里的影响,经常将他们作为科学权威加以援引。②

与李斯特一样,苏潘坚信不同国家处于不同的发展阶段,所以他坚决反对不加限制的自由贸易。他尖锐批评了英国的贸易政策,认为英国成功"忽悠"了几乎整个欧洲,其后果是,英国以牺牲不发达国家为代价,成就了自己"欧洲工厂"的地位并充实了自身财富。对于斯洛文尼亚人所聚居的奥地利,他认为其与普鲁士签订的 1853 年贸易协议会妨碍经济的快速发展,因而对之持批评态度。苏潘提醒国人,国家的一个基本使命,就在于为本国工业创造有利的成长条件。③

八、李斯特学说在土耳其

李斯特准确地预见到,土耳其如同亚洲诸多老大国家一样,其"全部瓦

---

① Zarko Lazarevic, „Friedrich List: Spurensuche in Slowenien", in *ibid*. Wendler Hrsg., *Friedrich List—Gesamteuropäische Wirkungsgeschichte seines ökonomischen Denkens*, p. 532, p. 535.
② *Ibid*. Lazarevic, „Friedrich List: Spurensuche in Slowenien", p. 535.
③ *Ibid*. Lazarevic, „Friedrich List: Spurensuche in Slowenien", p. 536.

解看来已无可避免"。他明确指出，土耳其的"宗教、道德、社会和政治基础已经彻底败坏，就像一具僵尸，虽然由活人从旁扶持着没有倒下，但终究还是要腐烂的"。而且，李斯特坚信，这样的国家要"获得革新，唯一的办法是注入欧洲的有生力量，普遍推行基督教，推行欧洲的道德律与秩序，引进欧洲移民并采用欧洲的政治制度"①。

李斯特的观点尽管刺耳，但还是能在激进的革命者那里引发共鸣。所以毫不奇怪，李斯特对土耳其的影响，首先见于奥斯曼现代化的先驱者、奥斯曼青年党的创始人沙德克·里法特。据艾哈迈德·萨雅尔著《奥斯曼经济思想的现代化》（1986 年），里法特信奉李斯特关税保护等思想，曾将之应用于土耳其社会。里法特 1837 年出任驻维也纳公使，任上向外交大臣等人提出过改良奥斯曼帝国行政、确保宪政体制和人民安定、充分保护工业和农业、在国际法框架内和平处置国际冲突等治国之策。②

在 19 世纪奥斯曼帝国的艰难转型中，尽管经济政策总体上比较自由化，但也还有其他几位倡导贸易保护的人士，其中一位是阿基吉扎德·贝伊。贝伊在世纪之交系统地倡导保护主义，提出了类似于幼稚产业保护论的经济观点，强调工业与农业齐头并进地发展，在批判自由学派时也时常援用历史案例，同时对自由贸易持一定的赞成态度，均颇类似于李斯特。据信，他曾在俄国军事学院任教，因此接触过李斯特学说及德国历史学派。③还有一位艾哈迈德·埃芬迪，在讨论自由贸易对经济的效应时，也完全以李斯特的口吻表示，自由贸易虽然适合英国，却不适合尚未达到必要发展阶段

---

① 前引李斯特：《政治经济学的国民体系》，第 350 页。
② Leonhard von Dobschütz, und Eugen Wendler, „Friedrich List und die Türkei", in *ibid*. Wendler Hrsg., *Friedrich List—Gesamteuropäische Wirkungsgeschichte seines ökonomischen Denkens*, pp. 570-571.
③ Eyüp Özveren, "A Hundred Years of German Connection in Turkish Economic Thought: *Historismus* and Otherwise", in *ibid*. Cardoso, et al., eds., *The German Historical School and European Economic Thought*, p. 150.

的奥斯曼帝国。[①]

20 世纪初在进步的土耳其反对派中,也形成过两种经济政策思潮,或偏向于英国的自由主义,或偏向于德国的国家资本主义亦即保护主义。自由主义思潮的追随者主要是主张国际贸易的非穆斯林中产阶层,保护主义思潮的倡导者则主要是出身于知识分子家庭的土耳其青年党改良人士,如齐亚·格卡尔普、特京·阿尔普等人,这些人在阐述经济思想时,一般都用李斯特的观点来反对英国的立场。像阿尔普这位伊斯坦布尔大学德国经济教授,就把李斯特称为国民经济学界的"俾斯麦",并哀叹土耳其缺少这样的人物。[②]

齐亚·格卡尔普于 1923 年发表《土耳其主义原理》,形成了所谓"新土耳其经济学派",不过其学说"深受李斯特思想的影响"。格卡尔普写道,奥斯曼帝国自 1839 年开始与英国自由贸易后,当地原本"丰富的工业"便遭到瓦解;这一历史教训加上李斯特和凯里的学说已证明,英国自由主义的所谓"普世"教义站不住脚,需要代之以"经济土耳其主义",其中的支柱就是保护主义;只有借幼稚产业保护实现了工业化,土耳其才能成为一个现代国家。格卡尔普并不接受李斯特对土耳其工业化前景的怀疑,同时,他为"国家资本主义"赋予了更大的一个角色[③],对李斯特学说的这种修正在落后国家也很有普遍性。

李斯特学说当时体现于土耳其青年党的具体政策设计中。C.A.谢弗在论述青年党经济政策的目标和道路时,特别强调要以李斯特学说为指导原则,认为李斯特"可以成为巴尔干国家和土耳其的经济顾问"。谢弗深信土

---

① Eyüp Özveren, "Ottoman Economic Thought and Economic Policy in Transition: Rethinking the Nineteenth Century", in *ibid*. Psalidopoulos, et al., eds., *Economic Thought and Policy in Less Developed Europe*, p. 139.

② *Ibid*. Dobschütz, und Wendler, „Friedrich List und die Türkei", p. 572.

③ *Ibid*. Helleiner, *The Neomercantilists: A Global Intellectual History*, pp. 93-96; *Ibid*. Özveren, "Ottoman Economic Thought and Economic Policy in Transition", p. 140.

耳其的出路在于工业化，但也看到，对西欧工业国的负债加之政治压力，使得土耳其处于奴役地位，无法踏上李斯特所指明的关税保护道路。及至一战爆发的背景下，国家主义经济思想相对于自由贸易思想稳居上风，土耳其青年党人遂更有条件按照李斯特思路，推进经济和政治的统一，并推进国家经济的现代转型。[①]

　　最后还应提及，二战时期，也有土耳其人指出了李斯特学说中的矛盾立场。也即，一方面李斯特依照其保护主义发展理念，嘲讽了英国 1838 年与奥斯曼订立的商约，另一方面他又倡导德国未来对奥斯曼帝国进行殖民。此外，李斯特一方面强调各国确立其自主的政治经济体系，另一方面又认为亚洲国家从根本上不可能经受住经济发展的挑战。这种认识让那些左翼知识分子充分注意到了李斯特学说的德国立场，从而更加谨慎地选用这一学说，乃至有部分人干脆转向了马克思主义。[②]

第四节　在北欧和波罗的海各国

一、李斯特学说在芬兰

　　李斯特在芬兰的传播和影响，主要有赖于芬兰独立运动领导人约翰·斯内尔曼。斯内尔曼不仅确立了芬兰语的官方地位、推动了社会改良，而且以财政大臣和国会议员的身份为 19 世纪下半叶芬兰的经济发展作出了巨大贡献。斯内尔曼 1839 年前往斯德哥尔摩，在那里遇到了信奉李斯特学说的瑞典记者约翰·约翰松，从此开始留意李斯特。在阅读了约翰松翻译的李斯特的两篇文章《从历史观点看对外贸易自由及其局限性》《论国家工业生产力的性质与价值》后，斯内尔曼随即发表自己有关国民经济学和个人与

---

① *Ibid*. Dobschütz, und Wendler, „Friedrich List und die Türkei", pp. 572-574.

② *Ibid*. Özveren, "Ottoman Economic Thought and Economic Policy in Transition", p. 141.

国家关系的看法,特别是讨论了李斯特的思想。有关内容表明,斯内尔曼已经形成若干源自李斯特的论点:法国如果理智地坚守科尔贝主义,并通过改良来增进国民自由,革命本来不会发生;北美因为英国的经济自由主义而遭遇着经济上的苦痛。①

1840—1841 年,斯内尔曼曾在蒂宾根大学深造,有机会更多地了解李斯特学说。1842 年,斯内尔曼即出版《国家学说》一书,虽然他为哲学上的自由主义强力辩护,但在论及不同经济学流派时,他再次批评了斯密的价值理论,同时阐述了李斯特的生产力理论;强调只有处于相同发展阶段时,才能推行自由贸易;主张应当树立扶植本国工业的理念,并以此超越重商主义。1846 年,斯内尔曼在一家杂志上连载《国民体系》第 17 章"工业与国家的个人、社会及政治生产力"的完整译文,且在引言中谈到,李斯特立足于历史事实和实践经验,以锐利的眼光令人信服地揭示了旧国民经济学体系尤其是斯密学派的不足与错误。②

斯内尔曼之后,19 世纪芬兰最著名的李斯特研究者当推亚历克斯·利尔詹斯特兰,此人 1857—1877 年在赫尔辛基大学担任经济法和国民经济学教授。其间,他于 1860 年出版芬兰第一部国民经济学教材,书中探讨了李斯特学说。当时支持关税保护政策的芬兰人为数甚少,但有两位芬兰民族运动的代表却持保护主义立场,且都熟悉李斯特学说。其一是议员阿加东·莫伊曼,他于 1866 年、1878 年撰文陈述个人经济主张时,均明确提及李斯特。其二是卡尔·莱因,他在 1879 年的文章中也按李斯特的思路议论了芬兰的关税政策。当然,芬兰自由取向的经济政策并未就此而得到改变。③

---

① Visa Heinonen, „Zwischen Nationalismus und Liberalismus: J. V. Snellman—ein finnischer Anhänger der nationalökonomischen Ideen von Friedrich List", in *ibid*. Wendler Hrsg., *Friedrich List—Gesamteuropäische Wirkungsgeschichte seines ökonomischen Denkens*, p. 145, pp. 151-152.

② *Ibid*. Heinonen, „Zwischen Nationalismus und Liberalismus", p. 145, p. 155, p. 157.

③ *Ibid*. Heinonen, „Zwischen Nationalismus und Liberalismus", pp. 161-162.

1917 年芬兰宣布独立后,有几部经典著作译介进来,继 1933 年推出芬文《国富论》后,芬文《国民体系》在 1935 年出版,译者伊尔马里·泰尤拉长期担任民政部负责人,并领导芬兰国民经济协会和统计学会。他在译序中介绍了李斯特,称之为 19 世纪最伟大的经济思想家之一,产生着广泛和深入的影响。泰尤拉的译本引起了热烈反响,有书评强调了李斯特的务实精神,也有书评比较了李斯特与斯密,认为自由贸易与关税保护之间的永恒之争始终具有现实意义。①总之,以芬兰的国情,"芬兰经济学家很自然地在李斯特及德国历史学派这里看到了值得效仿的榜样"②。

二、李斯特学说在瑞典

瑞典原本存在深厚的重商主义传统,到 19 世纪上半叶这一传统还在获得新的动力,部分就来自李斯特学说。1840 年,信奉李斯特的约翰·约翰松翻译出版过李斯特的两篇文章《从历史观点看对外贸易自由及其局限性》《论国家工业生产力的性质与价值》。③此外,亨利·凯里 1859 年曾到访瑞典,其三种著作 1860 年前已译成瑞典文。④直到 19 世纪中叶,瑞典仍实行严格的保护主义政策,重商主义依然是经济话语中的主角。

不过,就从 19 世纪中叶起,自由主义经济思想在欧洲蔓延,瑞典难以置身其外,至 19 世纪 70 年代后期,财经要员都"毫无例外地支持自由贸易"。这一背景使得李斯特身后 30 多年在瑞典影响有限。⑤随着此后美俄粮食输

① *Ibid*. Heinonen, „Zwischen Nationalismus und Liberalismus", p. 162.
② Michalis Psalidopoulos, and Maria Eugénia Mata, "Economic Thought and Policy in Nineteenth-century Less Developed Europe: Issues and Aspects of Their Interaction", in *ibid*. Psalidopoulos, et al., eds., *Economic Thought and Policy in Less Developed Europe*, p. 8.
③ *Ibid*. Heinonen, „Zwischen Nationalismus und Liberalismus", p. 152.
④ Arno Mong Daastøl, „Sweden vs. Norway", *Email Letter to Mei Junjie*, May 5, 2015, p. 1.
⑤ Lars Matthiessen, „Die Resonanz von Lists Ideen in Dänemark und Schweden", in *ibid*. Wendler Hrsg., *Friedrich List—Gesamteuropäische Wirkungsgeschichte seines ökonomischen Denkens*, p. 89, p. 92.

入激增及保护主义在欧洲抬头,瑞典的关税政策才又发生转变。到 19 世纪 80 年代后期,保护主义力量已显著兴起,至一战前瑞典都效仿德国,在农业和工业上全面推行保护主义。虽然尚难表明这些进展跟李斯特直接相关,但莱因霍尔特·鲁德贝克所译《国民体系》瑞典版问世于 1888 年,而瑞典保护主义关税改制就发生在当年,足以说明李斯特学说当时不乏思想吸引力甚至政策推动力。①

进入 20 世纪后,李斯特继续受到瑞典主流经济学家的重视,艾利·赫克歇尔便"同时是李斯特思想的批评者和崇拜者"。他固然明确支持自由贸易,但还是认为李斯特的生产力理论是有用的,其关于财富创造能力比财富本身更重要的观点是合理的。赫克歇尔且以瑞典甜菜和制糖业为例,说明保护关税有助于幼稚产业的生存,它固然趋于垄断但并不必然导致垄断。赫克歇尔承认,李斯特对自由贸易的批判远超一般对自由主义的谴责,其为工业化的辩护使得"自由贸易论一定程度上失去意义",因此成了影响巨大的"保护关税理论的现代倡导者"。②

在瑞典与赫克歇尔一起提出国际贸易要素禀赋论的贝蒂·俄林虽然成为自由主义的代表,但照样认识到李斯特学说对落后国家的价值。他指出,老工业国家与新工业国家之间差别很大,工业越不发达,保护的作用可能越大,幼稚产业保护说实乃新兴国家的适用学说。所以,他也认同李斯特关于财富创造能力比财富本身更重要的观点,相信为确保未来收入而牺牲当前收入也完全合情合理。③另一瑞典经济学家冈纳·缪尔达尔也赞赏李斯特对自由贸易论忽略动态因素的批评,缪尔达尔与李斯特在理论上的显著相似性得到了当代研究者的确认。④

---

① *Ibid*. Matthiessen, „Die Resonanz von Lists Ideen in Dänemark und Schweden", pp. 90-92; *Ibid*. Daastøl, „Sweden vs. Norway", p. 1.

② *Ibid*. Matthiessen, „Die Resonanz von Lists Ideen in Dänemark und Schweden", pp. 93-94.

③ *Ibid*. Matthiessen, „Die Resonanz von Lists Ideen in Dänemark und Schweden", p. 97.

④ James P. Belshaw, "Gunnar Myrdal and Friedrich List on Economic Development", *The Indian Economic Journal*, Vol. 6, No. 4, 1959, p. 415.

特别应该提到，瑞典国民经济学家古斯塔夫·卡塞尔也重视李斯特学说并受其启发，他在 1934 年出版的《社会经济学理论》中，大段引述并详细探讨了李斯特的论点。他特别看重李斯特关于经济各业和谐联合重于个体利益，以及这种和谐联合需要借助国家干预去实现的主张，承认保护关税理论对外贸理论作出了重大建树。同时，卡塞尔也相信，保护主义观点与自由贸易学说并非互不相容。他也批评李斯特没有为国家干预提供令人信服的理据，而且他从小国立场出发，不同意李斯特关于只有大国才适合通过关税保护去发展工业，以及小国难以达到最高文明水准等论断。①

总体而言，李斯特得到了一批知名瑞典经济学家的赞扬，然而，他们并非李斯特的追随者或保护主义者。他们大体上皆以自由主义为基本框架，在此框架内吸纳了李斯特的部分观点，同时也在此框架内对李斯特提出了部分批评意见。但无论如何，这还是证明了李斯特在瑞典较大的存在感和影响力。②

三、李斯特学说在丹麦

丹麦在经济政策观念上较早就从重商主义转向自由主义，斯密《国富论》出版四年后就由丹麦商业部官员于 1780 年译成丹麦文，萨伊和李嘉图的代表作 1839 年也译成了丹麦文。因此，古典经济学理论很早便为丹麦政治经济精英所熟知，1797 年、1863 年王国关税政策改革、关税大幅降低，反映了决策者对自由主义的信奉，直到 19 世纪 70 年代后期欧洲进入经济萧条、各国纷纷提高关税，丹麦才转向保护主义政策。③

即使在自由主义占上风的时期，李斯特的学说也不是毫无市场。一方面，德意志关税同盟 1834 年的建立对丹麦还是有示范效应的；另一方面，也

---

① *Ibid*. Matthiessen，„Die Resonanz von Lists Ideen in Dänemark und Schweden", pp. 95-96.

② *Ibid*. Matthiessen，„Die Resonanz von Lists Ideen in Dänemark und Schweden", pp. 98-99.

③ *Ibid*. Matthiessen，„Die Resonanz von Lists Ideen in Dänemark und Schweden", pp. 81-83.

有实业家赞赏李斯特学说。例如,1843年3月有位丹麦企业家致信李斯特,称自己以前拥护世界主义学说,但读了饱含学识、智慧、经验的《国民体系》后获益良多,如今相信贸易保护政策对国家独立自主至关重要。此人并且表示,准备把《国民体系》译成丹麦文发表,并希望能引起一场公开讨论。[①]

19世纪丹麦的经济学家大多否定幼稚产业保护的"温室培育"方法(如A.F.伯格索),强烈反对保护关税(如弗雷德里克·德雷尔),认为只有自由贸易才是正道(如W.C.E.斯庞内克)。C.J.凯泽在研究李斯特时着眼于其思想的不利面,因而即使承认临时性保护关税有助于工业化,也仍然呼吁分阶段撤除关税。可是,也有少数经济学家与李斯特持论相同,维戈·罗特在1843—1845年所写《论丹麦的工业》中指出,自由贸易当然有其优越性,但外国的竞争可能会阻碍丹麦的工业发展,因此,他主张借助有节制、有时限的保护去建设工业部门,他还主张丹麦与挪威和瑞典结成一个关税同盟。不过,罗特并未直接援引李斯特的著作。[②]

待丹麦总体上进入保护主义政策阶段后,丹麦的经济学家并未放弃自由主义,只是也开始用更积极的眼光看待李斯特学说。长期担任哥本哈根大学国民经济学教授的维冈·法尔伯-汉森、威廉·沙林强调,北欧国家的工业尚未发展到能与英国等先进国家展开竞争的地步,所以需要防止贸易政策过早转向自由主义。当然,他们也如李斯特一样提醒,保护主义应该是一种有时间限定的辅助手段。沙林在1904—1905年撰写的关于贸易与关税政策的著作中,详细论述并辩护了《国民体系》,称此书为保护主义"奠定了新的科学基础"[③]。

四、李斯特学说在挪威

李斯特在1842年文集《农地制度、小农经营与向外移民》中,借助苏格

[①] *Ibid*. Matthiessen,„Die Resonanz von Lists Ideen in Dänemark und Schweden", p. 82, p. 79.

[②] *Ibid*. Matthiessen,„Die Resonanz von Lists Ideen in Dänemark und Schweden", pp. 85-86.

[③] *Ibid*. Matthiessen,„Die Resonanz von Lists Ideen in Dänemark und Schweden", pp. 87-88.

兰旅行家塞缪尔·拉因的挪威游记谈到，挪威这个自 1648 年以来一直实行专制统治的国家在 1814 年有了一部君主立宪的宪法，挪威在没有任何骚乱和混乱的情况下一变而为"欧洲最自由的立宪君主政体"且运行良好。李斯特将此归因于挪威独立、自由、有文化的平民阶层。同时，李斯特对挪威农业评价不高，认为小农经济无法带来良好后果，自由和富足只有在完全的土地自由权下才能实现。①

尽管李斯特直接论及挪威，但他与挪威的思想关联还是有限的，主要是 1814 年脱离丹麦前，作为小国的挪威只能服从丹麦的自由主义经济政策，再加铁路在这个山地国家难以发挥整合作用，所以挪威文献历史上很少提到李斯特。1814 年挪威与瑞典组成联合王国后，自由主义仍是政策基调，即使挪威首位国民经济学家兼最负盛名的参议员安东·施韦高曾在柏林访学一年并于 1847 年向大学生提及李斯特，他在关税政策上也还是主张自由贸易。②值得注意的一个史实是，斯密的《国富论》早在 1778 年就已译成挪威文，而《国民体系》始终没有挪威文本。③

然而，施韦高也还是有对立面的，挪威如同大多数西方国家一样，都面临着走保护主义道路还是自由贸易道路这样的两难选择，有关辩论在 19 世纪 30 年代和 40 年代进入巅峰状态。当时人们通常把李斯特当作保护主义的旗帜，就如把斯密当作自由主义的旗帜。议会中站在施韦高对立面的是农民政治家奥勒·乌兰，他呼吁，为扶持本国的贸易和工业，应当实行保护主义，其"经济政策的基本理念跟李斯特的理念相一致"④。

---

① Eugen Wendler, „Vorwort", Fritz Hodne, „Norwegen und Friedrich List—eine Spurensuche", in *ibid.* Wendler Hrsg., *Friedrich List—Gesamteuropäische Wirkungsgeschichte seines ökonomischen Denkens*, p. 391.

② *Ibid.* Hodne, „Norwegen und Friedrich List—eine Spurensuche", p. 392, p. 394.

③ *Ibid.* Daastøl, „Sweden vs. Norway", p. 1.

④ Camilla Brautaset, "The Emergence of an Independent Norwegian Economic Policy: Some Notes on Current Views and Empirical Findings", in *ibid.* Psalidopoulos, et al., eds., *Economic Thought and Policy in Less Developed Europe*, p. 44.

19 世纪后期,保护主义在欧洲大陆卷土重来,挪威人对李斯特的态度更趋积极。1881 年,有位棉纺业主兼船东彼特·詹森在挪威议会中试图让幼稚产业保护论得到政府的认可。此人虽未明言李斯特,但称正如"一位著名国民经济学教授"所说,工农业如同一棵树,在根深叶茂之前,必须保护其生长,否则难以开花结果。詹森还说,只有当两个伙伴国达到了相同发展水平时,自由贸易才能发挥正常作用。显然,他是在用李斯特学说为自己辩护。①

1887 年在奥斯陆大学的一场演讲中,布雷多·摩根斯迪纳明确提及李斯特,称斯堪的纳维亚国家应接纳李斯特那套先进的经济策略,各国应放弃一己狭窄的国内市场,通过地区联合推行自由贸易,形成一个千万人口的北方关税同盟。摩根斯迪纳强调:"尽管李斯特著名的保护关税体系思想闻名于世,但他同时也是创立德国贸易和关税同盟的倡导者,原则上反对小国实行保护主义。我敢说,李斯特假如是斯堪的纳维亚人,一定会去创立一个北方关税同盟。"②

及至 20 世纪初,李斯特学说已在挪威实业界和学术界牢牢占据一席之地。挪威贸易协会 1904 年发表声明,要求政府帮助有生命力的企业度过艰难的初创期,保护它们免遭无情的外国竞争。1905 年重新出版的《国民经济学杂志》也谈到李斯特著作的再版情况。此外,1910—1912 年出版的托克尔·阿舍霍格所著国民经济学教材,以"国家在经济科学中的地位"为题,用了七页篇幅总结李斯特的观点与反响。他特别提示,关税保护仅仅是用以提高国际竞争力的一种手段,李斯特不该被国家主义作者滥用,他甚至指责有些人想要复活 18 世纪的重商主义。③

再到 1934 年,奥斯卡·耶格出版了一本经济史教材,特地从历史学派

---

① ②　*Ibid.* Hodne, „Norwegen und Friedrich List—eine Spurensuche", p. 397.

③　*Ibid.* Hodne, „Norwegen und Friedrich List—eine Spurensuche", p. 400.

角度介绍李斯特,称之为"第一个系统运用历史学和比较历史学的作者",堪称"把历史方法用于经济科学的先驱"。耶格敏锐地看到,李斯特把国家和生产力视为经济繁荣的源泉,这一有价值的思想不仅已融入实际政策,而且成了历史学派及其追随者的思想基础。他进而指出,古典学派轻率地从抽象思想中推导出普遍性结论,以此将自由贸易原理绝对化,李斯特却揭示,这一原理不合实际,国民经济政策始终取决于具体时间和地点,取决于内外社会条件,国家的作用由此变得至为关键。①此论足以反映挪威学者对李斯特学说的认识高度。

　　总体而言,李斯特学说自 19 世纪后期起已在挪威得到传播和引用,然而,除了 20 世纪 30 年代初这类时期因世界经济危机而推行初级产品领域温和的保护主义政策外,挪威这个国际航运大国兼国内市场小国必然会长期实行自由贸易,1905—1935 年间有三位船东出任挪威首相便可说明那里的政治经济特性。因此,李斯特在挪威甚少被提及,其直接影响相当有限,也就不足为怪了。②

五、李斯特学说在立陶宛

　　19 世纪,少数受过教育的立陶宛人萌发民族身份认同意识,随之出现了所谓"立陶宛运动",1863 年后这一民族和文化运动开始染上政治色彩,自治的要求走上前台。在此背景下,很多立陶宛人留学德国和俄国,在学习德国经济思想时,自然会接触到李斯特学说。③同时,《国民体系》1891 年俄译本及 1844 年、1877 年德文第三、五版均收于首都考纳斯大学图书馆。④

　　一战结束后,以德国为主的国外文献较多引入立陶宛。1929 年,J.康拉

① *Ibid*. Hodne, „Norwegen und Friedrich List—eine Spurensuche", pp. 403-404.

② *Ibid*. Hodne, „Norwegen und Friedrich List—eine Spurensuche", p. 403, p. 401.

③ Regina Paliulyte, „Die List-Rezeption in Litauen", in *ibid.* Wendler Hrsg., *Friedrich List—Gesamteuropäische Wirkungsgeschichte seines ökonomischen Denkens*, pp. 353-354.

④ *Ibid*. Paliulyte, „Die List-Rezeption in Litauen", p. 357.

德的教材《政治经济学大纲》第一部分"国民经济学"译成立陶宛文,其中有对李斯特主要思想的概述。以后数年里,弗朗茨·欧伦堡的《对外贸易与外贸政策》、季德和利斯特的《经济学说史》也翻译过来,它们对李斯特的理论均有详细论述①,因而成为李斯特学说传播的重要渠道。

总体而言,从19世纪末到20世纪头30年,李斯特的国民经济思想得到一批立陶宛国民经济学家的青睐。他们曾在德国、俄国、比利时、奥地利、瑞士、法国、英国留学,回国后多集中于考纳斯大学这所立陶宛唯一的大学,推出了许多以李斯特学说为研究对象的专著和论文。其共同点是,在分析时都采用历史方法,着重探讨民族国家原则的实际应用、工业化的积极推进、经济发展阶段与交通政策等"李斯特解决方案"②。

这批立陶宛的李斯特学者不但包括经济学家,也包括了社会学家、地理学家、政论家及从政者。他们对李斯特评价甚高,称李斯特为"经济自由主义的支持者和实现国民经济的最著名斗士""最伟大的国民经济学家之一"。他们重点关注并认同李斯特关于生产力、关税保护、交通运输、一体化联盟,以及方法上的现实导向和历史主义等思想,当然,也对其殖民思想提出过批评,特别是在面临希特勒德国的威胁时更是如此。总之,这批人花了很大力气从李斯特学说中寻找能适用于立陶宛的发展方案。③

此后从20世纪40年代末到90年代初重获独立,立陶宛几乎没有自己的经济科学,经济学家或者前往西方工作,或者融入苏联统治体制,难以从事自主的教学和科研活动。苏联时期出版的立陶宛教材中,李斯特的名字难得一见,A.布拉查斯等人1988年版《政治经济学与意识形态》中,李斯特被描述为"提出了一种抽象思想体系的理论家"。这充分显示,二战后立陶

---

① *Ibid*. Paliulyte, „Die List-Rezeption in Litauen", p. 357.

② *Ibid*. Paliulyte, „Die List-Rezeption in Litauen", p. 356.

③ *Ibid*. Paliulyte, „Die List-Rezeption in Litauen", pp. 357-360, p. 364.

宛如同苏联的其他加盟共和国一样，在经济思想上已与主流世界非常隔膜，李斯特在此背景下自然难能得到恰如其分的研究和评判。①但在独立后的立陶宛，经济学界努力重新融入欧洲的经济研究包括李斯特研究。②

六、李斯特学说在爱沙尼亚

1872 年，爱沙尼亚的塔尔图大学就收藏了第一版《国民体系》，该书来自一位曾在该大学求学的德国人。③

1909 年，塔尔图大学教授亚历山大·米柯拉舍夫斯基出版了一部 633 页的教材《政治经济学史》，此书探讨了 19 世纪国民经济学的哲学、历史、理论基础。书中第六章专门论述历史学派，其中有一节为《李斯特的经济学说及其批判》，共计十页。作者概述了李斯特的生平与作品，主要是《国民体系》及发表在《关税同盟要报》上的文章，并总结了李斯特学说的三个方面：关税保护理论及经济发展阶段论；生产力理论及对放任主义的批判；国家生产力的联合及工业对农业的带动作用。④

米柯拉舍夫斯基赞赏李斯特以英国为例，揭示工业强国借助工业优势对欠发达国家实行经济压迫，因此李斯特被视为"殖民地人民的保护者"。米柯拉舍夫斯基强调李斯特跟亚当·米勒一起，属历史学派的创始人，他相信"李斯特从历史角度唤醒了德国的国民经济学家，所以堪称德国历史主义的栋梁"。米柯拉舍夫斯基的书主要供大学生阅读，"但在俄国知识界也十分流行"⑤。

1911 年，塔林的两家报纸发表了有关不同经济学派的系列文章，其中

① *Ibid*. Paliulyte, „Die List-Rezeption in Litauen", p. 356, p. 353.

② *Ibid*. Wendler, "The Present Day Reception of the Ideas of Friedrich List on Economics and Transport Policy", p. 164.

③ Valner Krinal und Jüri Sepp, „Die List-Rezeption in Estland", in *ibid*. Wendler Hrsg., *Friedrich List—Gesamteuropäische Wirkungsgeschichte seines ökonomischen Denkens*, p. 133.

④ *Ibid*. Krinal, und Sepp, „Die List-Rezeption in Estland", p. 135.

⑤ *Ibid*. Krinal, und Sepp, „Die List-Rezeption in Estland", pp. 135-136.

第九篇是一位匿名作者写的《现代经济中的两大方向》。文中所说的两大方向：一是指向国家联合，由斯密及其自由贸易理论所倡导，代表了英国的利益；二是指向国家独立，由李斯特及其国家经济学说所倡导，为美国和欧洲大陆所信奉。这两种观点互相对立，形成了两种迥然有别的经济政策思路，但作者站在爱沙尼亚立场上，偏向于国家独立、自主发展这一面，不过提醒要防止"以牺牲农业为代价的片面工业发展"①。

爱沙尼亚 1918—1949 年独立时期，在倡导自主发展本国工业的政策背后，可以看到李斯特学说的影响，李斯特的名字甚至出现在有关税收政策的讨论中。而且，李斯特学说始终都是塔尔图大学的课程内容，1938 年的 20 次考试中，有 8 次将李斯特论点列为考试内容；此外，1935 年版的《爱沙尼亚百科全书》也精当概述了李斯特学说。这一传统不但在苏联时期得到一定的延续，更在苏联解体后又有复兴，主要体现于塔尔图大学的国民经济学说史和经济理论课程会述及李斯特学说，包括保护主义经济政策与历史学派相关内容。②

七、李斯特学说在拉脱维亚

过去 150 年中，李斯特学说在拉脱维亚传播有限、研究亦少，谈不上产生过政策影响。然而，拉脱维亚科学院图书馆藏有《国民体系》1841 年、1844 年德文版及一个俄文版。从 19 世纪下半叶起，李斯特学说直接通过德国、间接通过俄国，还是传播到了拉脱维亚；另外，不少拉脱维亚人在爱沙尼亚塔尔图大学学习过，因此借助米柯拉舍夫斯基《政治经济学史》等教材也了解到李斯特。③

---

① *Ibid*. Krinal, und Sepp, „Die List-Rezeption in Estland", pp. 136-137.
② *Ibid*. Krinal, und Sepp, „Die List-Rezeption in Estland", pp. 137-141.
③ Alexander Fedotov, „Die List-Rezeption in Lettland", in *ibid*. Wendler Hrsg., *Friedrich List—Gesamteuropäische Wirkungsgeschichte seines ökonomischen Denkens*, p. 341.

在拉脱维亚文献中，首次总结李斯特学说的是 M.阿隆 1908 年版《国民经济学说导论》，此书比较了李斯特与其他国民经济学家的学说。作者介绍了李斯特在关税保护运动、关税同盟创建、铁路建设开拓方面的贡献，但也提到除获得众多支持外，李斯特也因其政治愿景而招致激烈反对。此书很长时间内都属于拉脱维亚文献中对李斯特学说最详细的描述，以后几十年都为当地学生所阅读。1908 年里加出版的 I.威斯曼的俄文讲义集《政治经济学的基本特征》也提及李斯特，称他为英国自由贸易学派的反对者，不过作者更认同斯密。此外，李斯特的名字也出现在 1911 年版拉脱维亚百科全书中，有关词条复述了 1909 年俄文百科全书的内容。总之，一战前拉脱维亚的知识界心向古典学派，故而李斯特学说影响甚小。①

在拉脱维亚享有独立地位的 1920—1940 年，国家的主流意识形态具有反德倾向，德国国民经济学家的思想故而乏人问津。尽管如此，李斯特的名字还是出现在该时期所有国民经济教材和里加大学的相关课程中。特别是拉脱维亚经济学家卡里斯·巴罗迪斯曾长期在德国任教，享有李斯特嫡传弟子之誉，并被归入新历史学派。当时，拉脱维亚翻译出版了很多西欧学术著作，其中就有约翰·康拉德《一般国民经济学说》节译本，此书论述了李斯特的观点；还有莫斯科大学教授 A.楚普洛夫广受欢迎的教材《政治经济学史》，此书详述了李斯特的思想与政策追求。此外，李斯特的名字也见于 1927—1940 年间出版的拉脱维亚修订版百科全书。②

拉脱维亚学术界对李斯特学说的关注点集中于以下几个方面：古典学派的理论不适合生产力尚弱小的国家，各国都应根据本国特定国情去寻找符合自身需要的经济政策；经济学更应该是国民经济学，对国家的赞美正好顺应了弱小民族的需求；工业发展应该优先于且最终有益于农业发展，人民自由和宪政制度乃国家长远发展所必须；私有经济对利润的追逐未必符合

---

① *Ibid*. Fedotov, „Die List-Rezeption in Lettland", pp. 342-343.

② *Ibid*. Fedotov, „Die List-Rezeption in Lettland", pp. 343-344.

公众利益,诸如开荒植树、改善环境等利在长远之事就需要国家出面规划实施。总之,李斯特学说在拉脱维亚这一独立时期已为人熟悉,但尚不能说深入人心。①

拉脱维亚在二战中并入苏联后,李斯特的名字即使不断出现在国民经济学说史的课程中,对其学说的解读却基本上是否定性的。在马克思主义意识形态中,李斯特被称为"反动的资产阶级国民经济学家、德国的国家主义者和沙文主义者、战争贩子和殖民扩张主义者"。苏联历史学家卢·阿尔特 1946 年的《德国资产阶级国民经济学的反动性》翻译成拉脱维亚语在里加出版,其中第三章以"德国国民经济学——庸俗经济学最反动的部分"为题评价了李斯特学说,可谓最消极的评价。这种恶意攻击和断章取义在苏联经济学文献中很流行,整整一代作者都跟着强调,李斯特思想为纳粹所用,奠定了法西斯主义经济学的理论基础云云。直到 20 世纪 70—80 年代,李斯特的形象才趋于正常化。如今,李斯特学说在拉脱维亚大学的所有国民经济学说史课程中都有提及,但旧有的一些教材仍在使用,使得对李斯特的评价仍多有片面性。②

第五节　在美国、南美和大洋洲

一、李斯特学说在美国

李斯特与美国关系深厚,前文对此已着墨不少,这里仅补充与其学说传播直接相关的若干事实。首先,美国 1856 年在费城出版过 G.A.马泰尔翻译的《国民体系》英译本,这在世界范围内皆属很早的译本③;而且,斯蒂

---

① *Ibid*. Fedotov, „Die List-Rezeption in Lettland", pp. 344-345.
② *Ibid*. Fedotov, „Die List-Rezeption in Lettland", pp. 346-349.
③ *Ibid*. Hirst, *Life of Friedrich List*, *and Selections from His Writings*, p. 320.

芬·考维尔撰写了一篇长达 68 页的序文,在纵论西欧各国的政治经济学传统中充分推重李斯特,称其"著作在很多方面固然不完美、不精致,但仍属德国产生的最富原创、最有价值的作品之一,多方面优胜于之前的任何著作"①。由于"李斯特的理念是美国保护主义者乐于利用的好东西",初译本至少在 1867 年又有重印,1904 年,由约瑟夫·尼科尔森作序的《国民体系》新版也在纽约推出。②可见,保罗·萨缪尔森称"我会把李斯特的名字加到美国最重要国民经济学家的名录中"③,确实其来有自。

　　然而,美国的情况是:一方面,"美国寻求其国家幸福前途时所遵循的方向与绝对自由贸易原则恰恰相反"④,也即,"在长达一个多世纪中,即从 19 世纪 20 年代到 20 世纪 30 年代,美国国会那些旨在保护美国新兴产业、成长期工业以及弱小工业的政治势力常常获胜",而且,迟至 19 世纪 80 年代,宾夕法尼亚、康奈尔等大学都有规定,其经济学教授之一必须持有反对自由贸易的态度。⑤但另一方面,在取得富强更不用说赢得霸权之后,美国对于自己早先的保护主义传统或流于健忘或轻描淡写或干脆讳莫如深。请看,1926 年美国一地方学会《历史通讯》上的文章即题为《美国历史忘记了弗里德里希·李斯特》⑥;"二战后出生的美国人,已经很自然地将美国视为自由开放市场的大本营,他们觉得自由贸易带来的好处应该是不言而喻的;此时他们不会知道,历史上的美国政策曾与自由贸易大相径庭,完全属于贸易保护主义"⑦。

---

① Stephen Colwell, "Preliminary Essay Prefixed to the American Edition of List's *National System of Political Economy*", J. B. Lippincott & Co., 1867, p. lx.
② *Ibid*. Spiegel, *The Growth of Economic Thought*, p. 759; *Ibid*. Colwell, "Preliminary Essay Prefixed to the American Edition", p. v. 前引法比翁克:《弗里德里希·李斯特》,第 19 页。
③ Eugen Wendler, *Friedrich List: An Historical Figure and Pioneer in German-American Relations*, Verlag Moos & Partner Gräfelfing, 1989, p. 83.
④ 前引李斯特:《政治经济学的国民体系》,第 92 页。
⑤ [美]托马斯·麦格劳:《现代资本主义:三次工业革命中的成功者》,赵文书等译,江苏人民出版社 2000 年版,第 348 页。
⑥ Albert W. Gendebien, "Friedrich List and Lafayette College", *Pennsylvania History: A Journal of Mid-Atlantic Studies*, Vol. 29, No. 2, 1962, p. 126.
⑦ 前引麦格劳:《现代资本主义:三次工业革命中的成功者》,第 344 页。

因为美国由弱变强后发生了上述立场转变和舆论反转，所以即使对于开国之父汉密尔顿及其开创的美利坚体制，美国人如今也往往闪烁其词或乐于忘却①，李斯特学说无法逃脱同样的命运自在情理之中。据文得乐介绍，2014 年他前往美国宾夕法尼亚考察李斯特在美行迹，却发现即使在李斯特当年活动的地区，公众对其了解也"非常有限"。文得乐不过在雷丁市历史学会档案中翻到了上述 1926 年的文章，后以《李斯特：未知的伟大美国人》重新印行。此文原系哈利·里克尔在底特律的一次演讲，里克尔高度评价李斯特对美国的贡献，称"在美国宣告从工业、商业、经济上独立于英国的过程中，李斯特发挥了领导性甚至是最重要的作用"，无奈这种"必不可少的重要作用"待美国赶超完成后即已"完全不为人知、得不到认识"。②

另据美国经济学家詹姆斯·法洛斯 1993 年底刊于《大西洋月刊》的文章，他"在美国及英国学习经济学时几乎从未听说过李斯特"，倒是从日本和韩国的经济学家那里才听到很多。且他说，多年来一直在美国寻找李斯特的主要著作，可是徒劳无功，只有到日本后才如愿以偿。法洛斯认为，李斯特受忽略的现象也许只能用"英美经济理念上奇特的自选择性"来解释，一百多年的世界统治地位以及英文的一统天下使得"他们对其他地方的人在说什么、想什么概不理睬"③。他提醒美国人，世上某些最强劲的经济体正依照不同的理念在运转，它们信奉的是李斯特学说，美国人对此必须予以重视并有效应对。④

法洛斯所说的英美"自选择性"固然是一个原因，但应该还有更深的缘由。埃里克·赖纳特曾一针见血："历史表明，富裕国家借助某些方法赢得了富裕，可当今华盛顿共识的'附加条件'却往往宣布这些方法为非法。"其

---

① 前引梅俊杰：《贸易与富强：英美崛起的历史真相》，第 251—252 页。

② *Ibid*. Wendler, *Friedrich List's Exile in the United States*, p. vii, p. 33.

③ Eugen Wendler, *Durch Wohlstand zur Freiheit：Neues zum Leben und Werk von Friedrich List*, Nomos Verlagsgesellschaft, 2004, p. 271.

④ 前引文得乐：《弗里德里希·李斯特传》，第 277 页。

实李斯特早就打过比方,称此为"自己攀上高峰后就把梯子踢掉"。这方面进一步的佐证是:美国大学图书馆虽有明文规定,"要求每本书都必须保留一个副本",但图书馆仍有意销毁那些传授重商主义致富政策、曾促成了后发赶超的那些经济学原著。1984 年,哈佛大学贝克图书馆就以"过去 50 年没有借出过"为由,处理掉了许多图书,"其中包括该图书馆涉及李斯特的大部分藏书"。须知这绝非特例,国会图书馆、纽约公共图书馆等也大致如此,均曾处理掉"记载美国由穷变富后来居上过程中"相关经济政策讨论的众多藏书。[①]

李斯特的书籍难以在美国寻觅,笔者对此也有所体会。伯克利加州大学历史系理查德·艾布拉姆斯教授 1999 年曾热心地从美国带给我两本书,一本是亨德森的《李斯特:高瞻远瞩的经济学家》,另一本是祖波鲁克的《共产主义与民族主义:对比马克思和李斯特》。作为专门研究工业化史的美国学者,艾布拉姆斯也抱怨,除了这两种 19 世纪 80 年代出版的书外,在美国实在找不到有关李斯特的其他英文书。与此相应,1992 年,《治理市场》一书作者罗伯特·韦德前往麻省理工学院图书馆寻找李斯特著作,可他在那里的图书目录中仅找到 1885 年的老旧版本,而且发现该书上次借出还是在 1966 年。[②]所以,乏人问津与图书缺失也是互为因果的。

就美国当代教科书对李斯特学说的介绍,可举初版于 1971 年,1981 年、1991 年再版的亨利·斯皮尔格著《经济思想成长史》为例。此书在"美国经济思想"和"德国历史经济学"两个专题下都集中论述了李斯特学说,讲到李斯特"倾心接纳民族主义,干脆把发展一国生产力的功能交给政府;他把生产力与实际的生产物对照起来,相信等到生产力充分发达后,自由贸易政策方显适宜,在此前的过渡期,则必须采用保护政策"。书中同时也述及若干基本事实:李斯特乃经济学历史学派先驱,很早提出经济发展阶段理论,强调农业国必须推行工业化,倡导用关税手段培育工业生产力,融合了

---

① 〔挪〕埃里克·赖纳特:《富国为什么富穷国为什么穷》,杨虎涛等译,中国人民大学出版社 2010 年版,第 8—9 页。

② *Ibid*. Wendler, *Durch Wohlstand zur Freiheit*, p. 280.

民族主义与自由主义。由此可见,这部为美国高年级本科生和研究生准备的教材还是比较全面地介绍了李斯特及其学说,只是其所列举的延伸文献再次凸显相关英文出版物的严重不足。[1]

稍感欣慰的是,美国近期重现了对李斯特的某种兴趣,先可见于20世纪90年代初"为一般读者撰写商业问题的作者",包括罗伯特·库特纳、托马斯·麦格劳、罗伯特·瑞克。[2]后在亚洲金融危机背景下,纽约出版的《民族》周刊于1998年10月发表了迈克尔·林德的文章《忘记马克思和斯密吧,李斯特才是适合我们的经济学家》。作为《哈泼斯》杂志华盛顿版主编,林德认为国际经济危机充分暴露了常规左翼和右翼方案的破产,如今"迎来第三人的时机已经成熟",此人就应该是提出国家经济学、倡导自主工业化的李斯特。林德特别阐述李斯特的话说:"在时机不成熟时实行全球自由贸易,会让已经实现工业化的国家(如19世纪的英国和今天的美国)永远锁定其自身优势。发展中国家在赶上发达国家以前必须保护其幼稚工业,只有到了赶上那一刻才应该撤除保护并与发达国家开展自由贸易。"林德认为,如果说20世纪是斯密派与马克思派一决雌雄的世纪,那么21世纪定是斯密派与李斯特派互争高下的世纪。[3]

再后,美国也出现了零星的李斯特研究。例如,任教于丹佛大学经济系的华裔学者何世荣比较了李斯特与缪尔达尔的理论,重新考察了李斯特那些至今仍有适用性的发展策略。[4]再如,华盛顿州大学国际研究院马克·梅

---

① *Ibid*. Spiegel, *The Growth of Economic Thought*, pp. 362-363, pp. 417-419, p. 832.

② Liah Greenfeld, "The Worth of Nations: Some Economic Implications of Nationalism", *Critical Review*, Vol. 9, No. 4, 1995, p. 570, pp. 583-584.

③ Michael Lind, "The Time Is Ripe for the Third Man: Forget Marx and Smith. Friedrich List is the Economist for Us", *New Statesman*, Nov. 13, 1998. 也见《美刊载文介绍弗·李斯特经济学》,载《参考消息》1998年9月27日。

④ P. Sai-wing Ho, "Distortions in the Trade Policy for Development Debate: A Re-examination of Friedrich List", *Cambridge Journal of Economics*, Vol. 29, No. 5, 2005; P. Sai-wing Ho, "Analyzing and Arresting Uneven Development: Friedrich List and Gunnar Myrdal Compared", *Journal of Economic Issues*, Vol. 40, No. 2, 2006.

茨勒教授 2006 年发表了《国民经济学的世界主义：李斯特在日本的反响》，但此文限于探讨李斯特对日本政治家高桥是清的影响。①更值一提的是，美国在 2012 年影印出版了英国人赫斯特著《李斯特生平与文选》，此书 1909 年原版于伦敦，一百多年后已成"被遗忘的书籍"。这部陈年旧作如今在美国重印传世，虽难以增加李斯特在美国的研究热度，但终究可算李斯特学说在美传播的一段佳话。

二、李斯特学说在墨西哥

墨西哥自身也有与李斯特学说类似的思想资源，除了西班牙的相关经济学传统可借鉴外，本国 1821 年独立后也出现过一位政治经济人物叫卢卡斯·阿拉曼。在当时围绕自由贸易还是保护主义的争论中，阿拉曼反对经济自由派提出的专事农矿业的发展方案，强调应当建立现代制造业，如此才能巩固新获得的国家独立。墨西哥针对英国低价制成品特别是纺织品的涌入，实施过 1838—1854 年拉美最久的棉布进口禁令，由此也积累了贸易保护与工业发展的经验。②这种经验如果没有失传的话，应该也有助于理解并接纳李斯特学说。

墨西哥是李斯特学说在拉美传播的重要站点。《国民体系》问世后一百年，首个西班牙文本于 1942 年在墨西哥出版，译者曼努埃尔·萨托在译序中大胆肯定了李斯特学说。③译本第二、三版分别在 1979 年、1997 年推出，也由萨托作序，唯第三版增加了弗朗西斯科·达维拉的前言，还附有首个西文版《美国大纲》。达维拉是墨西哥大学经济学教授，担任过墨议会议员及墨驻经济合作与发展组织大使，他强调，把李斯特著作列于"国民经济学杰作系列"之首完全在理，尽管这位政治经济学家屡被遗忘，但其学说对世界

---

① *Ibid*. Wendler, *Friedrich List und die Dritte Welt*, p. 155.

② *Ibid*. Helleiner, *The Neomercantilists: A Global Intellectual History*, pp. 316-317.

③ *Ibid*. Wendler, „Die List-Rezeption im spanischen Sprachraum", p. 542.

部分地区始终有用,堪称意义恒久的经典。①

达维拉在前言中概述了李斯特的历史贡献,集中体现于他作为批判者,始终着力揭露自由贸易学说的谬误及其危险后果。在他看来,李斯特学说中的生产力论、发展阶段论、协调发展论、国家干预论、交通作用论、关税保护论、消费服从生产论等,引发了人们的普遍兴趣并具有"恒久有效性"。达维拉高度评价李斯特学说在 19 世纪和 20 世纪的国际影响,特别提及谢尔盖·维特在俄国的衣钵传承,以及日本和韩国经济发展从中的获益。在介绍《美国大纲》时,他借用熊彼特的话,称之为一部令人"最感兴趣的"作品。②

达维拉专门探讨了李斯特学说对墨西哥现状是否还有帮助的问题,认为墨西哥目前的经济讨论与李斯特原书出版时欧美的经济讨论并无本质差别。19 世纪英国的政策主张自由贸易,如今美国的政策主张新自由主义,强者为巩固自身政治经济统治而倡导自由贸易,本属顺理成章。他特别指出,正如李斯特原则上没有一概反对世界主义,墨西哥也非一概反对全球化,只是必须确保全球化不会以牺牲欠发达国家为代价。为此,不能放任民族工业被国际金融界所控制,也不能放任本国经济沦为上层社会的"消费天堂",而应该首先强化自身的经济掌控力。换言之,墨西哥必须设法在参与全球化与加强本国经济之间重新达成平衡,而回顾李斯特学说无疑有助于迈向这样的目标。③

之前,墨西哥也还有其他学者传播并研究过李斯特学说。例如,1956年,卡罗拉·拉威尔发表过论文《李斯特思想的现实性》,他把李斯特学说跟西蒙·玻利瓦尔、西奥多·罗斯福、劳尔·普雷维什的经济学说作了比较,

---

① *Ibid.* Wendler, *Durch Wohlstand zur Freiheit*, p. 282. 前引文得乐:《弗里德里希·李斯特传》,第 276—277 页。

② *Ibid.* Wendler, *Durch Wohlstand zur Freiheit*, p. 282, p. 284.

③ *Ibid.* Wendler, *Friedrich List und die Dritte Welt*, p. 138; *Ibid.* Wendler, *Durch Wohlstand zur Freiheit*, p. 284.

发现其间存在显著的思想一贯性。拉威尔相信，李斯特学说一如既往地有效，因为发展经济、谋求自立乃各国始终如一的愿望。因此，李斯特的政策主张，即应当制定独立的民族国家发展计划、全面摆脱墨西哥对美国的依赖，定将具有持久的长效性。①

三、李斯特学说在阿根廷

李斯特对拉丁美洲的发展前景总体上态度悲观，他认为，既然拉美国家立足于农矿等天然资源，它们便难能取得显著经济进步。②在《国民体系》中，李斯特又指出，只要拉美热带地区处于与温带工商业国家的贸易交换中，它们就"很难摆脱""一定程度的从属地位"；只要中美和南美各国的"国旗没有在海面上到处飘扬，它们的共和政体效能就很难加以信赖"。同时，他也强调，假如这些拉美地区不能在赢得独立后"普遍地享有繁荣与道德、和平与安宁、法律秩序与宗教自由"，它们就既无法大量生产本地热带产品，又无法大量消费进口工业品。③

李斯特关于拉美的看法，结合他的整个学说体系，自然具有强大的警示性和启发性。1870 年前后，布宜诺斯艾利斯大学经济学教授维森特·洛佩茨接触到并引进了李斯特学说，19 世纪 90 年代早期，其学生卡洛斯·佩列格里尼担任总统时，洛佩茨还出任过财政部长。他们两人均热衷于关税改革辩论，佩列格里尼还提出了"自由贸易扼杀幼稚产业"的口号，有人称此李斯特式观念为"洛佩茨—佩列格里尼学派"④。这一起点开启了以后阿根廷从亚历杭德罗·邦格到劳尔·普雷维什的南美非自由主义发展理论。

亚历杭德罗·邦格本乃德国移民之子，1900—1905 年在德国萨克森大

---

① *Ibid*. Wendler, „Die List-Rezeption im spanischen Sprachraum", pp. 542-544.
② *Ibid*. Wendler, *Friedrich List's Exile in the United States*, p. 8.
③ 前引李斯特：《政治经济学的国民体系》，第 230、99、347 页。
④ Mauro Boianovsky, "Friedrich List and the Economic Fate of Tropical Countries", *History of Political Economy*, Vol. 45, No. 4, 2013, pp. 669-670.

学读书时邂逅李斯特学说,以后担任布宜诺斯艾利斯大学教授,成为当时拉美一流的李斯特专家。邦格按李斯特思路指出,阿根廷虽然长于农业和畜牧业,但如果工业落后,则仍将身陷不幸境地。他在 20 世纪 20 年代提出要把李斯特学说移植到 20 世纪的阿根廷,如同一百年前它曾应用于德国和美国一样。此外,邦格如同李斯特,致力于打造国内和国际交通网络,还根据李斯特的"常态国家"思想并仿照德意志关税同盟,设想组建一个包括阿根廷、智利、乌拉圭、玻利维亚、巴拉圭在内的"南方经济联盟",意在抵制美国的经济霸权。[①]他也把本国跟加拿大作比较,指出加拿大凭借 1879 年以来的保护政策获得了工业发展,阿根廷却无此成就。[②]

邦格在 1940 年版《一个新阿根廷》中明确表示,自己 40 多年来一向从《国民体系》中获得思想动力,反过来,他又在学术上影响了后被称为"拉美李斯特"的劳尔·普雷维什。普雷维什与邦格一样,生于德国移民家庭,1918—1921 年在布宜诺斯艾利斯大学攻读经济学时,曾是邦格的研究助理,博士毕业留校后长期担任政治经济学教授。1948 年,普雷维什出任联合国拉美经济委员会首任执行秘书,直到 1963 年改任联合国贸易和发展会议秘书长。作为经济学家,普雷维什的最大建树是其外围资本主义理论,以及与汉斯·辛格提出的有关欠发达国家贸易条件长期恶化的命题。[③]这些理论本质上与李斯特学说如出一辙,只不过"拉美经济委员会的经济学家当时很少提到李斯特",这也是事实。[④]

出现于拉美的"中心—外围"发展公式后被统称为依附论,其理论分析在李斯特学说中早有先驱,甚至可谓李斯特学说的老生常谈。因此,巴西研

---

① *Ibid*. Boianovsky, "Friedrich List and the Economic Fate of Tropical Countries", pp. 670-671; *Ibid*. Wendler, *Friedrich List und die Dritte Welt*, pp. 133-134.

② *Ibid*. Helleiner, *The Neomercantilists*: *A Global Intellectual History*, p. 98.

③ *Ibid*. Wendler, „Die List-Rezeption im spanischen Sprachraum", pp. 544-545; *Ibid*. Wendler, *Friedrich List und die Dritte Welt*, p. 135.

④ *Ibid*. Boianovsky, "Friedrich List and the Economic Fate of Tropical Countries", p. 649.

究者写道："不应当随便低估李斯特对拉美经济委员会的影响"；更何况，尽管普雷维什并未在著作中明确提及李斯特，但据英国发展经济学家达德利·西尔斯说，普雷维什在交谈中曾明言"自己受到了李斯特的影响"。①近至 1982 年，布宜诺斯艾利斯天主教大学的亚历杭德罗·皮奎在赞赏李斯特的实践导向及其实际成就之余，仍不无自豪地表示，李斯特学说得到了阿根廷的采纳，证据就是邦格和普雷维什乃"李斯特思想的有力支持者"。②

四、李斯特学说在巴西

李斯特对巴西的看法有两重性。一方面，他站在德国立场上，鼓励德国人去开拓南美市场，推销德方工业产品，他甚至希望德国能够取代英国在那里的位置。当英国与巴西 1825 年首份贸易协议于 1844 年到期后，他对德国与巴西商约谈判失败深表遗憾。另一方面，李斯特站在巴西立场上，看到该国由于工业部门的缺失，尚不是常态化国家，虽说它在名义上是自由独立的，但在经济上仍属殖民地，而一个经济上不能自立的国家永远不可能成为一个正常国家或强国。③

李斯特对巴西的看法，连同其整个学说在巴西引发反响，至少有两位研究者提示，巴西 1844 年的保护主义产业政策"与李斯特的理论相一致"，尽管缺乏有关思想传承的文献证据。1881 年，巴西工业联合会主席安东尼·多斯桑托斯称颂李斯特为"伟大的经济学家"，并要求在巴西实行其保护主义政策。1890—1910 年间，巴西民族运动十分活跃，参与其中的阿马罗·卡瓦尔坎蒂、塞尔泽德洛·科雷亚都提到，这场民族运动依据了李斯特的学说，特别是受到了其幼稚产业保护理论和生产力理论的鼓动。④

---

① *Ibid*. Boianovsky, "Friedrich List and the Economic Fate of Tropical Countries", p. 675.
② *Ibid*. Wendler, „Die List-Rezeption im spanischen Sprachraum", pp. 544-545.
③ *Ibid*. Wendler, *Friedrich List und die Dritte Welt*, p. 142, p. 140, p. 132.
④ *Ibid*. Boianovsky, "Friedrich List and the Economic Fate of Tropical Countries", p. 684, p. 666.

阿马罗·卡瓦尔坎蒂曾留学纽约奥尔巴尼大学,在那里目睹了美利坚体制结出的硕果,因而成为李斯特在巴西的主要追随者。在担任巴西议员、司法部长、财政部长等要职期间,他从生产力培育的角度,驳斥了所谓保护主义引发价格上涨、损害消费者利益的庸俗论调,称若无幼稚产业保护,巴西经济将被扼杀在萌芽状态。塞尔泽德洛·科雷亚出任过国会议员、财政部长、国防部长,特别是曾任 1896 年关税修订委员会委员及 1902 年新组建的巴西工业中心主席。科雷亚提出的经济政策目标便以李斯特学说为依据,他提醒道,历史告诉人们,新兴国家为了图存自强、培植生产力,有必要实行一种理性的保护主义,如此方能避免来自"成熟"国家的危害。另外深受李斯特思想影响者,是接替科雷亚担任工业中心主席一职的拉斐尔·索托。[1]

李斯特的影响还体现于塞尔索·富尔塔多身上。富尔塔多在法国索邦大学攻读博士学位时有机会了解李斯特学说,20 世纪 50 年代也任职于联合国拉美经济委员会,为拉美发展经济学的形成作出了贡献。据其自陈,当时对社会生产率、适用技术、计划经济等问题的讨论,让他"回归到一个世纪前李斯特所提出的生产力体系",从而更明确地把生产效能当作一个"整体的社会现象",并自然把眼光投向经济的"外部关系"。[2]深入考察贸易与增长的关系对于出口初级产品的拉美经济体至为关键,李斯特学说显然深化了这种思考。

李斯特学说在巴西近期的传播体现于其作品的翻译出版,1983 年这里出现了首个葡文译本。克里斯托万·布阿尔克在序言中对李斯特大加赞赏,称其一生脚踏实地,亲眼观察世界,从而能突破传统思维框框,探得经济学的现实规律。布阿尔克曾在巴黎求学,后担任巴西大学首位民选校长及教育部长等政治职位,也就职于多个国家和国际组织。2007 年,里约联邦

---

① *Ibid*. Wendler, *Friedrich List und die Dritte Welt*, p. 132.

② *Ibid*. Boianovsky, "Friedrich List and the Economic Fate of Tropical Countries", pp. 675-676.

大学教授拉斐尔·帕杜拉将《美国大纲》节译出版，他高度评价李斯特对当年不可触犯的自由贸易信条提出质疑，特别强调在那场思想斗争中，斗争双方的武器完全不对等，李斯特基本上是以一己之力在孤军奋战。[①]

2013 年，巴西利亚大学教授毛罗·博亚诺夫斯基发表了一篇探讨李斯特与"热带国家"经济命运的论文。作者提出，虽然李斯特用"热带地区"来指称南美国家并不准确，但他极其超前地思考了不同阵营间的国际经济关系问题，所以不应该以"欧洲中心论"或"气候决定论"来简单化地指责他，何况对照现实，真正跃升到发达工业国行列的国家至今寥寥无几。如此看来，李斯特对巴西等拉美国家的悲观性评估和展望某种程度上还是应该予以认可的。[②]

五、李斯特学说在大洋洲

李斯特关注过大洋洲，当时此地尚处于殖民开发初期。符腾堡当局一度要让李斯特流亡澳大利亚，只缘那里太过偏远且尚不开化，他才坚持选择去往美国。李斯特曾与人共同为百科辞典撰写过有关澳洲的词条，写到了那里的自然条件、封建制度、欧洲殖民等话题，断言随着英欧移民的增多及其与土著居民冲突的增加，英国将扩大并巩固其在澳殖民统治。[③]不过，李斯特也预言，英帝国不会永久延续，他相信澳洲总会赢得政治力量，很可能像美国一样获得独立。[④]而且，"时机成熟时，在澳洲的温带地区也会兴起一批农工商业都发达的独立国家"[⑤]。

李斯特学说在澳洲的传播不算晚，纯由欧洲殖民者带来，并随着殖民地自治意识的上升而强化。1860 年，乔治·科尔在墨尔本出版《保护主义：适

[①] *Ibid*. Wendler, *Friedrich List und die Dritte Welt*, pp. 138-139.

[②] *Ibid*. Boianovsky, "Friedrich List and the Economic Fate of Tropical Countries", p. 648.

[③] *Ibid*. Wendler, *Durch Wohlstand zur Freiheit*, pp. 298-299.

[④] *Ibid*. Wendler, *Friedrich List's Exile in the United States*, p. 8.

[⑤] 前引李斯特：《政治经济学的国民体系》，第 229 页。

合维多利亚的国家体制》,书中述及英国、俄国、美国的发展史,还大段摘录了《国民体系》。作者引用李斯特的话说,一国必须尽快建起自己的农业、工业、航运业、商业,年轻的澳大利亚需要这种多样化产业发展模式,也渴望能像先进国家一样取得综合的进步。为此,科尔主张明智审慎地调高关税率,以便保护幼稚的本土企业,防止它们被廉价的外来商品挤出市场。他借李斯特的观点强调,自由贸易不适合一切国家,恰当的保护主义体系不会助长垄断,只会有助于资本、知识、人力进入新兴制造行业。科尔赞扬李斯特论辩有力,以其独特的方式揭示了扶植工业能给国民经济带来的好处,如增加人口、吸引移民、加强农业、提高地租等。为此,作者建议读者仔细研究李斯特著述,将其思想应用于本国。①科尔的观点显示了对李斯特学说的高超领会,于澳大利亚随后走上自主而非依附的发展道路大有参考价值。

1860—1908 年,戴维·萨姆在墨尔本创办《时代报》期间,发表了关于经济政策特别是澳洲工业发展的一系列文章,被称为澳洲"保护主义之父"。萨姆生于苏格兰,19 世纪 40 年代末去过德国和奥地利,后到过美国,1852年来到澳洲,他读过李斯特的书,也受到凯里的影响。②萨姆致力于建立一个脱离英国殖民统治的本土民主政府,拒斥英国经济学的虚伪论述,倡导一种能让全体澳人走向富裕的经济体制,主张借助保护性关税发展本土工业并摆脱单一的养羊业。③据 2014 年一文,萨姆深受李斯特及美国总统林肯等人影响,其狂热的保护主义发动使得墨尔本成为澳洲"保护主义之乡"。④以此为背景,进入 20 世纪 20 年代,澳大利亚再次兴起关税政策辩论,乃至形成了所谓"澳大利亚保护论"。那场辩论的核心命题体现于詹姆斯·布利格登牵头撰写的半官方报告,报告强调澳大利亚属于农业和初级产品出口

---

① *Ibid*. Wendler, *Durch Wohlstand zur Freiheit*, p. 300.
② *Ibid*. Helleiner, *The Neomercantilists*: *A Global Intellectual History*, pp. 185-186.
③ *Ibid*. Wendler, *Durch Wohlstand zur Freiheit*, p. 297, p. 302.
④ *Ibid*. Wendler, *Friedrich List und die Dritte Welt*, p. 184.

国，服从于边际收益递减规律，自由贸易只会恶化贸易条件、降低劳动工资、妨碍人口增长，因此，加强关税保护、借以改善贸易条件方为上策。①

李斯特学说经由澳大利亚也波及新西兰。先在 19 世纪 70—80 年代，新西兰也出现了一场关于保护主义与自由贸易的大讨论。②之后，在 20 世纪 20—30 年代，那里再次展开了对李斯特学说的讨论，其中引人瞩目者为 J.B.康德利夫，此人曾任新西兰驻国际联盟代表，其 1950 年出版的《国际商业》一书多次提及李斯特。康德利夫的结论有：李斯特继承了黑格尔的国家哲学，并将其融入一个整体上实用的经济纲领中；李斯特学说为德意志帝国的建立奠定了理论基础，后来却异化为好战的经济民族主义，成了帝国扩张政策的理论支撑；李斯特反对自由贸易，主要是为了发展本国生产力，他同时深知，生产力发展终究有赖于自由的政府、公正的法律、进步的教育。③康德利夫的李斯特解读总体上合理有据，但也不免有若干上纲上线的批评，考虑到著书时世界刚摆脱纳粹阴影这一时代背景，上述解读也情有可原。

1989 年，悉尼大学经济学教授 L.哈达德发表了其李斯特研究成果，主要从当今技术进步在创造竞争优势中作用显著这一角度，重新评价了李斯特关于商品交换不是基本利润来源的判断。他高度赞扬李斯特对知识进步和技术能力的重视，认为李斯特区分了世界贸易的静态分配性功能与动态创造性功能，这种认识对技术进步不断改变比较优势的当代世界尤有意义。在世纪之交，澳大利亚继续奉行其民主独立运动思想家戴维·萨姆的传统，比如在面向干部培训和政策制定的远程学习课程中，专门列入了李斯特学说的内容，以重温国家宪政和国民经济的基本知识。④同样，在新西兰奥塔哥大学 2018 年"新西兰的政治经济：全球化政治与新自由主义"研讨课程

---

① 前引欧文：《自由贸易思想史》，第 190、193—195 页。
② *Ibid*. Wendler, *Friedrich List und die Dritte Welt*, p. 184.
③ *Ibid*. Wendler, *Durch Wohlstand zur Freiheit*, pp. 297-298.
④ *Ibid*. Wendler, *Durch Wohlstand zur Freiheit*, pp. 301-302.

中,居首的是"李斯特与汉密尔顿的学说",且由斯蒂芬·克拉斯纳、罗伯特·吉尔平、苏珊·斯特兰奇主讲和评论。[①]

也应提到,1996—1999 年,在新西兰发表了三篇有关李斯特经济理论的论作,而且,时任副总理兼财政部长的温斯顿·彼特斯自称为李斯特的坚定追随者。彼得斯信奉李斯特学说,认为该学说为东亚经济体的快速经济发展提供了理论基础,所以值得新西兰资鉴。[②]围绕彼得斯的经济政策思想来源,基思·兰金在《独立报》发表文章《高估李斯特:向历史寻求当今真谛》。兰金一方面援引阿尔弗雷德·马歇尔的话,承认李斯特观点的有效性得到了经济学家的广泛认同,也承认作为大世界中的小国家,新西兰必须如李斯特所强调,考虑自身的自然资源和国家利益并关注全球市场变化;另一方面,他也提醒道,当今国民经济迥然有别于李斯特时代新兴民族国家的初始工业化阶段,因此,必须对李斯特学说作出合乎时代潮流的新解读。[③]

第六节　在印度、韩国、日本、中国

一、李斯特学说在印度

印度在遭受英国殖民后,传统手工业被无情地瓦解,整个经济社会深陷困境。19 世纪下半叶,具有觉悟和斗争精神的部分印度人起而反抗英国统治,在经济上表现为抵制英国商品、倡导使用本国产品,及至 20 世纪上半叶,这场运动不断推进,相应地,印度本土工业也在保护中得到扶持。不难理解,既然印度在英国扩张面前遭遇到与当年德国"类似的结构性处境"[④],原本与英国

---

① *Ibid*. Wendler, *Friedrich List und die Dritte Welt*, p. 186.

② *Ibid*. Wendler, *Durch Wohlstand zur Freiheit*, p. 296.

③ *Ibid*. Wendler, *Durch Wohlstand zur Freiheit*, pp. 296-297.

④ Onur Ulas Ince, "Friedrich List and the Imperial Origins of the National Economy", *New Political Economy*, Vol. 21, No. 4, 2016, p. 392.

立场和自由学派相对立的李斯特学说便容易受到印度独立运动领袖们的特别垂青，就如在爱尔兰、匈牙利、芬兰等诸多国家一样。

从 19 世纪下半叶特别是 19 世纪 80 年代起，印度的本土精英已不仅知道斯密为代表的英国古典学派，而且知道了李斯特学说及历史学派。《国民体系》英译本的出现无疑是一个催化剂，事实上，印度国家图书馆中就藏有好几册早期版本样书。据印度经济协会会长 P.R. 布拉马南达等人研究，那一时期的印度民族主义思想家和抵制英货领导者或多或少都受到李斯特的影响，并将其奉为精神领袖之一。①因此，如果说印度的不幸遭遇启发过李斯特，则 19 世纪 80—90 年代的印度民族主义者反过来利用李斯特那套学说，坚决反抗英国要把印度变成"英国的农村""被囚禁的市场"这一殖民体制。②

在印度，"从李斯特追求经济独立的反帝主题中获得启迪"的民族主义者首推达达拜·瑙罗吉、马哈德夫·拉纳德。③瑙罗吉被视为圣雄甘地的导师，曾任巴罗达侯国首相并于 1866 年当选主张独立的国大党主席。作为李斯特的追随者，瑙罗吉援用李斯特的论证指称，在英国的繁荣与印度的贫困之间存在一种直接的对应关系，英国是以印度殖民地为代价而得以繁荣的，正是英国肆意无情的政策行为让印度的资产流向英国，从而敲诈着、摧残着印度，这绝不是正常经济规律在起作用。显然，瑙罗吉在把印度一切问题归咎于英国统治时，实际上借助李斯特发展出了一套求解印度问题、以反帝为特色的"外源说"。④

不过，"外源说"本非李斯特学说的核心特征，故而真正被称为"李斯特印度信徒"的是马哈德夫·拉纳德。拉纳德稍晚于瑙罗吉，是受人敬重的大

---

① *Ibid.* Wendler, *Friedrich List und die Dritte Welt*, pp. 145-146.
② *Ibid.* Ince, "Friedrich List and the Imperial Origins of the National Economy", p. 388.
③ *Ibid.* Ince, "Friedrich List and the Imperial Origins of the National Economy", p. 392.
④ *Ibid.* Wendler, *Friedrich List und die Dritte Welt*, p. 146.［澳］海因茨·阿恩特：《经济发展思想史》，唐宁华等译，商务印书馆 1997 年版，第 18 页。

法官和社会改良家,他承袭李斯特学说,强调印度进步的关键在于摒弃自由贸易、走工业化道路,而工业化的关键在于政府的积极务实扶持和幼稚产业保护。应该说,拉纳德的理论立场更接近"内源说",因为他也反思了印度古老传统的内在缺陷,如思想过于保守、宗教弃绝财富、技术停滞不前、缺乏节俭积累之心,等等。[1]虽然瑙罗吉和拉纳德同被视为印度政治经济学的创始人、印度工业化学说的先行者,但拉纳德更是李斯特学说"在印度的首席阐述者",同代政治家认为印度从思想上摆脱英国,应归功于拉纳德,当代研究者则认为,拉纳德在李斯特学说与印度提倡经济替代发展的思想流派之间架起了桥梁。[2]

比拉纳德稍年轻者是卡希纳塔·特朗,他是一位杰出的法学家和语文专家,曾任孟买大学副校长,还是印度国大党首任书记。特朗 1877 年 27 岁时便写出长达 72 页的论文《印度眼中的自由贸易与保护主义》,甚至比拉纳德更早建议印度采纳关税保护制度,毕竟拉纳德的《印度政治经济》直到 1892 年才面世。因此,特朗的论文可谓针对现代印度的首个独立经济分析,开印度国民经济研究之先河。特朗强调,认为保护主义相比现行的自由贸易将减少生产的假设是错误的,因为动态地看,保护关税制度有助于提高生产水平并进而降低实际价格,再说,没有理由可以假定,资源在贸易壁垒设置前得到了最优配置,前殖民时期的印度就广泛存在自然资源和廉价劳力流散浪费的现象。基于这些观点,同时代人称特朗跟拉纳德两人都是"印度的李斯特"。[3]

受瑙罗吉和拉纳德等人影响而信奉李斯特学说的有戈帕尔·戈哈勒,他是圣雄甘地早年当律师时的师长,后成为印度社会政治改革的旗手、印度独立运动最主要的领袖之一。戈哈勒可谓狂热的李斯特信徒,他大力支持关税保护、重要部门的国有化、教育机构的创建等等。据研究,是戈哈勒把

---

[1] 前引阿恩特:《经济发展思想史》,第 18—19 页。
[2][3] *Ibid*. Wendler, *Friedrich List und die Dritte Welt*, pp. 147-148.

李斯特的名字带入印度最高政治决策层，并建议印度政府考虑运用李斯特学说。只可惜他英年早逝，使其对圣雄甘地的思想影响戛然而止。不过，戈哈勒以及拉纳德影响过学生 V.G.凯尔，此人也成为李斯特的印度信徒。凯尔曾任浦那大学教授，非常熟悉德国经济文献，他于 1917 年创立印度经济学会，提出要完成拉纳德等人把李斯特学说用于印度这一未竟事业。据加尔各答经济学教授杰汉吉尔·科亚基所言，1919 年成立的印度工业委员会和 1921 年组建的印度税收委员会确实受到了李斯特学说的指导。①

总观之，从 19 世纪后期到 20 世纪前期，在印度抵制英国货物、反对殖民强权、追求民族独立、发展本土工业的奋斗中，李斯特学说经由一系列精英人物，发挥过不小的作用。那些觉悟人士认识到，英国的主流经济学派与印度的利益和追求格格不入，他们转而在李斯特那里找到了一种符合自身需要的替代方案，且用来服务于激进的反殖民斗争。②这方面的历史事实，在 1909 年英国伦敦经济学院资助的一研究项目中（作者为生于印度的伦敦经济学院讲师、工党议员黑斯廷斯·里斯-史密斯），也在 1933 年德国吉森大学博士论文《李斯特学说对于解决工业问题的价值》中（作者为生于印度的历史学家、孟买国家档案馆馆长巴什克·萨利托尔）得到了进一步确认。当然，也必须指出，印度那些觉悟人士对李斯特学说亦非照单全收，作为民族主义者，拉纳德等人都否定了李斯特关于只有温带国家才能工业化的观点。③这种立场修正合理之至，在其他推重李斯特学说的落后国那里本已司空见惯。

二、李斯特学说在韩国

1990 年韩国出版了李柱晟译《国民体系》韩文版。2000 年，李柱晟又推

---

① *Ibid*. Wendler, *Friedrich List und die Dritte Welt*, pp. 149-150.
② *Ibid*. Ince, "Friedrich List and the Imperial Origins of the National Economy", p. 393.
③ *Ibid*. Wendler, *Friedrich List und die Dritte Welt*, pp. 150-151, p. 148.

出德文版《李斯特对亚当·斯密的批判》,书中附有韩文和中文概要。李柱晟曾在德国和瑞士访学,执教于多所韩国大学,也长期供职于政府部门。出版以上著作前,他发表过 16 篇有关李斯特经济学说的论文和讲稿,这些论作结集为《经济与经济思想》2001 年在韩国出版。[①]

李柱晟高度评价李斯特学说的历史和现实意义,认为它与斯密学派的差别可概括为"不同的世界,不同的意识"。他相信在政策层面存在两种不同类型的保护主义,第一种是先进国家用于保护其垄断资本的政治手段,第二种则是发展中国家用于支持其尚未摆脱封建经营方式的农业和手工业的图存自强之策。李柱晟同时相信,世界上没有哪个国家不是靠保护主义而生存壮大的。[②]

鉴于李柱晟在传播和研究李斯特学说方面的贡献,他和日本的德国历史学派研究者小林昇教授在 2002 年获得德国李斯特学会授予的弗里德里希·李斯特奖章。当然,韩国尚有其他教授也在从事李斯特研究,1989 年韩国召开了"李斯特及其对新兴工业国的意义"研讨会,这是为纪念李斯特诞辰 200 周年而在德国以外举办的唯一大型学术会议。会上除三位德国教授发言外,共有九位韩国教授发表演讲。[③]

韩国教授参与的研究表明,在 20 世纪 50 年代,李斯特的保护主义理念已经体现于韩国的经济政策,尤其是从 1964 年朴正熙政府修订第一个五年计划起,韩国便全面"落实李斯特学说",致力于推进出口导向工业化并利用外资加速资本形成。[④]韩国政府对关键工业部门给予关税保护支持,借此实现了本国工业价值创造和国际竞争能力的提升,让韩国从农业国快速变身为工业国,并进而达到发达国家的水平。当然,在国家主导工业化的过程

---

①②   *Ibid*. Wendler, *Durch Wohlstand zur Freiheit*, p. 285.

③   *Ibid*. Wendler, *Durch Wohlstand zur Freiheit*, p. 287.

④   Bogang Jun, Alexander Gerybadze, and Tai-Yoo Kim, "The Legacy of Friedrich List: The Expansive Reproduction System and the Korean History of Industrialization", Discussion paper 02-2016, University of Hohenheim, www.econstor.eu, p. 26, p. 33.

中，韩国那些重点扶持的重化等工业部门也因资源配置过度而酿成了产能过剩问题，此外，因长期缺失李斯特一向强调的国民自由和宪政体制，韩国也经历过严厉的威权体制及相随而至的不良经济社会后果。①

据参加1989年韩国李斯特研讨会的德国专家介绍，李斯特学说在韩国的学术界和经济决策圈还是很有影响力的，韩国一些大学仍高度重视并潜心研究李斯特，这很大程度上与韩国借李斯特学说而实现成功赶超是有因果关系的。②特别需要指出，剑桥大学的韩裔学者张夏准出版了数部非议自由经济学派、探索切实后发展道路的著作，如《富国陷阱：发达国家为何踢开梯子》《富国的伪善：自由贸易的迷思与资本主义秘史》等。他深受李斯特学说的影响，在《富国陷阱》首章导言及正文中，长篇援用李斯特的历史方法与思想路线，甚至连书名中"踢开梯子"的比喻都得自李斯特。③这可谓李斯特学说介入韩国发展经济学研究的突出例证。

三、李斯特学说在日本

明治维新后，日本翻译出版了大量西方著作，仅在经济学领域，截至1882年已引进近2 200种著作。从"（荷）兰学"到"英（国）学"，日本人在接触西方经济学时，最初也被自由主义所吸引，比如，明治初期学者津田真道、神田孝平、田口卯吉等人赞成自由贸易、反对保护主义。④但日本经济学界的特点是，未过多久便颇为老到地把学习重点从英国古典经济学转向德国国民经济学，一如日本政府后来决定采用德国模式去构建政法制度。据知，"从明治中期开始，贯穿整个大正时期，德国历史学派思想一直都是政府和

① *Ibid*. Wendler, *Durch Wohlstand zur Freiheit*, pp. 287-288.

② *Ibid*. Wendler, *Durch Wohlstand zur Freiheit*, p. 288.

③ ［韩］张夏准：《富国陷阱：发达国家为何踢开梯子》，肖炼等译，社会科学文献出版社2007年版；［韩］张夏准：《富国的伪善：自由贸易的迷思与资本主义秘史》，严荣译，社会科学文献出版社2009年版。

④ ［英］泰萨·莫里斯-铃木：《日本经济思想史》，厉江译，商务印书馆2000年版，第57—62页。

学界的主导思想";1877 年创建的东京大学、1881 年创建的独逸学协会、1897 年成立的首家全国性经济学团体——社会政策学会等,都"成了传播德国学术思想的重要阵地"①,"开启了德国国民经济学排挤英国经济学思想的过程"②。

不过,在全面引进李斯特学说前,日本首先接触到的主要是美国经济学派,这方面例证甚多。其一,被誉为"日本第一个贸易保护主义者"的大藏省官员若山仪一1870 年发表《保护税说》一书时,大多在引证亨利·凯里的观点和事例。其二,热心西学的"明六社"成员杉亨二 1874 年著文倡导幼稚产业保护时,引用了与凯里等保护主义者相关的事例。③其三,明治政府部门到 1882 年时已藏有凯里的七种英文著作,此外,东京大学一西方教授在1878—1883 年课程中,讲授李斯特、凯里等人的学说。其四,凯里著作日文版在 1884—1888 年出版,得益于曾留学美国的富田铁之助,富田 1875 年在费城拜见凯里时当面受赠著作,他非常推崇凯里学说,并安排朋友犬养毅等人译书。④总之,保护主义特别是凯里学说在日本可谓独领风骚,多年担任天皇国际顾问的帕申·史密斯 1877 年离日时即言,保护主义经济理论已成日本政界和学界的普遍共识,而史密斯本人就是著名的保护主义者。⑤

既然受到适合落后国赶超的务实理论的启迪,日本维新派领袖在较早诀别自由经济学派时,必然倾心于重商主义、德国经济学派以及李斯特学说。福泽谕吉"早年曾短暂支持过自由贸易",之后便成为"务实主义者",转而"主张传统的重商主义"。同样,大久保利通在拜见俾斯麦后倾心接纳保护主义学说,视之为出访的重大收获,由此其"论点更接近于当代德国的国

① ［美］高柏:《经济意识形态与日本产业政策:1931—1965 年的发展主义》,安佳译,上海人民出版社 2008 年版,第 48 页;前引莫里斯-铃木:《日本经济思想史》,第 1 页。

② Ibid. Wendler, Friedrich List und die Dritte Welt, p. 154.

③ 前引莫里斯-铃木:《日本经济思想史》,第 67 页。

④ Ibid. Helleiner, The Neomercantilists: A Global Intellectual History, pp. 177-179.

⑤ ［美］迈克尔·赫德森:《保护主义:美国经济崛起的秘诀(1815—1914)》,贾根良等译,中国人民大学出版社 2010 年版,第 157 页。

民经济理论"，他呼吁政府采取有力的保护主义政策，借以鼓励国内工业、提高国民生活水平；即使他推重并效法英国，也"显然对亚当·斯密不屑一顾"，倒是仰慕斯密前的英国重商主义政策，尤其是航海条例。①松方正义在1874—1875年贸易辩论中，就强调日本需要更高的关税来保护本土工业，他从1881年起主导日本财政超过20年，始终信奉李斯特的保护主义政策。②伊藤博文在考察美国财政金融制度后，也开始服膺那个强调关税保护和国家银行等要素的美利坚体制。③

确知首位关注李斯特的日本作者是中川恒次郎，他在1886—1887年出版的《经济实学讲义》中提到《国民体系》，并赞许李斯特相比于概念化的英国理论家，展现了贴近现实的特点。④不久，继《国富论》日译本1884年出版后，李斯特的《国民体系》由大岛贞益从英译本转译成日文《李氏经济论》，于1889年以两卷本形式出版，成为"日本保护主义思想发展史上一个特别重要的里程碑"⑤。该日译本在1891年、1905年又先后重印再版，由明治维新元勋寺岛宗则和时任国民银行总裁的富田铁之助审校、作序，富田在序言中提醒日本人要抵制斯密的世界主义政策原理。这些都反映出其时日本政商高层的思想状态以及李斯特学说对决策者的吸引力。⑥

同样，译者大岛贞益也抨击了英国古典自由派，他指出："人们容易被'自由'这个字眼吸引，然而，政治上的自由和外贸中的自由风马牛不相及。前者解放了一个民族，而后者却以一个民族的代价解放了其他民族。"他还写道，虽然自然规律具有普遍性，但在政治、法律、经济领域，"国家有新旧之分、大小之别、强弱之异"，断不能因为"读了几本英国经济学教科书，就想全

① ［美］里亚·格林菲尔德：《资本主义精神：民族主义与经济增长》，张京生等译，上海世纪出版集团2004年版，第465、430页。
② Ibid. Helleiner, The Neomercantilists: A Global Intellectual History, p. 87.
③ 贾根良等：《新李斯特经济学在中国》，中国人民大学出版社2015年版，第15页。
④ Ibid. Wendler, Friedrich List und die Dritte Welt, p. 154.
⑤ 前引莫里斯-铃木：《日本经济思想史》，第56、67页。
⑥ Ibid. Wendler, Friedrich List und die Dritte Welt, p. 155.

盘接受并用之于我们国家"①。大岛如李斯特一样指出,把比较优势原理抬升为普遍法则,"不过是现存经济强国为永久保持对德国和日本一类新兴工业国的支配力而采用的一种策略。自由贸易从短期看诚然可以使相互利益最大化,但自由贸易论忽视了国际经济制度的长期动态"。由此得出的结论是,"如果日本要改变世界经济格局并谋求现代工业国地位,政府就必须对工商业进行干预"②。

当然,大岛也有其独立判断,他"反对李斯特的殖民地经济思想,不同意李斯特的分化农业、轻视商业、过分偏重工业的主张"③。此君不仅系统译介了李斯特学说,而且在 1890 年发起成立了国家经济协会,借此更加广泛地传播李斯特学说及德国历史学派。大岛深得李斯特学说之精髓,在成立宣言中写道:"当今之世,国与国之间的竞争不外乎力量的竞争,不外乎生产力的竞争。……在目前情势下我们能采取的唯一办法就是国家经济主义,即各国以自卫自立为圭臬的经济哲学。"④至此,随着日本对西方了解的加深并更能"制定自己的现代化模式,他们越来越经常地引用李斯特而不是斯密的观点"。因此确实可言,"德国的影响遍及各个领域,不仅政治上如此,在经济上也是一样";"唯一被日本采纳并直接深刻地触动其思想和行为的西方舶来品是民族主义"。⑤

此后直到一战前,李斯特在日传播进入了学术层面的低潮,见不到新的关于李斯特的论作,原因主要是 1900 年前后,日本对西方理论发生了态度上的转向,外来影响再次遭到排挤。同时,日本人觉得发展道路已经明确,似不再需要经济理论,况且,当时也掌握不到更多李斯特研究的一手文献。至 20 世纪 20 年代,李斯特学说在实践层面倒是大有进展,其中的核心人物

① 前引格林菲尔德:《资本主义精神:民族主义与经济增长》,第 462、466 页。
② 前引莫里斯-铃木:《日本经济思想史》,第 68—69 页。
③ 朱绍文:《经典经济学与现代经济学》,北京大学出版社 2000 年版,第 417 页。
④ 前引莫里斯-铃木:《日本经济思想史》,第 69 页。
⑤ 前引格林菲尔德:《资本主义精神:民族主义与经济增长》,第 466 页。

是短暂出任首相的高桥是清。高桥乃李斯特的忠实追随者，惯于称李斯特为"德国的亚当·斯密"，他没有把两人的学说对立起来，更相信其不同主张各适用于当时处境对立的英德两国，强调李斯特补充了斯密的欠缺。高桥在世界经济危机期间重任大藏相，有力地激活了出口部门，加强了国家的财政能力，成功地促进日本经济摆脱衰退，乃至形成了后来的日本发展模式。因此，美国学者梅茨勒认为，战后日本经济飞速发展的成功史实际上早在1925 年就已由通产省的前身商工省启动，作为财政大家的高桥是清无疑与有大力焉。①

李斯特文集 1936 年出齐后不久即传入日本，使得日本的李斯特研究又趋活跃。从 1938 年到 1942 年，谷口吉彦、正木一夫重译或新译了《国民体系》和《美国大纲》等书，且在翻译中征引了李斯特文集。有一批经济思想史学者也依据文集，从不同角度展开研究。例如，高岛善哉 1941 年出版了《作为经济社会学家的斯密和李斯特》，他指出，虽然李斯特支持临时关税政策，但他最终也以斯密所倡导的自由市场经济为归宿，所捍卫的仍然是斯密意义上的自由经济。板垣与一 1942 年出版《政治经济学的方法》，其中第二部分专门论述了李斯特。1943 年，富永祐治发表了《交通学的生成》，其中一节专论作为铁路先驱和交通经济学家的李斯特；大河内一男则出版了《斯密与李斯特》一书。②其他学者同期在本领域分别研究了符腾堡的宪政之争、关税制度、列强竞争、殖民运动、工商联合会，但总体而言，这些研究较为分散，"无法充分提供对李斯特政治经济思想的总体视野"③。

相比之下，二战后，小林昇在上述研究基础上，通过广泛解读李斯特文集，并通过融合德国与日本的政治经济研究，着手全面地领会李斯特学说，

---

①　*Ibid*. Wendler, *Friedrich List und die Dritte Welt*, pp. 156-157.

②　*Ibid*. Wendler, *Friedrich List und die Dritte Welt*, p. 155, pp. 157-158.

③　Tetsushi Harada, "Noboru Kobayashi's Research on Friedrich List: A Contribution on List's Reception and Interpretation in Japan", in *ibid*. Hagemann, et al., eds., *The Economic Thought of Friedrich List*, pp. 153-154.

其成果引人瞩目。小林的研究既涉及斯密学派,也涉及詹姆斯·斯图尔特及其他英国重商主义者,但重点还是李斯特学说。在 1976—1989 年版 11 卷《小林昇经济学史著作集》中,有三卷即第 6—8 卷完全是李斯特研究成果,其中包括 1948 年出版的专著《李斯特的生产力理论》。此外,小林还重译了《国民体系》及《农地制度、小农经营与向外移民》,并发表了《关于李斯特的东西方争论》(1990 年)等诸多论文。小林研究中可注意的是,他探究了德国政论家、狂飙运动先驱尤斯图斯·默泽对李斯特的重大影响,这种影响往往被人忽略;另外也揭示了李斯特思想中对内追求民主进步与对外指向强权扩张的双重性,这种双重性在后发国中亦非罕见。总之,小林的李斯特研究细致、全面而又冷静,他提醒人们不要盲目喜爱李斯特乃至片面立论。[①]

整体而言,日本的李斯特研究相当丰富,令人印象深刻。德国专家也感慨,战后日本出版的传记类图书中,书名提及李斯特名字的图书要多于同期德国,况且日本以前出版的李斯特文献始终在流通,继续活跃于日本的经济史教学。[②]回顾历史时清晰可见,李斯特学说在日本得到了较早的传播与重视。专以《国民体系》在日本的翻译出版(1889 年)而言,就比中国(1925 年)早了 36 年,日本人对李斯特经济学的介绍也比中国早了 20 来年。特别需要点明,日文版《国民体系》问世比日文版《国富论》问世仅晚 5 年,而中文世界中却晚了 25 年,这使得自由经济学说产生影响的窗口期在日本要短很多。正是基于中日之间知晓并接纳李斯特学说的显著时间差距,国内有观点认为,"这一因素及由此产生的不同经济体制导致了近代中日两国在迎击西方列强的挑战上出现了'大分流':日本加入到帝国主义列强的队伍,而中国却沦为其半殖民地"[③]。该观点增加了一个观察角度,可聊备一说。

---

① *Ibid*. Harada, "Noboru Kobayashi's Research on Friedrich List", pp. 154-155, pp. 163-170.

② *Ibid*. Wendler, *Friedrich List und die Dritte Welt*, p. 162.

③ 前引贾根良等:《新李斯特经济学在中国》,第 14—16 页。

四、李斯特学说在中国

李斯特的一生,与中国长期落伍终于暴露的转折过程正好重合。在他出生的 1789 年,满清王朝尚维持着"天朝上国"的架势,这有 1793 年乾隆皇帝致英王乔治三世的信为证。而到他离世的 1846 年,中国的处境已经大变,列强正在把中国拖入欠发达的轨道。面对"三千年未有之大变局",先知先觉者努力寻求强兵富国之策,找到了被视为"救亡之学"的经济学。

李斯特是从 20 世纪初开始进入国人视野的,首先主要以日本为中介。1901 年,中国留日学生"在《译书汇编》上以《理财学》为名连载李斯特学说",称西方经济学分为两派,一是斯密代表的"主自由贸易之说",二是李斯特代表的"主保护贸易之说"。介绍中还针对中国"出口税重而进口税轻"等情况,认为李斯特"力倡保护贸易之说者,以德国当时之情形,与我国相仿佛也"。[①]中国本土最早提及李斯特是在 1902 年,当年出版的严复译斯密《原富》中,按语举出一批西方经济学家,李斯特位列其中,但无具体介绍。与此类似,1903 年,梁启超在《生计学学说沿革小史》中,虽介绍了重商主义并计划再介绍历史学派,却没有直接提起李斯特。[②]

1906 年,梁启超创办于横滨的《新民丛报》连载了重远(即陈焕章)的《外国贸易论》。作者介绍重商主义、自由贸易主义后,在保护贸易项下论述了汉密尔顿、李斯特、亨利·凯里等人学说。他指出:"李氏慨当时各国惑于英国学派世界个人主义之说,不问国家情势之如何,妄行自由放任之政策,使国力日益为强者所朘削,因是奋起大声疾呼以告德之人民曰:自由贸易者非所以利天下,适为强者之武器耳。"尤可注意者,重远在比较李斯特与汉密

---

① 张登德、刘倩:《理论与现实:近代中国学界论亚当·斯密与李斯特》,载《鲁东大学学报》(哲学社会科学版)2021 年第 1 期,第 29、32、34 页。

② 朱俊瑞:《梁启超经济思想研究》,中国社会科学出版社 2004 年版,第 118、123—125、212、220 页。

尔顿时,指出李斯特学说"大半本自"汉密尔顿,"唯其立论更证以历史的事实,加以学理的说明"。在比较李斯特与斯密时,他总结道:"斯密立自由贸易派,世称旧经济学派之鼻祖;李斯特创保护贸易派,为历史经济学派之先驱。是二氏者,真经济学史上大人杰哉!"①重远的长文展现了对贸易理论全面又深刻的了解,作为获称美国哥伦比亚大学经济学博士的首位中国人,他显然受到了熟谙德国历史学派的导师亨利·希尔格的影响。②。

此后数年,李斯特学说在国内渐次传播。1907 年,上海出版的《时报》上,6 月 13 日、14 日、15 日连载"商务译论":《保护自由贸易论》。文中讲到凯里"主张里斯笃(即李斯特)之保护贸易论",他们"于发达幼稚产业之必要上,均采用教育的保护政策,为学派之鼻祖"③。1910 年,也在上海出版的《新闻报》10 月 9 日、13 日连载"论说":《论当采用保护贸易之制》,提出财政枯竭背景下,"开源之策莫大于重商主义",继而谈到"保护制度"中的"因时保护之说创于利斯特氏(即李斯特)而实行于德意志,其收效之巨为世界所公认"。④1911 年,据熊元楷、熊元襄的《京师法律学堂笔记》,讲课者在介绍经济发展阶段的划分时,列举了"德国保护学派李斯特之分类法",称其反映了各国经济的大体演化趋势。⑤1913 年,上海群益学社出版了日本经济学家金井延的《社会经济学》,译者陈家瓒提出:"自由贸易政策,既据优胜劣败之公理,为列国所不取",而李斯特的保护贸易学说"固吾国所急宜效法者。"⑥

同在 1913 年,梁启超主编、天津出版的《庸言》第一卷第 18 号上,张东

① 重远:《外国贸易论》,载《新民丛报》1906 年第 22 号,第 68—69 页。

② Paul B. Trescott, *Jingji Xue*: *The History of the Introduction of Western Economic Ideas into China*, *1850-1950*, The Chinese University Press, 2007, p. 69.

③ "商务译论":《保护自由贸易论》,载《时报》1907 年农历 5 月 2 日,第 6 版。

④ "论说":《论当采用保护贸易之制》,载《新闻报》1910 年农历 9 月 7 日第 1 张第 1 页,农历 9 月 11 日第 1 张第 1 页。

⑤ 严鹏:《李斯特经济学说在近代中国的传播及其作用评价》,载前引贾根良等:《新李斯特经济学在中国》,第 78 页。

⑥ 前引张登德、刘倩:《近代中国学界论亚当·斯密与李斯特》,第 32 页。

苏发表《关税救国论》，称赞李斯特"注重国民经济，为历来所未见者也"，并引其观点强调，"唯有实行关税政策，以保护贸易主义为宗旨，庶几中国国民经济有来苏之望耳"；"当夫国民之智力德力财力不充足之时，端赖国家之权力以助长之、指导之、培植之、纠正之……以国权扶助国民，在幼稚国尤为切要也"。张东荪曾留学东京帝国大学，其李斯特知识想必得自日本，再说他在列出自由贸易论与保护贸易论的对立性观点后，也注明"此对照表系取于津村氏商业政策第一册"云云。①1914 年，中国人经办于东京的小报《谠报》刊发文章《论保护政策与国民经济之关系》，作者徐钟英精当介绍了李斯特学说。②此文由留日人士刊于日本，再次表明日本对李斯特的了解在中国之上。

　　1921 年 5 月，民国"内务部编译处"刊出了萧志仁著《各国经济思潮之变迁》，书中第 14 章为"历史相对说及国民经济主义"，对德国历史学派及李斯特（译为"雷司脱"）介绍颇详。作者指出，李斯特"可称为历史派之鼻祖"，官房学乃"德国经济学的渊源"，"国民经济主义"是"德国经济学特立之要素"；李斯特主张"保护贸易主义"，"其主义与现时政策甚有关系，而在吾国经济尚未发达之时，关系尤为重大"；对外限制下"人民必受生活之损害，但此所受之痛苦不过一时而已，待将来国民生产力增加，自可使人民安易，且所采保护政策亦非永远用之"；等等。可贵的是，萧志仁也批评历史学派："偏重事实而少理断"，对经济学原理贡献甚少；断言经济法则皆为相对，"失之过狭"；存在把经济"原理与政策混同之弊"；对英法德经济阶段的区分"难免独断"；国民经济主义"非为今日各国皆宜遵行"。③介绍之余加以大胆论断，诚殊为难得。

　　1922 年 5 月，马寅初在北京中国大学商学院就《马克斯学说与李士特

① 张东荪：《关税救国论》，载《庸言》1913 年第 1 卷第 18 期，第 1—14 页。
② 前引严鹏：《李斯特经济学说在近代中国的传播及其作用评价》，第 79 页。
③ 萧志仁：《各国经济思潮之变迁》，内务部编译处 1921 年版，第 91—105 页。

学说二者孰宜于中国》发表演讲。鉴于马克思主义在中国流布已广的现状，马寅初着重推介了李斯特学说，特别是其保护主义政策。他认为，中国与德国在国家四分五裂、关税制度废弛等方面颇相类似，加上中国生产力更为落后，远甚于所谓劳资矛盾，因此，曾在德国发挥巨大作用的李斯特学说更可为中国所用，且这种应用更显迫切。再后在 1925 年 8 月，马寅初为上海学生联合会作《中国经济之分裂》的演讲，再次述及李斯特，并将其学说简化为"对内取自由贸易、对外采保护政策"、谋求国家统一、保护幼稚产业。[①]可见，1907—1915 年留学美国耶鲁、哥伦比亚等大学的马寅初对李斯特学说拥有良好的把握。

之后力推李斯特学说者为李璜，此人留学法国时信从李斯特，1923 年底与曾琦在巴黎成立中国国家主义青年团（后称中国青年党），次年回上海创办《醒狮》周刊。李璜在《醒狮》第 1 和第 5 号上发表《释国家主义》，宣传李斯特及其"统一关税、实行保护"等思想，强调"国家主义的经济政策不能不主张李斯特的国家经济"。[②]在同刊第 26 和第 29 号上，李璜又连载《述国家主义的经济学》，详述李斯特生平与理论，指出其"国家经济学说建立在'国性'和'生产力'两点上"。他特别联系实际而发问："我们中国不是李斯特所谓地处温带、人口众多、文化已发达、工业已萌芽的国家吗？我们如何不应实行保护政策？"[③]李璜文中不少术语注有法文，提到的参考文献有法国人季德与利斯特合著《经济学说史》，可见其文所本。[④]《醒狮》之外，李璜在撰稿（如 1932 年 7 月在《民声周刊》）和演讲（如 1926 年夏在南京东南大学）中宣传国家主义主张时，还会继续言及李斯特。[⑤]

与日本、法国及美国相比，德国的传介作用反而稍迟，好在留德中国学

①　前引严鹏：《李斯特经济学说在近代中国的传播及其作用评价》，第81—83 页。
②　李璜：《释国家主义之三：国家主义的真趋向》，载《醒狮》1924 年 11 月 8 日，第 2 版。
③　李璜：《述国家主义的经济学：续第二十六期》，载《醒狮》1925 年 4 月 25 日，第 2—3 版。
④　李璜：《述国家主义的经济学》，载《醒狮》1925 年 4 月 4 日，第 3 版。
⑤　李璜：《国家主义的经济政策》，载《民声周刊》1932 年 7 月 20 日，第 4 版。

者随即便迎头赶上。1925 年 7 月，商务印书馆初版了署名"李士特著、王开化译"的《国家经济学》。①王开化 1923—1926 年留学蒂宾根大学，以论文《李士特学说对于中国之关系》获经济学博士学位，其论文共五章，分别论述了李斯特的生平、其学说的产生与影响、中国的现状、中国与德国的今昔比较、其学说对中国的意义。②同时，刘秉麟撰《李士特经济学说与传记》1925年在商务印书馆出版，此书 1930 年改名《李士特》再版。刘秉麟留学英国和德国，曾就读于柏林大学经济系，回国后除引介李斯特学说外，另也介绍过斯密、李嘉图等人理论。基于中国落伍的国情，王刘二位在综合比较西方不同经济理论后，对李斯特学说推崇备至，遂予较完整引进。当然，此期也仍有结合中国现实的零星李斯特研究论文，如在 1925 年，《商学周刊》有丘咸的《论坛：我国关税政策之自由与保护》，《京报副刊》有周伦超的《自由贸易说与保护贸易说之比较观》，这两篇文章且都倾向于对自由和保护学说取兼收并蓄态度。③

　　至此，李斯特学说相关知识在中国已大备矣。先觉的国人从四面八方共同寻得李斯特，盖在于其学说直击中国问题之要害，首先是关税问题。正如时任中国驻德公使魏宸组为《国家经济学》作序时写道："中国关税不得自由增订税率，重以国人日趋欧化，致使外货充斥，国内工业因之失败。生产力弱，凡百所需，仰给于人，则李氏之说，固宜为中国所当采法者矣。"王开化在译序中也从关税角度，称赞李斯特学说乃"针灸我国现下病症之良药"。他强调："是以我国欲谋富强，非振兴工商业不可，欲振兴工商业，非驱除外货在内国市场之竞争，而使国货稳占内国市场莫由。保护关税制者，即驱除

①　［德］李士特：《国家经济学》，王开化译，商务印书馆 1925 年版，上海社会科学院出版社（翻印）2016 年版，第 7 页。

②　Wang Kai Hua, „Die Bedeutung Der Listischen Lehre Fuer China", Ph.D. dissertation, Universitaet zu Tuebingen（Mai 1926），The Lo-Chun Book Co., 1929.

③　前引张登德、刘倩：《近代中国学界论亚当·斯密与李斯特》，第 33 页。

外货之良策,保护工商之利器也。望国人努力谋取消我国与外人所订关税协定之亡国条约,实行保护关税制,则工商业可兴,国家前途,庶有豸乎?"①

马寅初 1935 年发表的《中国经济改造》中,在结论部分讨论"斯密与李斯特之学说孰宜于中国"问题时,还在重申"今日之中国,已成为外货倾销之场所,高关税壁垒犹不足以抵制于万一。若再主张自由贸易,是自愿为外货之尾闾,而国内气息奄奄、赢弱不堪之工业,反将因此而促其夭亡。故在中国之不能言自由贸易,实无人敢置异议。"马寅初一边否决斯密学说,一边再言:"故审此度彼,吾不得不对李斯特之学说表示同情。"同时,他又强调,"不过在今日之中国,渠所主张之保护政策,已不足用。吾人应另采更有效之方策以补充之",质言之,"欲发展中国经济,已非实施统制不为功"。②这就涉及李斯特学说的另一引人之处,那就是"国家主义"。

李斯特学说引入中国之时,正是中华民族危机深重之日,多重挑战层叠累加,决非放任自流的自由主义所能救急应对,何况自由主义的高举者形同挑战之始作俑者。相比之下,李斯特学说倡导通过国家力量动员整合、图存自强、发展工业实力、争取赶超先进,且有德国等成功先例,其国家主义方案显然更能满足迫切需求,至少在全面激进化之前确实如此。刘秉麟就明言,世上最有影响的经济学说有三派:一是斯密的个人主义;二是李斯特的国家主义,三是马克思的社会主义。三大流派各有所长,但考虑到"吾国政权尚不能发挥有效作用、市场尚不能有效统一之特殊地位",则李斯特学说最适合中国。他还特别提醒,可用李斯特来为英国自由经济学解毒纠偏,以助力"各国之后起者"自主地加速发展。③国人推重国家主义背后的李斯特因素,除见于以上论述外,还比如见于 1935 年《商务印书馆出版周刊》上林光澂为

① 前引李士特:《国家经济学》,第 1—2 页。
② 马寅初:《中国经济改造》,商务印书馆 1935 年版,第 694—697 页。
③ 刘秉麟:《李士特》,商务印书馆 1930 年版,第 3—5 页;

中国文化建设协会下属读书会所撰《读书指导："国家经济学的内容和阅读方法"》，其中也提到"李斯特是国家主义的代表"①。

从 20 世纪 20 年代末到 30 年代中期，在国内政治一统、经济建设展开的背景下，经济学愈受追捧，同时，李斯特学说因前期广泛传播而已成为某种常识，其标志便是融入一般经济学著作。以 1929 年为例，区克宣的《近代经济思想史纲》、蔡庆宪的《经济思想小史》、李权时的《自由贸易与保护关税》、公文直的《泰西近代经济思想史》，都把李斯特学说摆到跟斯密学派相提并论的位置，甚至予以比斯密更正面的肯定。②此前，刘秉麟已不吝赞美，称"论德国实业发达之首功，李士特当为第一"，"其在经济学史上所处之地位，实不亚于亚当·斯密"。③及至 20 世纪 30 年代，朱谦之在《历史学派经济学》（1931 年）书中进一步强调，以反对放任自流和世界主义、倡导保护主义经济政策而论，"不能不先举李斯特"；陈国光在《李士特之经济思想》（1935 年）文中，也称颂李斯特为"一代之伟大学者"。④总之，努力自立自强的中国人也把崇高的评价给予了李斯特及其学说。

中国本就艰难的图存赶超进程此后遭到日本侵华战争的打断，但从 1942 年开始，国内知识界已开始关注战后建设问题，李斯特学说突出地现身于有关中国经济发展道路、国际经济政策、新兴工业保护的讨论中。1942 年 7 月，郭子勋在《经济建设季刊》创刊号上发表《战后我国国际贸易政策之商讨》，系统分析了 16 世纪以来的世界贸易史，高度评价了 1879 年德国关税改革，认为李斯特所倡导的贸易保护主义从此成为政策主流。1943 年初，朱伯康在《新经济》发表《自由贸易与保护关税》，谈到在自由贸易高潮时德国却出现了相反的李斯特学说，毕竟产业幼稚的德国需要保护关税。他

---

① 前引张登德、刘倩：《近代中国学界论亚当·斯密与李斯特》，第 31 页。

② 前引张登德、刘倩：《近代中国学界论亚当·斯密与李斯特》，第 30—31、33 页。

③ 前引刘秉麟：《李士特》，第 46、121 页。

④ 前引严鹏：《李斯特经济学说在近代中国的传播及其作用评价》，第 91 页。

强调中国应借鉴李斯特的主张,"我们对于贸易自由的解释,与经济发展的先进国家有些不同;所谓贸易自由,以不妨害中国经济建设及发展之自由为界限"①。这些言论严格说来并无太多新颖内容,但显然李斯特学说已成为提出政策建议的现成依据。

1943年年中,霍宝树在《经济建设季刊》对比了斯密与李斯特,指出其理论主张尽管相反,但出发点无不维护本国利益并对应各自需求,所以他强调,中国战后工业化中需大量引进设备,在此方面理应欢迎英美等国的自由贸易。在同期季刊上,宋则行揭示了贸易问题上"理论与史实"的背反,即虽然无数理论著作都支持自由贸易,但绝大多数时候各国都实行贸易保护,因此他建议,即使战后国际上将贯彻自由贸易,中国也应"在工业化过程中,至少根据过去中外历史的检证,需要若干程度的保护"。也在同期季刊上,林育青考察了17世纪以来英美德的关税政策,发现"历史上从无永远实行自由贸易政策之国家,亦无各国同时实行自由贸易政策之先例",其结论是,"当本国的经济发展或工业化程度尚不如人时,则实行保护关税,超过他人时则主张自由贸易"②。此时不难看出,李斯特的名字未必处处提及,但其基本论断及历史方法已有机地融入政策思想中。

国人对李斯特学说的领会至此已趋宏大,不限于单纯的商业政策。1943年,正在东京帝国大学留学的朱绍文出版了日文《李斯特国民生产力理论研究》,他回国后在1946年《综合》杂志上又刊文,探讨了斯密理论与李斯特学说的辩证统一关系,以此倡导经济理论必须立足于国家现实来完成当前任务。1944年在《新知识月刊》上,李家斌刊文专论李斯特的"工业建国论",强调李斯特学说决非单纯的商业政策研究,它首先是一套关于工业化的学说,因而对中国的工业化有支持作用。再后,朱伯康在1946年出版

① 阎书钦:《国家与经济:抗战时期知识界关于中国经济发展道路的论争》,中国社会科学出版社2010年版,第414—417页。

② 前引阎书钦:《抗战时期知识界关于中国经济发展道路的论争》,第417—420页。

的《经济学纲要》中,也在更高的层面评价了李斯特,称其"在经济学上之贡献,有不可磨灭的伟大功绩,一切落后民族、新兴民族,或正图独立强盛之民族均不忘其成绩,其学说将永为各民族自求经济独立发展之南针"①。

显而易见,及至20世纪中叶,李斯特学说已在中国得到充分接受,只不过经年累月的内斗外患使得合理的发展思想无从转化为应有的政策实践及赶超成就,可谓开花颇盛、结果甚少,这是巨大的历史遗憾。1949年后,中国现代化急剧转轨,原有发展理念已无用武之地。贴上了"资产阶级"标签的李斯特学说成为不屑一顾的"庸俗"理论,1961年出版的《国民体系》陈万煦重译本等于增加了一个批判的对象而已。然而,也还是有人在阅读并思考李斯特学说,比如顾准,他同意李斯特对英国发展系多因素偶合等观点,却对李斯特强调国家作用有所保留。②从实践看,政权鼎革后强大的组织和动员力量、与资本主义世界的脱钩,加之社会主义阵营内的支持,部分成就了李斯特式追赶型发展特别是后发工业化的某些条件。当然,现代可持续发展远非行政统制、阶级斗争、民众牺牲、闭关自守所能长久支撑,这就使得改革开放显得势所必然。

至改革开放年代,李斯特学说在中国得以复苏。商务印书馆1983年出版了京特·法比翁克的李斯特介绍册子,1997年重印《国民体系》并初版了杨春学译《自然体系》兼带《美国大纲》。朱绍文2000年版《经典经济学与现代经济学》进一步将李斯特与斯密和马克思相提并论。③何新2001年版《思考:新国家主义的经济观》则对重商主义和李斯特学说作了透辟述评。④2010年,中央电视台播出关于大国崛起的历史片,讲述了李斯特在德国发展中的作

---

① 前引严鹏:《李斯特经济学说在近代中国的传播及其作用评价》,第92—93页。
② 陈敏之、顾南九编:《顾准文存:顾准笔记》,中国青年出版社2002年版,第336—338页。
③ 前引朱绍文:《经典经济学与现代经济学》,第101—204、III—IV页。
④ 何新:《思考:新国家主义的经济观》,时事出版社2001年版,第59、103—105、191—192、206—256、468—471页。

用。①2015 年,贾根良等推出《新李斯特经济学在中国》,探讨李斯特学说在当今中国的应用与发展。2017 年,梅俊杰发表新译《弗里德里希·李斯特传》,并在国家项目"李斯特经济学说的当代价值研究"中,继续从赶超发展角度重新审视李斯特。②这里也应提到,中国台湾 1970 年以《国民经济学体系》为名,出版了由程光薏翻译的李斯特代表作,说明台湾对李斯特及其学说亦颇重视。③

李斯特学说在中国的传播已走过漫长的 120 年,抚今追昔不难看到,鉴于李斯特学说的实质就是促进落后国家的赶超发展,故而它一直以来对中国人具有一种特别的吸引力,于今也不失适用性和生命力。如果说关税保护、政府干预、工业发展、民族主义在过去阶段曾是李斯特学说吸引国人之焦点,则如今我们理应更多地关注其关于生产源力、科技创新、企业精神、宪政法治、自由权利、国内竞争、国际联合等思想,这也是从"追赶"转入"超越"阶段所必需的转型政策要素。以中国已积累的"追赶"基础及面临的"超越"任务,现在确有必要在更宏大的视野下更全面地解读李斯特学说。就此而言,国内的李斯特研究、传播与应用完全有理由、有条件迎来一个更富成果的新阶段。

---

① 前引文得乐:《弗里德里希·李斯特传》,第 v 页。
② 梅俊杰:《后进国发展理论的先声:弗里德里希·李斯特发展学说评估》,载《学术界》2002 年第 1 期;梅俊杰:《从赶超发展角度重新认识弗里德里希·李斯特》,载《政治经济学报》2019 年第 19 卷;梅俊杰:《在赶超发展视野下重新解读李斯特经济学说》,载《社会科学》2021 年第 3 期。Mei Junjie, "Friedrich List in China's Quest for Development", in *ibid*. Hagemann, et al., eds., *The Economic Thought of Friedrich List*.
③ [德]弗里德里希·李斯特:《国民经济学体系》,程光薏译,台湾银行经济研究室 1970 年版。

第七章
现实意义:李斯特学说的当今适用性

我们今天特意回顾约两百年前的李斯特及其学说,当然不是发思古之幽情,说到底还是为了更好地理解并应对当今现实问题。而李斯特学说之所以仍有现实指导意义,根本上是因为李斯特具有令人惊异的洞察力和前瞻性,从而令其学说拥有强大的穿越力与现代感。李斯特传记作者惯于用"visionary"来指称他,所强调的就是他的洞察力和前瞻性。当然,李斯特学说能够指导当今现实,也是因为当年的世界与现今世界在某些关键方面并无本质差别,乃至李斯特当时提出的发展战略如今仍能有效应用。与此同时,李斯特学说中向来不乏争议点,时过境迁更使其中某些论点未必尽能契合今日所需,有关问题自然需要以当今眼光重新观照。凡此种种,拟在本书最后一章再作阐明,这是今天从赶超发展角度讨论李斯特学说时不可回避的大问题。

第一节 为何李斯特学说今天依然适用

如前已示,李斯特学说的关注焦点是,在英国率先工业化之后的国际环境中,一国应该采用何种战略来图存自强并力争赶超。因此,在评估李斯特学说的当今适用性时,首先需要考察今日的国际关系格局与李斯特当年究竟有何传承性,国际大环境的今昔异同可谓决定李斯特学说当今价值的一个最大变量。以此观之,称李斯特学说如今仍能保持其适用性,至少存在以下几方面的依据。

一、大同世界依然只是一个悬想

当今世界与李斯特时代一样,仍为各主权国家所分割,人类大同依然只是悬想。在李斯特时代,以民族国家为基础的世界体系已经形成,17世纪中叶诞生的威斯特伐利亚体系便是其坚强支柱。以后,民族主义继续膨胀,西方世界向全球出击;再后,帝国体系土崩瓦解,殖民地走向独立,主权国家日益增多,至今更是超过了两百个。各国作为主权独立平等的行为体,都有权制定本国法律、管理本国事务并追求本国利益。因此,现实世界以主权国家为基本单元,这个特点与李斯特时代一样显著。这就使得经济民族主义继续存在深厚的根基,所以专家会说,"最能让李斯特原理留存下来的是其中的民族主义,而不是任何具体的理论遗产"[1];"任何想在经济上独立自主的民族都可使用李斯特学说"[2]。

诚然,与李斯特时代有所不同,国际组织和条约一百多年来获得了长足发展,尤其是二战之后,国际体系因联合国的成立而进一步加强,各种专门性国际组织亦层出不穷,国际合作和相互依存达到了前所未有的程度。单个的主权国家或多或少都向有关国际组织和条约让渡了若干国家主权,某些国际法条也变为成员国需要履行的国家义务。可是,国际组织和条约对主权国家特别是大国的约束性总体上尚相当有限,各国参与国际组织和条约体系,首要动机也还是为了扩大并确保本国利益。由此可见,李斯特言及的所谓"一个世界共和国""所有民族的联盟"[3]远未成为现实,大同世界仍

---

① Keith Tribe, *Strategies of Economic Order: German Economic Discourse, 1750-1950*, Cambridge University Press, 2005, p. 36.

② Roman Szporluk, *Communism and Nationalism: Karl Marx versus Friedrich List*, Oxford University Press, 1988, p. 12.

③ [德]弗里德里希·李斯特:《政治经济学的自然体系》,杨春学译,商务印书馆1997年版,第27页。

遥不可及。即便如今存在欧盟这一国际合作程度最高的区域性超国家架构，世界总体上的无政府主义性质也没有根本改变，国际竞争中贫弱者照样面临着自身利益难以保障甚或遭受损害的实际危险。因此，纵然在这个全球化时代，所谓"国家在消退"（苏珊·斯特兰奇 1996 年著作书名）的论调也终究言过其实或许还文过饰非。

与李斯特时代相比，当今世界上国家间的实力差距有增无减。相对于各国的发展需要和占有欲望，全球的资源包括市场总是有限的，同样，各国之间的竞争能力无论是作为历史的积累还是现实的禀赋，往往存在天壤之别。李斯特当年，英国取得了主导性甚至垄断性优势，以不到欧洲一成的人口，1820 年时拥有世界 40％的海运能力，1830 年生产着欧洲全部生铁的45％，及至 19 世纪 40 年代贸易自由化时，已比邻国领先约 40—60 年①，"1860 年的英国诚可谓势不可挡的超级经济强国"②。在李斯特看来，英国存在滥用领先优势的倾向，哪怕是处于第二、三梯队的法国、美国、德国，也有可能在自由贸易的整合下，被纳入以英国为核心的不平等国际分工体系，至于那些等而下之的弱小或落伍民族，更会被边缘化于受剥夺的依附状态。

从一战起，美国开始占有类似的显赫优势。③虽说那种鹤立鸡群的地位已相对下降，可现在的情况是，不但有作为"一超"的美国，还有"多强"的一批发达国家。拥有 38 个成员国的经济合作与发展组织就是一个富国俱乐部，其中主要强国凭借其经济、政治、军事优势，以及同样显著的金融、技术、文化等其他优势，无论是在双边还是多边互动中，掌握着影响全球化进程并塑造双边关系的主动权。与此相对，至少有一成世界人口生活在"正在或已经失败的国家"，剩下七成多则生活在 140 来个发展中国家。④今天，国家之

①　梅俊杰：《贸易与富强：英美崛起的历史真相》，九州出版社 2021 年版，第 152 页。
②　［德］迪特·森哈斯：《欧洲发展的历史经验》，梅俊杰译，商务印书馆 2015 年版，第 25 页。
③　前引梅俊杰：《贸易与富强：英美崛起的历史真相》，第 269 页。
④　Dieter Senghaas, "Friedrich List: Looking Back to the Future", in Harald Hagemann, Stephen Seiter, and Eugen Wendler, eds., *The Economic Thought of Friedrich List*, Routledge, 2019, p. 25.

间在军事力量、生产效率、资本积累、制度治理、知识创新、技术研发、资源可得、国民素质、社会整合诸多方面的分化程度比李斯特时代更为严重,强弱之间的影响力掌控和不平等交换继续体现于商品贸易领域,且早已扩展至其他各个领域。

李斯特学说的一个基本命题就是强调,在国家林立、实力悬殊、易发冲突的世界上,当一国率先工业化、获得决定性优势后,落后国家如果身处一个与领先者自由贸易的开放体系中,便面临无可避免的"排挤性竞争"和"边缘化压力"。历史先例比比皆是:在英国工业革命后形成的"虹吸效应"下,爱尔兰首先成了"英帝国的试验场";葡萄牙等国与英国签订的贸易自由化条约,都引发过弱势方的"去工业化"后果;在西欧集体工业化的辐射作用下,东欧曾出现农奴制回潮的现象。所以,"第三世界"实际上是个历史现象,而且就是从欧洲内部开始的。①李斯特的出发点便是,在列国同台竞争的国际环境中,落后弱国如何避免沦为"第三世界"。比照当今国际关系格局,其学说的适用性自不言而喻,此所以埃德加·扎林指出,李斯特学说"在我们时代比以往任何时候都更加关乎现实、合乎时宜"②。

二、工业化赶超仍然是普遍追求

李斯特观察到,国际间的实力悬殊因工业化而不断增大,为此,他把全部热情倾注于工业化赶超。与当年一样,国家富强如今也还是植根于以制造业为核心的产业优势,所以,加速工业化依然是大多数国家艰难追求却又不断前移的一个目标。就全球而言,工业化在以往两个世纪中进展巨大特别是横向上扩散至全球,但主要由于工业文明的累积效应,领先国的群体构成向无太大变化,真正借工业化而升入发达行列的国家和地区屈指可数。

---

① [美]L.S.斯塔夫里亚诺斯:《全球分裂:第三世界的历史进程》,迟越等译,商务印书馆 1993 年版,第 9—20 页;前引森哈斯:《欧洲发展的历史经验》,第 20 页。

② *Ibid*. Szporluk, *Communism and Nationalism:Marx versus List*, p. 12.

当韩国于 2021 年 7 月初从原"发展中国家集团"升入"发达国家集团"时，那可是 1964 年联合国贸发会议成立以来首个实现成功晋升的国家。①总体来看，落后国的产业发展水平与率先工业化的发达国家之间的差距不但未能缩小，反而在许多方面呈拉大态势。

全球化固然提供了更多市场、资源、合作、发展的机遇，可是，如何把有关潜力发挥出来却是一个充满挑战的问题。抓住机遇必定需要大量主客观条件，全球化红利显然只能属于科技、制造、金融、管理等方面效率更高、竞争力更强的一方。按照李斯特的思路，后发国不加设防地对外开放隐含巨大风险，"仅仅因为较先进的国家能够提前几年利用新的发明，就可能致使较不发达的国家大部分工业崩溃"②，此类风险在全球化时代也还是完全现实的。如今的产业比以往更具有启动成本高昂、规模收益扩大乃至"赢家通吃"的特点，研发等人为手段在比较优势的创造中发挥着前所未有的作用。这意味着现代贸易与产业活动更加偏离自由经济学原先设定的理想化环境，从而进一步增强了李斯特论点的适用性。③

一个不争的事实是，李斯特反复论述的需要贸易保护的原因如今远未消失，国际上的保护主义反而更加系统化了。常规的原因一如既往：幼稚产业仍需成长，国际收支仍要平衡，政府收入仍望增加，国际竞争仍很激烈，而且就业维持这一因素比以往更加突出起来。除李斯特所强调的关税保护外，当代保护主义已包括了货币汇率、政府补贴、环保标准、劳工健保、知识产权、倾销防范、技术措施等一系列综合杠杆的使用。因此，对后发国十分不利的是，尽管发达国家的关税或许已降至很低水平，但名目繁多的非关税壁垒却在频频翻新，而且，这些新的限制措施已从国门之外深入到国内治理环节,制约着后发国实施贸易与产业政策的自主权和可能性。不少激进发展学者之所以把国际经贸中的不利地位当作后发国家经济进步的首要障碍,原因就在这里。①

尤需警惕的是,与李斯特时代相比,贸易保护的对象已从幼稚产业扩展到了夕阳产业。基于争取选民、维持就业等等理由,今天的发达国家无意顺应比较优势的变化趋势,即使在原就不存在比较优势或已失去竞争力的夕阳产业中,它们凭借自身财政实力,也还在进行大量补贴,或者在利用各种新保护主义手段限制他国的贸易竞争。自由派经济学家说得轻巧,称放弃已在衰退的产业部门后总可以转向某些正在扩展的其他行业,可是发达国家深知,现实中并不是总会有正在扩展或新兴的行业,再说,产业调整和行业转换也比想象的要困难许多。总之,保障就业岗位、财税收入、国家安全、文化特色、民众选票、社区活力等众多理由如今都使得保护主义继续挥之难去。②

更有甚者,后发国家的发展空间如今在不少方面反而受到了压缩。虽然国际体系中存在某些优惠安排,如 1968 年创立的普惠制,但其效果也未能如愿,从约瑟夫·斯蒂格利茨到吉米·卡特对此多有揭露。③更突出的是,纵然发达国家采用过关税手段和产业政策保护自己免受不想要的竞争,如今它们却执意阻止后发国家采用这些同类措施。况且,世界贸易组织的现行协定还在限制发展中国家去约束本国市场上的外资经营,或在要求它们遵守几乎同等的环保、安全、健康、知识产权、资本开放之类标准。结果是,先行者(包括东亚经济体)曾用于培育其产业和技术能力的诸多赶超工具"都全面地不再合法",这形同"让西方发达国家锁定其在财富等级体系中

① Natalia Bracarense,"Economic Development in Latin America and the Methodenstreit:Lessons from History of Thought",*Journal of Economic Issues*,Vol. 47,No. 1,2013,p. 125.

② 前引梅俊杰:《贸易与富强:英美崛起的历史真相》,第 297—298 页。

③ [美]约瑟夫·斯蒂格利茨、安德鲁·查尔顿:《国际间的权衡交易:贸易如何促进发展》,沈小寅译,中国人民大学出版社 2008 年版,第 138、40 页。

的顶端优势地位"，其实李斯特当年揭示领先者自己攀上高枝后就"踢开梯子"，所指的就是这一现象。[①]

三、政府干预的必要性不降反升

李斯特高举的是政治经济学，而非单纯的经济学，他坚信既然要在落后的处境中加速发展实现赶超，很大程度上必须采用超经济主要是政治手段。把政治维度融入经济筹划中，强调借重政治杠杆推进工业化赶超，这种主张让李斯特学说有别于单纯经济主义思维，并因此为不甘于放任自流的人们所追捧。"凡是李斯特展现最强大吸引力之际，都是历史的法则或看不见的手在无支持状态下、未能带来可取结果、人们变得不耐烦的时候。正是这种不耐烦，让那么多欧洲知识分子在 20 世纪 20—30 年代从马克思主义的社会主义转向法西斯主义，法西斯主义分子也对李斯特情有独钟，有关原因正在这里。"[②]此言已把李斯特学说的吸引力以及副作用都讲得很清楚，不过，应该说这种希望加速发展、积极有为甚至急于求成的心态连同其背后的原因未曾稍减。

历史地看，各国工业赶超和经济竞争中的政府干预趋势不降反升。在东亚国家尤其是日本的跨越式发展中，政府主导的产业政策就发挥过关键作用，以汽车业为典型，这一点已众所周知。[③]但少为人知的是，即使是资本市场发达、企业家和专业人员流动性强的美国，它尽管不那么依赖通常意义上的产业政策，却也"实际上一直拥有自己隐性的产业政策"，这就是以国防研发为形式的国家补贴，借此而刺激高科技行业的发展，并让整个经济享受外溢效应。[④]随着高科技在经济发展中的角色越来越重要，当然也因为直接

---

① Robert Hunter Wade，"What Strategies Are Viable for Developing Countries Today？ The World Trade Organization and the Shrinking of 'Development Space'"，*Review of International Political Economy*，Vol. 10，No. 4，2003，p. 632.

② Liah Greenfeld，"The Worth of Nations：Some Economic Implications of Nationalism"，*Critical Review*，Vol. 9，No. 4，1995，p. 571.

③ ［美］戴维·兰德斯：《国富国穷》，门洪华等译，新华出版社 2001 年版，第 685 页。

④ Dominick Salvatore，"Introduction"，in Dominick Salvatore，*The New Protectionist Threat to World Welfare*，North-Holland，1987，p. 12.

给予出口的补贴已被禁止,创新研发遂成为政府支持的重点领域,建立国家创新体系的动力也日益强大。这方面恰为李斯特学说之所长,据信是"李斯特率先系统分析了创新在经济增长中的作用……导致了德国技术教育体系和工业研究所体系的创立,借此夺走了英国在世界化工产业中的领先地位"。①

岂止对经济活动的政府干预,支撑现代经济运行的制度保障如今也更为必要。发展中国家不仅要像李斯特时代那样锻造自身国家能力,而且面对当今更激烈的国际竞争和更复杂的经济事务,还必须跟上水涨船高的新要求,因为发达国家也在不断强化其国家能力。自由派的教科书都承认,"自 19 世纪后期起,在北美和西欧几乎所有国家中,政府在经济中的作用稳步增加"②。20 世纪 80 年代开始的新自由主义只是对过头的凯恩斯主义加以调整,它不改变数百年来政府干预持续强化的总趋势。特别是发达国家二战后纷纷变身为福利国家,政府越来越需要介入产业发展、支持技术研发、助力国际竞争,从而争取更大盈利、扩大国内就业、保障民生福祉,这是"父爱主义"的国家角色所决定的。如果说李斯特当年尚需为政府干预申论并呼吁,这一点现已成为治国理政的通行规范。即便是今日美国,在寻求经济振兴时,也在强调要重新打造积极的政府有形之手。③

对于后发国家,李斯特原本就强调它们只能通过强有力的政治推动才能实现经济赶超,在当今时代这已更其理所当然。关于落后问题的研究表明,一国越是后进,其所面对的外部压力越是强大,要完成的赶超任务也越是艰巨,工业化与现代化就越发需要在政府的动员和组织下统筹推进,相应的意识形态配合、税收和资本的开掘、技术和人才的引进、加速发展的效应

① John M. Legge, "Review of Chris Freeman & Luc Soete's *The Economics of Industrial Innovation*", *Review of Political Economy*, Vol. 12, No. 2, 2000, p. 252.

② [美]保罗·萨缪尔森、威廉·诺德豪斯:《经济学》上册,中国发展出版社 1992 年版,第 67 页。

③ Jacob S. Hacker, and Paul Pierson, "Making America Great Again: The Case for the Mixed Economy", *Foreign Affairs*, May/June 2016, pp. 69-90.

管理等等必定要求更高，总之，政府的角色必然更需积极有为。①志在追赶的后发国在推动常态发展之外，面临着打造动员型国家政权、构建跨越型发展制度等额外问题，所以发展学家断言："不管喜欢与否，第三世界国家的政府不可避免地一定要比发达国家的政府为其国家将来的繁荣幸福更主动地承担责任。"②从李斯特身后有数的成功赶超案例中可见，他有关政府干预必要性的预判深刻而正确。

应当着重说明，李斯特之后，经济学界获得了不少关于市场可能失灵、干预时常需要的新认识。约翰·穆勒指出，一国可以"借助自身立法政策，获取外贸中更大份额的利益"；一个条件适宜的后发国完全可以借助临时关税去扶植并完善某一产业。③弗兰克·格雷厄姆等人从工业收益递增、农业收益递减等角度，也证明恰当的政府干预往往会产生长远的经济效益。④及至 2004 年，连一向坚信比较优势原理是"全部经济学中最深刻的真理之一"的保罗·萨缪尔森也终于承认，自由贸易未必能够双赢，一国确有可能以对方为代价而获利。⑤诸如此类的论断不都是对李斯特超前洞察的迟来确认吗？当代经济学前沿对"非正统世界"的很多探讨，无论是关于技术学习、报酬递增、寡头定价，还是关于"羊群效应"、非理性繁荣等等，都"至少在原理上提供了辩护理由，证明政府实施产业政策或限制资本流动还是有道理的"⑥，进一步让我们无法轻视李斯特关于政府干预及国家作用的先见之明。

---

① ［美］亚历山大·格申克龙：《经济落后的历史透视》，张凤林译，商务印书馆 2009 年版，第 10—11、52—53、180 页。

② ［美］M.P.托达罗：《第三世界的经济发展》下册，于同申等译，中国人民大学出版社 1991 年版，第 220 页。

③ ［美］道格拉斯·欧文：《自由贸易思想史》，梅俊杰译，上海财经大学出版社 2021 年版，第 123、144 页。

④ 前引梅俊杰：《贸易与富强：英美崛起的历史真相》，第 327—333 页。

⑤ Paul A. Samuelson, "Where Ricardo and Mill Rebut and Confirm Arguments of Mainstream Economists Supporting Globalization", *Journal of Economic Perspectives*, Vo. 18, No. 3, 2004, p. 139, p. 142, p. 145.

⑥ *Ibid*. Wade, "What Strategies Are Viable for Developing Countries Today?", p. 633.

四、斯密与李斯特范式对垒依旧

以上分析足以表明,李斯特学说的支柱:注重自主发展的经济民族主义论、注重幼稚产业保护的工业化论、注重非物质因素的生产力论、注重政治维度的经济观,在当今国际格局下依然切中经济发展特别是落后国家赶超发展的核心议程。然而,更让李斯特学说不可或缺的是,如今围绕经济发展道路问题,跟李斯特时代一样,存在着斯密"世界主义一体发展范式"与李斯特"民族主义赶超发展范式"的两相对垒,而且这种对垒的尖锐性丝毫不亚于过往。

恰如当年后发国家受困于代表领先国利益的斯密学派,如今的后发国也不免受到新自由主义理论的误导。新自由主义惯于把经济学从历史条件、社会关系、制度安排中抽离出来,简单化地宣称,全球化已经改变世界的游戏规则,落后国只要撤除阻碍生产要素自由流动的藩篱,便能赶上国际发展步伐。按照这一信念,即使是缺乏条件的弱小国家,也应当采用自由贸易、市场洞开、管制放松、私有化之类经济政策。无奈,这种"华盛顿共识"往往站在发达国立场上,有意无意间漠视了先发国与后发国间国情及国际处境的深刻差异,多年的事实证明,这样的世界主义一体发展方式"并未产生其所承诺的结果"。[1]有鉴于此,困惑和困境中的人们大有必要借李斯特学说进一步反思内外政策。国际发展学家不是在感叹,假如李斯特学说能"成为从事发展政策的政、学、产各界人士的必读书目,我们本可得到很多收益……许多错误本可得以避免"[2]吗?

当代人特别是后发国的人们理应清醒地认识到,恰如李斯特学说早已揭示,流行的自由主义发展道路不是唯一选项,更不是落后国的适合选项。

---

① Joseph Stiglitz, *Making Globalization Work*, Penguin Books, 2007, p. 16.
② [德]迪特·森哈斯:《弗里德里希·李斯特与发展的基本问题》,梅俊杰译,载《国外社会科学前沿》2019 年第 12 期,第 65 页。

世界近现代经济史上始终存在斯密范式与李斯特范式的重大分野，二者的对垒源远流长、至今不绝。从数个世纪的殖民体制，到此起彼伏的独立运动；从早期美国汉密尔顿与杰斐逊的发展道路之争，到后来美国内战的爆发；从19世纪中叶英国力推自由贸易，到下半叶欧洲纷纷回归保护主义；从资本主义全球性一体化扩张，到依附论等激进派力倡与西方脱钩，无不反映出上述两种范式的竞争与消长。范式之别意味着发展道路的分歧：是顺势依凭比较优势下的专业化分工，参与国际自由贸易和一体化整合，还是逆势采用贸易保护方法，谋求自主产业发展和工业化赶超？国内关于比较优势与产业政策的争论，又何尝不能放到斯密范式与李斯特范式对垒的框架中来理解呢？

当然，说今天依然存在斯密与李斯特之间的范式对垒，不等于在思想和实践上要非此即彼地走极端。如果说范式代表了某种理想类型，那么它们也是一个连续体的两个极端，而在两端之间，尚且存在大片的过渡空间。在把经济发展放到具体的场景中时，肯定需要混合来自两个范式的适宜要素，以形成恰当的政策并付诸有效的实践。就此而言，斯密范式和李斯特范式各有所长、各有其用。本书之所以强调李斯特学说，是因为主流学派向来厚此薄彼，故而有必要矫枉反正，特别是后发国更有必要基于自身特定处境而更多借鉴常被遮蔽的李斯特范式，并对广泛流行却未必对路的斯密范式保持警惕。

李斯特自己从来不是刻板的教条主义者，他一向强调经济发展存在阶段之分，不同阶段理当采用不同的政策，而且他在总体长远目标和若干局部政策中都坚持自由主义、世界主义的价值导向。正因如此，终有人认识到，"李斯特其实是思虑相当周全的古典自由主义者"，"他对国际贸易的理解比斯密和李嘉图要老到得多"。①另有观点表达得更直白：李斯特与斯密本质

---

① Dwight D. Murphey, "A Critique of the Central Concepts in Free-Trade Theory", *The Journal of Social*, *Political and Economic Studies*, Vol. 23, No. 4, 1998, p. 457.

上同属一个阵营,李斯特学说不过是"捍卫自由贸易的一种变体"①。我们可以对此持保留意见,但看到两个范式之间的共通性,保持思想上的开放性、政策中的调和性总是必要的。以辩证相对修正教条绝对,以时空对应补充普适划一,以经验实证平衡先验演绎,以多因素观照充实单因素简化,其意义远不会止于方法论。

总言之,李斯特学说在内容上和方法上至今依然展现出巨大的适用性,这也是这一学说的经典性所在。当代李斯特研究者纷纷指出:"李斯特的著作对今天的我们仍有意义,他的理想照样有效,也许比以往更加如此"②;"李斯特著作中的某些篇章有一种彻底'现代'的品味"③;"李斯特为理解发展问题作出的贡献具有难以置信的现代气息"④;"现在看来李斯特模式更适合当代世界"⑤。诸如此类的论断,不可能是无的放矢之言。

当然,李斯特学说是近两百年前的产物,其范式可以一如既往地适用,但这决不意味着其细节性政策今天皆可简单套用。当时李斯特聚焦于从农业向工商业的跨越,工业技术主要掌握在一国即英国手里,农业因交通的不便尚且受到自然保护,教育、科技、金融等领域的威力才崭露头角,诸如此类的情况如今都有变化。因此,借鉴李斯特提出的包括幼稚产业保护在内的一系列赶超发展策略,主要还应该着眼于原则指南层面,否则就是刻舟求剑,就是我们自身的精神懒惰,就是对李斯特身后各领域巨大进步的漠视。李斯特

① Carlos Bastien, und Eduardo de Sousa Ferreira, „Die List-Rezeption in Portugal", in Eugen Wendler Hrsg., „*Die Vereinigung des europäischen Kontinents*": *Friedrich List—Gesamteuropäische Wirkungsgeschichte seines ökonomischen Denkens*, Schäffer-Poeschel Verlag, 1996, p. 449.

② Eugen Wendler, "The Present Day Reception of the Ideas of Friedrich List on Economics and Transport Policy and the State of Current Research Projects in Germany", *Indian Economic Journal*, Vol. 42, No. 2, 1994, p. 158.

③ *Ibid*. Szporluk, *Communism and Nationalism*: *Marx versus List*, p. 135.

④ 前引森哈斯:《李斯特与发展的基本问题》,第58页。

⑤ Thomas K. McCraw, "The Trouble with Adam Smith", *The American Scholar*, Vol. 61, No. 3, 1992, p. 353.

说过:"一个愚笨、懒惰、迷信的民族决不会从关税措施中获得任何好处",同理,一个愚笨、懒惰、迷信的民族也不可能从李斯特学说中获得多少好处。

第二节　如何看待李斯特学说的争议点

今天要采用李斯特学说,必然需要跨越其中那些争议点。对李斯特及其学说的批评一向甚多,如《自然体系》中译前言就列出其"严重错误":"生产力概念十分庞杂,把上层建筑和经济基础都统统包括在内";"对经济关系和社会政治结构始终缺乏科学的阶级分析";以为"并非所有国家都能够同等地选择发展道路";其"'正常国家'概念意在为强国吞并弱小国家造舆论"。[1]《国民体系》中译本序言也批评李斯特"把他的生产力理论同古典学派的价值理论对立起来";"片面强调国家对于经济发展的决定性作用";在讨论经济社会发展时"撇开了生产关系这个根本原因";其"国家"中"一切阶级矛盾都消失不见"。[2]国外批评者同样指摘了李斯特的问题,诸如"明显夸大其词、历史应用错漏、直白贬低对手、缺失一种系统"[3]。鉴于此,有必要择其大者作一讨论。

一、关于民族扩张与欧洲中心主义问题

民族主义是李斯特学说的范式所依,与斯密学派的个人主义、世界主义相对立,在李斯特视野中,这是后发国家规避领先强国竞争、避免滑入依附轨道、徐图自主赶超发展的一个立足点。当代研究进一步揭示,民族主义乃刺激经

---

① 前引李斯特:《政治经济学的自然体系》,第10页。
② [德]弗里德里希·李斯特:《政治经济学的国民体系》,陈万煦译,商务印书馆1961年版,第8页。
③ Gerald G. Walsh, "The Political Economy of Friedrich List", *Westminster Review*, Vol. 172, No. 6, 1909, p. 633.

济发展、造就现代经济的决定因素,恰恰是英国最早"孕育发展了经济民族主义",从而"直接且积极地促进了经济增长",并因其"传染性本质"而引发各国"反应性民族主义",由此"极大地推进了现代'经济文明'的形成"。①

民族主义必然意味着族群意识的觉醒、国家机器的打造、对外利益的抗争、国际竞争的加剧,甚至是殖民征服、战争策动等激烈对抗行为。其实从民族国家在欧洲近代的兴起、重商主义的盛行,及其典型呈现如科尔贝主义,都可看到民族主义的利弊兼容。在所谓"德意志独特"发展道路中,就包含了因统一国家形成较晚、经济发展落后于人而激起的强烈民族主义,以后德意志发展道路的失控乃至走上纳粹主义与此也存在某种历史联系。

正因如此,李斯特经常受到严厉批评,弗里德里希·哈耶克等人就称他为"德国及希特勒帝国主义的先驱"②,实乃"变成文明世界噩梦的大德国的较早阐述者之一"③。英国更有学者认为,李斯特堪称一战至二战一系列动荡的元凶,因为不仅其"经济坏主意"塑造了德意志帝国的经济政策,并为意大利、俄国所效仿,而且经济民族主义引发了殖民扩张、以邻为壑、国际敌对直至全面战争。④不少人相信,李斯特的"正常国家"之类概念,与纳粹的"生存空间"论一脉相承,至少它"为德国军国主义者和法西斯主义者所利用"⑤,譬如1934年纪念关税同盟一百周年之际,"李斯特被重塑成'国家社会主义'新秩序的理论家"⑥。

"正常国家"或"国家常态"的确是个受人诟病的李斯特概念。这个概念

---

① [美]里亚·格林菲尔德:《资本主义精神:民族主义与经济增长》,张京生等译,上海世纪出版集团2004年版,第1、27、32、30页。

② Frederick Clairmonte, "Friedrich List and the Historical Concept of Balanced Growth", *Indian Economic Review*, Vol. 4, No. 3, 1959, p. 36.

③ Edward Mead Earle, "Friedrich List: Forerunner of Pan-Germanism", *The American Scholar*, Vol. 12, No. 4, 1943, p. 430, p. 432.

④ Stephen Davies, "From Pennsylvania to Verdun: Friedrich List and the Origins of World War I", *Freeman*, Jan./Feb. 2004, pp. 30-31.

⑤ 前引李斯特:《政治经济学的自然体系》,第10页。

⑥ *Ibid*. Tribe, *Strategies of Economic Order: German Economic Discourse*, p. 36.

原本提出了一国实现发展所需要的前提条件，其中既包括领土上的完备性，也包括人口、语言、经济、战略上的同一性。就领土而言，李斯特的本义是要强调，一国应该拥有通商出海、腹地支撑、关税执行、国家安全等方面的适宜地理条件。这本身并无问题，按当时经济发展所需物质条件看，这些思想皆言之有理。可是，李斯特从构建所谓"正常国家"的观念出发，始终强调，一个"大德国"应不但囊括奥地利，还需包括丹麦、荷兰、比利时等国。这方面他有过直接论述，在与有关国家打交道、上策论时，也带有这一动机。同时，李斯特还认为应打造德国的殖民地，借以扩张经济。他提出，德国应在匈牙利、巴尔干这一东南欧地区，乃至在中美和南美建立殖民地。[1]

　　需要说明的是，"殖民""殖民地"之类词语当时至少属中性词语，因此我们应避免以今释古、自我误导。但是，即使不采用二战结束后的非殖民化标准，李斯特当年的构想也无疑是有其德国立场的，这一点在前文论述其关于匈牙利发展的献策时已经指出。当然，李斯特相信，在包括德国及其殖民地在内的联合体中，一方面德国可以获得赶超发展的支撑，确保德国的移民、资本和产能不至于流入其他国家从而增强了竞争对手；另一方面被殖民的落后国甚至所谓"野蛮国"也能获得文明的提升。所以他会告诫东南欧落后国家别过早地工业化，应先经历一个与领先国自由贸易的阶段，以接受先进文明的辐射和带动，之后再考虑自主发展。可以相信，李斯特言之真诚。

　　问题是，这样的构想与斯密学派构想的一体化世界，除了势力范围的大小有异外，还有何实质性区别？虽然李斯特曾强调，在一个联合体中，各方都会朝着同等发展水平迈进，可是，即使不谈斯密学派的类似追求，李斯特的这种目标究竟有多大的实现可能？再说，同等发展水平如果意味着产业结构上的趋同，则又会有多大的贸易机会，莫非当时他已未卜先知当代的产业内贸易？看来，李斯特并未真正站在比德国更落后的民族一边把问题想

---

[1]　*Ibid*. Earle，"Friedrich List：Forerunner of Pan-Germanism"，p. 436.

清楚,说到底,其立场还是机会主义的,他不是说过,如果自己是英国人的话也会采取斯密的立场? 也难怪人们容易得出结论,"觉得李斯特不过是又一个 19 世纪的帝国主义者,无非是用名义上反帝国主义的国家原理包装了自己的帝国议程"①。

然而统观之,李斯特决非狭隘、极端的民族主义者,毕竟他了解其民族主义发展战略终究只是追赶阶段的某种必要手段,从理想上说,他依然真诚追求世界主义目标。加上他关于内政的自由主义看法,则确实可以称其民族主义为"自由主义的民族主义"②。正因如此,他对于关税保护、政府干预等各种民族主义措施尽管言之谆谆却也始终戒备重重。恰如李斯特不是一个闭关自守的保护主义者,"李斯特也不是一个我族中心意义上的民族主义者"③,这一点不能不察。退言之,纵然李斯特真的是个反自由主义者,他到底又该在多大程度上为后世对自己思想的滥用承担责任呢? 作为自己思想被滥用的人,他是否也算一个受害者呢?

在批评李斯特的民族主义情绪时,人们不时指责他怀有欧洲中心主义甚至种族主义偏见,无视某些地区的平等发展权,证据就是他提出了一个"热带国家"问题。据说,世界大而言之分为温带国家和热带国家,工业化仅适合地处温带的国家,热带国家则不必也不可能工业化,它们只宜定位于产出热带货物并以此去交换温带国家的工业品。这种论调与李斯特反复申论的自主工业化原则确实大相径庭,实也取消了他一向强调的农业国与工业国交换"不可取、该避免"那种定论,于是不难推断他在这个重大问题上持双重标准。批评者指责李斯特否定热带国家的发展权纯属"政治上

---

① Onur Ulas Ince, "Friedrich List and the Imperial Origins of the National Economy", *New Political Economy*, Vol. 21, No. 4, 2016, p. 392.

② David Levi-Faur, "Friedrich List and the Political Economy of the Nation-State", *Review of International Political Economy*, Vol. 4, No. 1, 1997, p. 155.

③ *Ibid*. Ince, "Friedrich List and the Imperial Origins of the National Economy", p. 395.

反动且堪称虚伪"[1]；"按热带国家和温带国家分配角色在理论上也说不通"；[2]只能证明他是"目光短浅的欧洲中心论和气候决定论的鼻祖"。[3]

今天应该如何理解这个问题呢？首先要知道，从地理环境角度考察文明与发展，这是李斯特时代屡见不鲜的思潮。其时，发达或较发达国家仅仅存在于温带，欠发达国家和地区则集中在热带，这也是事实，所以，李斯特用"温带国家""热带国家"来指称，相当于我们今天说"发达国家"与"发展中国家"。以此而论，李斯特的分类概念还是站得住脚的，何况热带和温带这样的地理位置确实直接影响到一国的自然产出，当年尤甚，这就使得这个说法带有无可否认的经济内涵。联想到我们今天笼统地用"北方"和"南方"来指称发达与发展中国家，其准确性和内涵性反而不如李斯特的概念。

至于不建议热带国家发展工业，这一点与李斯特通常倡导的原则确似矛盾，但这里主要涉及工业化的条件问题。工业化可以是各国各民族的正当权利，但并非所有族国都具备必要的条件，都适合并长于工业化，或者都能不顾条件而有效地工业化。李斯特强调后进国创造条件与英国脱钩，走自主工业化道路，他指的主要是紧随英国而行的第二、三梯队，当时不外乎法国、德国、美国、俄国、北欧和南欧一些国家。自李斯特时代迄今，全世界真正借工业化而晋升发达的国家屈指可数，这反过来倒是印证了李斯特的预断，尽管所预断的事实不无某种残酷性。

众所周知，人类并非只需要工业品，也不是所有国家都需要成为工业国，工业国也不是都能最有效率地生产自身所需的一切。故此，李斯特强

---

[1] Ben Selwyn, "An Historical Materialist Appraisal of Friedrich List and His Modern-Day Followers", *New Political Economy*, Vol. 14, No. 2, 2009, p. 168.

[2] Monique Anson-Meyer quoted, in Mechthild Coustillac, „Die List-Rezeption in Frankreich", in *ibid.* Wendler Hrsg., *Friedrich List—Gesamteuropäische Wirkungsgeschichte seines ökonomischen Denkens*, p. 279.

[3] Ulrich Menzel quoted, in Eugen Wendler, *Friedrich List und die Dritte Welt: Grundzüge der Entwicklungspolitik*, Springer, 2019, p. 127.

调,热带国家仍应发挥自身所长,集中于热带产出,特别是当自身文明落伍时更应先通过与温带国家自由贸易而提升文明。至于这种贸易关系中包含的风险,李斯特认为也有机会化解。首先,是将出现多个工业化温带国家,其彼此竞争应能消除单一工业国的垄断性。其次,他反复要求,温带工业国不该对本国农业实施关税保护,如此可保障热带国初级产品的市场准入及相关利益。另外,在一时难以达到各国发展水平接近的情况下,他也希望通过"世界贸易大会"制定彼此约束,从而为各展所长创造得宜的制度环境。由是观之,李斯特所设想的温带国家与热带国家间的分工合作尚有别于狭隘的民族主义或欧洲中心主义,这种设想亦非完全的自相矛盾或自私自利。

二、关于学说缺乏分析性和深刻性问题

批评者常称,李斯特学说在分析性、深刻性方面比较欠缺,这种批评不少还来自与李斯特有思想共鸣的人士。例如,美利坚体制的追随者帕申·史密斯说过,李斯特的"著作是经验性的,其论点过于依赖特例的积累……他对政治经济学抽象原理的贡献确实不多"①。马克·布劳格虽与李斯特一样认同国家功能和政府作用,但表示看不到李斯特论点有很强的分析性。②同样,埃里克·赖纳特尽管承认李斯特的"政策建议相当出色",但也认为"他没有成功地解释这些政策措施的内在机制",故此"或许有理由质疑李斯特是一位理论家"。③这些说法指向一点:李斯特长于经验性却缺乏分析性,能述其然而未能述其所以然。在批评者看来,无论李斯特是

---

① [美]迈克尔·赫德森:《保护主义:美国经济崛起的秘诀(1815—1914)》,贾根良等译,中国人民大学出版社 2010 年版,第 85 页。

② Stefano Spalletti, "Friedrich List's 'Economics of Education'", in *ibid*. Hagemann, et al., eds., *The Economic Thought of Friedrich List*, p. 87.

③ [挪]埃里克·赖纳特:《作为发展经济学的德国经济学:从"三十年战争"到第二次世界大战》,载[挪]埃里克·赖纳特、贾根良主编:《穷国的国富论:演化发展经济学论文选》下卷,贾根良等译,高等教育出版社 2007 年版,第 232 页。

"无法把他的预见转化为一个理论模型"①，还是无意这样做，这终究是个缺陷。

不过，有比较才能更有鉴别，这里且用年代相差不大，又常是李斯特论辩对立面的自由贸易论来作一比较。人们普遍相信，斯密提出了"绝对优势"原理，可是，最能表明该原理出典的也就是这么一句话："如果外国能以比我们自己制造还便宜的商品供应我们，我们最好就用我们有利地使用自己的产业生产出来的物品的一部分向他们购买。"此外，看不到更多分析性阐述，而且人所共知，绝对优势是无法构成自由贸易之普遍基础的。即使是那个被奉为斯密要义的"看不见的手"，在《国富论》中统共仅出现一次，严格来讲也不是指"市场"。②

至于"比较优势"原理，通常将此归功于大卫·李嘉图，但思想史家指出："李嘉图区区三段的讨论文字表述较差，在章节中摆放的位置很不自然，且未能说到理论的点子上"，甚至有人说，李嘉图"对有关法则的表述相当欠缺，不免让人生疑，他自己是否真懂所谈问题"③。哪怕不究这些问题，也要看到，以比较优势为基础的自由贸易论"一直要过了足足 134 年"才有人试图对它进行实证性检验，而且此后一系列检验都远未得出理论所预言的结果。④如此看来，又如何能再去苛求李斯特呢？他所显现的某些缺点或特点其实反映了经济学科中普遍存在的问题。

也有必要记住，李斯特毕生都是一个面向实践的行动家，他强烈地把理论当作达成目的之手段。即便他"堪称 19 世纪德国最有名的经济学家，他也从来不是一个按学界资格或学术地位而论的经济学家。他更是一名记

---

① Herald Hagemann, "German, American and French Influences on List's Ideas of Economic Development", in *ibid.* Hagemann, et al., eds., *The Economic Thought of Friedrich List*, p. 70.

② ［英］亚当·斯密：《国民财富的性质和原因的研究》下卷，郭大力等译，商务印书馆 1997 年版，第 28、27 页。

③ 前引欧文：《自由贸易思想史》，第 96 页。

④ 梅俊杰：《贸易与富强：英美崛起的历史真相》，第 343—345 页。

者,靠写经济问题的文章并推动文字和商业项目而谋生"①。著书立说时,他始终着眼于解决在领先国竞争态势下后进国如何图存赶超的问题,他立志让理论符合且服务于实践,并用实践去修正和检验已有理论。这种以实践为导向的理论努力十分宝贵,向来都不过剩,罗雪尔有句解人之论值得谨记:"李斯特伟大的理论重要性只能由他更伟大的实践重要性来理解。"②

这里也涉及一个如何看待理论贡献的问题。如前已述,假如单纯注视李斯特学说的具体构件,它们确实多有前驱,何况"即使按当时标准看,李斯特书中呈现的论点和证据也不够学术化,那不是'专业'经济学家的作品"。凡此种种,必然使得紧盯着所谓"分析原创性"的观察家们无法看到李斯特的真正建树,于是他只能算一个三流经济学家,就无法在经济思想史上占有显赫地位。更有甚者,那种视角下,他还容易被指抄袭他人。然而,本书一直在强调,李斯特的建树在于用已非新颖的论点,构建起了新颖的以"民族主义赶超发展"为范式的政治经济学说。只有秉持这一视角,我们才能反思并修正所谓李斯特缺乏分析性和深刻性的流行结论。在源远流长的经济思想谱系中,假如他真的毫无理论创造性,又何以解释世人"对其经济学怀有持续的真实兴趣"?③

讨论这个问题的另一层意义在于,可让我们思考如何恰如其分地评估经济分析创新相对于经济知识应用的价值。李斯特或许不算分析创新型经济学家,然而,经济分析创新仅仅是影响实际经济活动及经济效果的一端而已,除此之外,原有经济理论的组合与应用、现有经济常识的传授与宣讲、经济政策的建议与制定、经济活动的开展与管理等等,无疑也属于广义的经济学,它们绝非经济知识体系中的低档品。在经济学的高精尖原创与开发性

---

① Keith Tribe, "Friedrich List and the Critique of 'Cosmopolitical Economy'", *The Manchester School*, Vol. 56, No. 1, 1988, p. 17.

② *Ibid*. Hagemann, "German, American and French Influences on List's Ideas of Economic Development", p. 70.

③ *Ibid*. Tribe, "Friedrich List and the Critique of 'Cosmopolitical Economy'", p. 17.

应用之间，原不该厚此薄彼或顾此失彼。李斯特注重经济学的实践导向，开创经济学的历史学派，倡导更综合的政治经济学，批判单向度的斯密学派，积极影响经济决策并亲身参与经济活动等，早已突破了经济学的狭隘定义，本身也提醒我们有必要调整习以为常的评判标准。

经济学不是不需要高精尖新的原创，但如以经世济人、经邦济民来衡量，那显然是远远不够的。一方面无疑要继续注重高精尖新，另一方面恐怕更需回顾、提炼、应用那些积累已丰的真知灼见和发明创造。如今的迫切问题不在于经济分析成果或经济知识积累太少，乃至不得不群起勉力创新，而在于如何盘活已有思想资源、结合实际择善应用、优化人类生存处境。熊彼特就承认，虽然李斯特"分析工具的具体部件并不是特别新颖"，但"他的分析工具实际上对于他的实际目的来说是非常够用的"。①既然李斯特用寻常构件却打造出了一个回应时代需求的新范式，实不必太在意他对斯密学派的批判含有多少分析性以及该分析的原创性，关键要看这种批判的必要性、针对性及先驱性。

在评价李斯特时，还应注意另一个维度。李斯特不仅擅长知识普及和服务人群——人称"李斯特的才智在于普及他人的理念"，而且，他终生都怀有直面实践的应用愿望。在他提出编纂政治百科全书时，他即明确表达了这种愿望：不是满足纯学者或单纯好奇者所需，而应有助于在行政管理者和受教育公民这一精英阶层中，拓展务实政治知识与实践的丰富性，以支持其政治活动。②他重视办报纸、出刊物、当记者，也是出于这一愿望；同样，当年他合力促成政治经济学系的创立并出任行政实务教授，也不是为了高精尖新，而是首先着眼于改善实践。当他致力于挖掘重商主义传统中的旧有知识，特别是从中恢复自由经济学占主导地位后被丢弃的两大法宝（强调制造业、强调国家作用）时，他本也无意于分析性创新。如此重现原有精华、恢复

①　［奥］约瑟夫·熊彼特：《经济分析史》第二卷，杨敬年译，商务印书馆 1992 年版，第 195 页。
②　*Ibid*. Tribe, "Friedrich List and the Critique of 'Cosmopolitical Economy'", p. 34, pp. 19-20.

明智之道、提供另类选择、求解现实问题,这种贡献又岂能说不是经济学贡献,或在价值上低于经济分析的原创?

三、关于对斯密的简单化和片面化问题

李斯特遭到指摘的另一个焦点,涉及他对亚当·斯密的过甚其词和片面否定。这里可引一段典型的批评:"李斯特不是理论家,而是某种行动方案的宣传家。……李斯特的斯密是个稻草人,象征了他所厌恶的某种情形、所反对的思维方式,其《国民体系》中讨论的斯密理念表述得非常糟糕,以致1922 年英文版导读的作者有理由怀疑,李斯特是否读过斯密原著。"①简言之,批评者认为,李斯特对斯密的论述有失公正,形同某种漫画,不过用于宣传目的。②

批评者尤其聚焦于李斯特有关斯密"世界主义"的论断,相信"李斯特错在过分地把斯密描绘成一个反国家主义的世界主义者"。而从李斯特角度看,"世界主义代表了帝国主义的政治经济学",必须聚大力攻之。③他指出:"世界主义经济的支持者既不亲自考察具体国家的经济状况,也不考察如何改善具体国家的经济的途径,他们只希望表明,在一个世界共和国的范围内施行普遍的自由贸易,就会保证最大的繁荣。他们相信,只要各国废除一切关税和让个人按自己的意愿绝对自由地进行贸易,就能实现这一目标。"④在李斯特看来,虽然斯密只是接过了弗朗索瓦·魁奈的衣钵,但世界主义成为流行体系并蛊惑人心之首恶当推斯密。⑤

---

① *Ibid*. Greenfeld, "The Worth of Nations: Some Economic Implications of Nationalism", p. 571.
② José Luís Cardoso, "Friedrich List and National Political Economy: Ideas for Economic Development", in *ibid*. Hagemann, et al., eds., *The Economic Thought of Friedrich List*, p. 48.
③ Ben Selwyn, *The Global Development Crisis*, Polity Press, 2014, p. 34, p. 51.
④ 前引李斯特:《政治经济学的自然体系》,第 40 页。
⑤ 前引李斯特:《政治经济学的国民体系》,第 106 页;[德]弗里德里希·李斯特:《美国政治经济学大纲》,杨春学译,载前引李斯特:《政治经济学的自然体系》,第 218 页。

批评者认为,李斯特虚构了那个所谓以"世界和平""所有民族联盟""一个世界共和国"为基础的"无边无际的世界主义",这样就给自由贸易原理人为挖下一个大坑。确实,查阅原典可知,斯密并未总是站在抽象的不分国别的世界之上,《国富论》不少情况下也在以"国家"为单元说事。例如,斯密明确讲过:"政治经济学的大目标,在于增进本国的富强。"此外,在自由贸易、政府干预等问题上,斯密也非不问现实的教条主义者,他还是设想了自由贸易的若干例外情形,涉及国防保障、贸易报复等需要。另外,基于"国防比富裕重要得多"的思想,他倾心支持堪称重商主义基石的《航海法》。[①]可见,斯密亦非那种极端的世界主义者,李斯特的某些批评的确未尽符合斯密的本来面目。

然而,斯密本人在理论细节上作出某些妥协、表现出一定的求实精神,并不妨碍斯密理论被用来打压其他国家自主工业化的意志。在英国打赢拿破仑战争、工业竞争优势无敌于世后,自由贸易开始成为英国最佳的对外政策工具,于是,英国人乐于也急于把斯密理论改造为一个普适的自由贸易和经济自由药方,为的是劝说落后国与英国开展自由贸易、放弃本国工业化努力。[②]一个有别于斯密原典的"斯密教条"就此流行开来,而李斯特坚决反对的正是英国以斯密理论为基础、打消他国工业化念头的那套教条。如其自陈,对"危害公众福利"的见解必须严厉抨击,由于"声望卓著的作家"危害性更大,"因此对于这些人的驳斥就不能不更加严厉"。[③]李斯特对斯密批评的某些过甚其词应当放到这一背景中来理解。

同时须知,李斯特未必刻意要扭曲斯密,其斯密观原也受到好几位"权威解释者"的影响,那些解释本就推动着理论走向教条。例如,杜格尔德·斯图尔特为与法国大革命拉开距离,便有意凸显了斯密思想中放任自流、自

---

① 前引斯密:《国民财富的性质和原因的研究》,上卷第342页,下卷第34、36、38页。
② 前引梅俊杰:《贸易与富强:英美崛起的历史真相》,第26—29页。
③ 前引李斯特:《政治经济学的国民体系》,第8页。

由贸易的一面;约翰·麦卡洛赫的解读也放大了斯密思想中自由贸易和价值理论的重要性。①如此说来,李斯特用作靶子的那套斯密教条,即使偏离了本相,也谈不上是李斯特的自我发明或凭空捏造。研究表明:19世纪对斯密原理的宣传原就经历了一个简单化、片面化过程,要是没有这样一个过程,"斯密的著作今天恐怕也走不出封闭的专家圈子";只有在完成那个过程后,"斯密才特别地与自由贸易联系起来,他关于自由和交易的陈述中本来的节制含义遂被弃置不顾;仅仅是这种简单化的片面解读,才使得'世界主义'这个标签恰当无比"②。

显然,在经过了上述意识形态化改造后,再拿着斯密的原典文本去跟李斯特的批评靶子相对照,以此证明李斯特以偏概全、望文生义、批评失据,便不再具有起码的合理性,岂能让李斯特去为那个意识形态化过程所造成的偏差和扭曲担责代过? 与此同时,更必须看到,斯密原典也确有很大的片面性,体现于对重商主义加以非历史的全盘否定、对贸易自由和放任自流予以走极端的片面倡导,这些本身都是斯密理论适于意识形态加工的病态素材③,李斯特就此对斯密作批评总体上也可谓对症下药。作为经济舆论家,李斯特要全力抵制的正是已成意识形态教条并影响着舆论和决策的那个"斯密学派",既包括了始作俑者的斯密本人,当然也包括了那些推波助澜的斯密追随者。

也成为李斯特靶子的斯密追随者主要是法国的让-巴蒂斯特·萨伊、美国的托马斯·库柏。这些人对自由贸易、放任自流之类的推崇比斯密还要激进,至少在其各自国内都影响甚广,严重干扰着自主工业化进程。萨伊只关心物质产品的交换价值,不关心长远的生产力成长,"认为关税不会促进

---

① Matthew Watson, "Friedrich List's Adam Smith Historiography and the Contested Origins of Development Theory", *Third World Quarterly*, Vol. 33, No. 3, 2012, pp. 466-470.

② *Ibid*. Tribe, "Friedrich List and the Critique of 'Cosmopolitical Economy'", p. 35, p. 25.

③ 前引梅俊杰:《贸易与富强:英美崛起的历史真相》,第30—33页。

工业进步"，谴责关税无非就是牺牲农民和消费者的利益，还断言"政治学与经济学没有任何关系"。①库柏则走得更远，声称所谓国家不过是"一种文字称谓而已……却被赋予了一些实际上并不存在的性质，这些性质纯属某些人的想象"②。面对这些惊世骇俗的论点，还能说是李斯特自造了那些"世界主义"之类的稻草人靶子，还能说他对斯密学派的批驳夸张离谱吗？

四、关于立论中的历史事实不准确问题

时常有学者批评李斯特对历史的援用。例如，莫里斯·布维耶-阿贾姆一方面赞扬"李斯特的原创性在方法论领域跟在理论领域一样地出类拔萃"，另一方面又认为，"李斯特是个差劲的历史学家，他通过学说偏见的扭曲镜片看待历史现象"，惯于"用历史材料来适应自己的特定目的"。③同样，雅各布·瓦伊纳一方面承认"李斯特作为经济学历史观点的先锋值得称道"，另一方面又认为他"对历史材料的实际使用不值得称道，其材料来源有限、属于二手，并且带着公然的偏见进行选择和解读。他利用材料把经济发展过程打造成一个简单利落的经济阶段模式，只不过凑巧的是，总能在每个细节上都支持其论点"④。

批评者特别提到，李斯特对两个重要史实的解读未必准确。第一，李斯特称，1703 年英葡《麦修恩条约》"缔结后，顷刻之间，英国工业品泛滥于葡萄牙市场，而且立见分晓的是葡萄牙工业突然的彻底崩溃。这种结果跟此后与法国签订的《伊甸条约》以及德国废除大陆体系后的情形极为类似"；"总之，如果没有《麦修恩条约》，英国的工商业与航运业决不会达到已有的

---

① 前引李斯特：《政治经济学的自然体系》，第 34—39 页。

② ［德］弗里德里希·李斯特：《美国政治经济学大纲》，杨春学译，载前引李斯特：《政治经济学的自然体系》，第 235 页。

③ Imad I. Itani, *Friedrich List*：*Protectionism to Free Trade*, M.A. thesis, University of Calgary, 1985, p. 1, p. 3.

④ *Ibid*. Cardoso, "Friedrich List and National Political Economy", p. 48.

那种发展程度"①。然而,葡萄牙研究者何塞·卡多索最近表示,"那个条约的经济后果不像民族主义经济文献所描绘的那么负面",因为葡萄牙酒类的对英出口确实大举增长了,而葡方给予英国的优惠准入仅限于毛纺织品,其他行业的发展未受严重影响。卡多索的结论是:"李斯特的解读所立足的事实无法从历史上加以确认。"②

第二,李斯特称,在拿破仑战争期间,"拿破仑的大陆封锁政策……却使德国和法国的工业史开辟了一个新纪元";"受了大陆封锁政策之赐,德国所有各种工业首次获得了重大发展;凡是熟悉德国工业历史情况的人必然能为此说作证,因为在当时的一切统计著作中,对于这一事实的证明材料俯拾即是"。③英国研究者威廉·亨德森却指称李斯特此言"夸大其词",因为在拿破仑封锁体系或称大陆体系下,德国的经济形势并非那么景气,"汉堡和不来梅的海外商业崩溃了,西里西亚的麻纺织工则由于丧失外国市场而面临艰难时势。整个国家经受的损失远远超过了某些工业制造区从拿破仑经济政策中可能的获益"④。

以上两个史实均对李斯特学说意义重大。《麦修恩条约》在李斯特书中经常被直接用来证明,经济发展水平悬殊的国家进行自由贸易时,特别是当一方具有制成品显赫优势、另一方仅具有初级产品比较优势时,必然会使得产业弱势方遭受经济损失甚至工业化倒退。拿破仑的大陆封锁体系,因为其实行后与解除后的不期后果,则经常被李斯特用来说明,产业弱势方只有在关税保护等强制形成的临时隔断下,才能免于强大对手的竞争从而图存并赶超。按李斯特自况,正是对大陆封锁效应的观察让他开始质疑斯密学派,这是他发生思想改宗的转折点。

---

① 前引李斯特:《政治经济学的国民体系》,第 59 页。
② *Ibid*. Cardoso, "Friedrich List and National Political Economy", p. 48.
③ 前引李斯特:《政治经济学的国民体系》,第 79 页。
④ W. O. Henderson, *Friedrich List: Economist and Visionary*, *1789-1846*, Frank Cass and Co. Ltd., 1983, p. 32.

　　既然事关重大，对相关史实的质疑理当深入推进，可惜，上述两位批评者也仅仅提出了上文已引的总体结论，此外再无扎实的具体佐证，颇令人困惑。值得注意的倒是，就《麦修恩条约》，批评者指出签约当时，葡萄牙为了反对西班牙的吞并，只得通过与英国签订商约来自保，所以"《麦修恩条约》是个必须支付的政治代价"①。这等于承认了条约的不利经济后果，无非是在强调要算政治账、别算经济账。就大陆封锁体系而言，尽管批评者认为封锁行为未能产生正面的产业发展效果，但也承认军事动员行动让德国各地债台高筑、农业困顿，特别是封锁解除后情况更加困难，主要是"国内市场上廉价的英国商品泛滥成灾"②。据此陈词，现有批评显然远不能削弱李斯特的有关结论。

　　其实，李斯特的学说，虽形成中无疑得自历史（与现实）观察，但一旦成型并展示了历史方法之优长后，其中的经济论点也未必一定要借有关历史援引而自立行世。因此，以史实疏失来提出诘难，尚难以动摇李斯特学说之立论基础。当然也需承认，李斯特作为一个忙于实务的非职业学人，完全可能对某些史实掌握得不够准确，他在大面积论述欧美主要国家和地区多个世纪的经济发展历程时，本就涉及大量史料，出现史实和解读的差错或也在所难免。

　　不过，予以理解不等于无视其中的缺点。一个突出问题是，李斯特作为媒体人（在他多样的生活经历中，这才是比较一以贯之的职业角色），文字上惯于夸张表述，毕竟他"主要面向知识肤浅的读者"（罗雪尔语）。③比如，前引"德国**所有各种**工业**首次**获得了**重大**发展"这种措辞，固然能激发当时众人的极大兴趣和强烈反应，但确实难以通过现代学术批评者的严格评判。尤其是如果不从大处着眼看待李斯特的史实应用，更不用说如果先入为主

---

① 　*Ibid*. Cardoso，"Friedrich List and National Political Economy"，p. 48.

② 　*Ibid*. Henderson，*Friedrich List：Economist and Visionary*，p. 33.

③ 　*Ibid*. Tribe，*Strategies of Economic Order：German Economic Discourse*，p. 36.

地抵触他的理论倾向,则更容易挑剔其历史解读中的毛病。

至于批评李斯特历史材料来源有限且多属二手,这里需要强调,材料固然多多益善,但多寡不是关键,在要紧处能说明问题或者够用便可,批评者不还承认"凑巧的是,总能在每个细节上都支持其论点"吗? 至于材料是否二手更不成问题,学术内部自有分工,材料之可靠可证与其是否一手、二手本无必然联系。再至于前述"带着公然的偏见进行选择和解读","用历史材料来适应自己的特定目的",如此做法今人看来也无可厚非,至少无伤大雅。历史学是一门古老却又开放的学科,如果说历史的客观本相只有一个,对这个本相的观察和记录却是主观多元的,而对历史记述的解读和选用更会因人因势而异。任何人一旦从茫茫历史中拼接出自己的历史图景,都无可避免地在用主观性掺杂所谓的客观性,这与故意无视或有意掩盖含义矛盾的史料还不是一回事。

有批评者指控李斯特在论述经济史时,"带着要确立理论的眼光在作选择"①,纯粹把各国的历史"强行装入"其经济发展阶段的模子,其对各国经济史的论述只围绕一个问题,就是这个国家为何没能成为英国?② 这种批评还是在责备李斯特犯有观念先行、削足适履之类的实用主义毛病,也同样失之偏颇。李斯特开宗明义要促进落后国赶上领先的英国,既然以英国为发展之最高阶,那么解释其他国家如何未能演进到该阶段,就如解释英国如何达到了该阶段,便成为其论述重点,一个先驱性赶超发展学说由此而确立于世。照批评者的逻辑,莫非要李斯特放弃以工业化为准绳去重新解读各国经济史? 那无异于取消李斯特学说的灵魂。也许在相对主义坐标中还存在其他发展目标和发展路径,可是现实世界的逻辑并不认同这种想象。细究之下,对李斯特历史应用上的批评真没有表面上看来的那么振振有词。

---

① *Ibid*. Walsh,"The Political Economy of Friedrich List", p. 634.

② *Ibid*. Tribe,"Friedrich List and the Critique of 'Cosmopolitical Economy'", p. 33.

* * *

　　以上讨论了有关李斯特学说的几个争议点，也许维护的成分反而多了一点，令我自己也始料未及，算是"了解之同情"吧。李斯特学说当然也不免盲点，但恐怕不在上述方面，更在其他地方。

　　如今看来，保护关税如何精准调节、农业部门是否也应予保护，如此之类固然都是问题，然而，更应指出李斯特学说中的一大缺陷。即，李斯特未能阐明：在一个需要实行关税保护和政府干预的后发国，如何才能具备那样出色的政府能力？如何保证政府能力恰到好处地服务于赶超发展目标，尤其是既不矫枉过正又能功成身退？既然尚且存在这些问题，李斯特是否过于乐观地估计了后发国政府对赶超发展的促进作用呢？可见，把一个殊难成全的关键条件直接设定为一个已经现成的当然前提，这才构成了李斯特学说的"阿喀琉斯之踵"。在这一点上，李斯特颇类似于詹姆斯·斯图尔特，这位影响过李斯特的重商主义经济学家曾假定过一个"明智且仁厚的治国者"，总能完美地充当"经济的看护人和指导者"①。

　　还有，李斯特学说也没有讨论：当所有国家，不，即使当部分主要国家都采取其强烈民族主义政策时，它们合到一起将对国际贸易和国际关系带来怎样的后果？既然如他所见缺乏世界统一政府，那最终是否会不可避免地导致列强竞相划分势力范围，进而酿成世界大战，就如后来确曾发生的那样？如何才能防范这种典型的"合成谬误"后果，他所谓国际联合是否可行以及如何才能可行？经历了以往两个世纪与井喷式发展相伴随的大规模国际争斗后，人类是否可能以及如何才能变得更富智慧和人道？这些都是李斯特留下的疑难问题，历来关涉重大但也至今无解，且留待大家共同思考。

---

① 前引欧文：《自由贸易思想史》，第42页。

第三节 现今应该吸取哪些李斯特思想

李斯特构建了一个"民族主义赶超发展范式",但如上可见,其思想比一般印象中的要更加多面复杂,历来的解读莫衷一是,所应用的目的也未尽一致。那么,从发展中国家现状特别是中国发展阶段看,我们今天应着重吸收李斯特的哪些思想呢?以下分三个方面展开,权作对全书的一个总结。

一、"招牌式"李斯特观点需要完整地借鉴

1. 注重生产力培育,实现工业赶超

"生产力"概念实乃李斯特学说的重中之重,它被置于与"交换价值"相对立的地位。李斯特陈言:"一个国家的发展程度,主要不是……决定于它所蓄积的财富即交换价值的多少,而是决定于它的生产力的发展程度。"[1]他爱打的比方是,"生产力"是苹果树,而"交换价值"只是苹果。一国应当培育"生产力"这棵生生不息、长远可靠之树,而不是仅仅追求"交换价值"这个一时得利的眼前之果。一国只有致力于生产力的培育,甘于"牺牲部分眼前利益",才能收获"抵偿损失而有余"的未来利益。[2]追求本国生产力的长远最大化,而不是借自由贸易追求交换价值的当下最大化,这一倡导让李斯特学说与斯密学派分道扬镳,也奠定了其"民族主义赶超发展范式"的基础。

在当今全球化时代,国内经济与世界经济的联系千丝万缕,覆盖贸易、投资、生产、物流、金融、技术、服务各领域,在此情况下,后发国如何始终以壮大生产力为准绳,在国际博弈中咬住赶超发展目标,恰当管理自身的国际政治经济联系,这是一个影响国运的大考验。尤其是对外的贸易和投资,都

---

[1] 前引李斯特:《政治经济学的国民体系》,第 127 页。

[2] 前引李斯特:《政治经济学的国民体系》,第 128 页。

应坚定追求自身产业结构的优化、竞争力的强化、价值链上的高端化，以及国民福祉的扎实改善。当代发展学家强调，后发国"决策者应当避免成为不动脑筋的全球化鼓吹者"，"必须以适当的角度看待开放带来的好处"；"决策者必须在经济增长的基本面上下功夫"，"而不应当让国际经济一体化左右自己的发展观"①等等，所言未必有李斯特学说那么清晰有力，但基本上异曲同工。

培育生产力直接体现为工业化赶超，现今则应体现为向价值链高端产业和资本货物工业升级。在追求国家富强和成功赶超这一重大问题上，李斯特深得安东尼·舍拉、让-巴蒂斯特·科尔贝等早期重商主义理论家与实践者的洞见，很早便领悟了工业活动报酬倍增、工商群聚激发增长、进口替代促成跨越、善政良治培育优势之类的发展规律。因此，在李斯特的构想中，工业化才是赶超发展的原动力，唯有工业化才能推动生产力的进步、经济的扩张、国际竞争力的增强，以及文明社会的确立。正是为了工业化赶超这一宏大目标，进出口禁令、进口关税、出口补贴、垄断专营、政府干预等通常被人诟病的重商主义手段才获得了历史的正当性，哪怕它们必然意味着扭曲和代价。

对后发国而言，既然缺乏从容不迫、听其自然的内外环境，那就只能两害相权取其轻。李斯特深知，"为了创建新工业，国家在别无选择时会被迫要求消费者作出巨大牺牲"；"我们只有准备忍受关税的弊端，才能获得关税的好处"。②唯其如此清醒，他才会反复提醒，在人为加速发展的过程中，必须时时警惕政府干预致过犹不及，处处提防手段异化而适得其反。需要指出的是，李斯特对于工业化赶超规律的超前领悟，得到了当代经济学家的多重确认。例如，除了熊彼特等人所谓"历史性报酬递增"规律外，保罗·克鲁

---

① ［美］丹尼·罗德里克：《新全球经济与发展中国家：让开放起作用》，王勇译，世界知识出版社2004年版，第31、7页。

② 前引李斯特：《政治经济学的自然体系》，第30、106页。

格曼等人的正反馈模型也表明,人为激励可赢得群聚的"磁铁效应",切实积累产业发展效果。[1]但相比之下,李斯特为工业化激励设下的诸多限制条件,在赶超论者这里往往会被大干快上的激情所淹没,这一脱离市场化的过度偏向无疑需要纠正。

2. 保护幼稚产业,放手国内竞争

李斯特的基本立场是,在一个有强国先已崛起的世界上,任何一个后发国如果志在赶超先进,就必须提防被强国的一体化发展战略所主导,必须选择民族主义的自主发展道路,首先便需要着力保护本国的幼稚产业,不能任由强国来瓦解工业化意志和工业化家底。尚无历史证据表明,哪个国家和地区是单靠奉行自由贸易、开放国内市场、不保护本土生产者,就可获得发达工业经济地位的,哪怕荷兰、香港也不例外。为提高世人警惕,李斯特惯用"攀上高枝后便踢掉梯子"这一比方,来形象地刻画领先强国的居心与行为,即在自己采用保护手段赢得优势后,却用自由贸易理论来劝阻后发国进行类似保护,等于要他人"照我现在说的去做,不要照我过去做的去做"。

须知,此类踢掉梯子或过河拆桥的现象如今不但没有消失,反而更加制度化了,集中体现于国际贸易多边体制为后发国设下了诸多限制,使其在较低的产业成长和经济发展水平上,却无法援用先发国原曾用过的跨越手段。故有言,"今天的发展中国家作为一个整体,在本国发展战略上甚至更加受到严格的制约"[2]。更不用说发达国家还可借助投资和金融等其他手段,直接打击后发国的新建工业。在此国际环境中,任何有条件且有志于赶超的国家显然必须注重幼稚产业保护,否则谈何"借梯攀高"迈向优势地位? 而以当今现实论,笼统的幼稚产业保护已不敷使用,需要的是根据各产业的本国成长和国际竞争情况,实施精准化、灵活性、超经济的产业保护,但李斯特

① *Ibid.* Legge, "Review of Chris Freeman & Luc Soete's *The Economics of Industrial Innovation*", p. 253.

② *Ibid.* Wade, "What Strategies Are Viable for Developing Countries Today?", p. 621.

系统阐述的有关原则继续大有用武之地。

李斯特针对外来强大竞争而呼吁后发国实施贸易保护和创业扶持,但决不能忽略的是,他始终强调在保证对本国市场独占的情况下,理应在国内构建一体化的大市场,且应展开国内的充分竞争。在他看来,对外构筑壁垒与对内自由竞争并行不悖甚至还相辅相成、相得益彰。"一些国家的社会和政治条件还没有充分发展到足以在国内市场上形成本国制造商之间激烈的内部竞争",此时就不适合实施保护,否则对外壁垒只会沦为内部特权集团"得以掠夺消费者"的寻租工具,"只会阻碍和减缓一国生产力的发展",长远看只会保护低效落后、染上保护依赖症、让经济赶超成为泡影。①这是李斯特反复发出的警告。

而只要放手国内竞争,则市场规模越大的国家就越有条件在追赶先进的过程中克服由幼稚产业保护带来的通行弊端,美国后来居上的成功案例充分证明了这一点。当然,充分竞争也有赖于国内市场的深度整合,美国早期强调交通建设的"内部改进"便着眼于此。李斯特终生致力于交通体系的改善,就是为了构建国内大市场、拓展专业化分工、形成国内竞争格局。如今,当采用必要措施落实幼稚产业保护时,必须清醒认识到,保护措施不过是在外部强大竞争面前不得已的临时安排,总需要通过内部竞争的培植以及向国际竞争的过渡来兴利除弊,否则就永远谈不上缩小国内外差距,更无以实现产业赶超的目标。在借鉴李斯特学说时,再不能停留在公式化的片面保护层次。

3. 政府适度干预,焕发企业精神

李斯特就政府干预问题打过一个比方,称在现代社会,要想培植森林,不能再坐等大自然的风力起作用,总应当采用更积极的人为手段。进言之,既然领先工业强国能够借自由贸易展开毁灭性竞争,后发国要想加速工业

---

① 前引李斯特:《政治经济学的自然体系》,第82页。

发展以图后来居上，就不能再寄希望于放任自流，这是他考察了众多正反两方面发展进程后得出的基本结论。李斯特设想的国家干预包含两个方面，一是针对领先国的竞争打压构筑贸易和产业保护的对外壁垒，二是有为地采取培植生产力的内政措施，如改良政法制度安排及完善交通等基础设施。世人大多记取李斯特关于保护主义的前一点，往往忽略其关于内政完善的后一点，其实二者同等重要、缺一不可。李斯特明确说过："国家在经济上越是发展，立法和行政方面干预的必不可少，就处处显得越加清楚。"①

然而，李斯特决非偏激的政府干预主义者。借用森哈斯的话说，李斯特固然不相信"发展是一个纯由看不见的手所引导的自发过程"，但他坚信，只有"恰当时候、恰当力度的国家干预"才是"成功发展必不可少的前提条件"。②事实上，李斯特说过不少要警惕政府干预过头的话，今天尤其不能听之藐藐。他着重指出，国家所要做的，不过是个人即使有所了解、单靠自身力量也无法从事的那些事；而对于国民个人更加知晓、更加擅长的那些事，国家就不应该"越俎代庖"。③在世界范围内政府角色普遍放大、生之者寡食之者众的背景下，再次了解李斯特所划出的政府干预的边界，了解他为个人和社会中的企业精神与自由活动所留出的空间，料想不会无益。

正因秉持政府干预适度的原则，所以李斯特一向高度重视企业精神，在这个问题上，他从来没有顾此失彼，毕竟他自己就是企业精神终生迸发的一个范例。研究者注意到，李斯特把企业精神及企业家的缺失，视为社会经济落后的原因和表征。④确实，在总结历史教训时，李斯特强调，一切事业特别是航海业的经营，最需要的就是"活动力、个人勇敢精神、进取心和忍耐精神"。在威尼斯，因为"内在精神意志"已消失、"民众自由与活力"遭摧残，

①　前引李斯特：《政治经济学的国民体系》，第 100、255、150 页。
②　前引森哈斯：《李斯特与发展的基本问题》，第 60 页。
③　前引李斯特：《政治经济学的国民体系》，第 147 页。
④　*Ibid*. Ince, "Friedrich List and the Imperial Origins of the National Economy", p. 395.

"富强的局势表面上似乎还支持了一个时期，但其基础已经不复存在"，故而城邦必然衰落。同样，汉萨同盟解体，是因为"他们向来所具有的那种勇敢气质、伟大的冒险与进取精神、自由与团结意志所激发的力量，都已经消逝"①。

工业化赶超及一般经济发展，始终需要生生不息的企业精神。当李斯特从美国回到汉堡游说铁路建设一无成果时，他愤言："企业精神已在此死亡。"②当讲到拿破仑战争结束后法国能从英国引进的先进生产要素时，他在列出机器、技能、工人、资本之外，特别提及企业精神。在讲到借关税保护发展工业所需要的条件时，他也在若干物质与非物质要素之余，不忘提及企业精神，同时强调，企业精神还是属于"比较容易改正的一类"要素，特别是在海外经营的"贸易公司能激发或复苏企业精神"。③可见，李斯特一方面重视他所说的"国家力量"，另一方面重视包括自由活力、趋利进取、勇敢冒险、坚韧创新在内的"企业精神"及企业家主体。这两方面需要互补兼备，于今应该更加不可偏废。

二、"非典型"李斯特观点值得进一步光大

1. 开拓海外经营，促进国际合作

众所周知，李斯特强调关税保护，那主要是一种防卫措施，重点不在向外拓展。他曾明确谈到，"向海外追求财富固然重要，但还有比这个更加重要十倍的是对国内市场的培养与保卫"。然而，上述说法主要基于当时德国工业尚欠发达而言，因为他深知，"只有国内工业高度发达的国家，才能在国外贸易上有重大发展"；"只有工业化国家才能够建立殖民地"。随着工业化

---

① 前引李斯特：《政治经济学的国民体系》，第 98、13、25 页。

② Margaret Esther Hirst, *Life of Friedrich List, and Selections from His Writings*, Smith, Elder & Co., 1909, reprinted by Forgotten Books, 2012, p. 73.

③ 前引李斯特：《政治经济学的国民体系》，第 262、264—265 页；前引李斯特：《政治经济学的自然体系》，第 124 页。

水平的提高,必然需要借国际市场来扩张经济并增强竞争力,无论国内市场有多大,内循环终究难以支撑起繁荣的现代经济。为了成功赶超并保持富强,国内保护跟海外开拓可以前后相继、并行不悖、相反相成,故而李斯特也对海外扩张充满期待,说出了要使工业获得发展"最不可缺的工具就是殖民地"这句话。①

撇开"殖民"中政治不正确的意涵,单就产业进步和经济增长的内在要求而论,如今强调参与全球化和"走出去",向先进者寻求技术和本领,向落后者寻求市场和资源,与李斯特所指其实是一脉相通的。在工业化的更高阶段,融入国际循环无疑是一国维持并扩大优势所必需,否则只会不进则退、半途而废乃至脱离世界文明主流。学界在反思不少后发国家赶超受挫的问题时,尽管承认其前期进口替代战略成效可观,但也明确告诫:"贸易保护未必就是要'反贸易'","进口替代仍应伴以出口开发";只有两相结合才能有效地服务于更宏大的产业战略,即"要在一个民间创业、市场为本的经济中提高国内投资水平并培育本国公司能力",包括其国际竞争和盈利能力。②这些论点再次印证了李斯特的预见性。

在国际经济关系中,李斯特也不是只有民族主义对抗思想,其学说还有倡导国际合作的另一面,此点需要明察。诚然,面对强者巨大的工业优势及滥用这种优势的趋向,李斯特确实提出了一系列针锋相对的经济政策,所以他的学说范式无疑是民族主义的。但这种对抗性纯属基于后发国处境而展开的自卫,实乃反应性而非侵略性经济民族主义。事实上,面对代表其时最先进生产力的英国,李斯特从来都不是"仇英者",如其著作的英国译者所承认,"他绝非英国的敌人,相反对于英国的政治制度还衷心赞赏,且热烈主张英德两国结成联盟"③。如今大家赞赏李斯特在深爱祖国的同时也敦促欧

---

① 前引李斯特:《政治经济学的国民体系》,第 162、229 页。
② *Ibid*. Wade, "What Strategies Are Viable for Developing Countries Today?", p. 634.
③ 前引李斯特:《政治经济学的国民体系》,第 2 页。

洲各国"携手为共同的经济与政治福祉而和平奋斗"①,堪称"欧洲联盟最早的倡导者之一"②。

当然,李斯特决没有放弃对本国利益的竞逐,相反,他从现实主义立场出发,致力于推动德国的对外贸易、海外殖民及海外竞争,而且强调政治力量需要为海外经营保驾护航,从而为国内的加速发展争取良好的外部条件。对于国际联盟,他也是划出边界的,即"只有多数国家在工业与文化、政治修养与实力达到尽可能近于同等的程度时",才适合结成联盟。③不过同时,李斯特也从理想主义角度提出了保障国际和平与秩序、促进海上自由与安全等建议,特别是提出"应该召开一个世界贸易大会",以便在国际间"缔结有益的商业条约"。其所谓"有益",是指要照应"处于不同经济发展阶段的社会和地区,诸如工业化的、农业的、殖民地的、原始的社会和地区的不同利益"④。这些观念反映了李斯特的人类情怀和合作意识,在今天的全球化时代更加不可或缺。

2. 瞄准科技创新,重视人力资本

李斯特在科技崭露头角之初就预断了它对工业进步和赶超发展的巨大效应,他十分前瞻地断言,科技进步给予工业社会的利益比起农业社会将"多得无法计量",而且"新发现和新发明会越来越快地成功应用于工业实践"。⑤在总结英国富强的经验时,他明确指出,那"并非完全是出于其商业限制政策、航海条例和商业条约之赐,很大程度上也是由于它在科学上、技术上的胜利",尤其是对专利权的法律保护让英国"长期独占了每个国家的发明天才"。⑥当然,李斯特同时敏锐地认识到,科技创新已具有在国际竞争

---

① ［德］欧根·文得乐:《弗里德里希·李斯特传》,梅俊杰译,商务印书馆2019年版,第2页。
② Christopher Winch, "Listian Political Economy: Social Capitalism Conceptualised?", *New Political Economy*, Vol. 3, No. 2, 1998, p. 303.
③ 前引李斯特:《政治经济学的国民体系》,第154、162、113页。
④ 前引李斯特:《政治经济学的自然体系》,第126页。
⑤ 前引李斯特:《政治经济学的自然体系》,第66—68页。
⑥ 前引李斯特:《政治经济学的国民体系》,第49、56页。

中"一剑封喉"的奇效,"仅仅因为较先进的国家能够提前几年利用新的发明,就可能致使较不发达的国家大部分工业崩溃"①。李斯特关于科技的威力及其对落后国威胁的论断对今天应该尤其贴切。

为发挥科技创新对赶超发展的带动作用,李斯特十分超前地提出了当代所谓"国家创新体系"的诸多设想,体现于他所倡导的广泛措施,从扶植幼稚产业、推动进口替代,到输入外国机器、吸引外国技工;从跟踪国外行情、博览传播知识,到奖励发明专利、支持特许公司;从普及文化教育、兴办技术院校,到开设实用课程、支持培训工人;从补贴工厂新建、鼓励效率提升,到改善交通运输、优化制度安排;等等,覆盖了知识和技术的引进、应用、创新、扩散各个环节。②因此,国家创新体系的当代倡导者们相信,李斯特远比斯密重视科技创新,"其政策的大部分涉及对新技术进行学习和应用的问题",且"在追赶型国家中得到了应用"③,着实是"国家创新体系关于技术变迁与技术学习的先驱"④。

同样,李斯特也超前地表达了对人力资本的重视。他曾举两个地主家长为例,即一个用心积蓄却让儿子干体力活,另一个却把积蓄用于儿子的文化教育与技能学习,最终后一家庭定会更加发达。李斯特用这个例子不仅说明培育长远"生产力"远比追求短期"交换价值"更有回报,而且强调了他所谓"精神资本"或"智力资本"即今称人力资本的重要性。于是,他下了结论:"一国的最大部分消耗,应该用于后一代的教育,应该用于国家未来生产力的促进和培养。"⑤相对于主流经济学 20 世纪 60 年代才提出"人力资本"

① 前引李斯特:《政治经济学的自然体系》,第 74 页。
② 前引李斯特:《政治经济学的国民体系》,第 260、117 页;前引李斯特:《政治经济学的自然体系》,第 106、119 页。
③ 〔美〕克里斯托弗·弗里曼:《大陆、国家和次国家的创新体系:互补性与经济增长》,载前引赖纳特等主编:《穷国的国富论》下卷,第 142—143 页。
④ Mark Knell, "Friedrich List and the American System of Innovation", in *ibid*. Hagemann, et al., eds., *The Economic Thought of Friedrich List*, p. 189.
⑤ 前引李斯特:《政治经济学的国民体系》,第 123 页。

概念,李斯特作为"人力资本理论创立者之一"①,在这方面确又遥遥领先,而且,他提出政府应大力投资于人力资本,这也为赶超发展寻得又一个重要政策杠杆。

与此相关,李斯特高度重视精神生产者的作用,这在经济学家中也独树一帜。他写道:"精神生产者的任务在于促进道德、宗教、文化和知识,在于扩大自由权,提高政治制度的完善程度,在于对内巩固人身和财产安全,对外巩固国家的独立主权;他们在这方面的成就愈大,则物质财富的产量愈大。"当然反之亦然,"物质生产者生产的物资愈多,精神生产就愈能够获得推进"。李斯特决不是唯意志论者,他不过是洞察到,生产力或总体效益有赖于分工基础上的联合和协调,于是他强调所有生产部门之间"等比例的发展",而且强调应在物质与非物质部门间也保持平衡共生关系,"如果缺少和谐的发展,一个国家决不会富强"②。为了用给定的资源实现最大的社会经济效益,举凡政治与经济、政权与社会、监管与企业、食利与生产等等之间,何时不需要和谐的平衡关系呢?

3. 保障自由立宪,维护公平团结

李斯特在历览各国经济史后发现,自由和立宪尤能塑造经济繁荣,堪称立国之本。他认定:"英国工业与实力的增长,只是从其国家自由奠定实际基础时才真正开始的;而威尼斯、汉萨城市、西班牙和葡萄牙的工业与实力的崩溃,是与自由的丧失同时发生的。缺少了自由制度以后,公民个人方面无论怎样地勤奋、俭约、富于创造能力和智慧,也不能有所弥补。"③在李斯特眼里,自由的存续本质上又与宪政的确立相关联,因为立宪意味着对君主擅权的限制,意味着代议制下税收制度的稳定,进而意味着个体人身自由和财产安全的保障。英国能在光荣革命后持续加速地积累财富和生产力,而

---

① *Ibid*. Levi-Faur, "Friedrich List and the Political Economy of the Nation-State", p. 159.

② 前引李斯特:《政治经济学的国民体系》,第 140、135 页;前引斯特:《美国政治经济学大纲》,第 209 页。

③ 前引李斯特:《政治经济学的国民体系》,第 98 页。

法国同期却在科尔贝去世后突然间赶超发展人亡政息、富强成就得而复失，主因俱在这里。①

称自由和立宪为国本或"第一生产力"，单从经济角度看便可成立。如李斯特所总结，欧洲的列国互动多元体系屡屡表明，"技术和商业是会从一个城市转移到另一个城市，从这个国家转移到其他国家的，在本土受到迫害、压制时，它们就会逃避到别的城市、别的国家，在那里寻找自由、安全和支持"。显然，在开放的国际体系下，自由制度、立宪秩序才是招商引资、招人引技的最有效政策，才是发扬"后发优势"、克服"后发劣势"的关键所在，也才是确保国家富强、实现长治久安的根本大计。为此，李斯特劝导志在赶超的本国人，与其静候其他国家犯错误，靠这种可遇不可求的机会来坐收渔利，还不如努力改良自己的内部制度，主动创造能吸引和激发先进生产要素的有利环境。②

与单纯关注物质因素的经济学家不同，李斯特具有宽阔的政治、社会等非物质视野，乃至被称为"有社会责任的经济学家"，并被奉为德国"社会市场经济体制的首倡者"。③他聚焦于两点：社会公正、社会团结，相信这两大因素对经济社会的良性发展至为关键。早年考察美国优异的发展条件时，他除提及"大自然的慷慨恩赐"外，主要强调了"普遍而公平的财产、教育、工业、权力和财富的分配"。④后在分析英国富强繁荣的原因时，他又说那"不单是国家力量与个人利欲的结果，人民爱好自由与公正的先天禀赋"之类特质同样作用甚大，并为此特别赞许了"英国一切自由公正观念所由滋长的种子，即陪审权"。李斯特的结论是："法律和公共制度虽然不直接生产价值，但它们是生产生产力的。"⑤

① 前引李斯特：《政治经济学的自然体系》，第134、144—145页。
② 前引李斯特：《政治经济学的国民体系》，第100页。
③ *Ibid*. Wendler, "The Present Day Reception of the Ideas of Friedrich List on Economics and Transport Policy", p. 160.
④ 前引李斯特：《美国政治经济学大纲》，第211页。
⑤ 前引李斯特：《政治经济学的国民体系》，第49、127页。

"团结"是李斯特在社会层面看重的另一因素，他"倡导社会包容乃经济成功的前提条件"，以致被指缺乏阶级意识或"漠视阶级斗争"。①李斯特首先注重国家统一层面上民族的联合，比如汉萨同盟的成立便形成了团结力量；针对其时四分五裂的德国，他哀叹"国家缺乏团结一致的力量"，使得在与外国交涉时软弱无能。其次，在统一的国家内部，国民的团结同样至为重要，这是打造整合一体、自立繁荣的国民经济所必需的凝聚力。这种凝聚力只能靠工资的增长、公平的分配、公正的司法、政治的参与、文明的教化来打造。李斯特观察到，联邦架构和民主制度使得美国迅速成为一个"团结一致"的富强独立国家，俄国的"国民团结与政治环境也对该国经济生活有莫大影响"②。以后主流经济学界对"社会资本"作用的揭示再次证明，李斯特这方面超前的洞察仍贴合当代关切。

三、李斯特的经济学方法至今仍有纠偏意义

1. 追赶迈向超越，需要政策转换

今天可借重的李斯特经济学方法，首推其相对主义思维，即相信任何政策均对应于特定的时空，任何政策都需随发展阶段的变化而变化。一般皆知，李斯特提出了经济发展阶段论，即按产业言，一国将经过原始未开、畜牧、农业、农工业、农工商业五个阶段，或按对外交往言，会经过自给自足、外贸介入、关税保护、国际竞逐四个阶段。其实，这种划分特别是产业发展五阶段论谈不上首创，至少斯密就有过类似观念。③李斯特的贡献更在于把发展阶段作为经济政策尤其是商业政策的制定依据。他强调在严重落后时，应当"对先进的城市和国家进行自由贸易"，为的是"促进繁荣和文明"；及至已积累蓄势待发的条件却又受制于外来竞争的阻碍时，则应实行限制性商

① *Ibid*. Winch，"Listian Political Economy"，p. 312.
② 前引李斯特：《政治经济学的国民体系》，第16—17、76、87、84页。
③ 前引斯密：《国民财富的性质和原因的研究》下卷，第254—257页。

业政策;而且,工业发展阶段"不同的国家应该采取不同的保护性关税政策",他所谓"滑动税率"所指即此。①

秉持这一原则,李斯特还对"追赶"和"超越"两个不同阶段及其不同政策需求作了事实上的区分。在他看来,"追赶"阶段中,在脱离未开化状态后,宜"用商业限制政策,促进工业、渔业、海运事业和国外贸易的发展",该阶段的政策重心是民族主义、关税保护、进口替代、政府干预、加速追赶;及至"超越"阶段,即在拥有充分的财富与实力后,宜转而"在国内外市场进行无所限制的竞争,使从事于农工商业的人们在精神上不致松懈,并可鼓励他们不断努力于保持既得的优势地位",该阶段的政策特征是世界主义、自由贸易、多元竞争、市场运行、力争超越。②以此观之,李斯特学说中看似矛盾的民族主义一面与自由主义一面,往往对应于这两个不同的发展阶段,其实毫不矛盾。

观察历史上成功崛起的国家,它们在不同程度上都经历过从"追赶"向"超越"的政策转换。最典型者便是英国,它在推行数个世纪的重商主义体制后,于19世纪上半叶陆续撤除原先的各种限制政策,从全面降低关税,到废除《谷物法》和《航海法》,均属于实现超越所必需的自由化转型。③即使是在典型后发国如日本,也可见明治政府在大举投资官办企业"殖产兴业"后,于19世纪晚期通过"官业处理"的民营化,力图转向某种宏观扶持、自由经营的发展格局,以促成经济的持续加速赶超。④因此,成功的现代化都包含了从动员体制向常态体制的转型,李斯特分辨出的不同阶段及政策差异具有相当的普适性。

2. 观照多元因素,摒弃经济主义

李斯特另有一个突出的方法特征,即从不会仅仅把某单个因素当作经

---

① 前引李斯特:《政治经济学的国民体系》,第155页;前引李斯特:《政治经济学的自然体系》,第43、124页。

② 前引李斯特:《政治经济学的国民体系》,第105页。

③ 前引梅俊杰:《贸易与富强:英美崛起的历史真相》,第149页。

④ 杨栋梁:《日本后发型资本主义经济政策研究》,中华书局2007年版,第63—75页。

济发展的决定性助力或阻力，他从来都是把众多因素纳入考察视野。不同于二战后那些发展经济学家单打一地强调"唯资本""唯计划"之类①，李斯特非常超前地展现了至今罕见的"全息性"，务实地摒弃狭隘的经济主义思维。在总结英国赶超的成功经验时，他提及了令人难以置信的众多因素，涉及关税保护、产业扶持、航海条例、商业条约、科技进步、运输便利、基础设施、国家实力、海外殖民、代议政体、王在法下、法治公正、私产安全、税制稳定、专利保护、自由权利、个人利欲、勤奋进取、公众知识、政要智慧、贵族开明、宗教宽容、岛国环境、国内和平、避难便利、侥幸因素等。他还归纳出了英国为赢得富强所采用的一系列政策准则。②

在讨论工业化所需的基本条件时，李斯特单在一个段落中就提到这些方面：交通运输、技术知识、熟练工人、企业精神、农业健全、物质资本、政治制度、法律保障、公民自由、刻苦耐劳、文化教育、社会公正、道德良善、领土规整等，并且指出哪些条件比较容易补足、哪些条件又较难补足。③在其他地方，他另有具体论列④，本书第三章专已总结出李斯特判定会影响赶超发展的 16 个因素，这里不再重复。只需指出，对于赶超发展所涉变量，李斯特亦非一概等量齐观，比如，针对种种工业化激励措施，他就优先强调"实行关税政策，否则，所有那些措施都不会有多少效果"。但是，对于哪些因素在比如说英国的成功赶超中发挥了多大作用，他又开放性地承认"这又有谁能肯定呢？"⑤经济发展毕竟是一个多因素广泛互动的综合过程，所以李斯特"倾向于表述可能性"，而非教条的决定论和宿命论⑥，这是值得学习的求实

---

① ［英］杰拉尔德·迈耶、达德利·西尔斯编：《发展经济学的先驱》，谭崇台等译，经济科学出版社 1988 年版，第 1 页。

② 前引李斯特：《政治经济学的国民体系》，第 49—56、305—306 页；前引李斯特：《政治经济学的自然体系》，第 145 页。

③ 前引李斯特：《政治经济学的国民体系》，第 265 页。

④ 前引李斯特：《政治经济学的自然体系》，第 106、119、145 页。

⑤ 前引李斯特：《政治经济学的自然体系》，第 106 页；前引李斯特：《政治经济学的国民体系》，第 51 页。

⑥ 前引森哈斯：《李斯特与发展的基本问题》，第 60 页。

态度。

也应当指出,在探寻经济发展的多元因素时,李斯特高度重视制度因素,所以其"生产力"更可确切地称为"生产源力"。在此宽阔概念的指导下,从基督教、一夫一妻制、王位继承,到印刷、报纸、邮政、度量衡,再到社会治安、制度发明、产权保障,他断言"这些都是生产力增长的丰富泉源",如同"司法公开、陪审制度、国会立法、公众监督行政、地方自治、言论自由、有益目的的结社自由"也是经济增长的源泉。①当然,斯密等人也认识到非经济制度因素的功用,曾称"英国的法律保证了一切人都享有其劳动果实",英国北美殖民地的政治制度比其他任何一国的都"更有利于土地的改良与耕种"。②然而,就对非经济制度因素的宽广关注、对其经济功用的着重强调而言,李斯特可谓空前也许绝后,这种对狭隘经济主义思维的摒弃至今仍大有启发性。

3. 始终面向实践,注重历史方法

终其一生,李斯特的本色都是脚踏实地的实干行动家,而非枯坐书斋的教条理论家,他的经济研究及所构建的学说具有强烈的实践导向。在其心目中,经济学"最崇高目的"在于"解释经济现实,并阐明如何改善经济现实"。李斯特深切认识到,虽然经济理论层出不穷、头头是道,但多脱离实践经验,难以提供有用的指导,科尔贝之后也再无经济学说能成功地付诸实践。③更有甚者,出于自身利益考量,英国经由率先工业革命赢得显赫竞争优势后,在国际上大举推行"世界主义一体发展范式"。在李斯特看来,自由贸易理论难以给后发国带来巧言承诺的发展绩效,反而会造就一个领先者锁定既得优势、落后者陷入依附困境的等级制世界。于是,如何修正或破解流行的主导理论,构建一个能有益于后发国赶超发展的替代性学说,便成为

①　前引李斯特:《政治经济学的国民体系》,第 123 页。
②　前引斯密:《国民财富的性质和原因的研究》下卷,第 112、143 页。
③　前引李斯特:《政治经济学的自然体系》,第 16—17 页。

李斯特理论上的奋斗目标。

如何着手构建一个贴合实践的替代性学说呢？李斯特的方法还是诉诸实践，他开始与斯密学派分道扬镳，就是因为发现经济实践与流行理论背道而驰，也即在撤除拿破仑大陆封锁体系后，与英国经济的一体化互动反而沉重打击了大陆国家的产业。之后，李斯特亲身考察了其时世上几乎"所有先进国家"（包括英国、法国、瑞士、比利时、奥地利、美国），并实地"研究过它们的贸易、工业、财政和农业"①，最终提出了与斯密学派分庭抗礼的"民族主义赶超发展范式"。所以说，李斯特的政治经济学"决非惯常的迂腐推测、生硬的理论编织，而是立足于实践查考"②。当然，这种查考也延伸到了既往数百年的经济史，历史原就是过往的实践，而且是系列性实践。对历史的开掘为李斯特学说寻得了实证支撑，也因此开辟了至今不绝的经济学历史学派。

历史学派尤能在方法上为当今经济学及经济发展提供有益启迪，前面提及的李斯特摒弃狭隘经济主义那种特长便主要得益于其历史方法，熊彼特即指出，"历史提供了最好的方法让我们了解经济与非经济的事实是怎样联系在一起的"③，有利于更加全面准确地理解经济活动，并设计出更符合实际的赶超战略。与此同时，历史方法也长于把一切经济问题都置于历史演化中，这意味着任何原理和政策都有其时空相对性，于是大有必要重视普遍性之外的特殊性、必然性之外的或然性、简单性之外的复杂性。其实19世纪下半叶的方法论大战中，分歧点就在于经济学到底是一门关涉普遍性和绝对性的科学，还是一门关涉具体性和独特性的科学；是一门仅仅涉及狭隘经济问题的学科，还是一门也应涉及相关非经济问题的学科。如果说答

---

① 前引李斯特：《政治经济学的自然体系》，第19页。

② Harry Rickel，"Friedrich List—An Unknown Great American"，in Eugen Wendler, *Friedrich List's Exile in the United States：New Findings*，Springer，2016，p. 36.

③ ［奥］约瑟夫·熊彼特：《经济分析史》第一卷，朱泱等译，商务印书馆1991年版，第29页。

案可能就在两端之中,那李斯特的历史方法无疑有助于纠正自由学派积习已深的偏颇和失衡。

李斯特能以非典型学者之身却作出"比现代发展经济学更加完整的分析"[1],其著作依然能为"涉足经济政策的每一位从政者和理论者提供毋庸置疑的思想财富"[2],原因就在于其实证的历史方法。让经济史成为经济学的有机部分和实证支撑,这应该也是李斯特及其学说留给今人的宝贵启示。

[1] Armando J. Garcia Pires, and José Pedro Pontes, "Industrialization 'without' Tariffs—Friedrich List as a Forerunner of Modern Development Economics", http://core.ac.uk/display/46116821, 2015, p. 3.

[2] Edgar Salin quoted, in *ibid*. Wendler, "The Present Day Reception of the Ideas of Friedrich List on Economics and Transport Policy", p. 161.

征引文献

［澳］阿恩特，海因茨·沃尔夫冈：《经济发展思想史》，唐宁华等译，商务印书馆1997年版。

陈敏之、顾南九编：《顾准文存：顾准笔记》，中国青年出版社2002年版。

［德］恩格斯，弗里德里希：《卡尔·马克思〈政治经济学批判〉》，载《马克思恩格斯全集》第13卷，人民出版社1965年版。

［德］法比翁克，京特：《弗里德里希·李斯特》，吴薇芳译，商务印书馆1983年版。

［美］弗里曼，克里斯托弗：《大陆、国家和次国家的创新体系：互补性与经济增长》，载［挪］埃里克·赖纳特、贾根良主编：《穷国的国富论：演化发展经济学论文选》下卷，贾根良等译，高等教育出版社2007年版。

［美］高柏：《经济意识形态与日本产业政策：1931—1965年的发展主义》，安佳译，上海人民出版社2008年版。

［美］格林菲尔德，里亚：《资本主义精神：民族主义与经济增长》，张京生等译，上海世纪出版集团2004年版。

［俄］格申克龙，亚历山大：《经济落后的历史透视》，张凤林译，商务印书馆2009年版。

［美］赫德森，迈克尔：《保护主义：美国经济崛起的秘诀（1815—1914）》，贾根良等译，中国人民大学出版社2010年版。

何新：《思考：新国家主义的经济观》，时事出版社2001年版。

［英］亨德森，威廉：《英文版编者序》，载［德］弗里德里希·李斯特：《政治经济学的自然体系》，杨春学译，商务印书馆1997年版。

［法］季德，夏尔、夏尔·利斯特：《经济学说史》上册，徐卓英等译，商务印书馆1986年版。

贾根良等：《新李斯特经济学在中国》，中国人民大学出版社2015年版。

［德］拉夫，迪特尔：《德意志史：从古老帝国到第二共和国》，波恩国际出版社1987年版。

［挪］赖纳特，埃里克：《竞争力及其思想先驱：五百年跨国比较的视角》，载［挪］埃里克·赖纳特、贾根良主编：《穷国的国富论：演化发展经济学论文选》下卷，贾根良等译，高等教育出版社2007年版。

［挪］赖纳特，埃里克：《评价成功的基准：同时代的欧洲经济学家对荷兰共和国（1500—1750）的观点》，载［挪］埃里克·赖纳特、贾根良主编：《穷国的国富论：演化发展经济学论文选》下卷，贾根良等译，高等教育出版社2007年版。

［挪］赖纳特，埃里克：《作为发展经济学的德国经济学：从"三十年战争"到第二次世界大战》，载［挪］埃里克·赖纳特、贾根良主编：《穷国的国富论：演化发展经济学论文选》下卷，贾根良等译，高等教育出版社2007年版。

［挪］赖纳特，埃里克：《富国为什么富穷国为什么穷》，杨虎涛等译，中国人民大学出版社2010年版。

［挪］赖纳特，埃里克、索菲斯·赖纳特：《重商主义与经济发展：熊彼特动态、制度建设与国际评价基准》，载［挪］埃里克·赖纳特、贾根良主编：《穷国的国富论：演化发展经济学论文选》下卷，贾根良等译，高等教育出版社2007年版。

［挪］赖纳特，索菲斯：《意大利的政治经济学传统：启蒙运动时期半边缘化地区的发展理论与政策》，载［挪］埃里克·赖纳特、贾根良主编：《穷国的国富论：演化发展经济学论文选》下卷，贾根良等译，高等教育出版社2007年版。

［挪］赖纳特，索菲斯、埃里克·赖纳特：《早期的国家创新体系：以舍拉1613年的〈简论〉为例》，载［挪］埃里克·赖纳特、贾根良主编：《穷国的国富论：演化发展经济学论文选》下卷，贾根良等译，高等教育出版社2007年版。

［美］兰德斯，戴维：《国富国穷》，门洪华等译，新华出版社2001年版。

［英］劳埃德，桑普森：《英译者序》，载［德］弗里德里希·李斯特：《政治经济学的国民体系》，陈万煦译，商务印书馆1961年版。

李璜：《释国家主义之三：国家主义的真趋向》，载《醒狮》（第5号）1924年11月8日。

李璜：《述国家主义的经济学》，载《醒狮》（第26号）1925年4月4日。

李璜：《述国家主义的经济学：续第二十六期》，载《醒狮》（第29号）1925年4月25日。

李璜：《国家主义的经济政策》，载《民声周刊》1932年7月20日。

［德］李士特：《国家经济学》，王开化译，商务印书馆1925年版，上海社会科学院

出版社(翻印)2016 年版。

[德]李斯特,弗里德里希:《政治经济学的国民体系》,陈万煦译,商务印书馆 1961 年版。

[德]李斯特,弗里德里希:《国民经济学体系》,程光蘅译,台湾银行经济研究室 1970 年版。

[德]李斯特,弗里德里希:《美国政治经济学大纲》,载[德]弗里德里希·李斯特:《政治经济学的自然体系》,杨春学译,商务印书馆 1997 年版。

[德]李斯特,弗里德里希:《政治经济学的自然体系》,杨春学译,商务印书馆 1997 年版。

刘秉麟:《李士特》,商务印书馆 1930 年版。

刘帅帅、朱成全:《德国历史学派经济思想研究》,东北财经大学出版社 2019 年版。

鲁友章:《重商主义》,商务印书馆 1964 年版。

"论说":《论当采用保护贸易之制》,载《新闻报》1910 年农历 9 月 7 日、11 日。

[美]罗德里克,丹尼:《新全球经济与发展中国家:让开放起作用》,王勇译,世界知识出版社 2004 年版。

[英]罗尔,埃里克:《经济思想史》,陆元诚译,商务印书馆 1981 年版。

[德]罗雪尔,威廉:《历史方法的国民经济学讲义大纲》,朱绍文译,商务印书馆 1986 年版。

[瑞典]马格努松,拉斯:《重商主义政治经济学》,梅俊杰译,商务印书馆 2021 年版。

[德]马克思,卡尔:《评弗里德里希·李斯特的著作〈政治经济学的国民体系〉》,载《马克思恩格斯全集》第 42 卷,人民出版社 1979 年版。

马寅初:《中国经济改造》,商务印书馆 1935 年版。

[美]麦格劳,托马斯:《现代资本主义:三次工业革命中的成功者》,赵文书等译,江苏人民出版社 2000 年版。

[英]迈耶,杰拉尔德、达德利·西尔斯编:《发展经济学的先驱》,谭崇台等译,经济科学出版社 1988 年版。

梅俊杰:《后进国发展理论的先声:弗里德里希·李斯特发展学说评估》,载《学术界》2002 年第 1 期。

梅俊杰:《理当为历史上的"重商主义者"立传》,载[法]伊奈丝·缪拉:《科尔贝:法国重商主义之父》,梅俊杰译,上海远东出版社 2012 年版。

梅俊杰:《译序:后发工业化和现代化的巨人》,载[美]西德尼·哈凯夫:《维特伯爵:俄国现代化之父》,梅俊杰译,上海远东出版社 2013 年版。

梅俊杰:《重商主义真相探解》,载《社会科学》2017 年第 7 期。

梅俊杰:《从赶超发展角度重新认识弗里德里希·李斯特》,载《政治经济学报》2019 年第 19 卷。

梅俊杰:《法兰西帝国:重商主义的大陆强权》,载李伯重、韦森等:《枪炮、经济与霸权:谁在争夺世界经济的铁王座》,现代出版社 2020 年版。

梅俊杰:《在赶超发展视野下重新解读李斯特经济学说》,载《社会科学》2021 年第 3 期。

梅俊杰:《贸易与富强:英美崛起的历史真相》,九州出版社 2021 年版。

[英]米尔斯,约翰:《一种批判的经济学史》,高湘泽译,商务印书馆 2005 年版。

[法]缪拉,伊奈丝:《科尔贝:法国重商主义之父》,梅俊杰译,上海远东出版社 2012 年版。

[英]莫里斯-铃木,泰萨:《日本经济思想史》,厉江译,商务印书馆 2000 年版。

[美]欧文,道格拉斯:《自由贸易思想史》,梅俊杰译,上海财经大学出版社 2021 年版。

"澎湃":《韩国晋升发达国家,靠谱么?》,https://www.thepaper.cn/newsDetail_forward_13573677,2021 年。

[美]萨缪尔森,保罗、威廉·诺德豪斯:《经济学》上册,中国发展出版社 1992 年版。

[德]森哈斯,迪特:《欧洲发展的历史经验》,梅俊杰译,商务印书馆 2015 年版。

[德]森哈斯,迪特:《弗里德里希·李斯特与发展的基本问题》,梅俊杰译,载《国外社会科学前沿》2019 年第 12 期。

"商务译论":《保护自由贸易论》,载《时报》1907 年农历 5 月 2 日。

[美]斯蒂格利茨,约瑟夫、安德鲁·查尔顿:《国际间的权衡交易:贸易如何促进发展》,沈小寅译,中国人民大学出版社 2008 年版。

[英]斯密,亚当:《国民财富的性质和原因的研究》,郭大力等译,商务印书馆 1997 年版。

[美]斯塔夫里亚诺斯,L.S.:《全球分裂:第三世界的历史进程》,迟越等译,商务印书馆 1993 年版。

[美]托达罗,M.P.:《第三世界的经济发展》下册,于同申等译,中国人民大学出版社 1991 年版。

［德］文得乐，欧根：《弗里德里希·李斯特传》，梅俊杰译，商务印书馆 2019 年版。

萧志仁：《各国经济思潮之变迁》，内务部编译处 1921 年版。

［奥］熊彼特，约瑟夫：《经济分析史》第一卷，朱泆等译，商务印书馆 1991 年版。

［奥］熊彼特，约瑟夫：《经济分析史》第二卷，杨敬年译，商务印书馆 1992 年版。

严鹏：《李斯特经济学说在近代中国的传播及其作用评价》，载贾根良等：《新李斯特经济学在中国》，中国人民大学出版社 2015 年版。

阎书钦：《国家与经济：抗战时期知识界关于中国经济发展道路的论争》，中国社会科学出版社 2010 年版。

杨春学：《中译者前言》，载［德］弗里德里希·李斯特：《政治经济学的自然体系》，杨春学译，商务印书馆 1997 年版。

杨栋梁：《日本后发型资本主义经济政策研究》，中华书局 2007 年版。

张登德、刘倩：《理论与现实：近代中国学界论亚当·斯密与李斯特》，载《鲁东大学学报》（哲学社会科学版）2021 年第 1 期。

张东荪：《关税救国论》，载《庸言》1913 年第 1 卷第 18 期。

［韩］张夏准：《富国陷阱：发达国家为何踢开梯子》，肖炼等译，社会科学文献出版社 2007 年版。

［韩］张夏准：《富国的伪善：自由贸易的迷思与资本主义秘史》，严荣译，社会科学文献出版社 2009 年版。

重远：《外国贸易论》，载《新民丛报》1906 年第 22 号。

朱俊瑞：《梁启超经济思想研究》，中国社会科学出版社 2004 年版。

朱绍文：《中译本序》，载［德］威廉·罗雪尔：《历史方法的国民经济学讲义大纲》，朱绍文译，商务印书馆 1986 年版。

朱绍文：《经典经济学与现代经济学》，北京大学出版社 2000 年版。

Almodovar, António, and José Luís Cardoso, "The Influence of the German Historical School in Portugal", in José Luís Cardoso, and Michalis Psalidopoulos, eds., *The German Historical School and European Economic Thought*, London and New York: Routledge, 2016.

Astigarraga, Jesús, and Juan Zabalza, "The German Historical School in Spain: From the Fringes to Mainstream (1870-1936)", in José Luís Cardoso, and Michalis Psalidopoulos, eds., *The German Historical School and European Eco-*

nomic Thought, London and New York: Routledge, 2016.

Avtonomov, Vladimir, and Georgy Gloveli, "The Influence of the German Historical School on Economic Theory and Economic Thought in Russia", in José Luís Cardoso, and Michalis Psalidopoulos, eds., *The German Historical School and European Economic Thought*, London and New York: Routledge, 2016.

Backhaus, Jürgen, und Arno Mong Daastoel, „Friedrich List Einfluß in den Niederlanden", in Eugen Wendler Hrsg., „*Die Vereinigung des europäischen Kontinents*": *Friedrich List—Gesamteuropäische Wirkungsgeschichte seines ökonomischen Denkens*, Schäffer-Poeschel Verlag Stuttgart, 1996.

Bairoch, Paul, *Economics and World History: Myths and Paradoxes*, Chicago: The University of Chicago Press, 1993.

Bastien, Carlos, "Friedrich List and Oliverira: Some Odd Coincidences", in Michalis Psalidopoulos, and Maria Eugénia Mata, eds., *Economic Thought and Policy in Less Developed Europe: The Nineteenth Century*, Routledge, 2002.

Bastien, Carlos, und Eduardo de Sousa Ferreira, „Die List-Rezeption in Portugal", in Eugen Wendler Hrsg., „*Die Vereinigung des europäischen Kontinents*": *Friedrich List—Gesamteuropäische Wirkungsgeschichte seines ökonomischen Denkens*, Schäffer-Poeschel Verlag Stuttgart, 1996.

Beckerath, Erwin von, Karl Goeser, Wilhelm Hans von Sonntag, Friedrich Lenz, Edgar Salin, u. a. Hrsg., *Friedrich List. Schriften, Reden, Briefe*, 10 Bände, Reimer Hobbing, Berlin, 1927-1933 u. 1936.

Belshaw, James P., "Gunnar Mydal and Friedrich List on Economic Development", *The Indian Economic Journal*, Vol. 6, No. 4, 1959.

Boianovsky, Mauro, "Friedrich List and the Economic Fate of Tropical Countries", *History of Political Economy*, Vol. 45, No. 4, 2013.

Bracarense, Natalia, "Economic Development in Latin America and the Methodenstreit: Lessons from History of Thought", *Journal of Economic Issues*, Vol. 47, No. 1, 2013.

Brautaset, Camilla, "The Emergence of an Independent Norwegian Economic Policy: Some Notes on Current Views and Empirical Findings", in Michalis Psalidopoulos, and Maria Eugénia Mata, eds., *Economic Thought and Policy in Less Developed Europe: The Nineteenth Century*, London and New York: Routledge,

2002.

Cardoso, José Luís, "Friedrich List and National Political Economy: Ideas for Economic Development", in Harald Hagemann, Stephen Seiter, and Eugen Wendler, eds., *The Economic Thought of Friedrich List*, London and New York: Routledge, 2019.

Cardoso, José Luís, and Michalis Psalidopoulos, "Introduction", in José Luís Cardoso, and Michalis Psalidopoulos, eds., *The German Historical School and European Economic Thought*, London and New York: Routledge, 2016.

Clairmonte, Frederick, "Friedrich List and the Historical Concept of Balanced Growth", *Indian Economic Review*, Vol. 4, No. 3, 1959.

Colwell, Stephen, "Preliminary Essay Prefixed to the American Edition of List's *National System of Political Economy*", Philadelphia: J. B. Lippincott & Co., 1867.

Coustillac, Mechthild, „Die List-Rezeption in Frankreich", in Eugen Wendler Hrsg., *„Die Vereinigung des europäischen Kontinents": Friedrich List—Gesamteuropäische Wirkungsgeschichte seines ökonomischen Denkens*, Schäffer-Poeschel Verlag Stuttgart, 1996.

Coustillac, Mechthild, "Friedrich List and France: The History of a Lifelong Engagement", in Harald Hagemann, Stephen Seiter, and Eugen Wendler, eds., *The Economic Thought of Friedrich List*, London and New York: Routledge, 2019.

Daastøl, Arno Mong, „Sweden vs. Norway", *Email Letter to Mei Junjie*, May 5, 2015.

Darity, William, Jr., "Review of W. O. Henderson's *Friedrich List: Economist and Visionary, 1789-1846*", *History of Political Economy*, Vol. 17, No. 3, 1985.

Davies, Stephen, "From Pennsylvania to Verdun: Friedrich List and the Origins of World War I", *Freeman*, Jan./Feb. 2004.

Dobschütz, Leonhard von, und Eugen Wendler, „Friedrich List und die Türkei", in Eugen Wendler Hrsg., *„Die Vereinigung des europäischen Kontinents": Friedrich List—Gesamteuropäische Wirkungsgeschichte seines ökonomischen Denkens*, Schäffer-Poeschel Verlag Stuttgart, 1996.

Earle, Edward Mead, "Friedrich List: Forerunner of Pan-Germanism", *The American Scholar*, Vol. 12, No. 4, 1943.

Eicholz, Hans L., "Hamilton, Harvard, and the German Historical School: A Short Note on a Curious History", *The Journal of Private Enterprise*, Vol. 29, No. 3, 2014.

Ellsworth, P. T., and J. Clark Leith, *The International Economy*, London: Macmillan Publishing Company, 1984.

Fedotov, Alexander, „Die List-Rezeption in Lettland ", in Eugen Wendler Hrsg., „*Die Vereinigung des europäischen Kontinents* ": *Friedrich List— Gesamteuropäische Wirkungsgeschichte seines ökonomischen Denkens*, Schäffer-Poeschel Verlag Stuttgart, 1996.

Garbe, Otfried, "Friedrich List and His Relevance for Development Policy", *Intereconomics*, No. 9/10, 1977.

Gendebien, Albert W., "Friedrich List and Lafayette College", *Pennsylvania History: A Journal of Mid-Atlantic Studies*, Vol. 29, No. 2, 1962.

Gray, Alexander, "The Individual and the State: Adam Smith and Friedrich List", *Transactions of the Faculty of Actuaries*, Vol. 20, No. 175, 1950-1951.

Greenfeld, Liah, "The Worth of Nations: Some Economic Implications of Nationalism", *Critical Review*, Vol. 9, No. 4, 1995.

Hacker, Jacob S., and Paul Pierson, "Making America Great Again: The Case for the Mixed Economy", *Foreign Affairs*, May/June 2016.

Hagemann, Harald, "Concluding Remarks", in José Luís Cardoso, and Michalis Psalidopoulos, eds., *The German Historical School and European Economic Thought*, London and New York: Routledge, 2016.

Hagemann, Harald, "German, American and French Influences on List's Ideas of Economic Development", in Harald Hagemann, Stephen Seiter, and Eugen Wendler, eds., *The Economic Thought of Friedrich List*, London and New York: Routledge, 2019.

Hamilton, Alexander, "Report on the Subject of Manufactures", in Joanne B. Freeman, ed., *Alexander Hamilton, Writings*, New York: The Library of America, 2001.

Harada, Tetsushi, "Noboru Kobayashi's Research on Friedrich List: A Contribution on List's Reception and Interpretation in Japan", in Harald Hagemann, Stephen Seiter, and Eugen Wendler, eds., *The Economic Thought of Friedrich List*, London and New York: Routledge, 2019.

Harlen, Christine Margerum, "A Reappraisal of Classical Economic Nationalism and Economic Liberalism", *International Studies Quarterly*, Vol. 43, No. 4, 1999.

Heinonen, Visa, „Zwischen Nationalismus und Liberalismus: J.V. Snellman—ein finnischer Anhänger der nationalökonomischen Ideen von Friedrich List", in Eugen Wendler Hrsg., „*Die Vereinigung des europäischen Kontinents*": *Friedrich List—Gesamteuropäische Wirkungsgeschichte seines ökonomischen Denkens*, Schäffer-Poeschel Verlag Stuttgart, 1996.

Helleiner, Eric, *The Neomercantilists: A Global Intellectual History*, Ithca and London: Cornell University Press, 2021.

Henderson, W. O., "Friedrich List and the French Protectionists", *Zeitschrift für die gesamte Staatswissenschaft / Journal of Institutional and Theoretical Economics*, Bd. 138, H. 2, 1982.

Henderson, W. O., *Friedrich List: Economist and Visionary 1789-1846*, London: Frank Cass and Co. Ltd., 1983.

Hirst, Margaret Esther, *Life of Friedrich List, and Selections from His Writings*, London: Smith, Elder & Co., 1909, reprinted by Forgotten Books, 2012.

Ho, P. Sai-wing, "Distortions in the Trade Policy for Development Debate: A Re-examination of Friedrich List", *Cambridge Journal of Economics*, Vol. 29, No. 5, 2005.

Ho, P. Sai-wing, "Analyzing and Arresting Uneven Development: Friedrich List and Gunnar Myrdal Compared", *Journal of Economic Issues*, Vol. 40, No. 2, June 2006.

Hodne, Fritz, „Norwegen und Friedrich List-eine Spurensuche", in Eugen Wendler Hrsg., „*Die Vereinigung des europäischen Kontinents*": *Friedrich List—Gesamteuropäische Wirkungsgeschichte seines ökonomischen Denkens*, Schäffer-Poeschel Verlag Stuttgart, 1996.

Holec, Roman, „Friedrich List und die slowakische Nationalbewegung", in

Eugen Wendler Hrsg., „*Die Vereinigung des europäischen Kontinents*": *Friedrich List—Gesamteuropäische Wirkungsgeschichte seines ökonomischen Denkens*, Schäffer-Poeschel Verlag Stuttgart, 1996.

Ince, Onur Ulas, "Friedrich List and the Imperial Origins of the National Economy", *New Political Economy*, Vol. 21, No. 4, 2016.

Itani, Imad I., *Friedrich List: Protectionism to Free Trade*, M. A. thesis, University of Calgary, Dec. 1985.

Jun, Bogang, Alexander Gerybadze, and Tai-Yoo Kim, "The Legacy of Friedrich List: The Expansive Reproduction System and the Korean History of Industrialization", Discussion paper 02-2016, University of Hohenheim, www. econstor. eu.

Kenwood, A. G., and A. L. Lougheed, *The Growth of the International Economy*, *1820-1960*, London: George Allen & Unwin Ltd., 1971.

Knell, Mark, "Friedrich List and the American System of Innovation", in Harald Hagemann, Stephen Seiter, and Eugen Wendler, eds., *The Economic Thought of Friedrich List*, London and New York: Routledge, 2019.

Kolev, Stefan, and Joachim Zweynert, "Friedrich List (1789-1846)", in Gilbert Faccarello, and Heinz D. Kurz, eds., *Handbook on the History of Economic Analysis*, Vol. I: "Great Economists since Petty and Boisguilbert", Cheltenham: Edward Elgar Publishing, 2016.

Krinal, Valner und Jüri Sepp, „Die List-Rezeption in Estland", in Eugen Wendler Hrsg., „*Die Vereinigung des europäischen Kontinents*": *Friedrich List—Gesamteuropäische Wirkungsgeschichte seines ökonomischen Denkens*, Schäffer-Poeschel Verlag Stuttgart, 1996.

Laue, Theodore H. von, *Seigei Witte and the Industrialization of Russia*, New York: Atheneum, 1974.

Lazarevic, Zarko, „Friedrich List: Spurensuche in Slowenien", in Eugen Wendler Hrsg., „*Die Vereinigung des europäischen Kontinents*": *Friedrich List—Gesamteuropäische Wirkungsgeschichte seines ökonomischen Denkens*, Schäffer-Poeschel Verlag Stuttgart, 1996.

Legge, John M., "Review of Chris Freeman & Luc Soete's *The Economics of Industrial Innovation*", *Review of Political Economy*, Vol. 12, No. 2, 2000.

Levi-Faur, David, "Friedrich List and the Political Economy of the Nation-State", *Review of International Political Economy*, Vol. 4, No. 1, 1997.

Lind, Michael, "The Time Is Ripe for the Third Man: Forget Marx and Smith. Friedrich List is the Economist for Us", *New Statesman*, Nov. 13, 1998.

List, Friedrich, *Das nationale System der politischen Ökonomie* (1841), in Eugen Wendler Hrsg., Nomos Verlagsgesellschaft, Baden-Baden, 2008.

List, Friedrich, "Extract from Professor List's Speech", in Margaret Esther Hirst, *Life of Friedrich List*, *and Selections from His Writings*, London: Smith & Co., 1909, reprinted by Forgotten Books, 2012.

List, Friedrich, "Introduction to *The National System of Political Economy*", in Margaret Esther Hirst, *Life of Friedrich List*, *and Selections from His Writings*, London: Smith, Elder & Co., 1909, reprinted by Forgotten Books, 2012.

List, Friedrich, "Petition to the German Assembly on Behalf of the Handelsverein", in Margaret Esther Hirst, *Life of Friedrich List*, *and Selections from His Writings*, London: Smith, Elder & Co., 1909, reprinted by Forgotten Books, 2012.

List, Friedrich, *Die Welt bewegt sich: Über die Auswirkungen der Dampfkraft und der neuen Transportmittel …* 1937, Herausgegeben von Eugen Wendler, Vandenhoeck & Ruprecht in Göttingen, 1985.

Love, Joseph L., "Resisting Liberalism: Theorizing Backwardness and Development in Rumania Before 1914", in Michalis Psalidopoulos, and Maria Eugénia Mata, eds., *Economic Thought and Policy in Less Developed Europe: The Nineteenth Century*, London and New York: Routledge, 2002.

Mann, Fritz Karl, "Review of *Friedrich List* by Carl Brinkmann", *The American Economic Review*, Vol. 41, No. 3, 1951.

Matthiessen, Lars, „Die Resonanz von Lists Ideen in Dänemark und Schweden", in Eugen Wendler Hrsg., „*Die Vereinigung des europäischen Kontinents*": *Friedrich List—Gesamteuropäische Wirkungsgeschichte seines ökonomischen Denkens*, Schäffer-Poeschel Verlag Stuttgart, 1996.

McCraw, Thomas K., "The Trouble with Adam Smith", *The American Scholar*, Vol. 61, No. 3, 1992.

McCulloch, William, "Three Essays on the Role of History and the Theory of

Long-term Growth", Ph.D. dissertation, University of Utah, May 2012.

Mei Junjie, "Friedrich List in China's Quest for Development", in Harald Hagemann, Stephen Seiter, and Eugen Wendler, eds., *The Economic Thought of Friedrich List*, London and New York: Routledge, 2019.

Mihailova, Mariana, „Die ökonomisch-politischen Ideen von Friedrich List im Kontext zu den bulgarischen Reformen", in Eugen Wendler Hrsg., *„Die Vereinigung des europäischen Kontinents"*: *Friedrich List—Gesamteuropäische Wirkungsgeschichte seines ökonomischen Denkens*, Schäffer-Poeschel Verlag Stuttgart, 1996.

Montesquieu, *The Spirit of Laws*, London: Encyclopaedia Britannica, Inc., 1989.

Murphey, Dwight D., "A Critique of the Central Concepts in Free-Trade Theory", *The Journal of Social, Political and Economic Studies*, Vol. 23, No. 4, 1998.

Nicholson, J. S., "Review of *Friedrich List als Prophet des neuen Deutschland* by Karl Kumpmann", *The Economic Journal*, Vol. 26, No. 101, 1916.

Özveren, Eyüp, "Ottoman Economic Thought and Economic Policy in Transition: Rethinking the Nineteenth Century", in Michalis Psalidopoulos, and Maria Eugénia Mata, eds., *Economic Thought and Policy in Less Developed Europe: The Nineteenth Century*, London and New York: Routledge, 2002.

Özveren, Eyüp, "A Hundred Years of German Connection in Turkish Economic Thought: *Historismus* and Otherwise", in José Luís Cardoso, and Michalis Psalidopoulos, eds., *The German Historical School and European Economic Thought*, London and New York: Routledge, 2016.

Palacio, Juan Fernando, "Was Geopolitics Born 60 Years Before Mahan and Mackinder? The Forgotten Conbtribution of Friedrich List", *L'Espace Politique* (online), Nov. 19, 2013.

Paliulyte, Regina, „Die List-Rezeption in Litauen", in Eugen Wendler Hrsg., *„Die Vereinigung des europäischen Kontinents"*: *Friedrich List—Gesamteuropäische Wirkungsgeschichte seines ökonomischen Denkens*, Schäffer-Poeschel Verlag Stuttgart, 1996.

Perrotta, Cosimo, "Early Spanish Mercantilism: The First Analysis of Underdevelopment", in Lars Magnusson, ed., *Mercantilist Economics*, Norwell: Kluwer

Academic Publishers，1993.

Pires，Armando J. Garcia，and José Pedro Pontes，"Industrialization'Without' Tariffs—Friedrich List as a Forerunner of Modern Development Economics"，http://core.ac.uk/display/46116821，June 26，2015.

Potier，Jean-Pierre，"The Reception of the German Historical School among French Economists (1857-1900)"，in José Luís Cardoso，and Michalis Psalidopoulos，eds.，*The German Historical School and European Economic Thought*，London and New York：Routledge，2016.

Pradella，Lucia，"New Developmentalism and the Origins of Methodological Nationalism"，*Competition and Change*，Vol. 188，No. 2，2014.

Preparata，Guido Giacomo，and John E. Elliott，"Protecting the Infant Industry：Cosmopolitan versus Nationalist Economies"，*International Journal of Social Economics*，Vol. 23，No. 2，1996.

Psalidopoulos，Michalis，and Maria Eugénia Mata，"Economic Thought and Policy in Nineteenth-century Less Developed Europe：Issues and Aspects of Their Interaction"，in Michalis Psalidopoulos，and Maria Eugénia Mata，eds.，*Economic Thought and Policy in Less Developed Europe：The Nineteenth Century*，London and New York：Routledge，2002.

Rickel，Harry，"Friedrich List—An Unknown Great American"，in Eugen Wendler，*Friedrich List's Exile in the United States：New Findings*，Springer Cham Heidelberg New York Dordrecht London，2016.

Rössner，Philipp Robinson，"Manufacturing Matters：From Giovanni Botero to Friedrich List"，in Harald Hagemann，Stephen Seiter，and Eugen Wendler，eds.，*The Economic Thought of Friedrich List*，London and New York：Routledge，2019.

Salvatore，Dominick，"Introduction"，in Dominick Salvatore，*The New Protectionist Threat to World Welfare*，New York，Amsterdam and London：North-Holland，1987.

Samuelson，Paul A.，"Where Ricardo and Mill Rebut and Confirm Arguments of Mainstream Economists Supporting Globalization"，*Journal of Economic Perspectives*，Vol. 18，No. 3，2004.

Schwarz，Barbara，„Die List-Rezeption in England"，in Eugen Wendler Hrsg.，

„Die Vereinigung des europäischen Kontinents": Friedrich List—Gesamteuropäische Wirkungsgeschichte seines ökonomischen Denkens, Schäffer-Poeschel Verlag Stuttgart, 1996.

Selwyn, Ben, "An Historical Materialist Appraisal of Friedrich List and His Modern-Day Followers", New Political Economy, Vol. 14, No. 2, 2009.

Selwyn, Ben, The Global Development Crisis, Cambridge, UK: Polity Press, 2014.

Senghaas, Dieter, "Friedrich List: Looking Back to the Future", in Harald Hagemann, Stephen Seiter, and Eugen Wendler, eds., The Economic Thought of Friedrich List, London and New York: Routledge, 2019.

Shin, Jang-Sup, The Economics of the Latecomers: Catching-up, Technology Transfer and Institutions in Germany, Japan and South Korea, Routledge, 1996.

Spalletti, Stefano, "Friedrich List's 'Economics of Education'", in Harald Hagemann, Stephen Seiter, and Eugen Wendler, eds., The Economic Thought of Friedrich List, London and New York: Routledge, 2019.

Spiegel, Henry William, The Growth of Economic Thought, Durham & London: Duke University Press, 1991.

Stiglitz, Joseph, Making Globalization Work, London: Penguin Books Ltd., 2007.

Szporluk, Roman, Communism and Nationalism: Karl Marx versus Friedrich List, Oxford: Oxford University Press, 1988.

Trescott, Paul B., Jingji Xue: The History of the Introduction of Western Economic Ideas into China, 1850-1950, Hong Kong: The Chinese University Press, 2007.

Tribe, Keith, "Friedrich List and the Critique of 'Cosmopolital Economy'", The Manchester School, Vol. 56, No. 1, 1988.

Tribe, Keith, Strategies of Economic Order: German Economic Discourse, 1750-1950, Cambridge: Cambridge University Press, 2005.

Wade, Robert Hunter, "What Strategies Are Viable for Developing Countries Today? The World Trade Organization and the Shrinking of 'Development Space'", Review of International Political Economy, Vol. 10, No. 4, 2003.

Walsh, Gerald G., "The Political Economy of Friedrich List", Westminster Re-

view, Vol. 172, No. 6, 1909.

Wang Kai Hua, „Die Bedeutung Der Listischen Lehre Fuer China", Ph.D. dissertation, Universitaet zu Tuebingen (Mai 1926), Shanghai: The Lo-Chun Book Co., 1929.

Watson, Matthew, "Friedrich List's Adam Smith Historiography and the Contested Origins of Development Theory", *Third World Quarterly*, Vol. 33, No. 3, 2012.

Weise, Julius, "Brief Memoir of the Author", abridged from *Friedrich List*, *ein Vorläufer und ein Opfer für das Vaterland* (Stuttgart, 1877), in *The National System of Political Economy by Friedrich List*, London: Longmans, Green and Co., 1909.

Wendler, Eugen, *Friedrich List: An Historical Figure and Pioneer in German-American Relations*, Verlag Moos & Partner Gräfelfing, 1989.

Wendler, Eugen, "The Present Day Reception of the Ideas of Friedrich List on Economics and Transport Policy and the State of Current Research Projects in Germany", *Indian Economic Journal*, Vol. 42, No. 2, 1994.

Wendler, Eugen, „Arthur Griffith—der erste irische Ministerpräsident—ein begeisterter Anhänger von Friedrich List", in Eugen Wendler Hrsg., „*Die Vereinigung des europäischen Kontinents*": *Friedrich List—Gesamteuropäische Wirkungsgeschichte seines ökonomischen Denkens*, Schäffer-Poeschel Verlag Stuttgart, 1996.

Wendler, Eugen, „Die List-Rezeption im spanischen Sprachraum", in Eugen Wendler Hrsg., „*Die Vereinigung des europäischen Kontinents*": *Friedrich List—Gesamteuropäische Wirkungsgeschichte seines ökonomischen Denkens*, Schäffer-Poeschel Verlag Stuttgart, 1996.

Wendler, Eugen, „Die List-Rezeption in der Schweiz", in Eugen Wendler Hrsg., „*Die Vereinigung des europäischen Kontinents*": *Friedrich List—Gesamteuropäische Wirkungsgeschichte seines ökonomischen Denkens*, Schäffer-Poeschel Verlag Stuttgart, 1996.

Wendler, Eugen, „Die List-Rezeption in Italien", in Eugen Wendler Hrsg., „*Die Vereinigung des europäischen Kontinents*": *Friedrich List—Gesamteuropäische Wirkungsgeschichte seines ökonomischen Denkens*, Schäffer-Poeschel Verlag Stuttgart, 1996.

Wendler, Eugen, „Die List-Rezeption in Polen", in Eugen Wendler Hrsg., „*Die*

Vereinigung des europäischen Kontinents": *Friedrich List—Gesamteuropäische Wirkungsgeschichte seines ökonomischen Denkens*, Schäffer-Poeschel Verlag Stuttgart, 1996.

Wendler, Eugen, „Die List-Rezeption in Rumänien", in Eugen Wendler Hrsg., *„Die Vereinigung des europäischen Kontinents"*: *Friedrich List—Gesamteuropäische Wirkungsgeschichte seines ökonomischen Denkens*, Schäffer-Poeschel Verlag Stuttgart, 1996.

Wendler, Eugen, „Die List-Rezeption in Rußland", in Eugen Wendler Hrsg., *„Die Vereinigung des europäischen Kontinents"*: *Friedrich List—Gesamteuropäische Wirkungsgeschichte seines ökonomischen Denkens*, Schäffer-Poeschel Verlag Stuttgart, 1996.

Wendler, Eugen, „Die List-Rezeption in Urgarn", in Eugen Wendler Hrsg., *„Die Vereinigung des europäischen Kontinents"*: *Friedrich List—Gesamteuropäische Wirkungsgeschichte seines ökonomischen Denkens*, Schäffer-Poeschel Verlag Stuttgart, 1996.

Wendler, Eugen, „List und Belgien", in Eugen Wendler Hrsg., *„Die Vereinigung des europäischen Kontinents"*: *Friedrich List—Gesamteuropäische Wirkungsgeschichte seines ökonomischen Denkens*, Schäffer-Poeschel Verlag Stuttgart, 1996.

Wendler, Eugen, „List und Österreich", in Eugen Wendler Hrsg., *„Die Vereinigung des europäischen Kontinents"*: *Friedrich List—Gesamteuropäische Wirkungsgeschichte seines ökonomischen Denkens*, Schäffer-Poeschel Verlag Stuttgart, 1996.

Wendler, Eugen, *Durch Wohlstand zur Freiheit*: *Neues zum Leben und Werk von Friedrich List*, Nomos Verlagsgesellschaft, Baden-Baden, 2004.

Wendler, Eugen, *Friedrich List's Exile in the United Statess: New Findings*, Springer Cham Heidelberg New York Dordrecht London, 2016.

Wendler, Eugen, *Friedrich List*: *Politisches Mosaik*, Springer Gabler, 2017.

Wendler, Eugen, *Friedrich List und die Dritte Welt*: *Grundzüge der Entwicklungspolitik*, Springer Gabler, 2019.

Wieland, Bernhard, "Two Early Views on Railway Regulation in Germany: Friedrich List and David Hansemann", in Harald Hagemann, Stephen Seiter, and Eugen Wendler, eds., *The Economic Thought of Friedrich List*, London and New York: Routledge, 2019.

Winch, Christopher, "Listian Political Economy: Social Capitalism Conceptualised?", *New Political Economy*, Vol. 3, No. 2, 1998.

外国人名对照表

A

阿恩特,海因茨　Heinz Wolfgang Arndt

阿尔普,特京　Tekin Alp

阿尔特,卢　Lew Alter

阿拉曼,卢卡斯　Lucas Alamán

阿隆,M.　M. Arons

阿舍霍格,托克尔　Torkel Halvorsen Asche-
　houg

阿什利,威廉　William James Ashley

艾布拉姆斯,理查德　Richard M. Abrams

爱德华六世　Edward VI

爱德华三世　Edward III

爱德华四世　Edward IV

埃芬迪,艾哈迈德　Ahmed Midhat Effendi

安德森,亚当　Adam Anderson

安森-迈耶,莫尼克　Monique Anson-Meyer

奥尔蒂斯,路易斯　Luiz Ortiz

奥康奈尔,丹尼尔　Daniel O'Connell

奥雷利安,彼得　Peter S. Aurelian

奥斯汀斯,约翰　John Austins

B

巴德尔,约瑟夫　Josef von Baader

巴克豪斯,于尔根　Jürgen Backhaus

巴罗迪斯,卡里斯　Karlis Balodis

板垣与一　Yoichi Itagaki

邦格,亚历杭德罗　Alejandro E. Bunge

邦森,卡尔　Christian Karl Josias von Bunsen

鲍尔,彼得　Peter T. Bauer

鲍令,约翰　John Bowring

贝卡利亚,塞扎尔　Cesare Bonesana Marchese
　Beccaria

贝魁尔,康斯坦丁　Constantin Pecqueur

贝奇奥,约瑟夫　Joseph Pecchio

贝歇尔,约翰　Johann Joachim Becher

贝伊,阿基吉扎德　Akyigitzade Musa Bey

比尔费尔德,雅各布　Jakob Friedrich von Bielfeld

俾斯麦,奥托　Otto von Bismarck

彼特斯,温斯顿　Winston Peters

边沁,杰里米　Jeremy Bentham

伯蒂奇,约瑟夫　Jozef Bodicky

博尔赫斯,何塞　José Ferreira Borges

伯格索,A.F.　A. F. Bergsoe

玻利瓦尔,西蒙　Simon Bolivar

博尼茨,雅各布　Jacob Borniss

博特罗,乔瓦尼　Giovanni Botero

博亚诺夫斯基,毛罗　Mauro Boianovsky

布阿尔克,克里斯托万　Cristovam Buarque

布拉查斯,A.　A. Buratschas

布拉马南达,P. R.　P. R. Brahmananda

布劳格,马克　Mark Blaug

布利格登,詹姆斯　James Bristock Brigden

高柏　Bai Gao

高岛善哉　Zenya Takashima

高桥是清　Korekyo Takahachi

戈尔德施密特,弗里德里希　Friedrich Gold-
schmidt

戈哈勒,戈帕尔　Gópal Krishna Gókhale

格卡尔普,齐亚　Ziya Gökalp

格拉尔,G.　G. Graell

格勒茨格,恩斯特　Ernst Anton Glötzge

格雷厄姆,弗兰克　Frank Graham

格雷菲斯,亚瑟　Arthur Griffith

格雷斯,约瑟夫　Joseph von Görres

格里希,汉斯　Hans Gehrig

戈列斯库,迪尼库　Dinicu Golescu

格林菲尔德,里亚　Liah Greenfeld

格梅林,保罗　Paul Gemähling

戈纳尔,勒内　René Gonnard

格申克龙,亚历山大　Alexander Gerschenkron

谷口吉彦　Yoshihiko Taniguchi

H

哈达德,L.　L. Haddad

哈凯夫,西德尼　Sidney Harcave

哈拉,扬　Jan Halla

哈耶克,弗里德里希　Friedrich August von
Hayek

海华德,约翰　John Hayward

海涅,海因里希　Heinrich Heine

海斯特,艾萨克　Isaac Hiester

海因里希,弗里德里希　Friedrich Julius Hein-
rich

汉密尔顿,(名不详)　Hamilton

汉密尔顿,亚历山大　Alexander Hamilton

豪塞尔,路德维希　Ludwig Häusser

赫德森,迈克尔　Michael Hudson

赫尔佐克,约翰内斯　Johannes Herzog

赫克歇尔,艾利　Eli Heckscher

何世荣　P. Sai-wing Ho

赫斯特,弗朗西斯　Francis W. Hirst

赫斯特,玛格丽特　Margaret Esther Hirst

赫希曼,艾伯特　Albert O. Hirschman

黑格尔,格奥尔格　Georg Wilhelm Friedrich
Hegel

亨德森,威廉　William O. Henderson

亨利四世　Henry IV

华盛顿,乔治　George Washington

霍尔尼克,菲利普　Phillipp Wilhelm von
Hornigk

霍夫曼,海因里希　Heinrich Karl Hofmann

霍瓦特,米哈伊尔　Michael Horváth

霍伊瑟尔,路德维希　Ludwig Häusser

霍伊斯,特奥多尔　Theodor Heuss

J

季德,夏尔　Charles Gide

吉尔平,罗伯特　Robert Gilpin

吉诺维西,安东尼奥　Antonio Genovesi

贾尔斯,威廉　William Branch Giles

加利亚尼,斐迪南多　Ferdinando Galiani

加尼耶,约瑟夫　Joseph Garnier

杰斐逊,托马斯　Thomas Jefferson

杰克逊,安德鲁　Andrew Jackson

金,查尔斯　Charles King

金井延　Noboru Kannai

津田真道　Mamichi Tsuda

K

卡岑施泰因,路易斯　Louis Katzenstein

卡多索,何塞　Hosé Luís Cardoso

卡拉法,迪奥梅德　Diomede Carafa

赖纳特,索菲斯　Sophus A. Reinert

赖沙赫,卡尔　Karl Graf von Reischach

莱塞,特奥多尔　Theodor Lesser

莱辛,戈特霍尔德　Gotthold Ephraim Lessing

莱因,卡尔　Karl Gabriel Thiodolf Rein

兰德斯,戴维　David S. Landes

兰金,基思　Keith Rankin

朗博,约瑟夫　Joseph Rambaud

劳埃德,桑普森　Sampson S. Lloyd

劳德戴尔,詹姆斯　James Maitland Lauderdale

劳厄,西奥多　Theodore H. von Laue

勒杜卡努,扬　Ion Raducanu

雷博,路易　Louis Reybaud

雷蒙德,丹尼尔　Daniel Raymond

李,亨利　Henry Lee

利奥波德一世　Leopoid I

利比希,米夏埃尔　Michael Liebig

利尔詹斯特兰,亚历克斯　Axel Wilhelm Liljenstrand

里法特,沙德克　Sadek Refat

李嘉图,大卫　David Ricardo

里克尔,哈利　Harry Rickel

利平斯基,爱德华　Edward Lipinski

黎塞留,阿尔芒-让　Armand-Jean du Plessis de Richelieu

里斯-史密斯,黑斯廷斯　Hastings Lees-Smith

李斯特,埃莉泽　Elise List

李斯特,埃米莉　Emilie List

李斯特,奥斯卡　Oskar List

李斯特,弗里德里希　Friedrich List

李斯特,卡罗利妮　Karoline (Lina) List

李斯特,卡罗利妮·赛博尔德·奈德哈德　Karoline Seybold Neidhard List

李斯特,玛利亚·玛格达莱娜　Maria Magdalena List

利斯特,夏尔　Charles Rist

李斯特,约翰内斯　Johannes List

利文斯顿,爱德华　Edward Livingstone

里歇洛,亨利　Henri Richelot

李柱晟　Rhie Joosung

林德,迈克尔　Michael Lind

林肯,亚伯拉罕　Abraham Lincoln

路茨,克里斯托夫　Christoph Friedrich Luz

鲁德贝克,莱因霍尔特　Reinhold Carl Gabriel Rudbeck

路德维希一世　Ludwig I

卢梭,让-雅克　Jean-Jacques Rousseau

路易十四　Luis XIV

鲁扎托,吉诺　Gino Luzzatto

伦茨,弗里德里希　Friedrich Lenz

洛茨,鲁道夫　Rudolf H. Lotz

罗德里格斯,G.　G. Rodriguez

罗德里克,丹尼　Dani Rodrik

罗尔,埃里克　Eric Roll

罗科,阿尔弗雷多　Alfredo Rocco

洛佩茨,维森特　Vincente Fidel López

罗森堡,罗莎　Rosa Luxemburg

罗森斯坦-罗丹,保罗　Paul N. Rosensten-Rodan

罗斯福,西奥多　Theodore Roosevelt

罗斯托,沃尔特　Walt Whitman Rostow

罗特,维戈　Viggo Rothe

罗特克,卡尔　Karl von Rotteck

罗雪尔,威廉　Wilhelm Roscher

罗伊尼,缪西奥　Meuccio Ruini

罗周,克里斯蒂安　Christian von Rother

吕德尔,奥古斯特　August Ferdinand Lueder

M

马尔布兰克,尤里乌斯　Julius Malblanc

马尔蒂安,季奥尼西　Dionisie Martian

N

O

欧文,罗伯特　Robert Owen

P

帕杜拉,拉斐尔　Raphael Padula

帕默斯顿,亨利　Henry John Temple Palmerston

帕皮钮,扬　Ion N. Papiniu

帕耶夫斯基,亚努什　Janusz Pajewski

佩列格里尼,卡洛斯　Carlos Pellegrini

佩鲁,弗朗索瓦　François Perroux

佩罗塔,科西莫　Cosimo Perrotta

蓬巴尔,侯爵　Marquês de Pombal

皮茨,亚历山大　Alexander von Peez

皮尔,罗伯特　Robert Peel

皮尔森,M. G.　M. G. Pierson

皮奎,亚历杭德罗 E.　Alejandro E. Piqué

皮特,威廉　William Pitt

朴正熙　Park Chung Hee

普法尔费尔,约翰　Johann Friedrich Pfeiffer

普雷维什,劳尔　Raul Prébisch

普里斯特莱,约瑟夫　Joseph Priestley

Q

乔治三世　George III

犬养毅　Tsuyoshi Inukai

R

瑞克,罗伯特　Robert B. Reich

若山仪一　Norikazu Wakayama

S

萨拉查,安东尼奥　António Oliveira Salazar

萨利托尔,巴什克　Bashker Anand Saletore

萨马林,尤里　Yuri Samarin

萨缪尔森,保罗　Paul A. Samuelson

萨姆,戴维　David Syme

萨托,曼努埃尔　Manuel Sánchez Sarto

萨瓦利,安塔尔　Antal Sárváry

萨雅尔,艾哈迈德　Ahmend Güner Sayar

萨伊,路易　Louis Say

萨伊,让-巴蒂斯特　Jean-Baptiste Say

赛博尔德,弗里茨　Fritz Seybold

塞切尼,伊斯特万　Stefan von Széchenyi

桑巴特,维尔纳　Werner Sombart

森哈斯,迪特　Dieter Senghaas

沙林,威廉　William Scharling

沙普塔尔,让-安托万　Jean-Antoine Chaptal

杉亨二　Sugi Kyoji

绍博,保罗　Paul Szabó

舍拉,安东尼　Antonio Serra

神田孝平　Takahira Kanda

史都尔,路德维托　Ludovit Stur

施莱尔,约翰内斯　Johannes Schlayer

施罗德,威廉　Wilhelm von Schröder

史密斯,帕申　Erasmus Peshine Smith

史密斯,托马斯　Thomas Smith

施米特黑纳,弗里德里希　Friedrich Schmitthenner

施穆勒,古斯塔夫　Gustav von Schmoller

施内尔,约翰　Johann Jakob Schnell

施努尔拜恩,汉斯　Hans Schnurbein

施泰姆莱,T.　T. Staemmler

施陶布,阿诺尔德　Arnold Staub

施托希,海因里希　Heinrich von Storch

施韦高,安东　Anton Martin Schweigaard

叔本华,亚瑟　Arthur Schopenhauer

舒斯特,奥古斯特　August Friedrich Schuster

寺岛宗则　Munenori Terashima

斯蒂格利茨,约瑟夫　Joseph E. Stiglitz

斯拉法,皮埃柔　Piero Scraffa

斯密,亚当　Adam Smith

西斯蒙第,让-夏尔　Jean-Charles Leonard Sismonde de Sismondi

希特勒,阿道夫　Adolf Hitler

小林昇　Noboru Kobayashi

谢弗,C. A.　C. A. Schäfer

谢林,弗里德里希　Friedrich Wilhelm Joseph von Schelling

谢诺波尔,亚历山大　Alexandru D. Xenopol

歇瓦利埃,米歇尔　Michel Chevalier

辛格,汉斯　Hans W. Singer

熊彼特,约瑟夫　Joseph Schumpeter

休谟,大卫　David Hume

休温斯,威廉　William A. S. Hewins

许布勒,爱德华　Eduard Schübler

Y

亚当斯,约翰·昆西　John Quincy Adams

雅各布,路德维希　Ludwig H. von Jakob

亚历山德罗维奇,米哈伊尔　Mikhail Aleksandrovich

延奇,卡尔　Carl Jentsch

耶格,奥斯卡　Oscar Jaeger

叶卡捷琳娜二世　Catherine II

伊丽莎白一世　Elizabeth I

伊诺第,路易吉　Luigi Einaudi

伊藤博文　Hirobumi Itou

英格索尔,查尔斯　Charles Jared Ingersoll

尤斯蒂,约翰　Johann Heinrich Gottlieb von Justi

约翰松,约翰　Johan Johansson

约瑟夫二世　Joseph II

Z

泽肯多夫,路德维希　Veit Ludwig von Seckendorff

扎林,埃德加　Edgar Salin

詹森,彼特　Peter Jebsen

张夏准　Ha-Joon Chang

正木一夫　Kazuo Masaki

中川恒次郎　Kojiro Nakagawa

宗南费尔斯,约瑟夫　Joseph von Sonnenfels

祖波鲁克,罗曼　Roman Szporluk

佐登伯爵　Reichsgraf von Soden

佐默,阿图尔　Artur Sommer

图书在版编目(CIP)数据

李斯特与赶超发展/梅俊杰著.—上海:上海人
民出版社,2022
(上海社会科学院重要学术成果丛书.专著)
ISBN 978-7-208-17861-8

Ⅰ.①李… Ⅱ.①梅… Ⅲ.①李斯特(List,
Friedrich 1789-1846)-经济学-研究 Ⅳ.①F091.342

中国版本图书馆 CIP 数据核字(2022)第 153141 号

责任编辑 毛衍沁
封面设计 路 静

上海社会科学院重要学术成果丛书·专著

李斯特与赶超发展

梅俊杰 著

出　　　版　上海人民出版社
　　　　　　　(201101　上海市闵行区号景路 159 弄 C 座)
发　　　行　上海人民出版社发行中心
印　　　刷　苏州工业园区美柯乐制版印务有限责任公司
开　　　本　720×1000　1/16
印　　　张　28
插　　　页　4
字　　　数　378,000
版　　　次　2022 年 10 月第 1 版
印　　　次　2022 年 10 月第 1 次印刷
ISBN 978-7-208-17861-8/F·2757
定　　　价　128.00 元